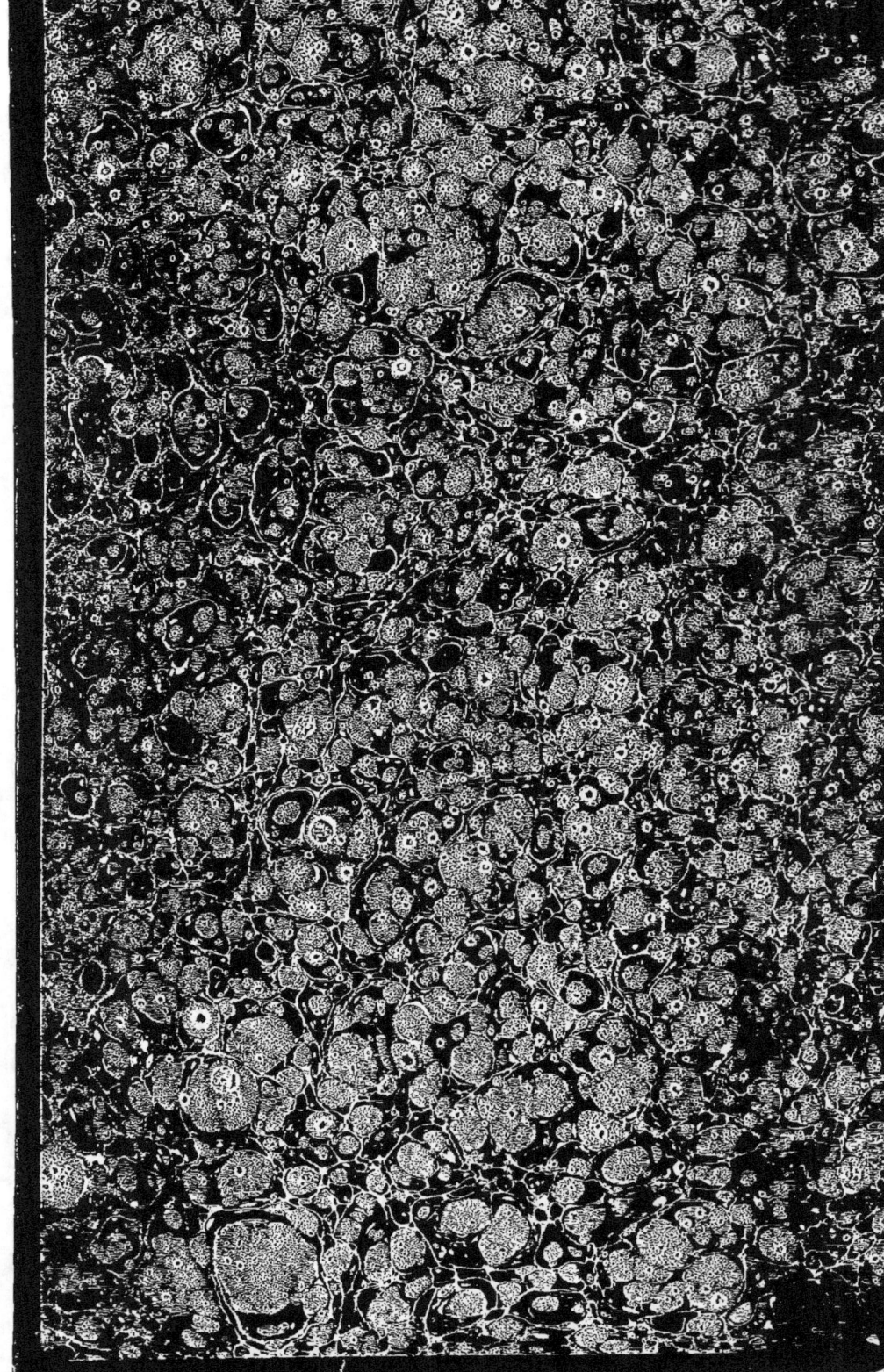

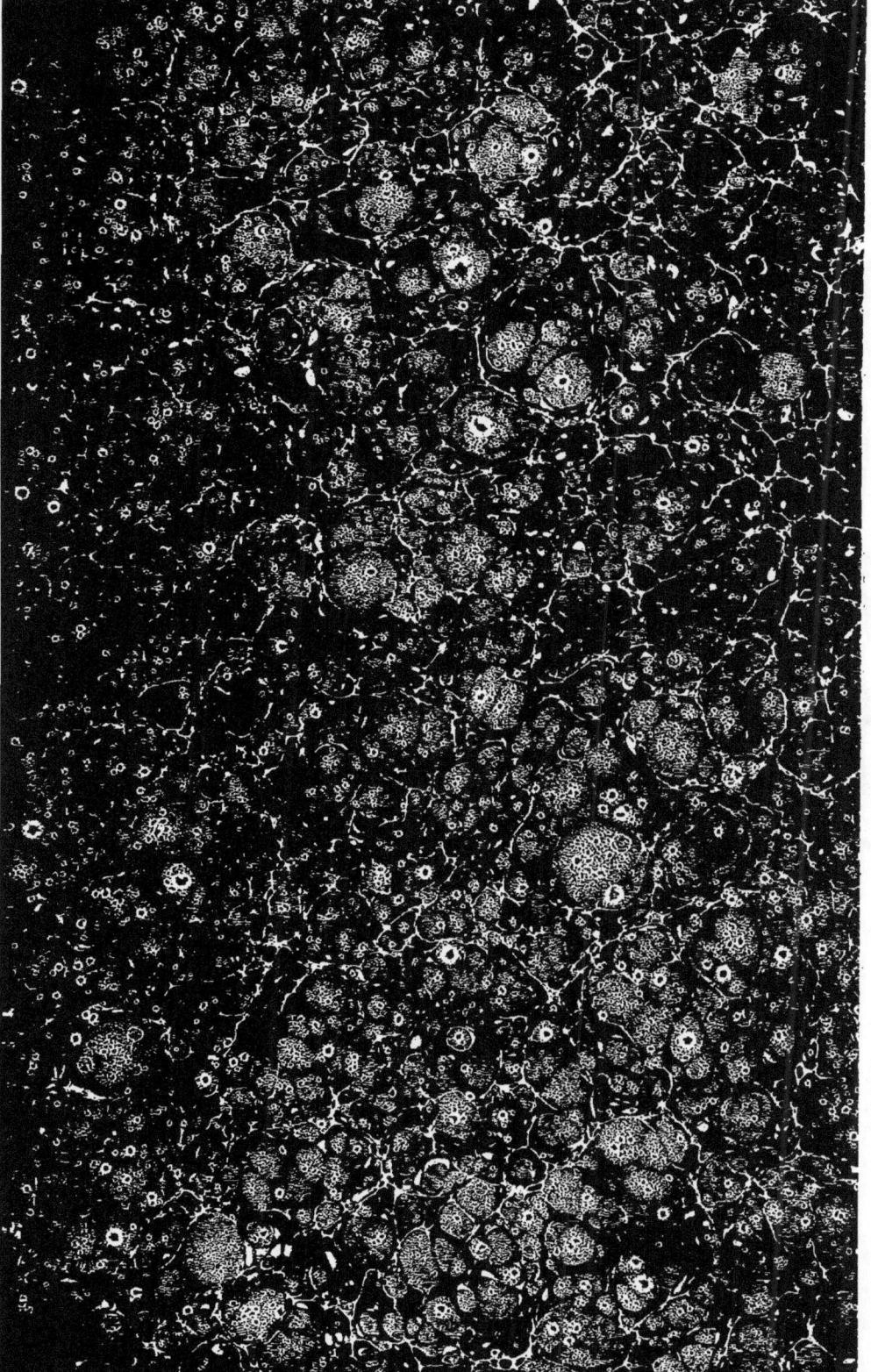

L'EUROPE

PENDANT

LE CONSULAT ET L'EMPIRE

DE NAPOLÉON.

PARIS. — IMPRIMERIE D'AMÉDÉE GRATIOT ET Cie,
11, rue de la Monnaie.

L'EUROPE

PENDANT LE CONSULAT ET L'EMPIRE

DE

NAPOLÉON

PAR

M. CAPEFIGUE.

Tome septième.

PARIS

PITOIS-LEVRAULT ET Cie, RUE DE LA HARPE, 81.

A l'Étranger

Dulau et Cie, à Londres.
Rohrmann et Schweigerd, à Vienne.
Al. Duncker, à Berlin.
Bocca, à Turin.
Dumolard et fils, à Milan.

Zeelt, à Amsterdam.
Bellizard et Cie, à Saint-Pétersbourg.
Jugel, à Francfort-sur-le-Mein.
Brockhaus, à Leipzig.
Artaria et Fontaine, à Mannheim.

1840.

LETTRE

SUR LA

SECONDE ÉPOQUE DE L'EMPIRE.

1807-1811.

Le temps qui s'écoule depuis la solennelle entrevue de Tilsitt jusqu'à la naissance de cet enfant qui fut salué du nom de roi de Rome est l'époque où le pouvoir matériel de Napoléon s'élève à son plus haut degré de magnificence et de splendeur. L'Europe paraît domptée : au midi les armées victorieuses font le siége de Cadix, les aigles apparaissent aux Colonnes d'Hercule; l'Espagne lutte encore avec patriotisme, mais du haut de la Sierra-Moréna s'élancent les vieilles divisions de la grande armée. Le Portugal résiste; un peu de patience, et Napoléon accomplira de fatales menaces. La Confédération du Rhin ne forme plus qu'un auxiliaire qui marche comme un grand vassal derrière l'Empereur, nouveau Charlemagne. La Prusse est militairement occupée, comme si l'on avait juré de prolonger l'humiliation de ses défaites! L'Autriche se montre une fois encore sur le champ de bataille avec une fière et généreuse persévérance ; vaincue, elle se hâte de traiter aux plus dures conditions. Napoléon peut se dire l'allié de la Russie, le Czar lui a pressé la main sur le Niémen ; et si l'Angleterre résiste, on peut voir qu'elle lutte par des efforts inouïs, contre un adversaire qui l'attaque par l'industrie et les prohibitions.

A l'intérieur, les partis sont affaissés ; plus d'opinion indépendante ; l'adoration vient au pied du trône comme l'encens à la divinité ; nulle critique, nul contrôle des actes de la dictature, tous les pouvoirs sont abîmés et le Sénat à genoux. Le Conseil d'État se borne à des discussions de détails sur les objets d'utilité publique ; le Tribunat est supprimé ; le Corps législatif ose à peine une faible résistance de boules noires, et un ordre de l'Empereur le replace violemment au dernier degré de la hiérarchie ; Napoléon ne veut aucune représentation politique du pays ; le seul représentant de la nation, c'est lui qui doit la couronne à Dieu et à son épée : les sceaux, les monnaies même, sont privés des derniers vestiges de la République, qui pourtant fut la mère de Napoléon !

Maître à l'intérieur et à la face de l'Europe, il s'occupe d'une grande consolidation de sa dynastie. Lui, enfanté dans le travail de la démocratie, reçoit sur sa couche la fille des Césars; il désire un fils, Dieu le lui donne la première année, comme si la Providence ne se lassait pas de lui jeter ses dons; pauvre enfant! accablé de harangues et de fleurs dans son berceau d'or. Tout réussit à son génie créateur; ses vastes projets sur sa famille vont à souhait : il a des royautés pour ses frères, pour ses sœurs des alliances, des couronnes pour tous; sa santé robuste lui prépare une longue vie; il a des palais avec d'immenses parcs, des arcs de triomphe, des caves pleines de richesses, des armées immortelles qui portent orgueilleusement la couronne de victoire sur leurs nobles enseignes.

La foule empressée vient à ses désirs : des milliers de courtisans épient ses volontés, étudient ses regards : veut-il que des masses d'hommes se sacrifient? César n'a qu'à parler; ces visages mâles et noircis par le soleil donneront leur vie pour un sourire de Napoléon. Rien ne manque à cette puissance sur la France et l'Europe; la plus énergique des administrations, l'obéissance partout parmi les têtes abaissées. Ainsi, dans l'ordre matériel, le pouvoir de Napoléon s'élève à son plus haut degré d'énergie : comme grand capitaine, il accomplit sa campagne d'Autriche en moins de trois mois ; comme diplomate, il a traité à Erfurth d'égal à égal avec Alexandre, et signé le traité de Vienne qui rattache tant de provinces et d'intérêts à son Empire. Le conquérant réunit sans cesse de nouveaux États à sa monarchie : la Hollande, le Valais, les villes anséatiques. Homme de gouvernement, il absorbe tous les pouvoirs ; administrateur suprême, il règle les destinées de ces mille peuples divers et les assouplit à l'unité de ses œuvres.

A ce moment où tant de splendeur et de force éclate autour de lui, la puissance morale lui échappe. C'est une transition qu'il faut suivre dans l'histoire des gouvernements : souvent on voit un pouvoir armé de toute l'énergie politique ; il se permet tout ; il gouverne en souverain suprême ; il a de l'argent, des armées ; le bonheur lui sourit ; il renverse tous les obstacles. Eh bien ! cette autorité que l'on croit si forte est précisément à la veille de sa décadence. Et pourquoi ? C'est qu'il n'y a rien de durable, lorsque l'action morale échappe au pouvoir, lorsqu'il blesse trop de consciences et d'intérêts : il peut être dur comme l'acier, mais il pèse comme une chaîne ; il peut s'armer d'un gantelet de fer, mais il trouve des résistances dans les âmes qui tôt ou tard en finissent avec lui ; la résistance est alors la goutte d'eau sur le granit.

C'est à cette situation que la dictature de l'Empereur est arrivée à la fin de la période que je vais écrire. La France est fatiguée des sacrifices qu'elle fait; elle a tout donné à la dictature; le pouvoir a trop d'énergie, la liberté humaine n'a pas assez d'issues pour respirer. Sous le Consulat, tout est venu à Bonaparte, parce qu'il reconstituait l'autorité morale et politique violemment abrutie dans les mauvais jours du Directoire. La société s'est placée dans ses mains, parce qu'il était destiné à la sauver; le peuple a des instincts merveilleux; il sait et choisit les hommes à sa taille.

Napoléon, Empereur, abuse des ressorts; à force de briser les oppositions, il a touché les cordes sensibles qui vibrent puissamment au cœur des multitudes. Dans une telle lutte, les résistances se multiplient; à mesure qu'on fracasse un obstacle, un autre surgit. C'est l'hydre à mille têtes qui se transforme et apparaît sous des faces neuves et étranges. Les oppositions qui prennent leur origine dans les sentiments des masses sont éternelles comme elles. Voyez d'abord comment agit le grand Empereur; il ne respecte aucune nationalité, il annule les peuples! Quoi d'étonnant que ces peuples se lèvent en masse contre lui? Quel est l'esprit de la résistance des Espagnols? D'où viennent ces sociétés secrètes qui partout se manifestent en Allemagne, en Italie? La liberté ne fait-elle pas irruption contre l'Empereur qui constitue une vaste dictature? C'est en invoquant les saintes lois de la nationalité que le major de Schill apparaît à la tête de ses partisans en Allemagne; les étudiants des universités se groupent et s'entendent par les puissantes idées de patrie et de liberté; *Teutonia et Germania* sont inscrits sur leurs bannières comme deux grandes images. En Espagne l'esprit religieux s'unit au sentiment de l'indépendance, et, chose curieuse, les compagnies d'étudiants de Salamanque ou d'Oviedo prennent la dénomination de *Cassius* et de *Scævola*. Puisque Napoléon veut être l'Empereur victorieux sous les lauriers du triomphe, pourquoi n'invoquerait-on pas contre lui les souvenirs de la république romaine? A César il faut des Brutus.

A cette époque de puissance dictatoriale, Napoléon ne respecte plus rien : la force, la ruse, tout lui est bon. S'il y avait dans l'exécution du duc d'Enghien quelque chose de sauvage, au moins ce jugement rapide, implacable, témoignait d'une sorte de cruauté franche qui souvent, en politique, est du courage et de la force; dans l'affaire d'Espagne, à la suite des transactions de Bayonne avec Ferdinand VII et Charles IV, il n'y a plus que de la trahison et de la déloyauté; comment agit l'Empereur? Corse rusé, il dédaigne d'aller franchement; il ne fait aucun cas de la loyauté, il agit par des commérages de police; il veut conquérir une couronne, non plus sur un champ de bataille, mais avec des chicanes de légiste, des arguties indignes de lui. Ce n'est pas une famille dégénérée, ce ne sont pas des princes abaissés par l'infortune seulement qu'il trompe, c'est une nation entière brave et fière qu'il trahit; en pareil cas, le jeu est rud.

Combien ce guet-apens de Bayonne lui fait tort aux yeux de l'Europe! Elle s'abaisse encore devant lui, parce qu'il paraît toujours à ses yeux armé du glaive flamboyant; mais au fond des cœurs il y a une protestation sourde et triste, un murmure immense qui bouillonne. Au moyen âge, lorsqu'un baron armé de fer spoliait la veuve et l'orphelin, on s'abaissait devant lui tant que l'armure était impénétrable; bientôt, disent les légendes, s'élevait un jeune et beau chevalier à la chevelure flottante, au casque d'acier reluisant : il entrait dans la lice, et après des efforts courageux, il perçait d'outre en outre le baron discourtois. Ce noble chevalier, c'était dans la chronique, le symbole de la justice, de la liberté; il figurait la lutte constante des sentiments généreux contre l'oppression. Et pourquoi les idées de vertu, de justice et de droit seraient-elles données au monde, si un jour elles ne devaient pas triompher?

Napoléon ose plus encore. Il s'est puissamment servi

du sentiment religieux pour constituer sa puissance sous le Consulat. Le concordat a préparé le sacre à Notre-Dame; Pie VII est venu vers lui : vieillard, il a placé ses mains sur le front du jeune héros qui commençait si magnifiquement sa carrière. Que rend l'Empereur une fois couronné, en récompense de ce zèle? A mesure que son despotisme devient plus énergique, il se montre capricieux, exigeant envers le catholicisme; rien ne l'arrête : ce vieillard, il le foule aux pieds, il lui prend Rome, il veut séparer la basilique de saint Pierre de celui qui se proclame son successeur; cet anneau si vaste, qui embrasse le monde catholique, Napoléon veut le briser. Eh bien! ce pauvre vieillard, après une patience et une résignation héroïque, saisit cet anneau et l'applique comme un stigmate brûlant sur le front de l'Empereur.

De ce moment, le conquérant, comme aveuglé, court de ruine en ruine. L'excommunication n'était plus de cet âge, sans doute, mais le sentiment religieux est de toutes les époques. Napoléon le blesse; il veut se faire le dictateur des consciences, mais ce n'est pas possible : il peut bien briser les corps, fracasser les crânes, mais les opinions sont en dehors de lui. En vain veut-il bouleverser les convictions républicaines, les dévouements royalistes, les croyances religieuses; ces violences lui portent malheur : avec la stratégie et des soldats, on bat les armées;

mais on ne tire pas des coups de canon aux idées ; et cependant : guerre aux convictions, aux grandes croyances politiques, telle est la pensée de Napoléon.

Voici maintenant qu'il heurte les intérêts. L'Empereur conçoit le système continental, idée vaste, impossible dans son exécution. Comment supposer qu'on va remanier la balance naturelle et commerciale des nations ? Dieu a réparti à chaque peuple ses trésors, et c'est par l'échange, sorte de mise en commun de toutes les facultés, que les peuples parviennent à un haut degré de civilisation. Ces principes de l'ordre naturel, l'Empereur les dédaigne ; sa haine contre l'Angleterre l'aveugle, il croit anéantir le puissant ressort du commerce en accumulant les restrictions et les douanes. Il en devient puéril ; il est transporté de joie lorsqu'on lui apprend qu'avec du raisin on fait du sucre ; il se pose douanier jusque dans ses propres salons, où il poursuit les robes d'Angleterre, les linons et les étoffes de l'Inde sur le cou de frêles femmes.

Napoléon fait la guerre, gagne des batailles, verse des torrents de sang pour son système continental : il le cherche partout, et l'impose comme condition des traités ; et puis, après tant d'efforts, lui-même, par une de ces contradictions que la dictature seule peut se permettre, il s'affranchit du système continental par la création des licences; c'est-à-dire qu'il se fait le seul commerçant, le seul dépositaire des franchises pour les échanges, comme cela se pratique en Orient. A ce moment, la liberté du commerce est l'objet d'un trafic, il faut acheter une licence; on brûle partout les marchandises anglaises; les plus belles étoffes volent au vent, et ce système odieux devient ridicule à ce point que la première chose que fait Marie-Louise dans son voyage en Hollande, c'est de se procurer des robes et des colifichets fournis par les manufactures anglaises. La corde trop tendue devait se rompre : arracher au monde la liberté de la pensée et du commerce, la tâche était trop rude même pour un géant!

Dès que le sentiment moral, la liberté et les intérêts des peuples sont menacés par le système de Napoléon, la guerre change de caractère. Ce ne sont plus seulement les armées régulières, les gouvernements, qui se montrent sur les champs de bataille; les peuples y viennent en armes; on voit qu'il s'agit de leurs plus précieux intérêts. Quel est donc le droit de cet homme de remuer le genre humain? De qui tient-il la mission d'ébranler ce que Dieu a fait? Les nations mêmes domptées sous sa main éprouvent mille sympathies pour cet héroïsme des martyrs qui préparent la régénération sociale. De là cette attention vive, profonde, qui se rattache à l'Espagne, à sa lutte acharnée. Le triomphe d'un principe est long, il faut beaucoup d'holocaustes avant que l'idée parvienne à sa maturité : l'Espagne et la Germanie ont leurs saintes victimes qui payent pour tous ; le progrès de la résistance n'en est pas moins rapide et profond.

L'Empereur en a compris toute la portée, et c'est ici que son génie apparaît dans ce qu'il a de puissant et d'organisateur ; à mesure qu'une résistance arrive, il se hâte de la renverser, et pour cela, il a recours à la constitution encore plus énergique de sa dictature ; il sent qu'il lui faut des garanties contre ces intérêts et ces opinions qu'il a soulevées. C'est un cercle vicieux : plus il est absolu, plus il mécontente ; et plus il mécontente, plus il a besoin de force pour comprimer.

Tout se lie et s'enchaîne dans la période qu'embrassent ces deux volumes ; c'est un système complet : en législation il produit le Code pénal, si cruel, si implacable pour les attentats publics ; le Code d'Instruction criminelle, qui comprime la liberté et restreint les garanties ; puis la constitution régulière des prisons d'État, la direction générale de l'imprimerie et de la librairie, le système des douanes pour le commerce, la censure sur les journaux, le monopole absolu de l'Université. Napoléon se proclame le seul dispensateur de la force et de la puissance dans l'État ; il en devient même le théologien, à ce point de régler l'enseignement ecclésiastique ; il cherche, par l'organisation d'une dictature universelle, à répondre aux résistances qui se manifestent dans toutes les forces morales de la société.

Cette puissante dictature que crée le génie de l'Empereur, il se hâte de la brillanter par de grandes créations ; il opprime la pensée, mais il établit des prix décennaux pour faire marcher l'art et les sciences. Il monopolise l'éducation publique mais il veut que ses colléges soient l'expression de tout ce que la société offre de lumière et de science. S'il abuse fatalement de la conscription, l'avancement du soldat est rapide et prodigieux ; il en fait un état. Il ôte la vie au commerce, mais il trace de somptueux palais pour la Bourse, il vient au secours des industries, leur ouvre des canaux et des voies de communication ; son administration absolue est la plus éclairée de toutes celles qui existent en Europe. Pour lui la capacité est une condition, il prend sous sa responsabilité tous les éléments d'un système à grands résultats et à vastes lumières. C'est depuis l'entrevue d'Erfurth que ces idées surgissent puissantes dans la pensée de l'Empereur ; les pouvoirs sont bien abaissés et cette abjection ne lui suffit pas : il n'y a plus de Tribunat ; le Corps législatif est muet ; les législateurs ne parlent pas, mais ils votent, ils pensent, et la dictature n'aime pas qu'on pense en dehors d'elle ; aucun pouvoir ne doit avoir le droit d'arrêter ses desseins quand il les a conçus. Chose singulière! il craint moins le Sénat que les autres pouvoirs, et c'est pourtant le Sénat qui prononcera sa déchéance en 1814.

Comme événements militaires, ces volumes embrassent les deux campagnes d'Espagne et la guerre allemande de 1809. Je dis la guerre allemande, parce que la campagne ne fut pas seulement dirigée contre la maison d'Autriche; elle prend un autre caractère, une expression de nationalité. L'Autriche se plaçant à la tête de la cause commune, parle aux sympathies du peuple germanique; elle devient l'expression des sociétés secrètes qui se donnent la mission noble de délivrer la patrie. Voilà le drapeau qu'élève la génération des universités, conduites par MM. de Stadion, de Stein, Gentz, le major de Schill, le prince de Brunswick-OEels, Blücher et Gneineseau. L'Autriche joue dans cette guerre de 1809 un rôle actif, provocateur, en dehors de ses habitudes régulières; elle est à la tête d'une insurrection nationale : de là l'énergique caractère de sa résistance.

Des révélations curieuses prouveront les relations intimes qui existaient entre l'insurrection allemande, la guerre d'Espagne, la conjuration de l'armée de Portugal, l'expédition anglaise de Walcheren et la levée des gardes nationales en France par les **ordres de Fou-**

ché et sous le commandement de Bernadotte. Il y a ici un projet de résistance morale contre l'Empereur, projet tout à la fois empreint d'un caractère religieux et politique. Les catholiques s'indignent de la manière dont on traite le pape ; les peuples invoquent leur liberté, et tout ce mélange de mécontentements prépare la guerre sourde et implacable qui plus tard éclatera contre Napoléon. Il serait impossible d'expliquer les événements de 1815 et 1814 sans avoir d'abord profondément étudié cette première époque d'opposition parmi les peuples. En ce monde, il ne faut pas croire que les catastrophes surgissent tout à coup ; les faits s'enchaînent, et les résultats proviennent de symptômes antérieurs qui souvent échappent au vulgaire.

À mesure que les périodes du grand drame de l'Empire se développent, la pensée de ce livre doit se révéler dans de plus simples et de plus larges proportions. L'auteur a voulu, par un récit impartial, examiner les causes qui ont préparé les merveilleuses fortunes de Napoléon et les causes qui ont précipité sa ruine ; les pouvoirs ne tombent pas sans motifs, et les grandes ruines n'arrivent jamais tout d'un coup ; les décadences se préparent de longue main, elles viennent de loin : bien avant la fatale campagne de Russie, l'Empire de Napoléon était menacé par des principes et des faits qui éclatèrent à la première catastrophe.

On trouvera de nombreuses révélations dans ces volumes ; les événements y paraîtront sous un jour nouveau et en dehors des vulgarités qui ont trop souvent dominé tous les travaux faits jusqu'ici sur cette héroïque époque de notre histoire. La correspondance diplomatique du duc de Wellington, si remarquable, peut servir à expliquer les campagnes d'Espagne et du Portugal ; et c'est aux communications de M. le prince de Metternich que je dois l'intelligence de la politique de l'Autriche après la campagne de 1809, et le sens des causes véritables qui préparèrent le mariage de Napoléon avec l'archiduchesse Marie-Louise. Depuis cette époque, le système autrichien a été tout entier placé dans les mains du chancelier d'État, et l'on sait à quelle puissance il l'a élevé.

Dans une haute et récente conversation au Johannisberg, le prince de Metternich a bien voulu m'expliquer les bases de la politique qui le domina dans ses rapports avec Napoléon. Je les fais connaître, sans abdiquer ce droit de critique et d'examen qui appartient à l'histoire : je suis trop fier de ma nationalité pour ne pas la conserver pure et libre dans mes rapports même avec les intelligences diplomatiques qui dirigent le sort du monde.

J'arrive à une époque plus rapprochée de nous ; je vais là trouver des événements que tous nous avons touchés et des noms propres qui tiennent encore aux affaires publiques de notre pays. Une haute discrétion est ici commandée ; je n'écris pas un pamphlet, je n'aime pas ces biographies passionnées qui se plaisent à détruire les réputations et les hommes, triste travail de démolition qui semble dominer les générations actuelles. Hélas ! dans des temps si agités, qui n'a pas commis de fautes ? Quel est le nom propre qui peut se poser comme affranchi de toute faiblesse et de toute erreur ?

Je vais parcourir le temps de la grande splendeur de l'Empire ; c'est le dernier et beau reflet de l'histoire de Napoléon. J'éprouve un serrement de cœur indicible quand je touche ainsi l'apogée resplendissante de la destinée d'un homme et d'une œuvre ; à côté du progrès la décadence, après les joies le deuil ; serait-ce la loi fatale, la malédiction que Dieu a écrite au front de l'humanité ?

Paris, 1er septembre 1840.

L'EUROPE

PENDANT

LE CONSULAT ET L'EMPIRE

DE NAPOLÉON.

8888888888888888888888888888888888888888888888

CHAPITRE I.

STATISTIQUE ET LÉGISLATION

DE L'EMPIRE FRANÇAIS.

Territoire. — Départements réunis. — Départements anciens. — Divisions militaires. — Préfectures. — Cours d'appel. — Archevêchés et évêchés. — Système administratif. — Les communes. — Royaume d'Italie. — La vice-royauté. — Milan. — Venise. — Gouvernements généraux de l'Empire dans les provinces réunies. — Fiefs dans la Dalmatie, le Frioul et la Haute-Italie. — Les Sept-Iles. — Législation générale. — Centralisation. — Lois politiques et judiciaires.

1807.

Lorsque la postérité, attentive aux grandes choses, portera ses regards sur l'Empire français après le traité de Tilsitt, elle admirera surtout le vaste ensemble de cette administration publique. Les conquêtes de l'Empereur paraîtront moins prodigieuses que la puissante création d'un gouvernement fort s'étendant uniformément sur une masse immense de territoires et de peuples. Jamais autorité ne fut plus respectée et ne s'exerça avec plus d'unité et d'ensemble : le système des départements, conception révolutionnaire d'une grande énergie, fut couronné par la création des préfets sous le Consulat; les divisions militaires et les cours d'appel embrassaient des démarcations plus étendues, et tout désormais dut marcher sous la seule impulsion de l'Empereur, la pensée dominante de cette étonnante machine politique.

Le puissant édifice de l'Empire, après la pacification européenne, comptait cent dix départements, sans y comprendre les colonies, alors exposées à tous les coups de l'Angleterre. La révolution avait légué à l'Empereur, comme un témoignage de ses victoires, les frontières du Rhin, la Belgique et le Piémont; Bonaparte, premier Consul, trouva ces conquêtes accomplies, et la flatterie pour le souverain ne doit point effacer les services rendus par les fières armées démocratiques avant le 18 brumaire. Napoléon avait juré, à son sacre, de maintenir dans leur intégralité les territoires qu'il avait reçus des mains de la République, et il avait alors tenu largement sa parole, car une multitude de départements réunis s'étaient groupés autour de l'ancienne France. A l'extrémité nord, les Deux-Nèthes [1], enchâssant une partie de

---

[1] Je prends ici la statistique qui fut publiée par le ministre de l'intérieur en 1807; plus tard les départements s'agrandirent de toute la Toscane, de Rome, de la Hollande et des villes anséatiques. D'après cette statistique, les anciennes provinces et généralités de la France, les colonies françaises, les divers pays réunis à la France, formaient 122 départements, savoir :

Provence, territoire d'Avignon et comtat Venaissin, quatre : *Basses-Alpes, Bouches-du-Rhône, Var, Vaucluse.* 4

Dauphiné, trois : *Hautes-Alpes, Drôme, Isère.* 3

Franche-Comté, trois : *Doubs, Jura, Haute-Saône.* 3

Alsace, deux : *Haut-Rhin, Bas-Rhin.* 2

Lorraine, Trois-Évêchés et Barrois, quatre : *Meurthe, Meuse, Moselle, Vosges.* 4

Champagne, principauté de Sédan,

la Hollande, avait pour frontière Bréda et Berg-op-Zoom; Malines en formait le chef-lieu avec son bel évêché des vieux temps. A ses côtés s'étendait le département de l'Escaut, composé d'une partie de la Belgique; Gand, la grande ville des ouvriers, était sa capitale; il avait dans sa dépendance Anvers, avec son arsenal et son port, que l'Empereur réservait à de si hautes destinées, et Oudenarde, population manufacturière des Pays-Bas. Le département de la Lys comptait Bruges, aussi antique que Gand dans l'histoire des corporations et des métiers. Bruxelles était le siége de la Dyle comprenant des villes actives, Louvain, Jemmapes, que les chroniques ont célébré, A ses côtés était la Meuse-Inférieure avec Maëstricht; le département de la Roër, si remarquable par Aix-la-Chapelle, la cité de Charlemagne; l'Ourthe, où se voient Liége, vieillie et enfumée, fière de son hôtel-de-ville et de ses souvenirs des évêques; les eaux de Spa, renommées alors pour les cures merveilleuses, repos chéri des dames de l'Empire. Le département de Jemmapes avait pour métropole Mons; Sambre-et-Meuse, de grande mémoire au temps de la République, comptait Namur; Namur sur la Meuse, si retentissante par le siége soutenu sous

Bouillon, Philippeville, Marienbourg, Givet et Charlemont, quatre : *Ardennes, Aube, Marne, Haute-Marne.*

Deux Flandres, Hainaut, Cambrésis, Artois, Boulonais, Calaisis, Ardrésis, deux : *Nord, Pas-de-Calais.*

Ile-de-France, Paris, Soissonnais, Beauvoisis, Amiénois, Vexin français, Gâtinais, six : *Aisne, Oise, Seine, Seine-et-Oise, Somme, Seine-et-Marne.* 6

Normandie et Perche, cinq : *Calvados, Eure, Manche, Orne, Seine-Inférieure.*

Bretagne, cinq : *Côtes-du-Nord, Fi-*nistère*, Ille-et-Vilaine, Loire-Inférieure, Morbihan.* 5

Haut et Bas-Maine, Anjou, Touraine et Saumurois, quatre : *Indre-et-Loire, Mayenne, Mayenne-et-Loire, Sarthe.* 4

Poitou et partie des Marches communes, trois : *Deux-Sèvres, Vendée, Vienne.* 3

Orléanais, Blaisois et pays Chartrain, trois : *Eure-et-Loir, Loir-et-Cher, Loiret.* 3

Berry, deux : *Indre, Cher.* 2

Nivernois, un : *Nièvre.* 1

Bourgogne, Auxerrois et Sénonois,

Louis XIV et célébré par Boileau. Puis venait le département des Forêts, englobé dans le vieux duché de Luxembourg; Rhin-et-Moselle, avec Coblentz, la plus gaie des villes du Rhin; le Mont-Tonnerre, qui comptait Mayence, Spire, Worms, et les vignobles dorés du Johannisberg.

Tous ces départements étaient au Nord ou sur la frontière allemande; au Midi, l'Empire avait acquis des pays non moins remarquables par leur situation et leurs produits; ils formaient comme des frontières fortifiées au cas d'une invasion. Autour du magnifique lac de Genève, au pied des glaciers, se groupaient les départements du Léman, avec son sol fertile, ses coteaux de vignobles et ses vallées de pâturages; à ses côtés le département du Mont-Blanc et Chambéry, Saint-Jean-de-Maurienne, Moutiers, et la route du Mont-Cenis, tant de fois glorieusement traversée. La Doire embrassait une partie du Piémont; le préfet résidait à Ivrée, où s'étaient faits les préparatifs de Marengo; la Sésia formait les frontières du royaume d'Italie, la préfecture était à Verceil. En s'étendant plus au loin on trouvait le département de la Méditerranée jusqu'à Livourne si commerçante; l'Ombrone se glorifiait de Sienne, sa métropole, remplie des chefs-d'œuvre des arts municipaux de l'Italie, de ses horloges et de ses tours; les Apennins, avec Chiavare; Gênes éclatante de

---

Bresse, Bugey et Valmorey, Dombes, quatre : *Ain, Côte-d'Or, Yonne, Saône-et-Loire*.
 Lyonnais, Forez et Beaujolais, deux : *Loire, Rhône*. 2
 Bourbonnais, un : *Allier*. 1
 Marche, Dorat, Haut et Bas-Limousin, trois : *Corrèze, Creuse, Haute-Vienne*. 3
 Angoumois, un : *Charente*. 1
 Aunis et Saintonge, un : *Charente-Inférieure*. 1
 Périgord, un : *Dordogne*. 1

Bordelais, Bazadais, Agénois, Condomois, Armagnac, Chalosse, pays de Marsan et Landes, quatre : *Gironde, Landes, Lot-et-Garonne, Gers*. 4
 Quercy, un : *Lot*. 1
 Rouergue, un : *Aveyron*. 1
 Basque et Béarn, un : *Basses-Pyrénées*. 1
 Bigorre et Quatre-Vallées, un : *Hautes-Pyrénées*. 1
 Languedoc, Comminges, Nébouzan et Rivière-Verdun, sept : *Ardèche,*

marbres, brillait riche souveraine dans son beau territoire ; puis le département de Montenotte avec Savone ; la Stura, dont Coni était le chef-lieu ; les Alpes-Maritimes ; le Pô, qui comptait Turin, capitale régulière et un peu monotone ; les départements jetés sur le littoral de la Toscane avec Livourne, pays aux délicieux amphithéâtres, quand le voyageur les aperçoit sur le bateau qui fend les eaux du canal de Piombino.

Ainsi étaient les territoires réunis à l'Empire, tous soumis à une commune administration ; la vieille France comme la nouvelle était placée sous un même niveau. Le Consul, puis l'Empereur, avait organisé de grandes hiérarchies se formulant chacune dans un ordre d'idées pour le gouvernement de la société : la première embrassait la pensée de guerre, qui dominait toutes les autres dans la tête du chef de l'État ; la France fut partagée en vingt-huit divisions militaires, adaptées sous plus d'un rapport, aux anciens gouvernements des provinces. Napoléon s'était aperçu que le système des départements était trop morcelé ; si une époque pacifique avait succédé à ces temps de levées actives d'impôts et de conscrits, peut-être l'Empereur eût-il réuni plusieurs départements

---

Aude, Gard, Haute-Garonne, Hérault, Lozère, Tarn.
   Couserans et Foix, un : *Ariège*.   1
   Roussillon, un : *Pyrénées-Orientales*.   1
   Belay, Haute et Basse-Auvergne, trois : *Cantal, Haute-Loire, Puy-de-Dôme*.   3
   Corse et île de Capraja, deux : *Golo, Liamone*.   2
   Savoie, comté de Nice, territoire de Genève, trois : *Mont-Blanc, Alpes-Maritimes, Léman*.   3
   Partie du Hainaut et de la Flandre ci-devant autrichienne, Brabant, pays de Liège, neuf : *Dyle, Escaut, Forêts, Jemmapes, Lys, Meuse-Inférieure, Deux-Nèthes, Ourthe, Sambre-et-Meuse*.   9
   Rive gauche du Rhin, quatre : *Roër, Sarre, Rhin-et-Moselle, Mont-Tonnerre*.   4
   Piémont et territoire de la ci-devant République ligurienne, huit : *Apennins, Doire, Gênes, Marengo, Montenotte, Pô, Sésia, Stura*.   8
   Les colonies françaises.   12
                       122

dans un seul, afin d'obtenir le double résultat de centralisation et d'économie. Les divisions militaires étaient habituellement confiées à des généraux fatigués du service actif, ou quelquefois en disgrâce [1]; cependant, lorsque les campagnes s'ouvraient, la plupart de ces généraux avides de guerre et de gloire, se précipitant au combat, laissaient à de simples intérim le commandement pacifique du territoire; on comptait parmi les généraux remarquables qui commandaient les divisions, quelques-uns des vieux officiers républicains de l'armée d'Italie ou de Moreau : tels étaient Cervoni, Chabran, Travot, Canuel, Menou. Les généraux commandants, chargés de surveiller toutes les parties militaires du service, donnaient l'impulsion aux troupes sédentaires, aux dépôts, aux régiments de garnison; chefs naturels des forces de l'intérieur, ils correspondaient seuls avec le ministère de la guerre. Paris formait une exception comme gouvernement militaire, et on l'avait placé, ainsi qu'on l'a dit, sous la main de Junot, l'homme de confiance de Napoléon; gouverneur de Paris était

---

[1] Les documents du ministère de la guerre portent le nombre des divisions en 1807 à vingt-huit; mais il y avait un certain nombre d'*intérim* ; plus tard l'empire eut trente-deux divisions militaires.

Paris — 1re *division* — Le général de division Junot.
Mézières — 2e *division* — . . . . .
Metz — 3e *division* — Rousseau.
Nancy — 4e *division* — Gilot.
Strasbourg — 5e *division* — Desbureaux.
Besançon — 6e *division* — Valette.
Grenoble — 7e *division* — Daumas.
Marseille — 8e *division* — Cervoni.
Montpellier — 9e *division* — Quesnel.
Toulouse — 10e *division* — Chabran.
Bordeaux — 11e *division* — Barbou.
Nantes — 12e *division* — Travot.
Rennes — 13e *division* — Delaborde.
Caen — 14e *division* — Laroche.
Rouen — 15e *division* — Musnier.
Lille — 16e *division* — Morlot.
Dijon — 18e *division* — Sionville.
Lyon — 19e *division* — Jomard.
Périgueux — 20e *division* — Olivier.
Poitiers — 21e *division* — Dufour.
Tours — 22e *division* — Bonnard.
Bastia — 23e *division* — Morand.
Bruxelles — 24e *division* — Chambarlhac.
Liége — 25e *division* — Canuel.
Coblentz — 26e *division* — . . . . .
Turin — 27e *division* — Menou.
Gênes — 28e *division* — Montchoisy.
Le général Durutte, commandant l'Ile d'Elbe.
Le maréchal Pérignon, gouverneur-général des États de Parme et de Plaisance.

un beau titre, renouvelé des fastes de la vieille monarchie.

La hiérarchie si énergique des préfets se déployait à côté de celle des divisions militaires; on ne peut se faire l'idée aujourd'hui de ce qu'était un préfet en ce temps où les fonctionnaires parlant au nom de l'Empereur, faisaient exécuter les lois de l'État[1]. Comme l'administration publique était la force du gouvernement, Napoléon avait voulu qu'elle agît dans toute sa puissance sous la main des préfets, presque tous hommes d'action et d'intelligence. Le personnel en était choisi avec une attention et une sollicitude indicibles : dans les grandes préfectures, c'étaient presque toujours des hommes qui déjà avaient donné des gages à la Révolution ou à l'ordre politique créé par l'Empire; peu importait leurs antécédents. Marseille, par exemple, comptait le conventionnel M. Thibeaudeau, caractère inflexible, proconsul pour la conscription impériale, comme il l'était sous le comité de salut public; son nom inspirait une sorte de terreur, nul ne résistait à sa volonté, bras de fer pour exécuter la pensée de l'Empereur. A Bordeaux, c'était M. Fauchet, révolutionnaire éclairé, dans les opinions de Camille

---

[1] Rien de plus stable que les préfets sous l'Empire; les changements étaient des exceptions où résultaient de l'avancement régulier dans l'ordre administratif; l'opinion de l'Empereur était : que la permanence des fonctions publiques établissait des rapports plus réguliers entre les administrateurs et les administrés. Les documents du ministère de l'intérieur portent les noms suivants pour les préfets en 1807.

Ain, Bossi. — *Aisne*, Méchin. — *Allier*, Guillemardet. — *Alpes (Basses-)*, Duval. — *Alpes (Hautes-)*, Ladoucette. — *Alpes-Maritimes*, Dubouchage. — *Apennins*, Roland de Villarceaux. — *Ardèche*, Brunetceau-Sainte-Suzanne. — *Ardennes*, Frain. — *Arriége*, Brun. — *Aube*, Bruslé. — *Aude*, J. Trouvé. — *Aveyron*, Saint-Florent. — *Bouches-du-Rhône*, Thibaudeau. — *Calvados*, Cafarelli. — *Cantal*, Riou. — *Charente*, Rudier. — *Charente-Inférieure*, J. E. Richard. —*Cher*, le général de Barral. — *Corrèze*, le général de division Milet-Mureau. — *Côte-d'Or*, Rioufle. — *Côtes-du-Nord*, Boullé. — *Creuse*, J. L. C. Lasalcette. — *Doire*, de Plancy. — *Dordogne*, Rivet. — *Doubs*, Jean Debry. — *Drôme*, Descorches. — *Dyle*, Chaban. — *Escaut*, Faypoult. — *Eure*, Rolland-Chambaudoin. — *Eure-et-Loir*, Delaître. — *Finistère*, Miollis. — *Forêts*, Lacoste. — *Gard*, Dalphonse. — *Garonne (Haute-)*, Desmousseaux. — *Gênes*, Latour-

Desmoulins, homme d'intelligence et de fermeté, rallié sous l'étendard impérial; on lui reprochait seulement de prononcer avec une sorte de joie indicible ces mots : *Bon pour le service*, qui jetaient des milliers d'hommes aux armées. A Lyon, c'était au contraire un homme de mœurs douces et à l'esprit conciliant, M. d'Herbouville, capable de rattacher la société aristocratique de la place de Bellecour. Les préfectures étaient une fusion de toutes les époques; Jean-Bon-Saint-André, Cochon, Shée, Thibaudeau, Quinette, Jean Debry, rappelaient la Convention et les régicides; MM. Dubouchage, de Barante, Villeneuve, de Chabrol, un temps et une société sous l'impulsion d'autres idées. On comptait parmi les préfets plusieurs généraux en retraite; quand ils ne pouvaient plus servir de l'épée, on leur donnait des positions administratives; les préfectures n'étaient qu'un vaste moyen d'action sur les masses pour l'impôt et la conscription militaire.

L'ordre judiciaire avait son organisation et sa hiérarchie, qui se formulait en dehors des départements et des divisions militaires; l'Empereur en était revenu, sous quelques rapports, aux circonscriptions étendues

relle.—*Gers*, Balguerie. — *Gironde*, Joseph Fauchet —*Golo*, Piétri. —*Hérault*, Nogaret. — *Ille-et-Vilaine*, Bonnaire. *Indre*, Prouveur. — *Indre-et-Loire*, Lambert. — *Isère*, Fourier.—*Jemmapes*, de Coninck-Outerive. — *Jura*, Poncet. — *Landes*, Valentin-Duplantier. — *Léman*, de Barante.—*Liamone*, Arrighi.—*Loir-et-Cher*, Corbigny.— *Loire*, Imbert. — *Loire (Haute-)*, Lamothe. — *Loire-Inférieure*, Wischer de Celles. — *Loiret*, Pieyre. — *Lot*, Bailly. — *Lot-et-Garonne*, Villeneuve - Bargemont. — *Lozère*, Florens. — *Lys*, Chauvelin. — *Maine-et-Loire*, Bourdon de Vatry. — *Manche*, Costaz. — *Marengo*, Robert. — *Marne*, Bourgeois-Jessaint. — *Marne (Haute-)*, Jerphanion.—*Mayenne*, Harmand.— *Meurthe*, Marquis. — *Meuse*, Leclerc. — *Meuse-Inférieure*, Roggieri. — *Mont-Blanc*, Poitevin-Maissemy. — *Montenotte*, de Chabrol. —*Mont-Tonnerre*, Jean-Bon Saint-André. — *Morbihan*, le général de brigade Jullien. — *Moselle*, Vaublanc. — *Nèthes (Deux-)*, Cochon. — *Nièvre*, Adet.—*Nord*, le général de division Pommereul. — *Oise*, C. Belderbusch.—*Orne*, Lamagdelaine.—*Ourthe*, Micoud-d'Umons. — *Pas-de-Calais*, le général de brigade Lachaise. — *Pô*, Loysel. — *Puy-de-Dôme*, Ramond. — *Pyrénées (Basses-)*, le général de brigade Castellane. *Pyrénées (Hautes-)*, Chazal. — *Pyrénées-Orientales*, le général de brigade Martin. *Rhin (Bas-)*, Shée. — *Rhin (Haut-)*, Félix Desportes. — *Rhin-et-Moselle*, Adrien

des parlements : ainsi, sur cent dix départements qui formaient l'Empire français, il n'y avait que trente cours d'appel, dont le siége était placé presque sans changement dans les cités parlementaires. Toutes ces cours, sous la domination du grand-juge, exerçaient dans l'ordre de supériorité, une juridiction spéciale sur les tribunaux civils : dans certaines cours judiciaires, il y avait douze juges; dans d'autres, le nombre s'élevait jusqu'à trente; le choix des magistrats avait été presque entièrement indiqué par Cambacérès, et il faut dire à son éloge, qu'en faisant la part aux nécessités du temps, l'archi-chancelier y avait appelé un grand nombre de magistrats capables et beaucoup de membres des anciens parlements et de l'ordre judiciaire [1]; on y comptait les noms de d'Haubersaert, de Vergniaud, de Gerbier; et Cambacérès se proposait, par des épurations successives, de donner encore plus de force et de moralité à la magistrature. Le système des cours de justice criminelle spéciales existait depuis le Consulat, et bien que le gouvernement ne fût autorisé qu'à les établir facultativement, elles s'étendaient presque sur toute la superficie de

---

Lezay de Marnesia. — *Rhône*, d'Herbouville.—*Roër*, le général Alexandre Lameth. — *Sambre-et-Meuse*, Pérès. — *Saône (Haute-)*, Hilaire. — *Saône-et-Loire*, Roujoux. — *Sarre*, Keppler.—*Sarthe*, Auvray. — *Seine*, Frochot. — *Seine-et-Marne*, Lagarde. — *Seine-et-Oise*, Laumont.—*Seine-Inférieure*, Savoye-Rollin. — *Sésia*, Giulo. — *Sèvres (Deux-)*, Dupin. — *Somme*, Quinette. — *Stura*, Arborio. — *Tarn*, Gary.— *Var*, d'Azemar. — *Vaucluse*, Delattre. — *Vendée*, Merlet. — *Vienne*, Cheron. — (*Vienne Haute*), Texier-Olivier. — *Vosges*, Himbert. — *Yonne*, Rougier la Bergerie.— *Ile d'Elbe*, Galeazini, commissaire général.

[1] Présidents de cours d'appel. *Agen*, Lacuée aîné.—*Aix*, Baffier.— *Ajaccio*, Boerio.—*Amiens*, Varlet.—*Angers*, Menard-Lagroye.—*Besançon*, Louvot.—*Bordeaux*, Brezets.—*Bourges*, Sallé.—*Bruxelles*, Latteur.—*Caen*, Lemenuet.—*Colmar*, Louis Schirmer.— *Dijon*, Larché.—*Douai*, d'Haubersart père. — *Gênes*, Carbonara. — *Grenoble*, Barral. — *Liège*, Dandrimont. — *Limoges*, Vergniaud père.—*Lyon*, Vouty. —*Metz*, Pêcheur.—*Montpellier*, Perdrix.— *Nancy*, J. A. Henry.—*Nismes*, Mayneaud, —*Orléans*, Petit-Lafosse.—*Paris*, Mathieu Séguier. — *Pau*, Claverie.—*Poitiers*, Thibaudeau.—*Rennes*, Desbois.—*Riom*, Redon.—*Rouen*, Thieullen.—*Toulouse*, Desazars.—*Trèves*, Garreau.—*Turin*, Peyretti-Condove.

l'Empire; les cours spéciales étaient comme un mélange du système militaire et de la pensée de justice, souvenir des anciennes cours prévôtales, appelées à juger les crimes et les délits qui troublaient l'ordre public; de cette manière, le jury n'était applicable qu'aux affaires complétement privées. Ce que voulait l'Empereur avant tout, c'était la force de son gouvernement; les garanties politiques n'étaient qu'un accessoire dans le mouvement général des institutions; il n'était pas le partisan du jury; la justice devait frapper vite et fort.

L'épiscopat recevait son organisation religieuse en dehors des idées administratives. Napoléon avait secoué les formules adoptées par la Constituante sur les évêchés par départements; le concordat créait des archevêchés et des diocèses en conservant presque partout les anciennes formules de l'Église. Les archevêchés, au nombre de douze, étaient : Paris, sous le vénérable cardinal de Belloy[1], vaste métropole qui comprenait les évêchés de Troyes, d'Amiens, de Soissons, d'Arras, de Cambrai, de Versailles, de Meaux et d'Orléans, villes de France si célèbres dans les annales de l'Église. Un Roquelaure avait l'archevêché de Malines, embrassant presque tous les départements de l'ancienne Belgique; si ces deux métropolitains, le cardinal de Belloy et M. de

---

[1] Il est aussi à remarquer combien l'Empereur mettait de prix à choisir des évêques d'une grande tenue et d'un zèle remarquable; ces choix furent si puissants dans l'esprit de l'Église que lorsque Napoléon rompit avec Rome, l'épiscopat français, dévoué à l'Empereur, refusa pourtant de servir sa querelle et ses petites passions contre le chef sacré du catholicisme.

ARCHEVÊQUES ET ÉVÊQUES.
Archevêché de Paris.
Le cardinal de Belloy.

Évêchés.
Troyes, la Tour-du-Pin-Montauban. — *Amiens*, Demandolx.. — *Soissons*, le Blanc-Beaulieu. — *Arras*, Latour-d'Auvergne-Lauragais. — *Cambrai*, Belmas. — *Versailles*, Charrier-Laroche. — *Meaux*, Fodoas. — *Orléans*........

Archevêché de Malines.
M. de Roquelaure.
Évêchés.
Namur, Pisani de la Gaude. — *Tournay*, Hirn. — *Aix-la-Chapelle*, Berdollet. —

Roquelaure, obéissaient avec un remarquable dévouement à la cour de Rome, il n'en était pas de même de l'archevêque de Besançon, M. Lecoz, janséniste très prononcé, un des grands obstacles au concordat primitif conclu entre Pie VII et l'Empereur. M. Lecoz, métropolitain, avait sous lui cinq suffragances, Autun, la ville romaine, Metz, Strasbourg à la vieille cathédrale, Nancy et Dijon. Le cardinal Fesch administrait l'archevêché de Lyon avec un zèle indicible, conservant de bons rapports avec Rome; le concordat reconnaissait plusieurs autres métropoles, celles d'Aix, de Bordeaux, de Toulouse, de Bourges, de Tours, de Rouen, de Turin et de Gênes. On comptait parmi les archevêques deux sénateurs; l'Empereur avait respecté l'ancienne circonscription des Gaules chrétiennes; les archevêques étaient pris indistinctement parmi les classes nobles et populaires; l'épiscopat fut généralement bien composé, l'Empire y trouvait du dévouement, la religion un zèle éclairé, et, chose merveilleuse, le clergé de France, relevé à peine depuis six ans, déployait toute la splendeur de son origine; quatre cardinaux brillaient dans le clergé, MM. de Belloy, Fesch, Cambacérès et Spina, tous quatre grands dignitaires de l'Empire; et lorsque l'encens s'élevait sous les ogives de la cathédrale, Napo-

---

Trèves, Mannay. — *Gand*, Fallot-Beaumont. — *Liége*, Zaepffel. — *Mayence*, Colmar.

Archevêché de Besançon.
M. Lecoz.

Évêchés.
Autun, Imberties. — *Metz*, Jauffret. — *Strasbourg*, Saurine. — *Nancy*, D'Osmond. *Dijon*, Reymond.

Archevêché de Lyon.
Le cardinal Fesch.

Évêchés.
Mende, Mohel de Mons. — *Grenoble*,
Simon. — *Valence*, Bécherel. — *Chambéry* De Solle.

Archevêché d'Aix.
M. Champion de Cicé.

Évêchés.
Nice, Colonna d'Istria. — *Avignon*, Perrier. — *Ajaccio*, Sébastiani-Porta. — *Digne*, Miollis. — *Vintimille*, Gerolamo-Orengo.

Archevêché de Toulouse.
M. Primat.

léon aimait à voir les princes de l'Église, revêtus de leur vêtement pourpré, accourir au-devant de lui, comme cela s'était vu en tous les temps pour les empereurs et les rois. Napoléon ne s'adressa jamais au cardinal de Belloy sans lui témoigner une profonde vénération ; ce vieillard, presque centenaire, lui parlait un langage de douceur et de dignité ; il avait assisté à la vieillesse de Louis XIV, et après avoir traversé la régence et Louis XV, le vénérable archevêque de Paris avait succédé à Belzunce, l'évêque de Marseille au temps de l'épouvantable calamité de 1720. Tout cela remuait une âme aussi poétique que celle de Napoléon.

D'autres organisations administratives venaient se rattacher à ces moyens d'action gouvernementale ; dans l'ordre primitif, les préfets devaient être chargés de toute la police de leurs départements ; sous le Consulat, à mesure que l'action des partis devint plus vive, Bonaparte crut indispensable d'avoir sous sa main des fonctionnaires spéciaux, qui s'occuperaient de la police comme d'un ressort essentiel au milieu de l'effervescence des opinions. Dès que Fouché reprit la suprême direction de l'esprit public, l'Empire fut divisé en quatre arrondissements, confiés à des conseillers d'État ; sous ces conseillers on créa des commissaires-généraux

---

Évêchés:
Cahors, Cousin de Grainville. — *Montpellier*, Fournier. — *Carcassonne*, De Laporte. — *Agen*, Jacoupy. — *Bayonne*, Loison.

Archevêché de Bordeaux.
M. d'Aviau-Du-Bois-de-Sanzay.

Évêchés.
Poitiers, De Pradt. — *La Rochelle*, Paillou. — *Angoulême*, Lacombe.

Archevêché de Bourges.
M. de Mercy.

Évêchés.
Clermont, Duvalk-Dampierre. — *Saint-Flour*, Montanier-Belmont. — *Limoges*, Du Bourg.

Archevêché de Tours.
M. de Barral.

Évêchés.
Le Mans, De Pidoll. — *Angers*, Montault. — *Nantes*, Duvoisin. — *Rennes*, Énoch. — *Vannes*, Mayneaud de Pansemont. — *Saint-Brieuc*, Caffarelli. — *Quimper*, Dombidau de Crouzeilles.

de police qui eurent chacun un but spécial de surveillance ; ils ne furent point répartis par chaque département ; on leur donna la direction de certaines villes qui, par leur position, pouvaient être plus spécialement soumises à l'action des complots ou à des correspondances criminelles : ainsi, il y eut des commissaires-généraux de police dans tous les grands ports maritimes, parce qu'il fallait surveiller les trames criminelles des Anglais, empêcher toutes les relations qui pouvaient s'établir entre l'ennemi et certaines villes de France ; à Marseille, à Bordeaux, au Havre, à Cherbourg, à Brest, on nomma des commissaires-généraux de police. Les frontières du Rhin furent placées dans ce même système : on en institua à Cologne, à Strasbourg, partout enfin où il fallait surveiller les rapports avec l'extérieur ; ils avaient également mission d'entretenir des agents pour donner tous les renseignements sur les mouvements des étrangers, sur le but des voyages. Ces bulletins de police, analysés par les conseillers d'État chargés du service auprès du ministre, étaient ensuite groupés en statistique, pour être mis sous les yeux de l'Empereur. Curieuse anomalie dans un esprit aussi élevé ! Napoléon était l'homme des petits rapports, des petites polices, un caractère qui se laissait impressionner par tout le parlage domestique ; la délation venait à lui pour tourmenter sa

Archevêché de Rouen.
Le cardinal Cambacérès.
Evêchés.
Coutances, Rousseau. — *Bayeux*, Brault. *Séez*, Chevigné de Boischolet. — *Évreux*, Bourlier.
Archevêché de Turin.
M. De Latour.
Evêchés.
Acqui, De Broglie. — *Asti*, Arborio Gattinara. — *Casal*, Villaret. — *Ivrée*, Grimaldi. — *Mondovi*, Vitale. — *Saluces*, Ferrero della Marmora. *Verceil*, Canavery.
Archevêché de Gênes.
Le cardinal Spina.
Evêchés.
Albenga, Dania. — *Borgo San Donino*, Garimberti. — *Brugnetto*, Solari. — *Parme*, Le cardinal Caselli. — *Plaisance*, Cérati. — *Sarzanne*, Pallavicini. — *Savone*, Vincent.

vie, comme, sous Rome dégénérée, elle allait aux empereurs [1].

Si l'on joint à ces formes diverses d'enquêtes et de renseignements l'action des douanes, des droits-réunis, des inspections des finances, se rattachant toutes également à un centre commun, on trouvera sans contestation que le gouvernement impérial était le plus ferme, le plus fortement organisé. Rien n'échappait à cette centralisation; l'Empereur pouvait connaître et recueillir la plus petite parcelle du grand édifice. Dans cet ensemble d'institutions, la forme militaire dominait toutes les autres; la puissance du sabre ne permettait pas le développement moral du bien-être des classes sociales; l'esprit de révolte ne se manifestait plus, mais la société paraissait fatiguée de la pesanteur de ce bras de fer. Que de sacrifices n'avait-on pas faits à la force du gouvernement, à la sûreté de l'édifice impérial! L'impulsion venait d'en haut, jamais d'en bas; on étudiait l'opinion publique, mais le pouvoir seul s'en réservait la direction; en vain on aurait cherché un peu de liberté, une expression soudaine, spontanée, de l'esprit public; tout cela avait disparu; comme il y avait eu anarchie antérieure, on aurait dit que, pour en éviter le retour, le pays, abdiquant tous ses sentiments intimes, avait donné à Napoléon la dictature des intérêts de la famille et même des âmes; on n'osait respirer. Les préfets, secondés par une forte organisation de sous-préfets et de conseillers de préfecture, ne s'occupaient que de conscription et d'impôts; celui-là était le meilleur administrateur qui donnait les plus forts contingents, avec les jeunes hommes les mieux con-

---

[1] Fouché disait de Napoléon : « Il voudrait faire la cuisine de tout le monde. »

stitués, les plus capables de manier les armes; le zèle était mesuré par les services; le gouvernement était tout, les garanties rien [1].

On se fait à peine l'idée aujourd'hui de ce qu'était l'administration sous l'Empire; il y avait une telle obéissance, que toute la hiérarchie marchait comme un seul homme, sans s'inquiéter des obstacles, des résistances individuelles : les lois les plus cruelles existaient sur les réfractaires; les pères et les mères étaient responsables de la désertion du fils, jusqu'à ce point d'imposer 1,500 francs d'amende à de pauvres paysans pour avoir conservé un bras à la terre, un enfant à leur amour. Les garnisaires étaient partout : telle chaumière était à la discrétion de deux ou trois gendarmes assis au chevet d'un vieux père et dévorant son patrimoine, comme les prétoriens et les vétérans de Sylla vivaient à discrétion dans les métairies enfumées. Hélas! il n'y avait pas là de Virgile pour faire entendre, sur le chalumeau rustique, les plaintes de la campagne éplorée et du pasteur dépouillé. Les préfets faisaient poursuivre les conscrits devant les tribunaux avec une impitoyable autorité; chaque jour des jugements condamnaient des réfractaires au boulet; la statistique de 1807 présente plus de 1,500 jeunes hommes qui travaillaient, une chaîne au pied, sur les grandes routes ou dans les bagnes, mêlés, pour ainsi dire, aux repris de justice, à Toulon, à Rochefort ou à Brest. C'était bien autre chose quand il s'agissait de l'impôt! on ne respectait rien, ni la misère, ni les sueurs; le

---

[1] La correspondance des préfets avec le ministre de l'intérieur offre sous le rapport d'une ferme administration, une grande curiosité; les préfets donnent des contingents de conscrits p'us forts que ceux qu'on leur demande; le ministre les félicite de leur zèle : « C'est ainsi, dit-il, que l'Empereur veut être servi. »

préfet, comme le préteur sur son tribunal, n'écoutait aucune réclamation ; il fallait servir l'Empereur avant tout ; le peuple n'avait-il pas abdiqué la souveraineté dans ses mains? Il avait un monarque ; comme les Israélites qui n'avaient pas écouté les imprécations de Samuel, il fallait donner au roi les plus beaux de ses fils, la charrue, les bœufs, l'âne, et traîner son char d'or aux jours de pompe.

Telle était cette vaste réunion de départements que la république avait agrandie, et que l'Empire avait accrue plus encore que la république. Napoléon ne régnait pas seulement sur l'Empire ; roi d'Italie, il portait la couronne de fer; enfin les traités lui avaient laissé un grand nombre de terres érigées en fiefs dans l'intérêt de sa puissance. L'uniformité était la loi invariable de l'Empire français, la condition de vie pour tout ce qui se rattachait au sceptre de Napoléon. Quand un pays saluait l'aigle, il recevait dès lors un Code unique, une administration uniforme : même système de poids et mesures, même cadastre, même langue; le gouvernement était comme l'unité mathématique qui s'applique à tous les nombres, et partout où il y avait un peuple, il y avait une commune loi, sans tenir compte de la mobilité incessante des habitudes. La constitution du royaume d'Italie se rattachait aux lois fondamentales de l'Empire français; la séparation n'était qu'une formule de mots, une variation de langage ; l'Empereur avait séparé la royauté d'Italie, seulement pour complaire à l'Europe, et montrer qu'il existait une distinction entre les deux souverainetés : le royaume d'Italie formait donc un tout à part, dont la capitale était Milan, résidence du prince Eugène et de sa cour, si respectueusement soumise aux volontés de Napoléon. Le territoire du royaume d'Italie, considérablement agrandi par l'Empereur, embrassait d'abord dans la Lombardie les villes qui s'étendent depuis l'Adige jusqu'au Pô, ainsi que l'avaient réglé les traités de Campo-Formio et de Lunéville; la convention de Presbourg réunit au royaume d'Italie les États vénitiens et la Terre-Ferme, de sorte qu'il put avoir deux capitales : Milan au centre, et Venise à l'extrémité sur l'Adriatique. Cette couronne d'Italie était un beau joyau, et Napoléon ne dissimulait pas que par le mouvement naturel des temps et de la politique les autres états indépendants, tels que Parme, la Toscane et Rome même, devaient se réunir à la nationalité qu'il avait décrétée [1]. L'Empereur voulait créer l'unité pour le peuple italien, comme la Révolution l'avait fait pour la France, sans tenir compte de ces rivalités de ville à ville, de ces diversités de langues, d'arts et de chefs-d'œuvre qui constituent un état permanent de séparation au sein du plus beau pays du monde.

Napoléon pouvait beaucoup sans doute, mais il était impuissant pour donner un esprit de nation à ceux que l'histoire nous montrait si constamment partagés. L'Italie subirait peut-être un seul gouvernement, mais formerait-elle jamais un seul peuple? Le Toscan, le Lombard et le Romain ont des caractères indélébiles et séparés; ce n'était pas sans motif que l'histoire du moyen âge nous représentait les rivalités de ville à ville; qui pourrait jamais apaiser les nobles jalousies des Floren-

---

[1] Ces sortes de réunions s'opéraient avec une extrême facilité. En voici des exemples :
« Art. 1. Les duchés de Parme et de Plaisance sont réunis à l'Empire français, sous le titre de département du Tanaro; ils feront partie intégrante du territoire français, à dater de la publication du présent sénatus-consulte organique.

« 2. Les États de Toscane sont réunis à l'Empire français, sous le titre de département de l'Arno, département de la Méditerranée et département de l'Ombrone ; ils feront partie intégrante de l'Empire français, à dater de la publication du présent sénatus-consulte organique. »

tins et des Milanais, de Sienne et de Ferrare, de Venise et de Gênes? Ce royaume d'Italie devait donc éclater et se dissoudre à la première commotion politique. La beauté et le charme de l'Italie résultent précisément de cette diversité de peuples et de gouvernements qui en font comme un diamant à facettes.

La vice-royauté, avec son siége splendide à Milan, n'était qu'une préfecture de Napoléon. On voit l'Empereur suivre avec une sollicitude toute particulière les actes des Consultes, assemblées pour donner une constitution à l'Italie ; il établit que dans cette constitution, rien ne doit différer de ce qui existe en France ; le pouvoir est tout, les assemblées ne sont et ne peuvent être dans son système que des moyens pour éclairer le gouvernement, et jamais susceptibles d'en arrêter la marche et la volonté. Napoléon manifeste même déjà quelques mécontentements sur l'esprit de la constitution italienne ; il a créé des colléges, espèces d'assemblées législatives divisées en trois classes : dans la première il a mis des commerçants, la seconde se compose de propriétaires, la troisième de gens de lois et de sciences. Quoique ces assemblées soient très assouplies, Napoléon en est néanmoins mécontent ; les *commercianti* sont vivement inquiets des suites du décret de Berlin qui proscrit les marchandises anglaises ; c'est la ruine des cités, l'affaiblissement de toute négociation : des plaintes partout s'élèvent, et il n'est pas étonnant que Napoléon, si absolu dans ses idées, voie avec quelque dépit ce mouvement d'opinion qui éclate; il menace les *commercianti* d'une répression sévère par les douanes : « ce sont des hommes à petites idées, des juifs qui sacrifieraient tout à quelques gains sordides ; » les intérêts du commerce doivent céder devant sa pensée politique. Les propriétaires (*possidenti*) sont plus paisibles; Napoléon a tendance pour eux; composés de nobles et de propriétaires du sol, il rêve de former avec leur secours un sénat à l'imitation de celui de la France; Milan serait le chef-lieu d'un pouvoir aristocratique : on aurait une assemblée de patriciens et un corps législatif comme cela existe en France. C'est pour les savants et les avocats (*dotti*) que l'Empereur réserve ses paroles les plus ardentes [1] ; il sait qu'ils ont des idées libérales, et que l'esprit d'Alfieri vit dans plus d'un poëte qui chante la patrie italienne. Les savants ont pris à la lettre la promesse de nationalité; ils s'imaginent que la souveraineté des rois lombards doit renaître pour assurer une grande existence au peuple; Napoléon les détrompe bientôt; l'Italie n'est qu'une préfecture de son Empire, la vice-royauté un mode de gouvernement; il veut, grand Empereur, parcourir, comme Charlemagne, les vastes terres depuis Trieste jusqu'à Hambourg; il ne comprend ni les intelligences hautaines, ni les intérêts commerciaux; il les déprécie et les comprime par tous les moyens; il ne les voit jamais en dehors des choses qu'il a conçues et des idées qui sont les siennes.

Le vice-roi n'a pas de volonté à lui, il marche à tâtons, le regard tourné incessamment vers Paris; on ne lui laisse pas plus de liberté qu'à un simple fonctionnaire; il tient à Milan la cour de l'Empereur, ne parlant jamais qu'en son nom et sous l'inspiration de sa grande image; le gouvernement de l'Italie est un calque, une imitation de la France. Autrefois affranchie de toutes redevances onéreuses sous les autorités paternelles de ses grands-ducs, protecteurs des arts, la Toscane subit de tristes humilia-

---

[1] J'ai donné les principes de la constitution italienne dans le 3ᵉ volume de cet ouvrage. C'est à ce moment que Napoléon régularise l'ordre de la couronne de fer qui était encore un principe d'unité politique pour l'Italie.

tions; depuis la révolution française on n'a cessé de la dépouiller; la vierge de l'Arno avait ses tabernacles, ses nobles joyaux de Raphaël et du Corrége; maintenant que lui reste-t-il? Ses chefs-d'œuvre sont au Musée de Paris; on lui donne en échange la conscription et les droits réunis : la conscription qui transforme les Italiens paisibles en soldats infatigables; on force cette génération douce et heureuse à porter les armes sous de stériles climats. Les droits réunis, impôt inconnu dans l'Italie, viennent dessécher le pampre qui pend en riche guirlande sur le peuplier; les douanes deviennent inflexibles, plus de commerce, plus de vie en dehors pour l'Italie; elle a ses départements, ses préfets; on lui impose le Code civil; le peuple qui transmit le *Corpus juris* et les *Pandectes* à l'Europe au moyen âge, est ainsi obligé de subir l'œuvre des jurisconsultes français. Qu'importe à Napoléon? la montagne doit s'abaisser au niveau de la plaine, le Pô et le Tibre doivent se régir par les mêmes lois que les Alpes, les baies si chaudes de Naples et de Toscane doivent se gouverner par les mêmes principes de vie que les glaciers du Mont-Blanc et du Simplon.

L'unité administrative s'étendait à d'autres territoires, obéissant à la domination française sans être groupés encore en départements; tels étaient les fiefs constitués par les décrets impériaux, dans le Frioul et les États vénitiens, Parme et Plaisance, territoires réservés, que l'Empereur plaçait sous la main des gouverneurs généraux [1]; les lois françaises, les codes, les impôts, la conscription étaient en vigueur dans tous les lieux où brillait l'aigle. La république des Sept-Iles elle-

---

[1] Les gouverneurs-généraux avaient des pouvoirs plus étendus que les préfets; leurs priviléges étaient de correspondre directement avec l'Empereur. Après l'organisation d'un pays, on le réduisait toujours à l'unité mathématique et gouvernementale,

même, à la face du golfe de Tarente, venait d'être cédée par la Russie à la France; Napoléon jetait une forte garnison à Corfou, parce que ce point fortifié commandait tout à la fois à l'Adriatique et à la Grèce; on pouvait, en s'appuyant sur les Sept-Iles, préparer une expédition contre la Thessalie et la Romélie, prendre au cœur l'empire Ottoman; Napoléon n'avait jamais perdu de vue Constantinople et la Grèce; les idées orientales allaient à son imagination si vive. Empereur, il ne s'était point écarté des conceptions du général Bonaparte, chef de la grande expédition d'Égypte. Dans la statistique de son vaste empire, il avait compris des peuples de vingt nations diverses : Allemands, Italiens, Grecs, Ottomans, et à tous ces peuples il voulait donner une commune législation, des lois tirées au cordeau pour tous, comme s'il s'agissait d'aligner des soldats.

Dès qu'il a touché Paris après le traité de Tilsitt, l'Empereur s'occupe surtout de lois et d'administration publique [1]; les corps redoublent de zèle pour imprimer à son gouvernement la vie et l'action; le Sénat, le Corps législatif, ces vastes branches de l'ordre politique, donnent à l'envi des gages de leur zèle et de leur dévouement; le Sénat, toujours grave dans la forme de son langage, proclame des dispositions solennelles qui montrent qu'en lui seul repose la complète souveraineté : le même jour qu'il abolit le Tribunat, dernier débris des institutions républicaines, il réorganise le Corps législatif sous des formes plus soumises, plus silencieuses; tout doit se faire désormais par commissions : point de discussions bruyantes; on

---

[1] Je donne ici le sommaire des actes législatifs rendus du mois d'août à novembre 1807.

9 août.—Décret qui détermine l'emploi des bons de la caisse d'amortissement troisième et quatrième séries.

débat secrètement dans le sein des commissions; celles-ci peuvent se mettre en communication avec les ministres; la tribune ne doit s'ouvrir que pour les conseillers d'État qui viennent exposer les projets de loi et les rapporteurs des commissions qui lisent leurs opinions écrites; le Corps législatif vote ensuite sans débat. Un autre sénatus-consulte bouleverse l'organisation de l'ordre judiciaire; l'inamovibilité des juges était un des caractères essentiels de la magistrature telle que la constitution l'avait fondée; le Sénat, voulant donner une plus forte action au pouvoir, déclara que l'inamovibilité ne s'appliquerait aux juges qu'après cinq ans d'exercice, depuis leur institution : « il fallait avant toute chose un temps d'épreuve pour apprécier la capacité des magistrats. » Ainsi parlait le Sénat; mais, dans la vérité, on réservait à l'Empereur la puissance absolue sur les tribunaux, complément de la dictature : c'était lui donner le droit de remanier les diverses cours de l'Empire, et Napoléon en usa largement. Alors disparurent la plupart des juges et des conseillers qui s'étaient montrés indépendants dans les procès politiques de Georges, de Pichegru et de Moreau; l'Empereur gardait mémoire des actes qui avaient blessé son pouvoir; il avait une

---

12.—Décret concernant les baux à ferme des hospices et des établissements d'instruction publique.

12.—Décret sur le mode d'acceptation des dons et legs faits aux fabriques, aux établissements d'instruction publique et aux communes.

12.—Avis du conseil d'État sur le rang que les préfets maritimes doivent avoir dans les cérémonies publiques.

12.—Avis du conseil d'État, portant que l'on peut former opposition sur les fonds des communes déposés dans la caisse d'amortissement.

18.—Décret qui prescrit les formes à suivre pour les saisies-arrêts et oppositions entre les mains des receveurs ou administrateurs de caisses ou de deniers publics.

18.—Avis du conseil d'État sur l'exécution de l'article 545 du Code civil.

18.—Avis du conseil d'État sur les rentes pour concession de bancs sous les halles.

18.—Avis du conseil d'État sur les expéditions d'actes émanés des autorités administratives.

18.—Décret sur la manière de constater les enlèvements d'eaux salées dans les dé-

grande œuvre à réaliser, le Sénat servait ses desseins.

Le conseil d'État, haut tribunal administratif, multipliait les résolutions pour les cas de jurisprudence contentieuse : un premier avis régla le rang que les préfets maritimes devaient avoir dans les cérémonies publiques ; les fonds d'amortissement furent le sujet d'autres résolutions ; comme les communes étaient des personnes morales, on put saisir les fonds qu'elles déposaient dans la caisse d'amortissement : quelle forme suivrait-on en ce cas pour l'opposition? D'autres avis du conseil d'État jugent des questions administratives d'une certaine gravité : ici, sur des rentes données en échange de concessions ; là, sur les expéditions des actes émanés des autorités administratives. Le conseil d'État est un véritable tribunal qui procède en vertu des formes judiciaires ; ses avis ont force de loi, et, lorsqu'ils sont approuvés par l'Empereur, ils dominent l'esprit et la tendance de la législation.

Le Corps législatif, sous la présidence de M. de Fontanes, déploya plus d'activité encore que le conseil d'État et le Sénat. L'Empereur avait ouvert la session par une de ces harangues qui remuaient les masses, en annonçant les choses accomplies pour la France. Plusieurs projets de lois furent présentés pour établir

partements de la Meurthe, de la Moselle, etc.

18.—Avis du conseil d'État relatif aux redevances dues sur les biens-fonds concédés originairement à titre de Leibgewin, dans les départements de la rive gauche du Rhin.

19.—Sénatus-consulte concernant l'organisation du Corps législatif.

Septembre.

2.—Décret qui règle l'ordre à observer pour les paiements qui s'effectueront avec les bons de la caisse d'amortissement, formant le complément de la troisième série et toute la quatrième.

3.—Loi sur le taux de l'intérêt de l'argent.

3.—Code Napoléon.

3.—Loi relative aux inscriptions hypothécaires en vertu de jugements rendus sur les demandes en reconnaissance d'obligation sous seing privé.

4.—Loi qui détermine le sens et les effets de l'article 2148 du Code civil, sur l'inscription des créances hypothécaires.

5-15.—Loi relative au mode de recouvrement des frais de justice au profit du

l'ordre, que l'Empereur voulait fortement constituer; M. de Fontanes, dans une élégante et respectueuse réponse, avait remercié le prince des honneurs qu'il faisait au Corps législatif en l'associant à ses puissantes méditations; et, après l'exposé brillant et un peu mensonger du ministre de l'intérieur sur la situation de l'Empire, le Corps législatif commença ses travaux qui embrassèrent une session considérable. Si l'acte émané directement de l'Empereur portait le nom de *décret*, si la volonté du Sénat prenait le titre de *sénatus-consulte*, si les interprétations du conseil d'État s'intitulaient *avis*, tous les actes du Corps législatif avaient le titre de *lois*; or, cette session s'ouvrit par des dispositions du plus haut intérêt. Durant le gouvernement directorial, la pénurie de l'argent l'avait fait considérer comme marchandise, de sorte que l'intérêt n'avait point de limites fixes; les conventions pouvaient le porter à des taux usuraires; il y eut des stipulations à 20 et 30 pour cent, sous prétexte de favoriser la circulation. Une telle liberté dans les stipulations favorisait l'usure; une loi en fixa donc le taux à 5 pour cent (le vieux denier vingt des anciennes ordonnances), et en matière commerciale à 6 pour cent. Rien ne put être stipulé au-delà dans les conventions privées ou publiques; les tribunaux durent

trésor public, en matière criminelle, correctionnelle et de police.

5.—Loi qui réunit les cantons de justice de paix de Castel-Jaloux et de Damazan à l'arrondissement de Nérac.

5.—Loi relative aux droits du trésor public sur les biens des comptables.

7-17.—Loi sur les douanes.

7.—Loi qui autorise des aliénations, acquisitions, concessions à rentes, échanges et impositions extraordinaires.

9-19.—Loi relative à la construction d'un bâtiment pour y placer la confection des soies de la ville de Lyon.

10-20.—Loi relative à la contrainte par corps contre les étrangers non domiciliés en France.

10.—Code de commerce.

11-21.—Loi relative aux pensions des grands fonctionnaires de l'Empire.

15-25.—Loi relative au budget de l'État.

15.— Loi qui fixe au 1er janvier 1808 l'époque à laquelle le Code de commerce sera exécutoire.

poursuivre comme usure tout ce qui s'écartait de cette règle générale. En même temps, le système hypothécaire reçut des interprétations et un développement ; l'écrit sous-seing-privé ne put grever la propriété par hypothèque ; il n'était pas assez solennel, et il fallait un jugement pour constater le titre ; toute inscription dut désormais indiquer l'époque de l'exigibilité. Des lois plus importantes fixèrent les privilèges du trésor sur les biens des comptables ; législation à part, code inflexible, qui mettait le trésor au rang des créanciers les plus privilégiés : tel était le système adopté par la Révolution française ; le fisc était le créancier le plus sacré, on le plaçait au-dessus même des mineurs et des femmes.

Un système général de douanes fut également voté par le Corps législatif qui s'associa complétement aux idées prohibitives de l'Empereur ; puis, dans l'enthousiasme qu'inspirait le souverain, le Corps législatif confirma le nom de *Napoléon*, inscrit en lettres d'or sur le frontispice du Code civil, qui était pourtant l'œuvre de la République consulaire. Le Code de commerce, discuté dans cette session, adopté avec quelques amendements plus en rapport avec les besoins et les nécessités des transactions

---

16-26.—Loi qui détermine le cas où deux arrêts de la cour de cassation peuvent donner lieu à l'interprétation de la loi.

16-26.—Loi relative à l'organisation de la cour des comptes.

16-26.—Loi relative au desséchement des marais.

17.—Loi qui proroge l'exécution des lois par lesquelles la connaissance du crime de faux avait été attribuée au tribunal criminel et à la cour de justice criminelle spéciale du département de la Seine.

18.—Loi qui défend la mendicité dans le département de la Côte-d'Or.

18.—Décret qui proroge le délai fixé pour le dépôt des actes et bastardelli reçus, dans les États de Parme et de Plaisance, avant la publication de l'édit du 4 mars 1793.

18.—Décret concernant les passe-ports.

18.—Avis du conseil d'État sur le rejet d'une demande en remise ou modération d'une amende prononcée pour contravention aux lois concernant les arbres destinés au service de la marine.

21.—Décret contenant règlement pour la fabrication des draps destinés au commerce du Levant.

mercantiles, dut être promulgué le premier janvier de l'année 1808. Toutes ces dispositions étaient votées au scrutin secret; nulle résistance ne vint du Corps législatif, et un de ses actes témoigne hautement du progrès des idées gouvernementales. Il fut décidé « que, lorsque plusieurs arrêts de la Cour de cassation, rendus dans un sens différent, forceraient à l'interprétation de la loi, cette explication aurait lieu par le conseil d'État. » On allait droit ainsi à une réaction absolue contre les doctrines de l'Assemblée constituante; celle-ci avait appelé le Corps législatif à interpréter la loi; Napoléon ne voulut point subir l'application d'un tel principe; la souveraineté ne pouvait se déplacer : il fut donc dit que l'Empereur en conseil d'État prononcerait sur le sens d'une disposition législative.

La session fut encore profitable à la régularité du système administratif. Une loi organisa la Cour des Comptes, institution ancienne, souveraine et gardienne en matière de finances; la Cour des Comptes, œuvre de l'architrésorier, M. Lebrun, porta cette empreinte de sage retenue qui marquait tous les actes émanés de l'architrésorier. La cour se divisa en trois catégories : présidents, maîtres et référendaires; les traitements furent fixés ou répartis selon le travail, et l'inamovibilité donnée comme pour la magistrature après cinq ans d'exercice; les agents du trésor durent reconnaître la juridiction de

27. — Décret concernant le magasin de sauvetage des navires existant au Havre.
28. —Décret contenant organisation de la cour des comptes.
30. —Décret qui augmente le nombre des succursales.
30. —Décret qui autorise l'association religieuse des dames charitables dites du *refuge de Saint-Michel*.

Octobre.
2.—Décret concernant les officiers de justice auxquels des infirmités donnent droit à une pension de retraite.
7.—Décret qui casse, pour excès de pouvoir, un arrêté par lequel le préfet du département de l'Aube avait fixé la répartition des dépenses relatives aux réparations d'un pont.
12.—Sénatus-consulte concernant l'ordre judiciaire.

la cour des Comptes, dans la vérification de tous les actes qui tenaient à l'administration des finances. Le Corps législatif promulgua une loi sur le desséchement des marais; de grandes facilités furent données à la propriété pour rendre à la culture le sol de plusieurs départements presque toujours inondés; le défrichement des landes et des marais était tout à la fois une opération d'hygiène publique et d'agriculture. Un système d'extinction de la mendicité fut adopté par le Corps législatif, à l'imitation des États-Unis et de l'Angleterre; on établit en principe : « que la société doit un asile et du travail à ceux qui souffrent; » la mendicité est une injure à la civilisation; elle lui offre le spectacle hideux de ses misères; nul ne doit mourir de faim, tous doivent travailler; ce double principe amena le système des dépôts de mendicité, sortes de maisons de travail ouvertes à la truanderie; on porta des dispositions pénales contre ceux qui, méprisant l'asile gratuit que la société leur offre, préféraient le vagabondage et la misère paresseuse.

Ces actes de législation réfléchie furent appuyés par les décrets personnels de l'Empereur, dont l'activité donnait une juste impulsion à toutes les pensées d'administration publique; Napoléon, de son palais de Saint-Cloud, promulguait un décret sur l'organisation des théâtres [1];

---

[1] Le décret sur les théâtres est daté du 8 août 1807.

« Napoléon, empereur des Français et roi d'Italie, protecteur de la Confédération du Rhin.

« Sur le rapport de notre ministre de l'intérieur, notre Conseil d'État entendu, nous avons décrété et décrétons ce qui suit :

Titre Ier. — *Dispositions générales.*

« Article 1er. Aucune représentation à bénéfice ne pourra avoir lieu que sur le théâtre même dont l'administration ou les entrepreneurs auront accordé le bénéfice de ladite représentation. Les acteurs de nos théâtres impériaux ne pourront jamais paraître dans ces représentations que sur le théâtre auquel ils appartiennent.

« Art. 2. Les préfets, sous-préfets et maires sont tenus de ne pas souffrir que, sous aucun prétexte, les acteurs des quatre grands théâtres de la capitale qui auront obtenu un congé pour aller dans les départements, y prolongent leur séjour au-delà du temps fixé par leur congé; en cas de contravention, les directeurs des spectacles seront condamnés à verser à la caisse des

chose curieuse à noter, les deux actes qui règlent la forme et les conditions des spectacles publics furent conçus le lendemain des batailles : le premier après Friedland, le dernier à Moscou. Serait-ce que Napoléon, se posant toujours en scène en face de la postérité, aimait à reporter ses idées sur ces représentations du théâtre où il serait un jour traîné lui-même? Peut-être aussi la source de ces idées n'était-elle pas si haute; seulement il voulait constater qu'attentif aux petites et aux grandes choses, au milieu des camps, il pensait même à des comédiens. Voici ce que décida l'Empereur : le nombre des théâtres était trop grand à Paris; la libre concurrence ayant créé des abus, il en résultait une sorte de confusion dans les sociétés d'argent qui constituaient les théâtres; des faillites nombreuses compromettaient les fortunes privées; or l'Empereur ne s'arrêtait pas devant les considérations de droits acquis, quand ils blessaient sa pensée; il réduisit donc les théâtres comme il avait réduit les journaux, et tout cela par un simple acte de police : le décret n'admit que quatre grands théâtres impériaux : l'Opéra, qui prit pompeusement le titre d'*Académie impériale de musique;* les *Français*, alors si retentissants; le *théâtre de l'Impératrice*, qui passait

pauvres le montant de la recette des représentations qui auront eu lieu après l'expiration du congé.

« Art. 3. Aucune nouvelle salle de spectacle ne pourra être construite, aucun déplacement d'une troupe d'une salle dans une autre ne pourra avoir lieu dans notre bonne ville de Paris, sans une autorisation donnée par nous, sur le rapport de notre ministre de l'intérieur.

Titre IIe. — *Du nombre des théâtres, et des règles auxquelles ils sont assujettis.*

« Art. 4. Le *maximum* du nombre des théâtres de notre bonne ville de Paris est fixé à huit. En conséquence, sont seuls autorisés à ouvrir, afficher et représenter, indépendamment des quatre grands théâtres mentionnés dans l'article 1er du règlement de notre ministre de l'intérieur, en date du 25 avril dernier, les entrepreneurs ou administrateurs des quatre théâtres suivants : 1° le théâtre de la Gaieté, établi en 1760; celui de l'Ambigu-Comique, établi en 1772, boulevard du Temple, lesquels joueront concurremment des pièces du même genre désignées aux paragraphes 3 et 4 de l'article 3 du règlement de notre ministre de l'intérieur; 2° le théâtre des

sous la direction de M. Duval ; l'*Opéra-Comique*, la scène des beaux chanteurs et des musiciens à la mode. Ces grands théâtres recevaient un privilége concédé pour un temps ; le décret admettait comme théâtres secondaires la *Gaieté* et l'*Ambigu Comique*, pour y jouer des pièces de genre limité ; les *Variétés* et le *Vaudeville* se sauvaient également du naufrage par leur antiquité scénique ; tous les théâtres nouveaux étaient supprimés sans aucune indemnisation ; on ne reconnaissait que les priviléges antérieurs à la révolution française. Il y eut des murmures ; les volontés de Napoléon s'étaient manifestées, et il fallut obéir.

Cette période active est féconde en actes de gouvernement. Napoléon organise tout ; il a promis de donner au clergé une grande existence, et partout il fonde des bourses dans les séminaires pour l'éducation des prêtres, et dix mille succursales sont établies dans les départements ; comme l'ardeur de son esprit ne peut plus s'exercer sur un champ de bataille, il l'applique à la force et à l'éclat de son gouvernement ; il veut que la vie soit communiquée sur tous les points de l'Empire ; les préfets sont les instruments les plus forts, les plus souvent employés, parce qu'ils unissent tout à la fois un caractère civil et

---

Variétés, boulevard Montmartre, établi en 1777, et le théâtre du Vaudeville, établi en 1792, lesquels joueront concurremment des pièces du même genre désignées aux paragraphes 3 et 4 de l'article 3 du réglement de notre ministre de l'intérieur.

« Art. 5. Tous les théâtres non autorisés par l'article précédent seront fermés avant le 15 août. En conséquence, on ne pourra représenter aucune pièce sur d'autres théâtres dans notre bonne ville de Paris, que ceux ci-dessus désignés, sous aucun prétexte, ni y admettre le public, même gratuitement, faire aucune affiche, distribuer aucun billet, imprimé ou à la main, sous les peines portées par les lois et réglements de police.

« Art. 6. Le réglement sus-daté, fait par notre ministre de l'intérieur, est approuvé, pour être exécuté dans toutes les dispositions auxquelles il n'est pas dérogé par le présent décret.

« Art. 7. Nos ministres de l'intérieur et de la police générale sont chargés de l'exécution du présent décret. »

Signé, Napoléon.

militaire; ils exécutent avec intelligence et dévouement; toujours agenouillés devant l'image de Napoléon, ils le représentent partout, ne pensent et ne vivent que par lui; les préfets s'occupent moins du peuple qu'ils ont à gouverner que des instructions qu'ils reçoivent du ministre, organe de l'Empereur; ils en étudient les moindres inspirations : ceux qui les exécutent le plus vite et le plus fortement sont récompensés : qu'ils donnent beaucoup de conscrits et d'impôts, et ils ont bien rempli leurs devoirs. La justice et l'administration publique sont également sous la main du maître; rien n'échappe à sa dictature; il veut régner sur les consciences par l'épiscopat, sur la justice par les tribunaux, sur l'Europe par les armées, sur les intérêts par l'administration.

CHAPITRE II.

GOUVERNEMENT DES ÉTATS
LIÉS AU SYSTÈME FÉDÉRATIF DE NAPOLÉON.

Les royautés de famille. — Naples. — Constitution. — Peuple. — Armée. — Joseph Napoléon et ses actes. — Hollande. — Impôts. — Commerce. — Marine. — Corps politiques. — Westphalie. — La régence. — Constitution. — Son territoire. — Villes. — États. — Caractère de Jérôme. — Grand-duché de Berg. — Murat. — Actes de son gouvernement. — Principauté de Neufchâtel. — Berthier. — Confédération du Rhin. — Bavière. — Saxe. — Wurtemberg. — Bade. — Populations allemandes. — Domination absolue de Napoléon. — Ses exigences. — Conscription. — Impôts. — Destinée de ces gouvernements.

1806-1807.

L'Empereur avait proclamé la tendance hautaine de son système diplomatique; sa pensée ne devait point se limiter à la France, et pour atteindre le vaste but de son ambition, il répartit les souverainetés de manière à seconder la marche et le développement de son idée militaire et politique. Nul des souverains attachés à son empire ne pouvait se dire indépendant, tous devaient suivre son impulsion, soit qu'elle s'appliquât à un mouvement de guerre ou au contingent de troupes; soit qu'il s'agît de son idée prohibitive, de son décret de Berlin, si fatal au commerce du monde. Il résultait de cette obligation mille difficultés dans la situation des gouvernements; s'ils accédaient à toutes les volontés de Napoléon, ils se rendaient odieux à leurs sujets qu'ils opprimaient par des exigences trop dures; si, au contraire, ils faisaient quelque chose pour leurs peuples, comme des rois paternels et prévoyants, ils se mettaient en opposition avec l'Empereur, leur force et leur protection militaire. C'est ce qui rendait ces souverainetés fédératives si pesantes pour les princes qui en étaient revêtus : la couronne marquait leurs fronts de stigmates, le sceptre pesait à leurs mains; ils fléchissaient sous l'immense poids de leurs engagements.

La première garantie et la plus naturelle que l'Empereur avait cherchée pour imprimer l'unité à son système politique, était dans sa famille; ces intelligences seraient soumises à son empire; il pourrait exercer sur elles une domination absolue; ses frères lui devaient tout, et pourquoi ne trouverait-il pas en eux ce dévouement qu'il devait attendre de ceux qui ne resplendissaient que par lui? Il avait fait l'essai de sa toute-puissance en créant Joseph Napoléon roi de Naples; Joseph, caractère doux, conciliant, d'une capacité limitée, avait suivi le mouvement militaire qui lui mit la couronne au front; lorsqu'il pénétra dans le royaume de Naples, son étude première fut de connaître les peuples dont l'Empereur lui avait confié le gouvernement. Naples, ce magnifique pays sous un magnifique soleil, comptait plusieurs races de peuples; les montagnards d'abord qui vivaient dans les Abruzzes et la Calabre, habitués à la rude existence du vol et de la contrebande; les Calabrois, revêtus de leurs peaux de chèvre, vivaient la carabine en main sur la cime des rochers escarpés; cette population des montagnes, brave, tumultueuse, facile à la révolte, devait être dangereuse pour les Français, parce qu'elle était nationale, dévouée au sol et à ses habitudes. Les lazzaroni, peuple des villes, avaient pour palais le ciel, et pour lit les dalles de la rue de Tolède; ardents comme le Vésuve, les lazzaroni, sans posséder le fier courage des montagnards, prenaient feu d'amour ou de haine pour un prince; Joseph pouvait les attirer à lui par des démonstrations religieuses et par des distributions bien faites de quelques carlins[1] : montagnards et lazzaroni formaient la masse.

Les autres classes du royaume se divisaient en plusieurs fractions encore; les nobles, princes napolitains, marquis du royaume, presque tous rattachés aux idées de philosophie révolutionnaire, avaient participé aux mouvements favorables aux Français, et l'on doit constater dans les annales d'Italie, que la noblesse surtout se rattacha aux idées de la révolution. La bourgeoisie, telle que les avocats, les médecins, s'était également prononcée pour le gouvernement nouveau, par esprit d'opposition contre les corporations religieuses; tandis que le commerce, poussé par ses principes aux idées de réforme,- était profondément affecté de ces prohibitions des marchandises anglaises interdites à l'échange et à la consommation, sorte de contrebande de guerre. Si quelques membres du clergé régulier se rattachaient également au système nouveau, les moines, les religieux qui servaient l'Église dans les monastères, brisés dans leur vocation morale, avaient conçu des desseins de délivrance qui plus tard éclatèrent. Ainsi, pour bien résumer cette situation du royaume de Naples, tout ce qui était peuple, montagnards ou larrazoni, se montraient impatients du joug

---

[1] Les grands ornements de saint Janvier furent donnés en partie par Joseph Bonaparte. C'était restitution après le dépouillement républicain.

des Français; tout ce qui était noble servait le gouvernement et la monarchie de Joseph; la bourgeoisie, les professions libérales aimaient aussi le système français, parce qu'il servait leurs idées philosophiques, tandis que les moines et le peuple protégaient encore les derniers débris de la nationalité napolitaine.

Au milieu de ces éléments d'une opposition hostile, Joseph dut néanmoins chercher la consolidation de son pouvoir; dans cette œuvre, il devait se proposer plusieurs résultats : délivrer le territoire de la présence des ennemis, apaiser les montagnards et s'attirer le peuple; le premier objet était atteint par l'intrépidité de l'armée; les troupes anglaises, les auxiliaires allemands, avaient été repoussés du territoire napolitain; ce n'était pas sans efforts; on avait éprouvé des échecs; le général Grenier ne fut pas toujours heureux dans cette campagne contre les troupes siciliennes et anglaises; Joseph Bonaparte dut sa couronne aux vieilles divisions Masséna, qui le menèrent en triomphe à Naples. La guerre contre les montagnards fut plus longue; on fut contraint à de sanglantes expéditions dans la Calabre; des commissions militaires impitoyables frappèrent de mort les paysans qui avaient pris les armes pour la reine Caroline; on ne pardonna aucun de ces dévouements sauvages; la sévérité extrême des mesures amena la pacification momentanée du royaume; si elle ne fut point absolue, elle permit à Joseph Bonaparte l'administration libre de ses états; il y eut encore des rebelles, mais on ne vit plus de ces insurrections armées qui soulevaient un royaume.

Joseph Bonaparte dut s'efforcer à plaire à la masse du peuple; élevé dans les idées philosophiques du XVIIIe siècle, le frère de l'Empereur se montra néanmoins catholique ardent; les populations de Naples aiment les processions somptueuses, les longues traînées de prêtres et de moines, sous leurs bannières flottantes; les jeunes filles vêtues de blanc marchent sur des fleurs et suivent les riches dénombrements de la cité; Joseph y assista pieusement, il fit des dons magnifiques à saint Janvier, patron de Naples, le protecteur des matelots et des affligés. Partout il témoigna de son zèle pour le principe religieux; né en Corse, il parlait facilement la langue italienne; il se fit aimer des classes bourgeoises; son gouvernement fut simple et paternel; l'Empereur lui en avait tracé la marche et la formule; il composa son ministère mi-partie de Napolitains et de Français [1]. L'administration du royaume marcha avec facilité; si l'impôt se perçut dans les villes; dans les campagnes, il ne put l'être régulièrement. Le système continental à Naples comme dans tous les lieux de la domination française obligeait à fermer les ports aux Anglais, ce qui ruinait les dernières espérances du commerce napolitain et de cet actif cabotage, la richesse de Naples et de ses longues côtes qui embrassent la Pouille et Tarente. Partout Napoléon imposait la mort au commerce et ce fut une des causes de sa ruine.

A l'extrémité nord, le royaume de Hollande, soumis à des conditions de gouvernement presque semblables, subissait également le système prohibitif, bien plus déplorable pour ce pays créé par le commerce. Les populations de ces riches marais, de ces verts herbages où se

---

[1] Voici quelle fut la composition du ministère napolitain.
M. Cianciulli, ministre de la justice.
M. le marquis de Gallo, des affaires étrangères.
M. Miot, de l'intérieur.
M. le prince Bisignano, des finances.
M. le duc de Campo-Chiaro, du trésor.
M. le général Mathieu Dumas, de la guerre.
M. le commandeur Pignatelli, de la marine.
M. le duc de Cassano, des affaires ecclésiastiques.
M. Salicetti, de la police générale.

voient tant de villes florissantes depuis Maëstricht jusqu'à Amsterdam, de l'Escaut jusqu'à l'Elbe, ces populations abritées par les digues, ne ressemblent en rien aux multitudes d'Italie agitées comme les flots de la mer, ardentes comme le feu du Vésuve. Le Hollandais était grave, méditatif, tout occupé d'intérêts, de balance commerciale, sans aucune sympathie pour ce caractère léger du peuple et de l'administration en France; la vie hollandaise se composait du travail, et de ces distractions de famille au soir lorsque le thé inonde à grands flots les bols de porcelaine du Japon et les tasses de la Chine; assis au milieu des nuages de fumée, le Hollandais parlait de ses fleurs, de ses belles tulipes payées au poids de l'or, et de ses riches spéculations avec les colonies de Batavia et de l'Inde. Rien de plus difficile que de remuer ces masses pour une idée à grande forme, pour un système de génie, à la manière de Napoléon.

La République Batave était devenue monarchie par la seule volonté de l'Empereur [1]; le peuple s'en était moins inquiété que du changement que le système continental avait imposé dans les relations commerciales. Napoléon avait entrepris un remaniement du commerce du monde : priver la Hollande des rapports avec ses colonies, l'obliger à des sacrifices inouïs dans ses transactions mercantiles, c'était enlever la mer aux vaisseaux, l'O-

---

[1] Louis Bonaparte appela près de lui des Hollandais d'un mérite distingué et pour lesquels il avait conçu beaucoup d'estime. MM. Molerus, Gogel, Twent et Roëll lui furent d'une très grande utilité ; le premier au ministère de l'intérieur, le second aux finances, le troisième à l'administration des digues, et le dernier comme ministre secrétaire d'État. M. Vander-Goës, placé au ministère des affaires étrangères, quoiqu'il se fût d'abord ouvertement déclaré l'ennemi du régime monarchique, et qu'il eût les opinions et le caractère républicains, donna à Louis Bonaparte toutes les marques d'un dévouement absolu. Il appela au ministère de la justice et de la police M. Vanhof, à celui des colonies, M. Vander-Heim, et le général Bonhomme au ministère de la guerre.

céan aux cétacées, les marais aux cygnes qui se déploient sur les canaux d'Amsterdam et de La Haye. La Hollande comme Venise ne pouvait exister que par le commerce, et pourtant l'inflexible politique de l'Empereur imposait le système continental sur toutes les côtes [1]. Certes, il importait peu aux commerçants d'Amsterdam ou de Rotterdam d'être gouvernés en république ou en monarchie, par un génie sublime et vaste, ou par un prince médiocre; l'esprit marchand n'y regardait pas de si haut; ce qui les inquiétait plus, c'était la suppression de toute transaction avec le monde. Que dire dans la Bourse d'Amsterdam, quand on ne pouvait plus annoncer l'arrivée des cargaisons de Batavia ou de Ceylan, du Japon ou de la Chine?

La couronne de Hollande était confiée à Louis Bonanaparte, esprit mou, mélancolique, très incapable de ces fermes idées qu'imposait le système de Napoléon; appelé à la couronne dès vingt-huit ans, après une vie très distraite, il la prit avec insouciance; militaire médiocre, il avait à peine paru sur quelques champs de bataille; Louis portait néanmoins le beau titre de connétable de France, chef de l'armée, lorsqu'il dut régner sur La Haye et Amsterdam; cœur flétri et résigné à toutes les volontés de son frère, on lui avait proposé le mariage d'Hortense, et il avait accepté avec amertume; son âme, profondément aigrie, avait conservé une em-

---

[1] L'armée de terre n'avait rien d'imposant; on la disait forte de 20,000 hommes, mais on aurait eu beaucoup de peine à en rassembler 10 à 12,000. Le corps de l'artillerie et du génie, qui ne manquait pas d'officiers instruits, se réduisait à fort peu de chose, parce qu'on ne pouvait pas compter sur le soldat, dont on ne prenait pas assez de soin. La marine était dans une situation plus forte : elle avait deux flottilles, l'une à Boulogne-sur-Mer, et l'autre pour la garde des côtes et des ports. Il y avait au Helder, à Rotterdam et à Amsterdam, un assez grand nombre de vaisseaux, quelques frégates et plusieurs bâtiments légers. Les chefs de la marine étaient MM. Dewinter, Werhuel, Kikkert, Bloys-van-Treslong, Hartzinck et Lemmers.

preinte de tristesse d'un bruit affreux qui courait alors ; les grandeurs ne peuvent compenser les afflictions qui viennent d'un sentiment froissé, la pourpre ne couvre pas la plaie saignante : on disait tant de choses d'Hortense de Beauharnais ! Les annales dures et inflexibles ne racontaient-elles pas les nuits de la Malmaison ? et cette lignée, mystérieusement conçue, s'était à peine éteinte dans le jeune enfant légué à Saint-Denis par la mort. Rien n'est plus cruel, lorsqu'on a le cœur haut, qu'une récompense donnée à un sacrifice d'honneur domestique. La flétrissure se lit même au front couronné du diadème.

Qu'on joigne à ces pleurs intimes, les difficultés de gouvernement et l'application inflexible des principes que l'Empereur imposait aux siens quand il leur donnait une couronne ou un gouvernement; sa volonté était hautaine, capricieuse, il se croyait seul inspiré par la gloire et la fortune. Jamais il ne laissait en repos sa famille qu'il affligeait d'une mission de roi ou de prince; plus on était rapproché de lui, plus il exigeait de vous. Les difficultés qui environnaient les premiers pas du système de Louis Napoléon étaient considérables ; la constitution [1] arrêtée par l'amiral Werhuel, M. Schimmelpenninck, les commissaires hollandais, et

---

[1] Voici les principales dispositions de l'acte constitutionnel de la Hollande.

« L'administration des colonies hollandaises est réglée par des lois particulières. Les revenus et les dépenses des colonies seront regardés comme faisant partie des revenus et des dépenses de l'État.

« La dette publique de l'État est garantie par les présentes.

« La langue hollandaise continue à être employée exclusivement pour les lois, les publications, les ordonnances, les jugements et tous les actes publics sans distinction.

« Il ne sera fait aucun changement dans le titre et le poids des espèces monnayées, à moins que ce ne soit en vertu d'une loi particulière.

« L'ancien pavillon de l'État sera conservé.

« Le conseil d'État sera composé de treize membres. Les ministres auront rang, séance et voix délibérative au conseil d'État. »

l'Empereur Napoléon, n'était qu'une forme; les États-généraux, pas plus que le Corps législatif en France, ou les divers colléges en Italie, n'étaient une garantie d'indépendance et de liberté pour un peuple. Toute opposition eût été impuissante; Louis Bonaparte, sous l'épée de son frère, avait la plénitude des pouvoirs, à la condition de faire exécuter les ordres de Napoléon et de réaliser les idées et les intérêts de son système. Les finances, très obérées, se ressentaient des levées d'argent, des emprunts que la France avait faits à son allié depuis l'origine de la révolution; des millions de florins avaient été demandés aux villes commerçantes et le budget de l'État en était profondément affecté, car en Hollande le système de la dette publique était largement conçu.

Louis Bonaparte prit au sérieux sa position de roi; il ne voulut pas que les finances de son royaume fussent à la disposition des généraux français; il se posa comme un prince indépendant, tandis qu'il n'était qu'un commissaire. Napoléon voulait que la Hollande admît sans restriction aucune le système continental et la saisie des marchandises anglaises; il ne considérait la royauté de son frère que comme une haute préfecture, pour réaliser ses deux idées fondamentales, l'armement des flottes et l'exécution inflexible du décret de Berlin, par une ligne de douanes s'étendant sur toutes les côtes du Texel. Pour la Hollande, c'était la mort que cette existence étouffée; elle, dont les larges navires couvraient naguère l'archipel indien, pouvait à peine s'élever à un cabotage de troisième ordre. La correspondance de Napoléon avec le roi porte un caractère pressant et aigre [1]; Louis n'est pas heureux

---

[1] Voici quelques-unes de ces formules de lettres.
Mon frère, je reçois votre lettre du 1er juillet. Vous vous plaignez d'un article du

sous cette oppression, et il l'exprime hautement; il n'a ni l'énergie, ni la résignation suffisante pour mettre en activité les idées de Napoléon; sa capacité bornée n'a pas vu d'abord la triste réalité du rôle qu'on lui a fait; il doit le comprendre par les termes impératifs dans lesquels s'explique son frère. L'Empereur a un système, la situation qu'il a créée est une guerre violente, énergique; nul de ses rois ou de ses lieutenants ne doit lui désobéir, et c'est pour bien leur inculquer cette idée de soumission absolue qu'en donnant la couronne et la pourpre à Joseph et à Louis, il leur a conservé les titres de grand-électeur et de grand-connétable de France; il semble leur dire : « Souvenez-vous que vous n'êtes que mes grands-officiers. »

La royauté de Westphalie n'a pas un caractère plus indépendant et d'une sécurité plus haute dans l'avenir; groupe d'états et de populations diverses, elle compte des Hanovriens, des Westphaliens, des Hessois, des sujets du duc de Brunswick et du roi de Prusse [1]; rien de plus bizarre que cet amalgame irréfléchi que la volonté de Napoléon a groupé pour en faire un royaume. Ces populations allemandes, si calmes, paient régulière-

journal le *Moniteur*; c'est la France qui a sujet de se plaindre du mauvais esprit qui règne chez vous. Si vous voulez que je vous cite toutes les maisons hollandaises qui sont les trompettes de l'Angleterre, ce sera fort aisé. Vos règlements de douanes sont si mal exécutés que toute la correspondance de l'Angleterre avec le continent se fait par la Hollande. La Hollande est une province anglaise. »

Votre affectionné frère,
Napoléon.

[1] C'est par un simple décret que la constitution du royaume de Westphalie avait été réglée.

Le royaume de Westphalie est composé des États ci-après : les États de Brunswick-Wolfenbuttel, la partie de l'Altmark située sur la rive gauche de l'Elbe, la partie du pays de Magdebourg située sur la rive gauche de l'Elbe, le territoire de Halle, le pays de Hildesheim et la ville de Goslar, le pays de Halberstadt, le pays de Hohenstein, le territoire de Quedlinbourg, le comté de Mansfeld, Eichsfeld avec Treffurth, Mulhausen, Nordhausen, le comté de Stolberg-Wernigerode, les États de Hesse-Cassel avec Rinteln et le Schaumbourg, non compris le territoire de Hanau et le Katzenelenbogen sur le Rhin; le territoire

ment l'impôt, mais elles conservent chacune leur nationalité : le sceau de Dieu ne s'efface pas ainsi ; elles gardent leur répugnance instinctive contre une forme de gouvernement qui efface d'un trait de plume leur histoire. Le royaume de Westphalie fut improvisé comme s'il s'agissait d'une préfecture ; Jérôme à 22 ans fut créé roi par un décret, et pour témoigner qu'il n'aurait qu'un pouvoir limité sous l'influence de Napoléon, on lui donna une sorte de régence appelée à organiser le royaume de Westphalie, et à servir de première base à un ministère formé par le roi Jérôme. C'était l'habitude de Napoléon, procédant toujours par commissaires dans le gouvernement des états ; petits ou grands, rois ou auditeurs au conseil d'État, peu importait, tous étaient pour lui des commissaires. La régence de Jérôme en Westphalie, composée d'hommes graves, obéissait à l'Empereur, et ces ministres correspondaient moins avec le roi, leur souverain nominal, qu'avec le véritable monarque qui résidait à Saint-Cloud ; ils géraient une tutelle, et ils en rendaient compte [1]. Un simple décret impérial avait créé le royaume de Westphalie et fixé sa constitution ; avec cette manie d'uniformité,

---

de Corvey, Gottingen et Grubenhagen, avec les enclaves du Hohenstein et Elbingerode, l'évêché d'Osnabrück, l'évêché de Paderborn, Minden et Raoensberg, le comté de Rietberg-Kaunitz.

Nous nous réservons la moitié des domaines allodiaux des princes, pour être employés aux récompenses que nous avons promises aux officiers de nos armées qui nous ont rendu le plus de services dans la présente guerre. La prise de possession de ces biens sera faite, sans délai, par nos intendants, et le procès-verbal en sera dressé contradictoirement avec les autorités du pays, avant le 1er décembre.

Les contributions extraordinaires de guerre qui ont été mises sur lesdits pays seront payées, ou des sûretés seront données pour leur paiement, avant le 1er décembre.

Au 1er décembre le roi de Westphalie sera mis en possession, par des commissaires que nous nommerons à cet effet, de la pleine jouissance et souveraineté de son territoire.

[1] La régence du royaume de Westphalie était composée des conseillers d'État Beugnot, Siméon, Jollivet, et du général Joseph Lagrange.

Napoléon avait imposé la division par départements, comme si plus tard tout devait s'englober dans l'Empire français par un coup de son sceptre. La Westphalie eut ses préfets comme la France; et que devenaient les traditions allemandes, les habitudes, les goûts du peuple? tout dut céder devant la volonté de composer un vaste ensemble de ces parcelles fédératives [1].

Dans les trois royaumes dont je viens de parler, Naples, Hollande et Westphalie, les rois durent appliquer la trilogie du système français : la conscription, les droits-réunis et le système prohibitif; on rencontrait partout ces plaies de la génération impériale, ce résumé de la pensée gouvernementale de Napoléon. Quant au caractère personnel des trois princes qui gouvernaient au nom de leur frère, ils étaient d'une nature différente : Joseph à Naples, excellent homme, plein de foi dans l'Empereur, se croyait destiné, avec une béatitude particulière, à fonder une dynastie durable; aîné de Napoléon, il reconnaissait néanmoins sa suprématie; s'il avait un gros bon sens pour les idées usuelles, il n'en avait pas assez pour comprendre la fantasmagorie de ces fortunes et de ces grandeurs qui s'agitaient passagères autour de lui; Louis, roi de Hollande, portait un senti-

---

[1] Un décret royal répartit le royaume de Westphalie en huit départements :

1º Le département de l'Elbe, chef-lieu Magdebourg.

2º Le département de Fulde, chef-lieu Cassel.

3º Le département du Harz, chef-lieu Heiligenstadt.

4º Le département de la Leine, chef-lieu Goettingue.

5º Le département de l'Oeker, chef-lieu Brunswick.

6º Le département de la Saale, chef-lieu Halberstadt.

7º Le département de la Werra, chef-lieu Marbourg.

8º Le département du Weser, chef-lieu Osnabrück.

Voici comment s'exprimait un homme d'état allemand sur la composition de ce royaume de Westphalie.

« Le royaume de Westphalie, composé de provinces sans rapports entre elles, formant un territoire de 688 milles carrés d'Allemagne, était peuplé de 2,000,000 d'âmes et donnait un revenu de 19,000,000 de francs. Le nouveau roi, véritable vassal de l'Empereur son frère, était tenu, par

ment mélancolique qui lui faisait prendre en dégoût les grandeurs de son rang; il sentait sa position abaissée, sa résignation de préfet; il était comme un milieu entre Lucien et Joseph; s'il n'avait pas la fermeté aigre de l'exilé, il n'avait pas non plus la faiblesse de l'aîné de sa race, le plus patient des hommes. Quant à Jérôme, ébloui par sa fortune, il se livrait à tous les plaisirs, à tous les enivrements que la royauté peut donner, il s'occupait à peine d'affaires; pour lui la couronne était un moyen de distraction, une certaine manière d'avoir des palais de plaisance bien ombrés, des maîtresses couronnées de fleurs et des meutes féodales; habitant la charmante ville de Hesse-Cassel, ou ses résidences princières, il se soulageait par de folles joies des fatigues de gouvernement, qui consistaient à signer des décrets et à promulguer les lois. Les trois royautés de Naples, de Hollande et de Westphalie nées de la conquête devaient être renversées par elle; on ne pouvait les prendre au sérieux; Napoléon, disparaissant de la scène du monde, devait engloutir dans sa vaste ruine tous ces établissements éphémères. Lui seul était la grande tête, le reste devait obéir.

Murat, dans son duché de Berg, jouait tout à fait le

---

le décret de création de l'état qui lui était confié, de tenir à la disposition du monarque français qui l'intronisait la moitié des terres allodiales (art. 11) du royaume : une régence fut chargée d'organiser ce nouvel état, dont Jean-Georges Müller brocha à la hâte, et en quatre articles, la constitution. Cette régence, composée en majorité d'hommes plus spirituels qu'administrateurs, ne connaissait ni la langue, ni les lois, ni le caractère des peuples qu'elle avait à gouverner; en conflit avec les intendants provinciaux qui s'étaient emparés des revenus et les retenaient encore sans satisfaire aux charges publiques, elle fit de ce malheureux pays un chaos. Pour surcroît, arriva M. Daru, ce financier impérial si habile à étendre la voie des spoliations ordonnées par son maître. Il exigea 25,000,000 d'un trésor vide, ce qui était supérieur aux revenus annuels de l'État, et de plus, en vertu de l'article 11, déjà cité, la remise de domaines royaux jusqu'à concurrence de 7,000,000 de revenu, ce qui en absorbait la presque totalité. Il fallut obéir. »

rôle d'un seigneur suzerain; nul n'avait pris plus sérieusement sa puissance, si ce n'est Cambacérès, prince de Parme; avec toute la naïveté de la foi, il se croyait destiné à de plus grands desseins; Dieu n'avait pas épuisé ses faveurs; rarement Murat venait à Dusseldorff, sa capitale, mais il écrivait à ses bons sujets [1]; ses lettres se ressentent de la foi qu'il avait en lui-même; il avait pris toutes les manières des grands-ducs allemands; affable, indulgent, il parlait de suzerain à vassaux avec la bienveillance des races princières de Germanie. Berthier en agissait de même avec ses bons amis de la principauté de Neufchâtel; aurait-il été prince féodal à la vingtième génération, qu'il n'aurait pas pris sa dignité plus au sérieux; ne signait-il pas *Alexandre* tout court, comme les autres rois signaient Maximilien ou Frédéric? Au reste, grand-duché, électorat ou principauté étaient régis d'après les lois françaises, avec la conscription et les droits-réunis, ces deux blasons de l'aigle; et tout cela sans tenir compte des nationalités, sans s'inquiéter des idées personnelles du peuple; un simple décret de l'Empereur aurait pu réunir toutes ces souverainetés à la France, sans qu'il y parût dans la forme de gouvernement; Joseph, Louis, Jérôme, Murat, Berthier, seraient alors effacés de la carte des souverains; la marche

---

[1] Dès la campagne de Tilsitt Murat écrit en véritable souverain aux ministres de son grand-duché.

Le grand-duc de Berg, à son ministre de l'intérieur, à Dusseldorff.

« Après dix jours de combats et des victoires, l'armée russe, complétement battue, dispersée et poursuivie, se vit forcée de passer avec précipitation le Niémen, et de recourir à la modération du vainqueur. Une cession d'armes sera probablement conclue sous peu de jours, et on peut espérer que la paix s'ensuivra immédiatement. Faites part de cette bonne nouvelle à mes sujets. Je désire qu'il soit chanté un *Te Deum* solennel dans toutes les villes de mon grand-duché, en actions de grâces pour les victoires de Sa Majesté. »

Tilsitt, le 22 juin 1807.

Signé, Joachim.

générale des choses n'en éprouverait aucune altération. C'étaient des pions déplacés sur un échiquier.

Napoléon avait entendu le protectorat de la Confédération du Rhin à sa grande et forte manière; il ne supposait rien d'indépendant, tout devait servir d'instrument à ses vastes desseins; il n'y avait désormais, en Europe, aucune situation libre, si ce n'était celle de la Russie et de l'Angleterre; la Confédération du Rhin ne lui paraissait qu'une forme de son système fédératif; il la traitait avec la même volonté impérative que la France et l'Italie; il appelait l'Allemagne à ses levers; ses lettres impériales étaient des ordres; voulait-il entreprendre une guerre? des chartes scellées de son scel suffisaient pour convoquer les vassaux; quand un officier d'ordonnance était envoyé par l'Empereur, comme les *missi dominici* de Charlemagne, il était accueilli avec respect; princes, ministres, conseillers, tous s'empressaient d'obéir avec un dévouement absolu; jamais nul ne manquait à l'appel; les femmes, fières Allemandes, opposèrent quelque résistance, les princes jamais. Dans l'histoire de l'Empire, il faut aussi distinguer les peuples des gouvernements; quand les électeurs baissaient la tête, les multitudes murmuraient haut, et à côté de la Confédération du Rhin s'organisait une coalition de sociétés mystérieuses, confédération plus profonde et plus fière, car elle se formait pour la vertu et la liberté.

Le prince primat, le premier des électeurs dans la Confédération du Rhin, s'était montré ardent admirateur de Napoléon, jusqu'à ce point d'adopter le cardinal Fesch pour son coadjuteur. Le prince primat, vieillard déjà, voulait finir paisiblement sa vie dans ses belles cités de Ratisbonne, d'Aschaffembourg et de Francfort l'opulente; jamais il n'osa la moindre résistance, les ordres des généraux français étaient pleinement exécutés ; on levait des millions de florins dans Francfort, on opprimait le commerce, et il ne disait rien. Presque toujours à Paris, le prince primat était un des convives assidus de Cambacérès qui le traitait d'égal avec une familiarité risible, et souvent même l'archi-chancelier prenait le pas, comme prince de Parme, sur le primat; amalgame singulier que de voir accouplé un vieux prince allemand, d'origine carlovingienne, avec Cambacérès, régicide et conventionel, tous deux princes, tous deux graves, et se regardant sans rire; tant Napoléon avait opéré de prodiges! Il était impossible qu'une telle situation ne tournât pas la tête même à un esprit aussi bien fait que celui de l'archi-chancelier Cambacérès [1].

La Bavière tenait la seconde place dans la Confédération du Rhin: elle avait donné des preuves d'attachement à l'empereur Napoléon dans la campagne d'Austerlitz, et depuis elle s'était entièrement réunie au système français. Maximilien-Joseph, prince faible et sans volonté, devait sa couronne de roi à l'Empereur. La Bavière gardait une vive reconnaissance pour le haut protecteur de la Confédération du Rhin qui lui donnait un agrandissement si considérable de territoire, son affranchissement de l'Autriche, et même la possession du Tyrol; et quoique l'esprit des montagnards fût plutôt un embarras qu'une conquête, la Bavière avait gagné un revenu de plus de 5,000,000 de florins et une population de 1,200,000 âmes. Le roi de Bavière était donc à la disposition de Napoléon; le suzerain n'avait qu'à par-

---

Le prince primat avait son ministère ; il se composait de :
M. le baron d'Albini, *ministre d'État et gouverneur.*
M. de Walmenich, *conseiller d'État.*
M. le comte de Benzel, *conseiller d'État.*
M. le baron de Deel, *ministre.*
M. le comte de Beust, *ministre des conférences et directeur des salines.*

ler pour que le vassal obéît : situation abaissée qui avait blessé profondément l'ancienne électrice de Bavière devenue reine, Frédérique-Caroline de Bade. Je le répète, les femmes en Allemagne contribuèrent puissamment à maintenir l'esprit de nationalité ; l'électrice était devenue reine, et pourtant elle sentait qu'il y avait dans sa position quelque chose de plus précaire, de plus humble ; elle eût préféré le simple titre de chanoinesse d'un vieil ordre de noblesse dans la Thuringe ou la Franconie, à l'affliction de s'asseoir à côté des reines de Naples, de Hollande (Clari ou Beauharnais), sœurs et nièces de la famille Bonaparte. Cette fierté allemande se rencontrait dans plusieurs femmes de la Confédération du Rhin. Marianne, la princesse palatine, sœur du roi, était encore une ennemie du système français et de ces fortunes magiques contre lesquelles la vieille noblesse protestait en vain [1].

Le roi de Wurtemberg, si remarquable par sa forte corpulence, par son esprit dur et inflexible, était l'admirateur assidu de Napoléon, un des princes les plus zélés de la Confédération du Rhin ; on le voyait, comme le prince primat, aussi souvent à Paris qu'à Stuttgard ; il assistait aux dîners de famille, partout, à Saint-Cloud et aux Tuileries, et Napoléon était aise de montrer la différence entre lui, intelligent et actif, et ce monarque allemand aux habitudes domestiques, nourri de foie d'oie et de pâté de venaison, comme les féodaux du Rhin sous les carlovingiens, princes humiliés qui suivaient alors son char de triomphe. La volonté de l'Empereur ne trouvait pas plus d'obstacles à Stuttgard qu'à Munich ; ces cours étaient unies par les doubles alliances de famille, d'intérêt

---

[1] Le ministère de Bavière n'avait point changé, voyez tome v, ch. ix de ce livre, seulement il fut augmenté d'un département des finances, confié à M. le baron Hompesch.

et de territoire. Eugène avait épousé une princesse bavaroise, et Jérôme une fille de Wurtemberg. Quelles que fussent ces alliances politiques, les femmes restaient toujours dans leur fierté de race. La reine de Wurtemberg était anglaise d'origine ; Charlotte-Auguste-Mathilde, née dans la famille régnante en Angleterre, se plaçait à Stuttgard sur la même ligne que l'électrice de Bavière, comme une opposition au système français. Cette race du Wurtemberg, si considérable, avait des alliances dans toutes les cours : en Russie, en Angleterre, avec les Saxe-Cobourg, avec les princes de Nassau ; tous les intérêts et toutes les opinions étaient représentés à Stuttgard ; c'était habile à un prince qui se trouvait ainsi protégé contre tous les coups de la fortune [1].

La Saxe n'étant entrée dans la Confédération du Rhin qu'après la campagne d'Iéna ; Napoléon l'avait placée dans la hiérarchie à la suite du Wurtemberg, bien que le contingent des troupes saxonnes fût plus considérable. Frédéric-Auguste devait un accroissement de territoire et de revenus à son alliance intime avec la France, comme le Wurtemberg et la Bavière. Sa couronne était devenue royale ; le traité de Tilsitt lui donnait des possessions nombreuses en Prusse, et de plus, le grand-duché de Varsovie, tombé dans le dernier partage au pouvoir des Prussiens. Le grand-duché de Varsovie, encore occupé par les Français, et destiné dans l'origine à servir de noyau à la Pologne indépendante, fut aussi donné en indemnité à la Saxe ; l'histoire

---

[1] Le ministère du roi de Wurtemberg comptait :

M. le comte de Winzingerode, *ministre d'État et des conférences*, ayant le département des affaires étrangères.

M. le baron de Taube, *ministre de l'intérieur*.

M. le duc Guillaume, *ministre de la guerre*.

M. le baron d'Ende, *ministre de la justice*.

avait montré plus d'une fois les princes de cette lignée appelés à la couronne de Pologne par le choix libre des palatins dans les diètes; l'Empereur voulut réaliser cette forme timide et trompeuse d'une émancipation de la Pologne; la noble nation était venue à lui et Napoléon n'avait rien osé pour elle. Le roi de Saxe, prince de loyauté et d'honneur, visita plusieurs fois Paris pour rendre hommage à son suzerain; il se distinguait du roi de Wurtemberg par un air de douceur et de dignité personnelle; il portait le costume de l'ancienne cour, la vieille coiffure du temps de Frédéric; sans faste comme toute la noblesse allemande, en s'asseyant à côté de tant de récentes fortunes, il s'en séparait par les manières et les formes. La maison de Saxe était alliée tout à la fois à l'empereur Napoléon, à l'Autriche et à la Bavière; elle se soutenait ainsi par l'appui des vieilles et des nouvelles dynasties, sorte de balancement dans la situation générale de l'Europe[1].

Bade avait maintenu sa neutralité pendant toute la Révolution française; le successeur des margraves s'était jeté dans les bras de Napoléon et depuis le Consulat lui avait gardé une fidélité exemplaire; le prince Charles de Bade, si peu mêlé à la politique dans sa cour de Carlsruhe, s'était résigné à toutes les idées de son terrible voisin, ce protecteur aux larges et fortes pensées; il lui devait le titre de grand-duc avec une augmentation considérable de territoire; il venait de donner son petit-

---

[1] En Saxe on comptait un cabinet plus nombreux :

M. le comte de Bose, *ministre des affaires étrangères.*

M. le comte de Hopfgarten, *ministre du cabinet et secrétaire d'État, dirigeant le département domestique et une partie du département militaire.*

M. de Loss, *dirigeant l'autre partie du département militaire.*

Conseil privé.
Ministres des conférences :
M. de Bourgsdorff.
M. le comte de Hohenthal.
M. de Carlowitz.
M. de Zedtwiz.

fils, le prince héréditaire, à la gracieuse Stéphanie-Louise-Adrienne Napoléon de Beauharnais, et par là il s'était assuré la protection de l'Empereur. L'électeur de Bade s'était aussi rattaché la Russie par le mariage d'une de ses petites-filles avec le grand-duc héréditaire, tandis qu'une autre des jeunes princesses allemandes élevées à Carlsruhe épousait le roi de Suède, cet ardent Gustave-Adolphe, chevalier des idées monarchiques. Ces familles électorales, intimement unies les unes aux autres, se croisaient incessamment par des alliances, de manière à s'appuyer mutuellement; elles avaient des parentés dans toutes les cours et des protecteurs parmi tous les cabinets [1].

Le système de la Confédération du Rhin comprenait des princes de second et de troisième ordre ; la masse en était considérable, car l'Allemagne conservait le système féodal, dernier débris de cet arbre immense qui couvrit le moyen âge de ses rameaux : Louis, X^e du nom, grand-duc

---

[1] Voici l'état exact tant de la population que du territoire des peuples réunis dans la Confédération du Rhin :

Premiers membres de cette Confédération.

1° Bavière,	1760 milles carrés.	3,250,000 habitants.
2° Wurtemberg,	357	1,155,000
3° Prince Primat,	47	174,000
4° Bade,	168	806,500
5° Berg,	190	520,000
6° Hesse-Darmstadt,	176	466,000
7° Nassau-Usingen	} 100	270,000
8° Nassau-Weilbourg.		
9° Hohenzollern-Hechingen	} 22	44,000
10° Hohenzollern-Sigmaringen,		
11° Salm-Salm,	23 1/2	35,000
12° Salm-Kirbourg,	11	17,000
13° Isenbourg-Birstein,	15	35,000
14° Aremberg,	45 1/2	48,000
15° Lichtenstein,	2	6,000
16° Leyen,	2	5,000
Total.	2,289	6,951,500

de Hesse-Darmstadt, vassal fidèle de France, car ses terres touchaient le Rhin; Ferdinand-Joseph, grand-duc de Wurtzbourg, archiduc d'Autriche, que l'empereur Napoléon protégeait de toute sa force, pour l'opposer à son frère aîné l'Empereur; projet bizarre et sans exécution, comme si en Autriche la loi héréditaire pouvait être modifiée en face de sujets fidèles depuis des siècles aux aînés de la maison souveraine. Deux branches des Nassau étaient conservées dans la Confédération du Rhin; deux branches également des Hohenzollern; une des Salm-Salm, dans la personne du prince Constantin-Alexandre, si spirituel et si causeur; on y trouvait également les Isenbourg, de si vieille souche; Prosper-Louis, duc d'Aremberg, jeune et brillant alors, il avait à peine 25 ans : sa famille sortait des chevaliers de Souabe; les princes de Lichtenstein faisaient aussi partie de la Confédération; les Saxe-Gotha, les Saxe-Weimar et trois autres branches de la même famille marchaient sous le protectorat

Membres entrés après la formation de la Confédération.

	A reporter.	2,289	6,951,500
1º Saxe,		715	2,010,000
2º Wurtzbourg,		100	250,000
3º Saxe-Weimar,		37	109,000
4º Saxe-Gotha,		54	180,000
5º Saxe-Meiningen,		14	34,000
6º Saxe-Cobourg,		19	59,000
7º Saxe-Hildbourghausen,		11	33,000
8º Anhalt-Dessau,		17	52,000
9º Anhalt-Bernbourg,		15 1/2	35,000
10º Anhalt-Kœthen,		14 1/2	33,000
11º Schwartzbourg-Sondershausen,		23	48,000
12º Schwartzbourg-Rudolstadt,		22	45,000
13º Waldeck,		22	45,000
14º Reuss (Plauen-Greig),		7	26,000
15º Lippe (Detmold),		29	70,000
	Total.	3,989	9,980,500

de Napoléon ; puis les Anhalt, les princes de Lippe, les Mecklembourg-Strélitz ; les Mecklembourg-Schwerin, nombreuse lignée, alors représentée par Frédéric-François, qu'un mariage réunissait au duc de Saxe-Gotha ; les Reuss et les Waldek, fiers hommes d'armes, aux vieux temps, faisaient aussi partie de la Confédération du Rhin : chacun devait fournir son contingent de troupes au premier appel de l'Empereur ; tous cherchaient à s'allier même à ses collatéraux ou à ses généraux les plus fidèles ; c'est ainsi que Berthier épousait une fille du duc Guillaume de Bavière ; le duc d'Aremberg obtenait la main de mademoiselle de Tascher, nièce de l'impératrice, gracieuse élève de madame Campan ; enfin un prince de Hohenzollern se tenait fier d'épouser mademoiselle Antoinette Murat, nièce du nouveau grand-duc de Berg [1].

Tous ces princes obéissaient par dévouement ou par crainte à la politique générale de la France ; c'était le système de Richelieu agrandi ; on ne leur payait plus des subsides de guerre, et pour les faire marcher, il suffisait d'un ordre du cabinet impérial. Les contingents, proportionnés et réglés par l'acte solennel de la Confédération, devaient être au premier signal sur le pied de guerre ; les uns, tels que la Bavière et la Saxe, devaient deux divisions d'infanterie, une de cavalerie ; d'autres, une simple brigade, un régiment, un bataillon, et quelquefois même une compagnie ; le contingent était en rapport avec la force territoriale et financière de

---

[1] Paris, 13 février 1808.
« Le mariage de S. A. le duc d'Aremberg avec Mlle de Tascher, nièce de l'impératrice, a eu lieu aujourd'hui chez la reine de Hollande. S. M. la reine donne à cette occasion, dans son hôtel, rue de Cérutti, une fête et un repas de noces de 600 couverts, que LL. MM. II. et RR. honoreront de leur présence. »

7 février 1808.
« Jeudi dernier, S. A. Antoinette Murat, nièce du grand-duc de Berg, et déclarée

chaque État; mais il le fallait sur-le-champ. Quelquefois Napoléon appelait ces vassaux à son palais ou sous la tente pour leur dicter des ordres ou pour le suivre dans les cérémonies publiques, afin de constater sa souveraineté; l'Empereur, plein de confiance dans la noblesse allemande, connaissait sa bravoure et il l'employait; la plupart de ces jeunes princes étaient colonels de régiments, simples officiers d'ordonnance, quelquefois même auprès de sa personne avec des grades inférieurs; il leur donnait les leçons et l'exemple; Napoléon se servait de la noblesse allemande pour ses desseins; il semblait lui dire : « C'est à vous qu'il appartient de garder les frontières du Rhin, vous êtes les avant-postes du grand Empire ! » Tous ces princes servirent avec zèle; nul ne manqua au feu; ils se souvenaient de la glorieuse époque de leurs ancêtres sous Charlemagne. Le contingent saxon était magnifique, l'artillerie admirablement servie; en campagne, on l'incorporait dans des corps d'armée mi-partie français et italiens, et souvent le commandement en était déféré à un maréchal d'Empire : ainsi, Bernadotte mena souvent la noblesse saxonne. Les Bavarois étaient d'excellentes troupes, et le souvenir des généraux de Wrède et Deroi se mêle aux beaux faits d'armes de l'armée de France, surtout pendant la campagne de 1809; les Wurtembergeois, les Badois, furent moins brillants, ou ils demeurèrent plus obscurs, parce qu'ils étaient en plus petit nombre, et moins souvent cités dans les bulletins de campagne.

princesse la veille, épousa le prince de Hohenzollern. Il y eut à cette occasion, au palais du grand-duc, un bal magnifique que LL. MM. l'Empereur et l'Impératrice ont honoré de leur présence. »

13 mars 1808.
« Mercredi dernier, 9 de ce mois, S. E. Mgr. le cardinal Fesch a donné la bénédiction nuptiale à LL. AA. SS. le prince de Neufchâtel et à la princesse Marie-Elisabeth, fille du duc Guillaume de Bavière, et sœur du prince Pie-Auguste. »

Maître de si nobles auxiliaires, la faute de Napoléon fut d'assouplir les peuples au niveau de l'esprit français; il ne respecta aucune coutume. Pour être durable, la Confédération du Rhin devait rester allemande, avec ses priviléges; le haut protecteur devait conserver les lois, les habitudes de la patrie; l'Empereur comprit mal ce rôle; Charlemagne s'était usé à la peine en réalisant en vain un système d'unité; Napoléon voulut imprimer le caractère français non seulement à la forme militaire, mais encore à toutes les administrations civiles; les peuples furent gouvernés durement; les exigences de Napoléon étaient grandes; il fallait sans cesse lever des hommes et des impôts afin d'entretenir les contingents de guerre. Il résulta de là, je le répète, une situation difficile pour tous les États soumis au système fédératif de l'Empereur des Français; ils durent se faire oppresseurs pour remplir les conditions de l'alliance, faire incessamment de nouvelles levées de conscrits, et prendre moins à cœur de soulager leurs peuples que d'obéir aux ordres qui arrivaient des Tuileries.

Or, que résulta-t-il de là? C'est que les peuples s'organisèrent en dehors des gouvernements germaniques; les princes pouvaient s'abdiquer, les nations jamais; quand les jours de réaction commencèrent, ce ne furent pas les gouvernements allemands qui se levèrent contre Napoléon, la plupart restèrent fidèles; mais il y eut un esprit de patriotisme qui secouant les chaînes tenta de rendre à chaque peuple son caractère, et à chaque nationalité son origine et son droit. Le génie d'Arminius se réveilla au sein des universités contre le nouveau Charlemagne.

CHAPITRE III.

SITUATION DES GRANDES PUISSANCES

APRÈS LA PAIX DE TILSITT.

1° L'ANGLETERRE. — Décadence du ministère Grenville. — Sa faiblesse et ses fautes. — Ses expéditions militaires. — Ministère Canning, Castlereagh, Perceval. — Dissolution du parlement. — Notes de M. Canning à la Russie. — Négociations de lord Gower. — Expédition anglaise à Copenhague. — Ses motifs secrets. — Système militaire de Castlereagh. — Le major-général Arthur Wellesley (Wellington). — 2° LA RUSSIE après la paix de Tilsitt. — Esprit d'Alexandre. — Préparatifs de guerre contre la Finlande. — La cour et l'opinion en Russie. — Les ennemis de Napoléon. — Le colonel Pozzo di Borgo. — Mission du général Savary. — Rupture avec l'Angleterre. — Ses conséquences. — 3° L'AUTRICHE. — Esprit public. — Ses armements successifs. — Application de ses finances. — Augmentation de ses cadres. — Le prince Charles. — 4° LA PRUSSE. — Rigueur de l'occupation française. — Dépôt des places fortes. — Réduction de son armée. — Humiliations. — Impôts. — Fermentation des esprits.

Avril à Décembre 1807.

L'Angleterre, l'ennemie implacable du système impérial, n'était point restée spectatrice immobile des grands événements qui agitaient l'Europe continentale ; le cabinet de lord Grenville semblait un progrès dans les fermes opinions ; le noble lord avait appartenu à l'école anti-française ; on pouvait espérer ainsi des mesures d'une certaine force politique ; mais le frottement de lord Grenville avec le comte Grey et le parti whig avait ramolli l'esprit et la tendance de son cabinet. Tout avait été faiblement conduit; aucune expédition n'avait produit de sérieux résultats : partout l'Angleterre, engagée à paraître en force pour seconder le mouvement européen, n'avait tenu que lentement ses promesses. L'empereur Napoléon frappait comme la foudre, et lord Grenville ne remuait les armées britanniques qu'après que la victoire, si fidèle aux aigles de France, avait rendu inutile leur concours : c'est ce qui était arrivé en Suède, en Prusse; et tout récemment encore les expéditions contre Buénos-Ayres, les tentatives contre la Porte Ottomane, avaient complétement échoué, à cause des lenteurs et des incertitudes du ministre; Grenville s'était usé [1].

Il existe toujours en Angleterre un sentiment public et national qui fait justice des mauvais systèmes; si les partis politiques se divisent dans les questions de l'intérieur, il n'en est pas ainsi quand il s'agit de l'honneur et de la puissance anglaise dans ses rapports avec l'étranger; alors se réveille l'orgueil et l'esprit du pays. Quand les ministres ont méconnu la tendance des opinions, l'Angleterre les proscrit et les brise; et c'est ce qui arriva précisément au ministère Grenville : il ne put résister au mouvement qui se prononçait contre lui avec une grande énergie au sein de la nation; dans le

---

[1] Napoléon discutait avec violence les dernières expéditions anglaises; il disait :

« L'Angleterre a fait plusieurs expéditions : la première devant Constantinople. Elle a tourné à sa honte; elle lui a valu la perte de plusieurs vaisseaux, la confiscation de toutes ses marchandises et l'expulsion de son commerce de toutes les échelles du Levant. Lord Duckworth et son escadre ont été heureux de pouvoir trouver leur salut dans la fuite.

« La seconde expédition de l'Angleterre a été contre l'Égypte. Elle a été plus honteuse encore, plus funeste, plus déshonorante. Son armée, battue à Rosette, cernée dans la route, a perdu plus de 400 hommes d'élite, qui ont été tués ou faits prisonniers. En vain les Anglais ont coupé des digues,

parlement, le parti Pitt refusa de le seconder, on ne lui pardonnait pas son alliance avec les whigs; Canning et Castlereagh l'accablèrent de leurs sarcasmes, et lorsque l'Angleterre résolut de poursuivre avec énergie la lutte engagée contre la France, elle dut chercher des hommes d'état d'une plus ferme capacité et réunis sous un drapeau plus éminent et plus national.

Un nouveau cabinet fut donc formé dans de meilleures conditions, en face du parlement. Grenville se démit de ses emplois, et le parti Pitt reprit sa puissance politique; l'image du grand homme d'état fut replacée sur son piédestal, et ses principes reçurent solennellement leur application dans une administration tory. M. Perceval, l'instrument actif qui prépara la formation du nouveau cabinet, n'était point une capacité d'un ordre supérieur; mais, le premier, il avait senti l'impérieuse nécessité de donner une extension plus énergique et une tenue plus ferme à la politique anglaise, quand il s'agissait de lutter avec un adversaire de la stature de Napoléon; il travailla constamment à renverser lord Grenville, quoique son collègue, et c'était un titre pour prendre place dans le nouveau ministère. Le parti Pitt fut personnifié dans M. Canning et lord Castlereagh, tous deux élèves fervents de la forte école: lord Castlereagh n'avait pas devant lui ce vaste horizon qui s'illuminait par le génie du fils de Cha-

---

rompu des canaux, inondé ce malheureux pays pour se mettre à l'abri dans Alexandrie; le 22 septembre, le pacha du Caire arrive, les bat et les oblige à lui remettre Alexandrie où le pacha fait son entrée le 24. Il est difficile de citer une expédition plus humiliante.

« La troisième expédition de l'Angleterre a été celle de Montevidéo et de Buenos-Ayres. Dix mille Anglais échouèrent devant une ville ouverte! Il est vrai que la haine que ces ennemis de la religion inspirent aux catholiques espagnols avait donné de nouveaux moyens contre eux, avait animé d'une nouvelle ardeur la population tout entière; et 10,000 hommes ont été heureux qu'on leur accordât la permission de se retirer. »

tam[1] ; les questions ne se présentaient pas à son esprit par masses; il les suivit une à une; il s'exprimait difficilement devant les communes; son accent, fortement écossais, le rendait quelquefois disgracieux ; mais il possédait un caractère très ferme, une indicible ténacité pour les idées conçues ; et durant les crises, l'entêtement dans une bonne ligne est souvent du génie. Lord Castlereagh ne désespéra jamais de sa conviction profonde, qui était la chute inévitable de l'Empereur; il en suivait la réalisation sans détourner la tête, et c'était une force en face du découragement de l'Europe. Son collègue, M. Canning, avait les qualités et les défauts contraires ; nul ne parlait avec plus d'élégance dans le parlement, c'était un orateur fleuri, classique, ainsi que le disent les Anglais ; on l'écoutait avec faveur; invoquant tour à tour les souvenirs mythologiques, Horace et Virgile, comme un écolier d'Oxford, M. Canning soutenait des thèses rhétoriques plutôt que des théories d'homme d'état; élève chéri de Pitt, il s'était rattaché fortement à ses idées ; plein de prévention contre la France, il servait l'antique rivalité avec un patriotisme digne d'éloges pour un Anglais. Si Castlereagh avait le sentiment tenace de ses idées militaires, Canning s'était donné pour mission de conduire les affaires étrangères dans le sens ferme et haut de M. Pitt.

---

[1] La liste des membres du nouveau ministère anglais était ainsi composée : « Le duc de Portland, premier lord de la trésorerie; lord Eldon, lord chancelier; le comte de Cambden, président du conseil ; le comte de Westmoreland, garde du sceau privé ; lord Hawkesbury, ministre de l'intérieur; lord Castlereagh, ministre de la guerre; M. Canning, ministre des affaires étrangères ; le comte de Chatam, grand-maître de l'artillerie ; lord Mulgrave, premier lord de l'amirauté ; M. Perceval, chancelier de l'échiquier; lord Bathurst, maître de la monnaie. Ces onze ministres composaient le cabinet. Les autres nominations étaient celles de sir James Pultney, secrétaire de la guerre ; M. Long et lord Charles Sommerset, tous les deux payeurs; le comte de Chichester, adjoint au grand-maître des postes ; Robert Dundas, président du contrôle, et M. Lovaine, membre du bureau des Indes. »

Le nouveau ministère, faible devant le parlement, crut nécessaire de dissoudre les communes pour se donner une plus grande force ; la majorité vint à lui dans les élections générales bruyantes et animées. L'Angleterre avait la conviction profonde qu'il fallait engager une lutte puissante contre la prépondérance de Napoléon [1] ; la partie noble du pays portait cette haine jusqu'à l'exaltation, et le système politique de Canning et de Castlereagh obtint une majorité de plus de cent quatre-vingt-neuf voix dans les élections générales ; dès lors, le cabinet put se résoudre à des mesures plus vigoureuses; la fierté du pouvoir soutint la fierté dans la nation. Les résolutions du ministère se rattachèrent à deux natures d'idées : Napoléon menaçait la prépondérance politique et commerciale de l'Angleterre par le décret de Berlin, il fallait répondre aux vastes plans de conquête que le génie de l'Empereur avait conçus.

Les mesures du nouveau cabinet furent commerciales et politiques. Napoléon avait préparé, par son décret de Berlin, une guerre à outrance contre les intérêts commerciaux de l'Angleterre; il était puéril de bloquer les ports et les côtes d'un pays, quand aucun navire ne pouvait sortir de France sans être pris par des croisières anglaises. Le cabinet Castlereagh répondit par des actes d'une nature bien plus efficace; la France ne pouvait obtenir les denrées coloniales, et

---

[1] L'Empereur, qui ne comprenait rien aux libres élections, faisait écrire les phrases suivantes par Barrère :

« En Angleterre, les élections sont précédées et accompagnées d'excès de tous les genres. Les moyens de séduction les plus honteux sont employés par les compétiteurs ; ils se déchirent réciproquement avec une fureur inexprimable : ils excitent et mettent en mouvement des passions tellement violentes, qu'il ne se forme pas un nouveau parlement dont les élections n'aient été souillées du sang de quelques électeurs. Le ministère, qui se croirait perdu s'il existait un parlement qui ne fût pas corrompu, commence toujours à déshonorer la majorité de ses membres en les achetant. »

préparer le débouché de ses propres produits en vin et en denrées que par le moyen des neutres. Les Anglo-Américains, les Danois et les Suédois servaient d'intermédiaires au commerce de la France, de sorte qu'elle éprouvait peu de gêne, même dans les temps les plus violents de la guerre ; il ne s'agissait que de substituer un pavillon et un connaissement neutres.

L'Angleterre savait les fraudes, et elle avait soutenu d'abord avec énergie son droit de visite des neutres ; le ministère vigoureux de Canning et de Castlereagh prit une résolution bien plus décisive encore, en déclarant que les neutres seraient tous de bonne prise, s'ils portaient des marchandises ou s'ils touchaient à un port de France ; par ce moyen, les dernières ressources du commerce ennemi étaient éteintes ; il n'y avait plus possibilité de se servir du pavillon neutre pour le négoce de port à port, tous réellement bloqués par les escadres britanniques. Si le décret de Berlin était puéril parce qu'il n'obtenait aucun résultat, l'acte du conseil britannique était sérieux, il tuait d'un seul coup le commerce de France ; c'était une des représailles les plus efficaces que l'Angleterre se fût permises contre l'Empire. Qu'elle fût hors du droit des gens, c'était possible ; là n'était pas la question ; l'Angleterre ne gardait pas plus que Napoléon les principes de justice. La vieille querelle de Carthage et de Rome s'était renouvelée ; il fallait se briser l'une ou l'autre. Annibal ne respecta pas plus le droit public de Rome que le Consul romain ne respecta le droit maritime de Carthage [1].

---

[1] A l'ouverture du parlement, le cabinet s'exprima avec beaucoup d'énergie dans le discours de la couronne :

Mylords and gentlemen. « His Majesty commands us to assure you that he deeply deplores the unfortunate issue of the war upon the continent.

« The immense extension of the power and influence of France, and the undisguised determination of the enemy to employ the

Les mesures militaires du ministère Castlereagh furent dirigées avec toute l'énergie de son caractère vers le but de préserver et de grandir son pays ; rien n'arrêta le cabinet dans ses résolutions. L'Angleterre, puissance toujours la mieux informée, sut pénétrer les secrets des cabinets; aucune des clauses du traité de Tilsitt n'avait échappé à ses investigations ; elle s'était servie de la vieille noblesse moscovite pour connaître tout, même ce qui se passait dans les secrets intimes du Czar. Les dépêches de lord Gower avaient signalé à M. Canning une des résolutions du traité de Tilsitt, fatale pour l'Angleterre ; « les flottes portugaise et danoise seraient mises à la disposition de l'Empereur des Français, et, se concertant avec l'amiral russe Siniavin, toutes ces forces navales devaient se joindre à la marine de France pour attaquer fièrement la Grande-Bretagne. » Le ministère Canning délibéra dès lors sur la nécessité de prendre un parti dans une crise aussi menaçante; lord Gower, tout en caressant le vieux parti moscovite, si haineux contre Napoléon, dut demander impérativement des explications

---

means and resources of those countries which he possesses or controuls, for the purpose of effecting the ruin of His Majesty's kingdom, undoubtedly present a formidable view of the dangers and difficulties which the country has to encounter.

« But His Majesty trusts that the loyal and brave people over whom he reigns are not to be daunted or disheartened.

« From the recollection of those difficulties under which his people have successively struggled, and of those dangers which they have happily surmounted, His Majesty derives the consolation of believing, that the same spirit and perseverance which have hitherto remained unbroken will continue to be excited with unabated vigour and success.

« And while His Majesty commands us to repeat the assurances of his constant readiness to entertain any proposals which may lead to a secure and honourable peace, he commands us at the same time to express his confidence that his parliament and his people will feel with him the necessity of persevering in those vigorous efforts which alone can give the character of honour to any negociation, or the prospect of security or permanency to any peace. His Majesty, therefore, trusts that his parliament and his people will always be ready to support him in every measure which may be necessary to defeat the designs of his enemies against the independence of His Majesty's dominions, and to maintain against any hostile confederacy, those just rights which

au Czar sur les articles secrets du traité de Tilsitt : « ces articles ne pouvaient plus se déguiser; ils étaient connus presque par tous les cabinets de l'Europe, pourquoi l'Angleterre n'en aurait-elle pas la communication officielle? Seraient-ils une menace contre la Grande-Bretagne ? La Russie voulait-telle préparer une rupture? En ce cas, mieux valait s'expliquer nettement. » Lord Gower ajoutait : « qu'en supposant toutes les hypothèses, l'Angleterre se croyait autorisée à prendre des mesures indispensables pour sa sûreté personnelle ; si elle n'avait pas satisfaction sur ce point, elle l'obtiendrait par tous les moyens. » Lord Gower déclarait : « que son gouvernement connaissait l'intention de la France de s'aider contre la Suède de la flotte danoise. » M. Canning en se résumant demanda par une dépêche formelle : « 1° une communication franche des articles du traité de Tilsitt, tant secrets qu'avoués ; 2° une explication sur les bases proposées par la France pour traiter de la paix ; 3° une déclaration des vues de l'Empereur de Russie, une preuve claire de la bonne intelligence subsistant entre S. M. et son auguste allié [1]. »

His Majesty is always desirous to exercise, with temper and moderation, but which, as essential to the honour of his crown and true interests of his people; he is determined never to surrender.»

[1] M. Canning, d'après les résultats d'un grand conseil tenu à Windsor, adressa la note suivante au ministre russe à Londres :

« S. M. attend avec la plus vive sollicitude l'envoi du traité de Tilsitt et l'énonciation des équitables principes sur lesquels S. M. I. appuie sa confiance que la France désire faire la paix avec la Grande-Bretagne ; elle se plaît à croire que la paix de Tilsitt et les principes sur lesquels la France est prête à négocier sont de nature à inspirer à S. M. B. un juste espoir de parvenir à une paix honorable et sûre. Elle acceptera la médiation de la Russie après avoir reçu ces importantes communications et ne peut faire une réponse plus explicite à la note de M. d'Alopœus. »

Conformément à cette acceptation conditionnelle de la médiation russe, lord Lewison-Gower, ambassadeur anglais à Saint-Pétersbourg, se rendit chez le baron de Budberg, ministre des affaires étrangères, le 3 septembre, et lui demanda la communication des articles secrets de Tilsitt et l'aveu sincère des intentions de sa cour. Il fit observer que le terme fixé à l'acceptation de la médiation avait produit un sentiment défavorable à l'intervention de S. M. I.; bien que S. M. B. eût lieu d'être affectés des termes de l'art. XIII du traité, tel était cependant son désir de conclure une paix

Cette note reçut immédiatement une terrible exécution. Depuis deux mois environ les arsenaux de Londres étaient dans la plus grande activité; il s'agissait d'équiper une flotte formidable; les ordres de l'amirauté portaient de réunir vingt-deux vaisseaux de ligne avec un nombre proportionné de frégates et de navires de transport destinés à une armée de terre; les régiments d'élite, les gardes eux-mêmes devaient se tenir prêts à partir, avec leur artillerie, leur batterie de fusées à la Congrève. Cette flotte était placée sous les ordres de l'amiral Gambier[1], qui depuis Nelson avait conquis une réputation brillante dans la marine britannique; l'amiral Gambier avait cette intrépidité indispensable dans les expéditions où il faut en finir par un coup de main; le choix était bon pour une opération militaire de cette importance. Les troupes de terre furent mises sous les ordres de lord Cathcart, esprit distingué dans la diplomatie, un des généraux les plus remarquables des armées anglaises; négociateur habile dans les camps, comme il s'en trouve souvent au sein des cabinets de l'Europe, lord Cathcart avait commencé sa carrière sous le duc d'York; il avait une de ces âmes froides, méthodiques, qui distinguent les généraux anglais.

---

honorable, qu'elle ne rétracterait point l'acceptation conditionnelle de la médiation. M. de Budberg avoua l'existence d'articles secrets, mais protesta qu'ils ne touchaient en rien les intérêts de l'Angleterre; qu'il n'y en avait aucun qui stipulât la fermeture des ports russes au commerce anglais. Lord Gower persista à demander la communication de ces articles, ne fût-ce que comme une marque de la continuation de cette confiance mutuelle propre à donner un heureux résultat à la médiation de l'empereur de Russie. Le ministre russe promit d'en référer à son souverain, et ne répondit positivement que par la demande d'une explication sur les intentions de l'Angleterre à l'égard du Danemarck. »

[1] Comme l'expédition de Copenhague tient une large place dans cette époque, je crois essentiel d'en faire connaître toutes les pièces les plus intimes :

Sommation adressée, le 1er septembre, au gouverneur de Copenhague, par lord Cathcart et l'amiral Gambier, commandants en chef des forces britanniques de terre et de mer.

« Monsieur, nous, commandants en chef des forces de terre et de mer de S. M. B. de-

La division de réserve, composée des gardes et de soldats d'élite, fut donnée à sir Wellesley, depuis si célèbre sous le nom de duc de Wellington ; sir Arthur avait passé ses jeunes années dans l'Inde, où son frère le marquis de Wellesley tenait le poste de gouverneur-général ; témoin de toutes les grandes campagnes dans ces pays au climat si doux, au milieu de ces pagodes d'or sur les bords du Gange, sous le mangrove et les roses blanches du Bengale, sir Arthur assista, comme lieutenant-colonel, à la chute de l'empire de Mysore ; parmi les plus jeunes officiers, il fut témoin de cette scène lamentable d'une dynastie qui croule ; quand Tippoo-Saëb succomba percé d'une balle au milieu de ses Indous fidèles, Arthur Wellesley conduisait les grenadiers à l'assaut de Séringapatam ; gouverneur cette vaste cité, il avait vu les fils de Tippoo agenouillés implorant la protection du pavillon britannique. Sir Arthur, nommé à son retour en Europe major-général, devait commander une brigade dans le Hanovre, lorsque la bataille d'Austerlitz vint mettre fin à la coalition et détruire ses espérances de guerre ; élu membre de la chambre des communes, il fut désigné comme secrétaire pour l'Irlande ; puis il reçut de lord Cathcart le commandement de la division de réserve destinée à l'expédition de Copenhague. Sir Arthur Wellesley

vant Copenhague, avons jugé convenable de vous sommer de rendre la place, afin d'éviter une nouvelle effusion de sang, en abandonnant une défense qu'il est évidemment impossible de continuer.

« Le roi, notre maître, s'est efforcé de concilier les différends qui font l'objet de la querelle actuelle, par le moyen de ses agents diplomatiques.

« Et pour convaincre S. M. Danoise et le monde entier de la répugnance avec laquelle S. M. Britannique a pris le parti d'avoir recours aux armes, nous soussignés, nous renouvelons à cet instant où nos troupes sont aux portes de Copenhague et nos batteries prêtes à le foudroyer, nous vous renouvelons l'offre d'accéder aux termes avantageux et conciliatoires proposés à votre cour par les ministres de S. M.

« Si vous consentez à livrer la flotte danoise, et à ce que nous l'emmenions, elle sera conservée en dépôt et rendue à S. M. Danoise avec tous ses équipages et dans le même état qu'elle aura été prise, dès que

ne s'était fait remarquer que par une bonne direction donnée aux troupes sous son commandement; il n'avait rien de ce qui commande l'enthousiasme; froid, grave, sir Arthur ne communiquait aux soldats que le sentiment de l'honneur et de la dignité britannique; l'officier anglais se bat, parce que telle est la fierté du gentleman, il ne peut fuir devant le feu; un officier doit tenir son rang jusqu'à la mort, la recevoir en face, tout cela froidement, comme un devoir; il ne connaît pas cet entraînement de gloire, noble enthousiasme qui éclate au cœur du soldat français.

L'expédition formidable préparée dans les ports de la Grande-Bretagne sortit vers le milieu d'août et cingla rapidement vers les mers du Nord; le 1er septembre au matin, elle parut dans les eaux de Copenhague; le pavillon britannique se déployait à peine sur cette vaste flotte, que lord Cathcart et l'amiral Gambier adressèrent une sommation impérative au général Peymann, qui commandait en chef les forces de terre et de mer du royaume de Danemarck. Cette sommation, fière et dure, n'était point dirigée contre la politique du Danemarck; l'Angleterre demandait seulement le dépôt de la flotte danoise jusqu'à la paix : « comme elle savait que cette flotte devait s'unir aux forces navales de l'ennemi com-

les arrangements d'une paix générale lèveront les causes qui ont nécessité cette demande. Les propriétés de toute espèce qui ont été capturées depuis le commencement des hostilités seront rendues à qui elles appartiennent, et l'union qui existait entre les royaumes unis de la Grande-Bretagne et d'Irlande et le Danemarck pourra être renouvelée. Cette proposition une fois rejetée, nous ne pourrions plus la faire une seconde fois. Les propriétés publiques ou particulières appartiennent de droit à ceux qui s'en sont emparés; et la ville, une fois prise, devra subir le sort de tout pays conquis.

« Nous vous demandons une décision prompte; la position de nos troupes, avancées jusque sous vos glacis, rend l'attaque indispensable, et un délai dans cette circonstance serait tout à fait déplacé.

« Nous avons l'honneur, etc. »
  Signé, Gambier, *amiral.*
  Cathcart, *lieutenant-général.*
Réponse du général Peymann.
  Copenhague, le 1er septembre 1807.
« Mylords, nous sommes intimement con-

mun, elle se croyait suffisamment autorisée à en demander le dépôt, afin d'empêcher que la France ne s'en emparât pour ses desseins hostiles. La sûreté de la Grande-Bretagne imposait cette dure obligation, il fallait donc une réponse immédiate : vingt-quatre heures devaient suffire ; autrement tous les moyens militaires seraient pris pour s'emparer de la flotte. »

La réponse fut digne de la brave nation danoise ; le prince royal se montra ferme et fier, et dès ce moment les Anglais débarquèrent division par division ; le feu le plus meurtrier commença ; fatale journée pour Copenhague, après une nuit plus terrible encore ; les bombes et les fusées à la congrève sillonnaient l'air comme la foudre dans l'orage ; un tiers de la ville fut incendié ; les Danois se défendirent bravement, et ce ne fut qu'après avoir éprouvé des pertes incalculables que le général Peymann se trouva forcé de proposer une capitulation ; l'amiral Gambier lui répondit en termes aussi inflexibles que l'avait été la sommation première : « Point de capitulation expresse avant que la flotte danoise ne fût livrée ; il fallait exécuter les ordres du cabinet. » Le général Peymann fut obligé d'accepter les articles imposés par la Grande-Bretagne et l'on vit alors vingt vaisseaux de ligne danois

---

vaincus que notre flotte, dont il est impossible de nous disputer la propriété, est aussi en sûreté dans les mains de S. M. danoise qu'elle pourrait l'être dans celles du roi d'Angleterre, notre souverain n'ayant jamais agi hostilement contre le vôtre. Si vous êtes assez barbares pour tenter la destruction d'une ville qui ne vous a pas donné le moindre sujet de la traiter indignement, elle se soumettra au sort qui l'attend ; mais l'honneur et le devoir nous font une loi de rejeter une proposition injurieuse pour une puissance indépendante. Nous sommes résolus à repousser de toutes nos forces les attaques que l'on fera contre nous, et à défendre jusqu'à la dernière extrémité la ville et notre bonne cause ; nous sommes prêts à verser tout notre sang pour l'une comme pour l'autre.

« La seule proposition qu'il soit en mon pouvoir de faire, dans le désir de prévenir de nouveaux malheurs, est de demander à mon royal maître sa dernière résolution au sujet du contenu de votre lettre, si vous

baisser tristement pavillon : *le Christian VII* marchant à la tête, portait quatre-vingts bouches à feu, puis *la Norwège, le Danemarck, la Princesse-Royale-Marie, Christian-Frédéric*, magnifiques vaisseaux dont les équipages attristés abandonnaient le bord; puis seize frégates, six chaloupes canonnières. La flotte britannique, maîtresse de plus de deux mille canons, put armer treize vaisseaux de premier rang, qui portaient naguère le pavillon danois au grand mât.

L'expédition de Copenhague fut célébrée comme un des glorieux faits d'armes de la marine anglaise. C'était sans doute un étrange droit public que celui qui permettait de s'emparer des forces maritimes d'un neutre en pleine paix; mais la saisie de la flotte danoise parut indispensable pour préserver la sûreté des côtes britanniques. L'amiral Gambier, lord Cathcart, sir Arthur Wellesley, exécutèrent les ordres avec un dévouement absolu; ils avaient des instructions sévères, rédigées par lord Castlereagh et M. Canning pour que la flotte danoise ne pût se réunir aux expéditions que l'empereur des Français méditait contre la Grande-Bretagne; les conventions secrètes de Tilsitt la mettaient à la disposition de l'ennemi; vingt vaisseaux joints à la flotte hollandaise, aux escadres de Brest et de Rochefort, étaient

---

m'envoyez un passe-port pour la personne que j'expédierai à cet effet.

« Je suis, etc. »

Signé, Peymann, *commandant en chef des forces de terre et de mer de S. M. D.*

Nouvelle lettre de lord Cathcart et de l'amiral Gambier.

Au quartier-général devant Copenhague.

« Monsieur, c'est avec beaucoup de regrets que nous vous informons qu'il nous est impossible de suspendre nos opérations combinées, pendant l'espace de temps nécessaire pour consulter votre gouvernement. Nous avons fait tout ce que les pouvoirs qui nous sont confiés nous permettaient de faire en vous proposant, dans la position actuelle, des moyens d'accommodement aussi avantageux que ceux qui vous s ont été offerts pour prévenir une rupture absolue.

« Nous gémirons de la destruction de Copenhague, si elle éprouve quelque dommage; mais nous avons la satisfaction de

formidables ; l'Angleterre ne pouvait souffrir cette réunion : commençant alors un système nouveau de sécurité, elle prenait en dépôt les flottes des nations neutres jusqu'à la conclusion de la paix, sous prétexte que l'ennemi pouvait s'en emparer ; principe fatal, sans doute, mais que commandait la sûreté du gouvernement britannique. L'Empereur des Français, pour arriver à ses grands et glorieux résultats, n'en appelait-il pas souvent à la violence ? L'état de guerre, quand il est poussé à ses dernières extrémités, impose ces nécessités ; le salut public, est une divinité terrible !

Dans le parlement, l'expédition de Copenhague fut le sujet de vives attaques, cela devait être : l'opposition des whigs invoqua le droit des gens et le privilége des neutres ; M. Canning et lord Castlereagh, expliquant par des communications diplomatiques le danger de l'Angleterre, prirent sur eux la responsabilité de ces mesures de violence ; ils avouèrent hautement les fermes résolutions des généraux britanniques, l'amiral Gambier, lord Cathcart et sir Arthur Wellesley ; ils demandèrent que leur conduite fût approuvée par le parlement avec éclat : « ce qu'ils avaient fait était commandé par le salut de l'Angleterre ; le pavillon était menacé, il fallait le sauver : » — « Mieux valait, s'écria lord Erskine, laisser la flotte aux mains des Fran-

---

penser que, vous ayant renouvelé une dernière fois l'offre de voies de conciliation, nous avons mis tout en usage pour prévenir l'effusion du sang et les horreurs de la guerre.   « Nous avons l'honneur, etc. »
Signé, Cathcart, *lieutenant-général, etc.*
Signé, Gambier, *amiral, etc.*
Lettre aux commandants en chef des forces de terre et de mer de S. M. B. devant Copenhague.
Copenhague, le 5 septembre 1805.
« Mylords, pour éviter une plus longue effusion de sang et pour ne point exposer la ville aux suites d'un plus long bombardement, je propose un armistice de vingt-quatre heures, afin de donner le temps de s'entendre sur un arrangement propre à amener les préliminaires d'une capitulation. C'est avec les sentiments de la plus haute considération personnelle que j'ai l'honneur d'être, etc. »
Signé, Peymann, *commandant en chef des forces de terre et de mer de S. M. Danoise.*

çais que de donner un tel exemple au monde. » D'ailleurs qui vous a dit, ajouta Hutchinson, que les Français avaient un tel dessein? Pensez à la triste impression que cet événement produira sur l'empereur Alexandre! » M. Canning justifia hautement l'expédition contre Copenhague par le grand principe de la sûreté de l'Angleterre. Alors le comte de Galloway se leva dans la chambre des lords pour proposer l'adresse : « Mylords, dit-il, écoutez les faits : bientôt après que le traité de Tilsitt eut fait connaître que la Russie abandonnait la cause qu'elle avait défendue, les ministres de S. M. furent informés d'une manière positive de l'intention où étaient nos ennemis d'obliger les cours de Copenhague et de Lisbonne à renforcer de leurs vaisseaux, la coalition qui devait être formée contre nous. Les ministres s'occupèrent sans retard, et avec une activité qui leur fait honneur, des moyens de s'opposer à l'exécution de ce projet. Vos seigneuries savent qu'à l'égard du Danemarck, on s'est trouvé dans le cas de recourir à la force des armes ; les sentiments hostiles manifestés à plusieurs reprises par la cour de Copenhague rendaient inutile toute autre manière de procéder. J'avoue que la position des vaisseaux danois au centre de la capitale devait causer des malheurs dont l'humanité gé-

---

Lord Cathcart au général Peymann.
Quartier-général devant Copenhague, septembre.

« Monsieur, ayant communiqué à l'amiral Gambier la lettre que j'ai reçue ce matin, ainsi que celles d'hier, je dois vous informer que nous consentirons à traiter avec vous de la capitulation de Copenhague, en prenant la remise de la flotte danoise entre nos mains pour base de la négociation. Mais comme vous n'avez point proposé d'articles de capitulation, des officiers de marque, tant de la marine que des troupes de terre de S. M. B., seront envoyés pour convenir des articles, conjointement avec vous ou avec les officiers que vous désignerez, et faire accorder, s'il est possible, les différents objets que vous avez en vue relativement à l'occupation de Copenhague, avec la triste exécution des ordres qui nous ont été confiés. »

Signé, Cathcart, *lieutenant-général.*

Réponse du général Peymann.

Copenhague, 6 septembre 1807.

« J'accepte la proposition que vous me faites de prendre la remise de la flotte

missait d'avance ; mais il est glorieux pour nos officiers et pour nos soldats d'avoir fait tout ce qui leur était possible pour les adoucir. Le résultat de cette expédition vous a mis à portée, mylords, d'en apprécier l'importance et de reconnaître la vérité des prédictions faites par le gouvernement. Des matériaux d'équipement dont l'arsenal danois était encombré, des munitions navales achetées par des agents français, une flotte que l'on allait équiper et mettre en état de sortir, sont aujourd'hui dans nos ports et garantissent l'indépendance de la Grande-Bretagne [1]. Je conclus que le devoir indispensable de S. M. était d'empêcher que les vaisseaux portugais et danois ne tombassent au pouvoir de nos ennemis. »

L'adresse votée à une majorité immense, les mêmes principes furent exposés dans un manifeste adressé aux cours du continent par le cabinet de Londres : les journaux français avaient excité l'indignation du monde contre l'expédition de Copenhague, car Napoléon s'aperçut que le coup portait ferme et empêchait ses desseins ; il avait donc proclamé la fatale violation des neutres par l'Angleterre, qu'il accusait aux yeux de l'Europe. Le cabinet Canning et Castlereagh dut ainsi se justifier, en invoquant le droit de défense, le plus sacré de tous. « Si le Danemarck était neutre, il avait perdu ce privilège du jour où il voulait servir d'appui à la marine

---

S. M. Danoise entre vos mains pour base fondamentale des négociations ; mais à la condition expresse que, pendant la durée desdites négociations, il n'entrera point d'autres troupes anglaises dans la ville que les commissaires, officiers et militaires dont le nombre aura été stipulé et convenu.

« J'ai l'honneur d'être, etc. »]

Signé, Peymann, *commandant en chef des forces de S. M. Danoise.*

[1] Voici, d'après un document authentique, les navires et canons pris par l'Angleterre :

Vingt vaisseaux de ligne :

Christian VII, le Waldemar et *le Neptune*, de quatre-vingts canons ; *la Norwége*, de soixante-huit ; *le Danemarck*, de soixante-quatorze ; *le Prince-Royal* et *le Prince-Héréditaire*, de soixante-quatorze ; *la Princesse royale Marie, la Justice, le Trekoner, le Skold, Odin, Princesse-Sophie-Frédérique* et *la Fionie*, tous de soixante-qua-

française; Napoléon était maître à Copenhague, tout se faisait en Danemarck par sa volonté; l'Angleterre n'ignorait pas les conventions secrètes de Tilsitt : cette flotte, que l'on voulait protéger avec le grand mot de neutralité, n'était, à vrai dire, qu'un auxiliaire de la France; il était convenu qu'elle serait mise à la disposition du chef de ce gouvernement, et c'est pourquoi la vigilance de la Grande-Bretagne s'était réveillée pour frapper un coup décisif, autorisé par un droit de juste défense. Au reste, la flotte n'était qu'en dépôt; on la restituerait lorsque le Danemarck, proclamant son indépendance réelle, rentrerait dans le droit commun.

M. Canning mit un soin infini à justifier son cabinet : « S. M., disait-il, doit à l'Europe d'exposer franchement les motifs qui lui ont prescrit ses dernières opérations dans la Baltique. S. M. avait différé de faire cet exposé, parce qu'elle avait l'espérance de conclure avec la cour de Danemarck des arrangements plus désirables; arrangements pour lesquels S. M. était disposée à faire de grands sacrifices et qu'elle n'a jamais perdus de vue, même depuis le commencement des hostilités. Le Roi, profondément affligé d'avoir vu s'évanouir l'espoir qu'il avait conçu, trouve cependant des motifs de consolation dans la pensée que tout a été fait de son côté pour obtenir d'au-

---

torze; *le Prince-Christian-Frédéric* et *la Princesse-Caroline*, de soixante; *Seiren*, *la Princesse-Louise-Auguste* et *le Dithmarschen*, chacun de soixante-quatre, et *le Mars*, de soixante-quatorze;

Seize frégates (les frégates avaient, outre leurs canons, des obus et des caronades) : *La Perle*, de trente-huit; *la Rota*, de trente-quatre; *l'Iris*, de quarante-deux; *Freja* et *Harsfruen*, de quarante; *la Naïade*, de trente-six; *Fréderickswaern*, de trente; *le Triton*, de vingt-huit; *la Vénus*, de trente-huit; *Frédéricksteen*, de vingt-qua-

tre; *le Petit-Belt*, *Fylla* et *la Diane*, de vingt; *l'Elbe*, *l'Eider* et *Glückstadt*, de douze.

Neuf bricks :
Le Facteur, *Fasna* et *Fehmern*, de quatorze canons; *Sarpen* et *Niedelven*, de dix-huit; *Glommen*, *Longen*, *le Dauphin* et *le Poisson volant*, de vingt.

Un schooner : *Oernen*, de dix canons.
Dix-huit chaloupes du roi :
Sœwnen, *Segeskyew* et *Rogebuen*, de dix canons; *Makrelen*, de huit; *Maagen*, de dix; *Vildanden*, de huit; *Egeliykke*, de six;

tres résultats. Et tandis que S. M. déplore la cruelle nécessité qui l'a forcée de recourir à des actes d'hostilité contre une nation avec laquelle il était vivement à désirer d'établir des relations d'intérêt commun et d'alliance, S.M. est persuadée qu'aux yeux de l'Europe et du monde, sa conduite sera justifiée par le devoir impérieux et indispensable de pourvoir à temps à la sûreté de son peuple. S. M. avait été informée de la manière la plus positive de la résolution où était le chef actuel de la France d'occuper avec une force militaire le territoire du Holstein, à l'effet de fermer à la Grande-Bretagne les canaux ordinaires de ses communications avec le continent; d'engager ou de forcer la cour de Danemarck à fermer également le passage du Sund au commerce et à la navigation de l'Angleterre, et de s'assurer ainsi de la marine danoise pour opérer des débarquements sur le territoire britannique. Persuadée de l'authenticité des sources dans lesquelles cette nouvelle avait été puisée, S. M. la voyait confirmer de plus en plus par les déclarations notoires et réitérées de l'ennemi, par l'occupation récente des villes et territoires des autres États neutres, ainsi que par les préparatifs faits pour rassembler des forces hostiles sur les frontières du territoire continental de S. M. danoise. Le roi, malgré la certitude de ses informations, se serait abstenu volontiers d'agir en conséquence jusqu'à ce que le projet

---

les *Deux-Frères*, *Odderen*, *Snegler*, *Stavner*, le *Jeune-Jacob*, le *Jeune-Jean*, *Dvik* et *Henri*, *Speculazemer*, *Andreas* et *Aalborg Vare*, tous de six canons.

Douze barques canonnières :
Odensée, *Christiansand*, *Nykiobing*, *Langesund*, *Naskow*, *Arendal*, *Viborg*, *Aalborg*, *Stege* et *Fleusbourg*, de dix canons; *Stavurn* et *Vardohuns*, de six.

Six chaloupes canonnières :
Elseneur, *Roskilde*, *Corsœr*, *Præsto*, *Verdinborg*, et *Frederiksund*, de six canons.

Huit chaloupes de pilote :
Terner, *Allart*, *Gremstadt*, *Telegrafen*, *Laurriger*, *Hoger* et *Veddeloberen*, de six canons; *Svalier*, de deux.

Telle fut la flotte amenée par l'expédition anglaise, ou bien coulée à bas par un feu de dix jours. Copenhague était défendue par des ouvrages avancés.

La batterie flottante n° 1 avait vingt-qua-

de l'ennemi, découvert aux yeux du monde entier, rendit universellemen tmanifeste la nécessité indispensable de prendre les armes. S. M. n'y a point eu recours aussi longtemps que l'imminence des dangers a pu être révoquée en doute, et que l'on a conservé l'espoir que le Danemarck aurait les moyens ou la volonté de résister. Après, on a dû agir. »

Ce manifeste, œuvre de M. Canning, était surtout destiné à éclairer l'opinion publique en Europe sur les desseins de la Grande-Bretagne. Il se faisait en ce moment parmi les cabinets une révolution remarquable que les hommes d'Etat suivaient avec une sollicitude attentive : toute l'Europe marchait contre Napoléon en 1805, lors de la campagne d'Austerlitz, et par un de ces coups de fortune que le génie savait préparer, ces mêmes cabinets semblaient s'unir à Napoléon pour assurer le triomphe de ses projets. Toutefois on se fût trompé sur l'esprit et la tendance réelle de ce mouvement, si l'on n'avait aperçu que les cabinets subissaient par répugnance plutôt que par dévouement volontaire les idées napoléoniennes sur le monde. En Russie, après le traité de Tilsitt, l'empereur Alexandre revit Saint-Pétersbourg, conservant dans son âme enthousiaste un sentiment d'admiration pour cet homme prodigieux caressé par la destinée, auquel il avait pressé la

---

tre canons; la frégate qui ne pouvait pas couler, *Hielperer*, avait seize canons; la frégate de défense, *Saint-Thomas*, vingt-deux canons.

On peut encore ajouter aux forces de la marine la batterie *Sextus* de quarante-deux canons de trente-six et deux mortiers de cent cinquante; la batterie *Trekroner* de neuf canons de trente-six et cinquante-neuf de vingt-quatre, et trois mortiers de cent cinquante; la batterie *Provestenen*, assise sur trois vaisseaux rasés, de 89 canons de 24.

Le total des canons de défense s'élevait donc à deux mille cent quatre-vingt-trois, les caronades à deux cent deux, les obus à deux cent vingt-deux. Les trois fortes batteries avaient 199 canons de gros calibre et 5 mortiers. Le nombre des vaisseaux de guerre, tant grands que petits, qu'on pouvait mettre en mer, était de quatre-vingt-trois, outre ceux qui n'étaient pas encore montés, et encore sur le chantier.

main sur le Niémen. Mais le Czar était le seul peut-être de sa famille qui éprouvât cet entraînement pour le chef de la nation française; toute la cour et particulièrement les impératrices gardèrent une indicible répugnance pour ces parvenus de la gloire, ces héroïques enfants qu'une révolution immense avait créés sur le continent; ces sentiments, on les dissimulait à peine, et lorsque le général Savary fut envoyé en mission auprès d'Alexandre comme ambassadeur extraordinaire, il put s'apercevoir de cet esprit qui dominait dans les sociétés élégantes de Saint-Pétersbourg et de Moscou [1].

Napoléon avait recommandé à son aide-de-camp de caresser toutes les fibres les plus sensibles de l'orgueil russe, de donner une juste et grande opinion de la France et de son Empereur. « Étudiez bien, lui avait dit Napoléon, l'esprit de ce peuple, et montrez la nécessité d'une alliance intime entre la France et la Russie, contre l'ennemi commun, l'Angleterre. » Le système continental fut l'objet d'une instruction secrète que Napoléon donna au général Savary; il voulut en faire connaître la portée commerciale : le nouvel ambassadeur avait plus de formes que d'étendue dans l'esprit; quel que fût son dévouement aveugle pour l'Empereur et les illusions qu'il pouvait se faire, il s'aperçut dès le premier moment combien la vieille Russie échappait à tout système d'alliance permanente avec Napoléon, le dictateur de la Révolution française [2]; la légation fut comblée de politesses et de prévenances par le Czar qui mit un

---

[1] Notes du général Savary.

[2] L'Empereur ne dissimulait pas l'existence d'un parti anglais en Russie :

« Il reste encore à la cour de Russie un petit parti anglais, parmi lequel on remarque la famille des Strogonoff, M. Czartorisky et M. de Novosilzoff. Les principaux chefs du parti français sont le prince de Kourakin, et les comtes de Romanzoff et de Tolstoy. On sait aussi que les Nariskin ont un penchant décidé pour la France. »

Le général Savary écrivait de Saint-Pétersbourg, 6 septembre 1807:

« M. le comte de Romanzoff, ministre

soin et une délicatesse extrême à distraire l'ambassadeur et les jeunes officiers de sa suite; tous ont gardé le souvenir de ces belles fêtes de Saint-Pétersbourg, de ces jardins de Petershoff dans lesquels les solennités de famille furent si brillantes, à ce point que le maréchal de cour assigna un appartement impérial pour le général Savary et sa suite [1]. Alexandre mit de la coquetterie auprès de toute l'ambassade française; il parlait incessamment du génie de Napoléon; il avait des paroles enthousiastes, toutes ses phrases étaient admiratives; il montrait un air gracieux à la légation, ordonnant à sa cour de voir le général Savary et de le distraire. Eh bien! quelle que fût cette auréole de politesse délicate, l'ambassadeur ne put s'empêcher d'écrire à Napoléon : « que l'esprit de la Russie était entièrement hostile à la France; » la plupart des salons lui étaient fermés; des pamphlets anonymes partout répandus jetaient d'étranges calomnies sur l'Empereur, sur sa famille, et sur l'ambassadeur même; on ne le voyait

---

du commerce, n'a point accepté le poste d'ambassadeur à Paris. On désigne pour le remplacer M. le comte de Tolstoy, qui se trouve en ce moment à Moscou. MM. le prince Gagarin, le comte de Nesselrode, M. de Benkendorff et le prince Lapouchin-Nariskin, qui doivent l'accompagner, font déjà leurs préparatifs de départ. M. de Budberg s'est retiré du ministère pour raison de santé.

« Le prince Alexandre de Kourakin, actuellement ambassadeur de Russie à Vienne, qui a négocié et signé le traité de paix de Tilsitt, vient de recevoir de son souverain la marque la plus éclatante de son approbation et de sa bienveillance. L'empereur Alexandre l'a élevé à la première classe, c'est-à-dire au rang de feld-maréchal. Il y a eu peu d'exemples d'une pareille illustration. On sait que le prince de Koura- kin a été pendant sept ans vice-chancelier de l'empire et ministre des affaires étrangères en Russie.

« Voici la traduction de l'ukase par lequel S. M. I. lui a conféré cette nouvelle dignité :

Au Sénat dirigeant.

« Le zèle éminent pour le service, les travaux et le dévouement à nos intérêts du conseiller privé actuel, prince Alexandre Kourakin, ont fixé notre attention; pour lui donner une marque éclatante de notre bienveillance particulière, nous l'élevons au rang de la première classe. »

Petershoff, le 22 juillet 1807.

Signé, Alexandre.

[1] M. de Talhouet, officier d'ambassade du général Savary, m'a raconté tous les soins délicats de l'empereur Alexandre même pour les simples officiers français.

que par l'ordre du Czar : rien de spontané, rien de favorable, on agissait sous mille préventions. L'aristocratie n'abandonnait ni sa prétention ni sa fierté; elle ne pardonnait pas de si puissantes, de si nouvelles fortunes.

Le vieux parti russe, implacable ennemi de l'empereur Napoléon, avait hautement désapprouvé l'entrevue de Tilsitt, et des mémoires existent encore emanés des hommes d'État les plus fermes du cabinet de Saint-Pétersbourg pour signaler tout ce qu'il y avait de déplorable pour la Russie dans la signature de ce traité sur le Niémen. Le prince Czartorisky en quittant son service lors de la paix de Tilsitt exposait au Czar dans un mémoire confidentiel les graves inconvénients du traité actuellement conclu : « Ce traité nuit à la splendeur de l'empire; les enfants de la Russie auraient versé jusqu'à la dernière goutte de leur sang plutôt que de plier d'une manière aussi honteuse. » Et après avoir récapitulé tous les biens dus à Alexandre et ceux qu'il pourrait faire encore, après avoir exposé l'inquiétude universelle et les dangers de l'État, il y peignait l'armée *humiliée*, la milice *trompée*, le clergé *compromis* par un anathème ordonné et révoqué; la Russie sans *alliés*, parce qu'elle a abandonné sans ménagement l'Angleterre, l'Autriche, la Suède, la Prusse, la Sardaigne, Naples, les Sept-Iles, les Bourbons; que cependant la guerre n'est pas terminée en Turquie et qu'elle est allumée en Perse; que l'Angleterre et la Suède inspirent des inquiétudes, tandis que Napoléon, travaillant méthodiquement à la désorganisation de la Russie, demeure prêt à l'attaquer à force ouverte, avec des moyens toujours croissants, qui nécessitent pour elle tous les frais d'une résistance passive, en renonçant à ses alliés, aux chances de la guerre, à l'espoir de la victoire. »

A Saint-Pétersbourg on se nourrissait des brochures du vieux Dumouriez, si haineux, si jaloux de Napoléon. Puis il y avait là un jeune et ferme colonel, d'un esprit actif et d'une haine nationale contre Bonaparte, alors parvenu à une si haute fortune : c'était le colonel Pozzo di Borgo, dont la vie première s'était attachée à Paoli dans la montagne; Pozzo di Borgo avait parcouru l'Europe entière en portant partout son ressentiment de Corse contre Napoléon, qui le poursuivait aussi du haut de sa puissance. Dès l'adolescence, Pozzo s'était dévoué à Paoli le patriote; Bonaparte avait suivi Salicetti, l'ami du parti français; l'un était resté Corse indépendant, l'autre avait cherché fortune en France et l'avait gagnée de son épée; jamais esprit plus vif, plus saillant, plus imagé que celui de Pozzo; les hommes d'État de l'Europe l'écoutaient avec la plus vive attention et un sentiment de curiosité incessamment renouvelée, quand Pozzo disait avec son accent italien quelles causes feraient vivre le système de Napoléon, et quelles causes le feraient tomber; il savait le défaut de la cuirasse du géant; comme il avait nourri une longue haine, rien ne lui échappait; le montagnard, la carabine en main au creux d'un rocher de Corse, ajuste longtemps son ennemi avant de l'atteindre, mais il ne le manque pas [1].

La politique d'Alexandre n'était pas alors de suivre l'aveugle inimitié des vieux Russes; il avait ses projets sur la Finlande et la Turquie, et ses plans ne pouvaient réussir qu'avec l'appui de Napoléon, ou au moins avec sa neutralité. A quoi l'engageaient quelques témoignages d'amitié donnés à l'homme qui gouvernait la France?

---

[1] Voyez mon article sur M. Pozzo di Borgo, *Revue des Deux-Mondes*, avril 1835. Hélas! depuis, la foudre a passé à travers cette vive intelligence.

L'alliance n'était pas son but, mais un moyen ; il fallait que cet homme lui permît d'accomplir et de réaliser les plans de Catherine II sur la Turquie et la Suède. Napoléon, en ce moment, servait avec une attention remarquable la politique d'Alexandre ; on aurait dit qu'il se mettait à la discrétion des idées russes. Les armées françaises envahissaient la Poméranie suédoise, le maréchal Brune au siége de Stralsund déployait l'activité merveilleuse des beaux jours de la République. Stralsund baissait ses vieux ponts-levis, et le chevaleresque Gustave-Adolphe, en déplorant la ruine du trône, voyait encore lui échapper une belle province [1]. Était-ce la faute de ce noble roi, s'il avait pris au sérieux les dernières lueurs de gloire et de loyauté qui brillaient sur les diadèmes ? Il avait foi dans les vieilles monarchies, et tour à tour abandonné par la Prusse, par la Russie, il avait pour la dernière fois tiré son épée et combattu de chevalier à chevalier contre Napoléon ; il succomba dans la lutte, cela était naturel. Que pouvait la Suède après Tilsitt, les vieilles idées contre les jeunes forces de la génération ? N'était-il pas insensé de vouloir lutter contre l'immense prépondérance de l'Empereur ? Mais les folies de l'honneur sont respectables, et les débris des âges de loyauté doivent être honorés comme ces monuments gothiques que les temps épargnent.

Ainsi, plus que jamais, le Czar Alexandre avait besoin de caresser le système français. Les armées russes se disposaient à marcher sur la Finlande, et le général Buxhowden était placé à la tête de cette expédition, injuste expression du droit du fort contre le faible; la Finlande assurait un débouché indispensable à la Russie sur

---

[1] Je donnerai plus tard la curieuse conversation politique du maréchal Brune avec Gustave-Adolphe.

la Baltique. Alexandre désirait aussi s'assurer carte blanche sur la question turque; convoitant la possession définitive de la Moldavie et de la Valachie, il ne voulait pas être gêné dans ses conventions particulières avec le Divan. Le Czar mettait un grand prix à rester maître de ses rapports avec le divan; il ne voulait point évacuer la Moldavie et la Valachie. Toutes les fois que le général Savary lui parlait de médiation offerte par la France, Alexandre répondait que la question avait changé de face. Le général Savary vit plusieurs fois le comte Nicolas Romanzoff, le chancelier d'État, pour se plaindre; il lui fut répondu : « qu'aussitôt après la signature du traité de Tilsitt on avait envoyé au général Michelson des pouvoirs pour traiter d'un armistice[1]; mais que, ce général étant mort, celui qui lui succédait comme le plus ancien en grade (le général Mayendorff) s'était ingéré de négocier, sans y être autorisé, et avait signé des articles inconvenants qui, sous aucun rapport, ne pourraient être ratifiés; qu'avant le refus de ratification, il avait fait un mouvement rétrograde, et que, poursuivi par les Turcs qui avaient re-

---

[1] Le traité d'armistice avec la Porte fut conclu en effet, mais il ne fut pas ratifié.

Traité d'armistice entre la Russie et la Porte Ottomane signé le 12 août 1807 (V. S.) 24 août (N. S.).

« La sublime Porte et la cour impériale de Russie, désirant mutuellement et sincèrement mettre fin à la guerre qui divise actuellement les deux empires, et rétablir la paix et la bonne harmonie, avec la médiation de S. M. l'Empereur des Français et roi d'Italie, que les deux hautes parties contractantes ont également acceptée, sont convenues qu'il y aura sur-le-champ armistice : elles ont nommé pour cet effet leurs plénipotentiaires respectifs, c'est-à-dire, la sublime Porte, S. E. Saïd-Mehemed-Galip-Effendi, ci-devant reis-effendi, et actuellement neihandzi; et la cour de Russie S. E. M. le général Serge Lascaroff, conseiller privé de S. M. l'empereur de toutes les Russies, et chevalier de plusieurs ordres ; lesquels, en présence de M. le colonel-adjudant commandant Guilleminot, envoyé par S. M. l'Empereur des Français et roi d'Italie pour assister aux arrangements relatifs à l'armistice, sont convenus des articles suivants :

« Art. 1. Aussitôt après la signature de l'armistice, les généraux en chef des deux armées impériales, savoir : S. A. le grand-visir et S. E. le général Michelson, enverront des courriers, pour que les hostilités cessent tout à fait de part et d'autre, tant

passé le Danube, il s'était vu contraint à les rejeter au-delà de ce fleuve ; que les Turcs, ayant ainsi rompu l'armistice avant qu'on y apportât des changements, s'étaient refusés ensuite à ces modifications, fondées sur de justes motifs ; que la Porte Ottomane ne pouvait d'ailleurs garantir à la Russie qu'aussitôt après l'évacuation des deux provinces, ses troupes, soit en vertu de ses ordres, soit en les méconnaissant, ne viendraient pas occuper les places évacuées par les Russes ; qu'ainsi il avait été indispensable de rester en possession des deux hospodarats. »

Le ministre ajoutait que des nouvelles, simultanément arrivées de Vienne et d'Odessa, annonçaient que la France avait considérablement perdu de son influence à Constantinople depuis le retour de lord Paget, ambassadeur anglais ; que sa médiation ne serait pas assez puissante pour faire exécuter les stipulations d'un armistice nouveau. « Vous n'empêcherez jamais des bandes d'insurgés turcs de passer le Danube et de recommencer le pillage dans ces provinces ; les ordres de la Porte ne sont rien à un mille de Constantinople. » Ainsi l'Empereur des Français s'exprimait à

---

sur terre que sur mer, dans les rivières, en un mot, partout où il se trouve des troupes des deux puissances.

« 2. Comme la sublime Porte et la Russie désirent également de la manière la plus sincère le rétablissement de la paix et de la bonne harmonie, les hautes parties contractantes nommeront, aussitôt après la signature du présent armistice, des plénipotentiaires pour traiter et conclure la paix, le plus tôt possible, dans tel endroit qu'ils auront jugé convenable. Si, pendant les négociations pour la paix, il s'élève malheureusement des difficultés, et que les affaires ne puissent s'arranger, l'armistice ne sera rompu que le printemps prochain, c'est-à-dire le 1er de la lune de Safer, l'an de l'Hégire 1223 et le 21 mars (V. S.) ou le 3 avril (N. S.) 1808 de l'ère chrétienne.

« 3. Aussitôt après la signature du présent armistice, les troupes russes commenceront à évacuer la Valachie et la Moldavie, qu'elles ont occupés pendant cette guerre, et à se retirer à leurs anciennes frontières, de manière que l'évacuation soit entièrement terminée dans l'espace de trente-cinq jours. Les troupes russes laisseront dans les pays et forteresses qui doivent être évacués par elles, tous les effets, canons et munitions qui s'y trouvaient avant l'occupation. La sublime

Tilsitt, en parlant à l'empereur Alexandre, ce qui était parfaitement exact : le ministre russe ajoutait habilement « que, sur cet objet, la condescendance de Napoléon pour le Czar serait du plus grand prix et de la plus grande utilité ; que, surtout depuis sa déclaration contre l'Angleterre, il serait vraiment malheureux que l'on ajoutât aux plaintes qui viennent de toutes parts, les cris que l'évacuation de la Moldavie et de la Valachie ne manquerait pas de faire jeter ; que l'Empereur des Français n'avait cessé de dire, à Tilsitt, qu'il ne tenait point à cette évacuation ; qu'on pouvait la traîner en longueur et qu'il fallait rejeter les Turcs en Asie. »

Dans cette disposition d'esprit et d'habileté, il ne faut donc pas s'étonner si, après l'expédition anglaise contre Copenhague, le cabinet de Saint-Pétersbourg, exagérant le sentiment d'indignation qu'il éprouvait de la violation du droit des neutres, déclara l'adhésion de la Russie au système continental de Napoléon ; c'était ici un jeu joué plutôt qu'une résolution ferme et définitive. L'adoption d'un système prohibitif équivalait à la destruction entière des revenus de la noblesse russe ;

Porte nommera des commissaires qui recevront lesdites forteresses des officiers russes désignés à cet effet. Les troupes ottomanes sortiront de même de la Valachie et de la Moldavie en-dedans les vingt-cinq jours, pour repasser le Danube. Elles ne laisseront dans les forteresses d'Ismaïl, Braïlow et Giurgin, que les garnisons suffisantes pour les garder. Les troupes russes correspondront avec les troupes ottomanes, afin que les deux armées commencent à se retirer en même temps de la Moldavie et de la Valachie. Les deux parties contractantes ne se mêleront nullement de l'administration des deux principautés de la Moldavie et de la Valachie jusqu'à l'arrivée des plénipotentiaires chargés de traiter de la paix. Jusqu'à la conclusion de la paix, les troupes ottomanes ne pourront occuper aucune des forteresses qui seront, en conséquence du présent armistice, évacuées par les troupes russes. Les habitants seuls pourront y entrer.

« 4. Conformément à l'article précédent, l'île de Ténédos, ainsi que tout autre endroit dans l'archipel qui, avant que la nouvelle de l'armistice y soit parvenue, aura été occupé par les troupes russes, sera évacué. Les vaisseaux russes qui sont mouillés devant Ténédos ou quelque autre endroit de l'archipel, retourneront à leurs ports, afin que le détroit des Dardanelles soit tout à fait ouvert et libre. Si les vaisseaux russes, en se rendant à leurs ports,

son luxe s'alimentait par l'Angleterre, et le commerce britannique lui assurait des débouchés pour ses vastes produits territoriaux. Alexandre promettait donc ce qu'il ne pouvait tenir ; s'il donnait satisfaction momentanée à la France, c'est qu'il avait besoin qu'on ne le troublât point dans son mouvement de conquête.

L'empereur Alexandre marcha plus avant encore dans les idées de Napoléon, et par un ukase adressé au comte de Romanzoff, il ordonna qu'un embargo serait mis sur tous les navires anglais : on saisirait toutes les propriétés des sujets de la Grande-Bretagne. Puis une déclaration solennelle fut promulguée contre l'Angleterre comme une justification des dernières mesures si impopulaires en Russie. « Plus l'Empereur, était-il dit, attachait de prix à l'amitié de S. M. Britannique, plus il a dû voir avec regret que ce monarque s'en éloignait tout à fait [1]. Deux fois l'Empereur a pris les armes dans une cause où l'intérêt le plus direct était celui de l'Angleterre ; il a sollicité en vain qu'elle coopérât au gré de son propre intérêt : il ne lui demandait pas de joindre ses troupes aux siennes, il désirait qu'elle fît une diversion ; il s'étonnait de ce que, dans sa propre cause, elle n'agissait pas de son côté. Mais, froide spectatrice du sanglant théâtre de la guerre qui s'était

---

ont obligés de s'arrêter à quelque endroit de l'archipel, à cause d'une tempête ou de quelque autre besoin indispensable, les officiers turcs n'y mettront aucun obstacle, et leur prêteront, tout au contraire, les secours nécessaires. Tous les vaisseaux de guerre ou autres vaisseaux ottomans qui, pendant la guerre, seraient tombés entre les mains des Russes, seront rendus avec leurs équipages, ainsi que les vaisseaux russes qui seraient tombés au pouvoir des forces ottomanes. Les vaisseaux russes, en se rendant à leurs ports, ne prendront à bord aucun sujet de la sublime Porte. »

[1] M. Canning répondit à cet ukase par un acte du cabinet fermement rédigé :

« La déclaration publiée à Saint-Pétersbourg par S. M. l'empereur de toutes les Russies a causé à S. M. la plus grande surprise et les plus vifs regrets.

« S. M. n'ignorait pas la nature des engagements secrets auxquels la Russie avait été forcée de souscrire pendant les conférences de Tilsitt ; mais elle espérait qu'en jetant un nouveau coup d'œil sur les transactions de cette malheureuse négociation

allumée à son gré, elle envoyait des troupes attaquer Buénos-Ayres. Une partie de ses armées, qui paraissait destinée à faire une diversion en Italie, quitta finalement la Sicile où elle s'était assemblée. On avait lieu de croire que c'était pour se porter sur les côtes de Naples; l'on apprit qu'elle était occupée à essayer de s'approprier l'Égypte. Mais ce qui toucha sensiblement le cœur de S. M. I., c'était de voir que, contre la foi et la parole expresse et précise des traités, l'Angleterre tourmentait sur mer le commerce de ses sujets. Et à quelle époque? Lorsque le sang des Russes se versait dans des combats glorieux qui retenaient et fixaient contre les armées de S. M. I. toutes les forces militaires de S. M. l'Empereur des Français, avec qui l'Angleterre était et est encore en guerre. Lorsque les deux empereurs firent la paix, le Czar, malgré ses justes griefs contre l'Angleterre, ne renonça pas encore à lui rendre service; la Russie stipula dans le traité même, qu'elle se constituerait médiatrice entre elle et la France; ensuite elle fit l'offre de sa médiation au roi de la Grande-Bretagne; elle le prévint que c'était afin de lui obtenir des conditions honorables. Mais le ministère britannique, apparemment fidèle à ce plan qui devait relâcher et rompre les liens de la Russie et de l'Angleterre, rejeta la médiation. La paix de la Russie avec la France

et en appréciant convenablement les effets qu'elle doit produire sur la gloire du nom russe et sur les intérêts de l'empire de Russie, S. M. I. aurait cherché à se soustraire aux nouveaux conseils et aux liaisons qu'elle avait adoptés dans un moment d'alarme et d'abattement, et serait revenue à des principes politiques plus analogues à ceux qu'elle avait si invariablement professés, et plus propres à assurer l'honneur de sa couronne et la prospérité de ses États.

« C'est à cet espoir qu'il faut attribuer la patience et la modération apportée par S. M. B. dans toutes ses relations diplomatiques avec la cour de Saint-Pétersbourg depuis la paix de Tilsitt.

« S. M. avait de fortes raisons de concevoir des soupçons et de justes sujets de plaintes; mais elle s'est abstenue de tout reproche. S. M. a cru nécessaire de demander des explications relativement à certains arrangements conclus avec la France, et dont le secret qu'on en faisait à S. M. ne pouvait que la confirmer dans les soupçons qu'elle avait déjà conçus sur leur caractère et leur objet. S. M. n'en voulut pas moins

devait préparer la paix générale : alors l'Angleterre quitta subitement cette léthargie apparente à laquelle elle s'était livrée; mais ce fut pour jeter dans le nord de l'Europe de nouveaux brandons qui devaient rallumer et alimenter les feux de la guerre qu'elle ne désirait pas voir s'éteindre. Ses flottes, ses troupes parurent sur les côtes du Danemarck pour y exécuter un acte de violence dont l'histoire, si fertile en exemples, n'en offre pas un seul pareil. Une puissance tranquille et modérée qui, par une longue et inaltérable sagesse, avait obtenu dans le cercle des monarchies une dignité morale, se voit saisie, traitée comme si elle tramait sourdement des complots, comme si elle méditait la ruine de l'Angleterre; le tout pour justifier sa totale et prompte spoliation. »

Ici le cabinet de Saint-Pétersbourg, rappelant l'expédition de Copenhague, manifestait son indignation. « Le Czar se sentait blessé en sa dignité, dans l'intérêt de ses peuples, dans ses engagements avec les cours du Nord, par cet acte de violence commis dans la mer Baltique, qui est une mer fermée, dont la tranquillité avait été depuis longtemps, et au su du cabinet de Saint-James, réciproquement garantie par les puissances riveraines; le Czar ne dissimula pas son ressentiment à l'Angleterre, et la fit avertir qu'il n'y resterait pas insensible. S. M. ne prévit pas que lorsque l'An-

---

que cette demande d'explication fut faite non seulement sans aigreur ou sans démonstrations hostiles, mais encore qu'elle fût accompagnée d'égards pour les sentiments et la situation de l'empereur de Russie, égards que commandait le souvenir d'une ancienne amitié et d'une confiance interrompue, mais non détruite.

« La déclaration de l'empereur de Russie prouve que le but de la patience et de la modération de S. M. a été manqué; elle prouve malheureusement que l'influence de cette puissance, également et essentiellement l'ennemie de la Grande-Bretagne et de la Russie, a pris un ascendant décidé dans les conseils du cabinet de Saint-Pétersbourg, et a pu exciter une inimitié sans cause entre deux nations dont les anciennes liaisons et l'intérêt mutuel leur prescrivaient l'union et la coopération les plus intimes.

« S. M. déplore vivement l'extension des calamités de la guerre; mais forcée comme elle l'est de se défendre contre un acte d'hostilité non provoqué, elle désire for-

gleterre, ayant usé de ses forces avec succès, touchait au moment d'enlever sa proie, elle ferait un nouvel outrage au Danemarck, et que S. M. I. devait le partager. De nouvelles propositions furent faites, les unes plus insidieuses que les autres, qui devaient rattacher à la puissance britannique le Danemarck soumis, dégradé, et comme applaudissant à ce qui venait de lui arriver. Le Czar prévit encore moins qu'on lui ferait l'offre de s'associer à cet abaissement, et de répondre que cette violence n'aurait aucune suite fâcheuse pour l'Angleterre. Son ambassadeur crut qu'il était possible de proposer au ministère de l'Empereur que S. M. I. se chargeât de se faire l'apologiste et le soutien de ce qu'elle avait si hautement blâmé. L'Empereur ne donna à cette démarche du cabinet de Saint-James d'autre attention que celle qu'elle méritait, et jugea qu'il était temps de mettre des bornes à sa modération. Le prince royal de Danemarck, doué d'un caractère plein d'énergie et de noblesse, et ayant reçu de la Providence une dignité d'âme analogue à la dignité de son rang, avait fait avertir les cabinets que, justement outré de ce qui venait de se passer à Copenhague, il n'en avait pas ratifié la convention. Dans ces circonstances, le Czar déclare qu'il annule pour toujours tout acte conclu précédemment entre la Grande-Bretagne et la Russie, et notamment la convention faite en 1801,

---

tement de réfuter aux yeux du monde entier les prétextes par lesquels on cherche à justifier cet acte.

« S. M. rend volontiers justice aux motifs qui ont originairement engagé la Russie dans la guerre contre la France ; S. M. avoue tout aussi volontiers, l'intérêt que la Grande-Bretagne a toujours pris au sort et à la prospérité des puissances du continent ; mais il serait sûrement difficile de prouver que la Grande-Bretagne, qui était elle-même en état de guerre avec la Prusse lorsque les hostilités ont commencé entre la Prusse et la France, avait un intérêt et des obligations plus directes que l'empereur de Russie à épouser la querelle de la Prusse, surtout lorsqu'on considère que l'empereur de Russie était l'allié de S. M. Prussienne, le protecteur du nord de l'Europe, et le garant de la constitution germanique. »

Signé, Canning.

le 5 (17) du mois de juin. Il proclame de nouveau les principes de la neutralité armée, ce monument de la sagesse de l'impératrice Catherine, et s'engage à ne jamais déroger à ce système. Il demande à l'Angleterre de satisfaire complétement ses sujets sur toutes leurs justes réclamations de vaisseaux et de marchandises saisies ou retenues contre la teneur expresse des traités conclus sous son propre règne. Le Czar prévient qu'aucun rapport ne sera rétabli entre la Russie et l'Angleterre que celle-ci n'ait satisfait le Danemarck. »

Cet ukase, rédigé en termes aigres et impératifs, devait amener une réponse du cabinet anglais; elle ne se fit point attendre. M. Canning déclara : « que l'Angleterre se voyant forcée à regret d'user de représailles, les bâtiments russes seraient de bonne prise. » Toutefois, le cabinet de Londres ménageait la Russie; ses agents secrets l'informaient du moindre petit accident qui arrivait dans la politique du cabinet de Saint-Pétersbourg. D'après leurs rapports : la paix de Tilsitt serait momentanée, le système de Napoléon n'avait aucune popularité en Russie; si le Czar y persistait, il lui arriverait quelque catastrophe à la manière de Paul 1er. Tôt ou tard une rupture avec la France se manifesterait par la force même des choses. Ce fut dans cette pensée que l'Angleterre dirigea ses mesures hostiles contre la Russie; tout fut marqué d'un cachet provisoire; ses flottes, ses bâtiments ne furent pris que comme dépôt. Alexandre se trouva dans ses États le prince le plus embarrassé après le traité de Tilsitt; seul il demeura du parti de Napoléon; il dut tenir tête à sa famille, à ses proches, à ses armées; témoignant toujours la plus vive affection pour l'Empereur des Français, il échangeait des ordres militaires, des pelisses d'honneur, et Napoléon lui-même répondait à ces témoignages par des porcelaines de Sèvres et des statuettes de bronze.

On désignait déjà les ambassadeurs permanents auprès des deux cours. Napoléon n'avait donné au général Savary qu'une mission provisoire; il destinait à l'ambassade définitive de Saint-Pétersbourg M. de Caulincourt, d'une famille de bonne origine, mauvais choix à cause du souvenir du duc d'Enghien. Le Czar avait d'abord nommé M. de Romanzoff pour l'ambassade de Paris; sur son refus, il désigna le brillant comte de Tolstoï, un de ses aides-de-camp favoris[1]. L'amitié et le zèle de la France allaient à ce point que le général Savary se permit d'offrir au Czar les services de sa police à Saint-Pétersbourg; il dénonça des conspirations tramées contre Alexandre; jeu joué sans doute par Napoléon, afin de montrer son attachement à l'alliance. Il fallait le déterminer à prendre des mesures contre les ennemis du système français : un rapport existe dans lequel le général Savary signale des conjurés qui en veulent à la vie de l'empereur Alexandre; le général indiquait les moindres circonstances de ce complot, et appelait la vigilance du souverain de toutes les Russies. Cet état de choses ne pouvait

---

[1] Saint-Pétersbourg, 9 septembre 1807. « M. le général Savary est toujours dans cette capitale. M. le lieutenant-général comte de Tolstoï est définitivement nommé à l'ambassade de Paris. Le comte de Nesselrode l'accompagnera comme gentilhomme d'ambassade. »

Voici l'ukase par lequel l'empereur Alexandre ordonnait de mettre sous l'embargo les bâtiments anglais et les propriétés de cette nation :

Au comte Nicolaï Pétrowitz Romanzoff.

« En conséquence des circonstances politiques actuelles qui nous ont obligé de rompre toutes liaisons avec la Grande-Bretagne, nous ordonnons :

« 1. Un embargo sera mis, dans nos ports sur tous les vaisseaux anglais et sur toute propriété anglaise à bord desdits vaisseaux, comme aussi sur celle déposée dans les magasins de la bourse et de l'hôtel des douanes.

« 2. Leur propriété immobilière, et celle qui ne consiste point en marchandises, sera laissée en leur possession, comme auparavant, mais ne pourra être vendue, hypothéquée ou transférée en d'autres mains. Ces mesures procédant uniquement de notre indulgence envers eux, nous espé-

durer; tout faisait croire que la crise militaire une fois passée, et le système du Czar accompli sur la Moldavie et la Finlande, la Russie reprendrait les armes contre les idées et les projets gigantesques de l'Empereur des Français. La coalition n'était pas dissoute.

Si tout était provisoire dans les démonstrations amicales de la Russie envers la France, il en était de même des actes du cabinet autrichien que la paix de Presbourg avait tant humilié. Un empire ne tombe pas dans une seule campagne; il se relève tôt ou tard. L'entrevue de Tilsitt fut connue à Vienne dans son esprit et ses résultats; le général baron de Vincent, dans sa remarquable correspondance, avait écrit tous les événements de la campagne de 1807, et les conventions intimes qui en avaient été la suite : on n'ignorait pas que la Russie subissait un système d'alliance passager avec Napoléon, sans autre fondement que le désir de faire réussir les guerres actuellement engagées avec la Suède et la Turquie : une fois les conquêtes effectuées, la Russie pourrait entrer dans une nouvelle coalition. L'Autriche, avec sa persévérance habituelle, armant à petit bruit et développant son système militaire, voulait atteindre son but d'économie et de force, dans le cas d'une campagne tôt ou tard inévitable.

rons que, pendant la durée des différends qui se sont élevés, ils ne violeront point leurs devoirs par des actions qui pourraient porter préjudice à la Russie, et leur faire encourir notre juste déplaisir; mais qu'ils vivront en paix et tranquillité.

« 3. Concernant l'embargo, un comité sera formé dans ce port, composé des négociants russes les plus considérés, et d'un membre du collége de commerce. Nous vous autorisons à choisir et mettre en fonctions les membres de ce comité, et à nous rendre compte des mesures que vous aurez prises à cet effet.

« 4. De semblables comités seront formés à Riga et à Archangel, sous la dépendance de celui-ci. Le choix de ceux qui les composeront et leur mise en activité, appartiendra aux chefs militaires qui sont aussi chargés du département civil, et où il n'y aura point de semblables chefs, aux gouverneurs civils.

« 5. Il sera pourvu aux frais de ces mesures, sur les revenus des douanes respectives, et la dépense sera portée au compte des vaisseaux et marchandises séquestrés. »

Alexandre.

La monarchie autrichienne, pour le département de la guerre, était alors dirigée par l'archiduc Charles; les malheurs de la patrie avaient fait renoncer à toutes ces jalousies qui naguère divisaient le conseil aulique; l'archiduc Charles, revêtu d'une sorte de dictature, s'occupait de l'organisation de l'armée autrichienne sur de meilleures bases; l'artillerie était entièrement remontée, de nouveaux bataillons ajoutés aux régiments. En pleine paix on comptait déjà une armée de 240,000 hommes; l'Autriche adoptait le système de la conscription et des landwehrs, la régularité des levées et les insurrections des masses; on exerçait les troupes avec une grande activité en Hongrie, en Styrie, tandis que des agents parcouraient le Tyrol afin de préparer un mouvement de peuple contre les Bavarois qui avaient reçu cette province des mains de Napoléon. Si l'Autriche n'était pas encore décidée à la guerre, si elle la redoutait même, ses armements répétés, son système de réforme militaire et financière, constataient la résolution absolue de profiter du premier échec des armes françaises pour entrer de nouveau dans la lice des batailles[1]. Tilsitt ne lui paraissait pas sérieux, ce traité ne finissait rien; sorte de trêve, elle serait rompue par l'irruption nécessaire des intérêts et des nationalités en Europe; on savait d'ailleurs le caractère exalté des vieux boyards; on forcerait la main à l'empereur Alexandre.

---

[1] On verra que l'Autriche traitait néanmoins encore à Paris :

« L'échange des ratifications d'une convention qui a été conclue entre la France et l'Autriche a eu lieu, le 10 novembre 1807, à Fontainebleau, entre M. de Champagny et M. de Metternich.

« Par cette convention la place de Braünau sera évacuée par les troupes françaises avant le 10 décembre, et rendue à l'Autriche. La province de Montefalcone est cédée par l'empereur à l'Autriche, et la limite du royaume d'Italie avec les États autrichiens sera le Thalweg de l'Isonzo.

« Par ces arrangements, toutes les difficultés qui subsistaient encore sur l'exécution du traité de Presbourg sont entièrement levées. »

Tel était le sens des dépêches du général Andréossy, l'ambassadeur français à Vienne. En 1807, déjà, il ne comptait plus sur le maintien de la paix; l'Europe subissait une trêve; elle reprendrait les armes. La mission de M. de Metternich à Paris ne consistait qu'à détourner les yeux de ces armements, et à calmer les craintes. Les Français n'évacuaient pas l'Allemagne; ils étaient prêts à commencer une campagne, à marcher sur Vienne dans quelques journées; ils cernaient l'Autriche de tous côtés, par la Silésie, par le grand-duché de Varsovie qu'occupait le maréchal Davoust. Quoi d'étonnant que l'Autriche prît ses précautions en augmentant son état militaire? Ainsi parlait M. de Metternich à Paris. On venait de signer un traité pour la remise de la place de Braünau à l'Autriche, moyennant une cession territoriale en Italie; et les négociations s'étaient suivies dans des termes très empressés.

Rien de comparable à la situation abaissée de la Prusse après la paix de Tilsitt; elle était écrasée par des contributions de guerre et une formidable occupation. Les stipulations publiques et avouées n'étaient rien, comparées aux conventions secrètes et aux exigences occultes des vainqueurs; la Prusse devait non seulement céder le grand-duché de Varsovie, mais encore ouvrir une route militaire aux Saxons. Le roi Frédéric-Guillaume s'était séparé, en termes touchants, de ses sujets dont le territoire se fractionnait de la grande monarchie de Frédéric; il leur parlait de sa douleur de père et de roi[1].

---

[1] Voici la proclamation que le roi a adressée aux habitants des provinces cédées par le traité de Tilsitt:

« Vous connaissez, bien-aimés habitants des fidèles provinces, territoires et villes, mes sentiments et les événements de l'année dernière. Mes armes furent malheureuses. Les efforts du dernier reste de mon armée furent vains. Repoussé jusqu'aux dernières bornes de l'Empire, et mon puissant allié forcé lui-même de conclure un armistice et de signer la paix, il

On avait vu des paysans prussiens travailler à façonner un chemin de guerre qui devait livrer passage aux Saxons leurs ennemis, dont la grandeur humiliait leur monarchie; comme les contributions de guerre n'étaient pas entièrement payées, Napoléon avait ordonné de maintenir l'occupation avec rigueur; on pressurait le paysan et le bourgeois; les avant-postes français étaient restés dans le grand-duché de Varsovie.

Sous prétexte de réorganiser ce grand-duché, le maréchal Davoust, ce caractère inflexible, se permettait des actes d'une nature odieuse contre les habitants; en vain le roi de Saxe s'adressait à ses sujets polonais et leur promettait leur ancienne indépendance; la Pologne était jusqu'ici réduite à n'être plus qu'une simple province, provisoirement rattachée à la Saxe. Les Français occupaient toute la Prusse, et Berlin même voyait le drapeau de l'Empereur; le soldat vivait partout à discrétion; on levait des chevaux, des vivres; la Prusse était gouvernée en pays conquis par des intendants et des préfets. Qui ne savait le caractère de M. Daru, l'intendant de l'armée? il laissa des traces ineffaçables en Prusse; un général peut expliquer ses rigueurs, car il a besoin de faire vivre sa troupe et de satisfaire ses soldats; mais un intendant, purement financier, ne compense pas ses violences par un peu de gloire. M. Daru

---

ne me restait d'autre parti que de rendre la tranquillité à ce pays, après les calamités de la guerre. La paix dut être conclue telle que les circonstances la prescrivaient. Elles imposaient à moi et à ma maison, elles imposaient au pays même les plus douloureux sacrifices. Ce que des siècles et de braves ancêtres, ce que des traités, ce que l'amour et la confiance avaient lié, devait être désuni. Ce sort prononcé, le père se sépare de ses enfants! Je vous dégage de tous devoirs de sujets envers moi et ma maison. Les vœux les plus ardents pour votre prospérité vous accompagneront auprès de votre nouveau souverain; soyez-lui ce que vous m'étiez. Le sort ni aucune puissance ne pourront effacer votre souvenir de mon cœur et de celui des miens.»

Memel, le 24 juillet 1807.

Frédéric-Guillaume.

fut dévoué à l'Empereur, on n'en doute pas; mais la pauvre Prusse ne fut pas ménagée; on irrita le paysan, on le brisa. Les intendances furent une des causes de ces soulèvements d'opinion dans le pays conquis; quelques administrateurs furent modérés, d'autres se montrèrent implacables; on multipliait les réquisitions de chevaux, de matelas, de draps, d'équipements; une ville riche, opulente, était accablée d'une imposition payable en vingt-quatre heures; Francfort, Hambourg, Lubeck, Berlin, ces riches cités furent dépouillées; jetant leur or à pleines mains, elles n'acquirent rien et donnèrent tout. Le roi de Prusse fut obligé d'accéder d'une manière absolue au décret de Berlin sur la prohibition des marchandises anglaises; tout commerce fut interdit avec la Grande-Bretagne, même aux villes libres [1].

Dans cette humiliation de la patrie, le roi et la reine de Prusse n'étaient point revenus à Berlin; qu'auraient-ils fait à la face de leurs sujets si impitoyablement traités? comment auraient-ils tenu leur cour au milieu de ce deuil public? Comment le successeur de Frédéric aurait-il habité Potsdam aux beaux jardins, lorsque des fenêtres de son palais, il verrait manœuvrer dans les plaines de Sans-Souci les masses d'infanterie sous les aigles et le drapeau de France? cela eût brisé son cœur; le roi Frédéric-Guillaume vécut donc, avec sa chère Au-

---

[1] Memel, 20 octobre 1807.

« Il vient de paraître ici la proclamation suivante sur l'interdiction du commerce anglais :

« S. M. le roi de Prusse fait savoir à l'autorité militaire de Memel que les difficultés d'après lesquelles elle avait ordonné d'exécuter sans bruit la défense convenue par le traité de paix de Tilsitt, de permettre, même dans le port de cette ville, la navigation et le commerce anglais, sont actuellement levées. En conséquence, S. M. donne à l'autorité maritime l'ordre le plus précis de fermer, de la manière la plus rigoureuse, ce port à la navigation et au commerce anglais; de n'y recevoir, sous sa responsabilité, ni bâtiments ni marchandises anglaises, et de n'en laisser partir aucune expédition pour l'Angleterre.

« Memel, le 1er octobre 1807. »

Frédéric-Guillaume.

gusta-Louise, la fière et noble reine, dans les villes les plus retirées, et à Breslau particulièrement. Là, sans faste, sans dépenses, il pleurait les malheurs de son pays et les humiliations de sa couronne; il était le premier à subir la volonté inflexible des généraux français. Par un traité secret, Napoléon avait déclaré que la Prusse n'aurait pas plus de 20,000 hommes de troupes régulières sous les armes, un huitième environ de l'état militaire avant la bataille d'Iéna. Cette condition abaissée, la Prusse la tenait en gémissant; un roi-soldat devait vivre sans armée; le descendant de Frédéric ne devait plus avoir de régiments à commander! Des circulaires avaient imposé aux officiers de réduire le personnel des corps, et d'ailleurs les finances si abîmées de la Prusse ne permettaient pas d'entretenir une armée plus considérable; tous les revenus allaient s'engloutir dans les caisses de l'intendant M. Daru; on levait 10 millions par mois sans compter les réquisitions. Dans son inflexible vengeance, Napoléon n'avait pas prévu un résultat, c'est qu'en réduisant l'état militaire, il ne détruisait pas l'esprit patriotique; les armées régulières n'étaient plus rien depuis qu'elles avaient perdu leur force morale à Iéna; il n'avait plus à les combattre. Avait-il également détruit l'esprit allemand? On pouvait arracher les armes aux vieux grenadiers de Frédéric, aux bataillons de Potsdam, mais on ne pouvait empêcher le soulèvement des peuples pour l'indépendance et la nationalité germanique; car à cette époque commencent les sociétés secrètes, dont l'histoire trouvera une large place dans ce livre : grand duel entre les peuples et la domination brillante et dure d'un génie militaire; combat de géants dont je dois écrire l'épopée.

Ainsi, après Tilsitt, l'Europe, qu'on croyait pacifiée,

n'était qu'en expectative. C'était une halte; la querelle n'était point terminée entre les vieilles royautés et les royautés nouvelles, entre la dictature que la révolution avait mise dans les mains d'un homme et l'esprit des vieilles sociétés; tout paraissait calme, et cependant l'Océan des peuples était agité; une coalition était dissoute, une autre se préparait; on baissait la tête pour la relever plus fièrement. Napoléon avait besoin d'assouplir l'Europe qu'il voulait conquérir; il ne pouvait se tenir un moment en repos, la destinée avait prononcé, il devait marcher en avant; entre lui et les cabinets, jamais il n'y aurait qu'une trêve; il menait les générations haletantes vers ce but inconnu que son imagination avait rêvé; l'énigme de son histoire n'était point expliquée, et une guerre finie au Nord se réveillait sanglante au Midi.

CHAPITRE IV.

L'ESPAGNE ET LE PORTUGAL.

Situation de le Péninsule. — Charles IV. — La reine Louise-Marie. — Les infants Fernando, Carlos et Francisco. — Les infantes. — Le prince de la Paix. — Négociations de l'Angleterre et de la Russie. — Correspondance avec Naples et la Sicile. — Proclamation d'Aranjuez. — Les Conseils. — Le Peuple. — Abaissement de l'Espagne. — Dispersion de l'armée. — Offarill en Toscane. — Le marquis de La Romana en Danemarck. — Les scènes de l'Escurial. — Projets du prince des Asturies. — Son jugement. — Correspondance avec l'Empereur. — Isquierdo à Paris. — M. de Beauharnais à Madrid. — Traité de partage. — Le Portugal. — Esprit de la Péninsule. — Composition des deux armées françaises. — Junot aux Pyrénées. — Murat, généralissime des armées d'observation au Midi.

Août à Novembre 1807.

Depuis la première campagne de 1793 sous le général Dugommier, à la forte époque démocratique, la Péninsule était demeurée étrangère aux mouvements armés de l'Europe; les villes d'extrêmes frontières seules avaient aperçu le drapeau tricolore sur le sommet des Pyrénées; quelques cités de la Catalogne, avec leur beau territoire d'oliviers, leur population active, travailleuse, gardaient souvenir des légions allobroges ou des grenadiers républicains, pauvres, sans souliers, sous leurs uniformes usés par la victoire, au temps de la Convention nationale. L'Espagne était un territoire vierge; les villes gardaient leurs richesses; les églises, les monastères possédaient des trésors, des autels d'orfévrerie, de riches reliquaires ornés des diamants du Pérou et du Mexique; plus d'une fois, du haut des montagnes, les soldats avaient rêvé la conquête des *ex voto* d'or de Compostelle ou de Galice; l'Allemagne était épuisée, la guerre se portant sans cesse entre le Rhin et le Danube; on avait mis à contribution toutes les villes depuis Mayence jusqu'à Kœnigsberg; l'Italie elle-même était soumise et appauvrie; la conquête de l'Espagne offrait un appât nouveau, et il n'est pas étonnant qu'après avoir fait des guerres sans soleil et des campagnes sans pillage, l'esprit de plus d'un général se soit réveillé par l'espérance d'une proie riche et facile, car on se faisait alors une fausse idée du caractère espagnol.

L'Espagne obéissait toujours à ce don Charles IV, le descendant de Philippe V, le fils et l'héritier de Charles III qui couvrit la Péninsule de vastes routes, de beaux ponts et de monuments publics; Charles IV touchait à sa cinquante-neuvième année; vieil époux de Louise-Marie-Thérèse de Parme, aux passions vives encore, bien qu'elle n'eût que trois ans de moins que son mari. Les habitudes du roi d'Espagne s'étaient enracinées, son goût de chasse ne le quittait point, et comme les infirmités étaient venues avec l'âge, il se plaçait sur un simple pavillon à l'Escurial, au Buen-Retiro, à Aranjuez, et là le gibier du Tage, rassemblé à grands frais, tombait sous la carabine royale, fabriquée aux manufactures d'Alcantara. Charles IV, bon musicien, passait sa vie à jouer du violon; les célébrités pour lui étaient Rode et Boucher; que lui importaient ses états, lorsqu'il pouvait réunir quelques virtuoses pour faire entendre les airs d'Italie? Le roi vieillissait dans une décadence profonde, et avec lui la reine Louise-Marie, femme fatiguée d'intrigues, et qui eût tout sacrifié pour quelques pages aux yeux noirs qui baisaient la main flétrie de leur souveraine.

Trois infants étaient nés sous les ombrages d'Aranjuez : le premier du nom de Fernand, jeune homme encore, car il atteignait à peine sa vingt-troisième année ; à six ans, Fernand, selon l'usage des Castilles, fut proclamé prince des Asturies, héritier de la couronne ; sa figure n'était point belle, ses traits n'avaient rien de noble ; il se distinguait seulement par cet esprit actif qui bouillonne toujours dans la poitrine d'un prince de Castille qui voit son héritage livré aux désordres de la faiblesse et de l'intrigue. Ses deux frères, Carlos et Francisco de Paula, étaient enfants encore : Francisco n'avait que quatorze ans ; Carlos, plus âgé de six années, triste, mélancolique, semblait prévoir une destinée de captivité. Trois infantes étaient également nées du mariage de don Charles IV, le roi des Espagnes : Charlotte-Joachime, unie à l'infant de Portugal ; Marie-Louise, qui parut à la cour du Consulat sous le titre de reine d'Étrurie, spirituelle et impérieuse Espagnole ; enfin, Marie-Élisabeth, qu'un récent mariage venait d'unir à l'héritier des Deux-Siciles. La race méridionale ne sortait pas de ces alliances ; Naples, le Portugal et l'Espagne étaient unis dans une commune famille qui régnait sur ces pays de Méditerranée, aux orangers, aux citronniers, où la grenade apparaît sous sa fleur de pourpre et le jasmin dans son calice de nacre. L'infant don Antonio, frère du roi, était le plus fier, le plus tenace des princes d'Espagne, noble castillan dans la vieille expression du mot[1].

---

[1] Les infants se nommaient : Ferdinand-Marie-François de Paule, prince des Asturies, né le 14 octobre 1784.
Charles-Marie-Isidore, infant d'Espagne, né le 29 mars 1788.
François-de-Paule Antoine-Marie, infant d'Espagne, né le 10 mars 1794.
Charlotte-Joachime, infante d'Espagne, née le 25 avril 1775, mariée le 9 janvier 1790 à Jean-Marie-Joseph-Louis,

Chacun des membres de cette royale famille avait son parti, ses ministres, ses favoris : quand il existe un palais, il faut qu'il y ait des hommes qui le conduisent; et quand ce palais est un couvent, tout prend un caractère sombre comme les drames de l'Inquisition sous Philippe II. Le favori de la reine et du roi était toujours Manuel Godoï, prince de la Paix, duc d'Alcudia, le garde du corps vieilli, dont les cheveux noirs ne bouclaient plus sur les épaules, comme aux beaux jours de la jeunesse. L'esprit paresseux de Charles IV aimait à se reposer sur Manuel Godoï, le ministre dirigeant, le chef des conseils et de l'armée; le roi ne voyait que par lui; quand Manuel se retirait, on ne savait comment agir et se décider, il le fallait toujours présent. Lorsqu'on sollicitait le roi, il répondait: « *Voyez Manuel.* » Il l'appelait de sa voix rauque sous les longues voûtes de l'Escurial, là où Philippe II avait rêvé de si grandes choses; « *Manuel! Manuelito!* » tel était son cri d'habitude, et la reine le désignait sous le nom de « *notre pauvre ami* [1]; » quel pauvre ami qu'un garde du corps revêtu de toutes les dignités de Castille!

Le prince de la Paix, ministre actif, souvent dévoué au bien public de l'Espagne, était le maître du royaume; il avait de sagents dans toutes les cours; on ne voyait que lui dans la monarchie. Les infants, et particulièrement don Fernand, avaient aussi quelques conseillers intimes, et il le fallait bien dans l'abandon où on laissait l'héritier des Castilles. Fernand avait une extrême vigueur de corps, qui faisait fermenter son imagination ardente; il savait que le prince de la Paix, craignant la réaction de

---

infant de Portugal, prince du Brésil. — Marie-Louise-Joséphine, née le 6 juillet 1782, reine-régente d'Étrurie. — Marie-Isabelle, née le 5 juillet 1789, mariée le 6 octobre 1802 à François-Janvier-Joseph, prince héréditaire des Deux-Siciles.

[1] Je donnerai plus tard une lettre curieuse et autographe de la reine écrite en français sur le *pauvre Manuel.*

son avénement, avait conçu le projet de le déshériter en reportant la couronne sur don Carlos, ou même sur don Francisco; par ce moyen, la vengeance du prince des Asturies serait empêchée, et Manuel, après la mort de Charles IV, pourrait jouir pleinement de toutes ses dignités. Que faire dans une pareille crainte, surtout depuis la mort de la princesse des Asturies, frêle fleur de Sicile, arrachée par une maladie violente à dix-huit ans? Fernand avait pour conseiller un bon chanoine du nom d'Escoïquiz, d'un sens remarquable, avec une finesse d'aperçu peu commune; il exerçait sur le jeune prince un ascendant d'éducation. Le duc de l'Infantado, grand d'Espagne distingué, vivait auprès de Fernand et représentait l'armée. Les autres infants étaient trop jeunes pour prendre part à un mouvement politique; ils assistaient au drame en se jouant dans les cascades et les prairies ombrées du Buen-Retiro et du Prado. Quant aux jeunes filles, disséminées dans les cours souveraines, l'une à Lisbonne, l'autre sous le beau soleil de Palerme, elles n'avaient que de faibles et lointains rapports avec leur père; Marie-Louise occupait encore le trône d'Étrurie, cette Toscane magnifique qui se glorifie de Florence, sa capitale.

Ainsi étaient les princes. Le peuple espagnol présentait une physionomie à part dans la statistique de l'Europe: la noblesse était là peu de chose au milieu des masses; de vastes terres formées en majorats composaient son patrimoine; il existait peu de ces glorieux ricoshombres du xve siècle. La plupart des grands d'Espagne, petits, rachitiques, étaient l'expression d'une race dégénérée; les sentiments patriotiques y étaient une exception; la Toison d'or couvrait peu d'âmes fières et généreuses. Par contraire, rien n'était magnifique comme le clergé régulier, ces moines, ces hiéronymites au front si haut et tonsuré, tels que Velasquez et Murillo les ont reproduits dans leurs belles toiles. Le moine espagnol, c'était la nation robuste, patriotique; le couvent, citadelle construite au milieu de l'invasion des Maures, était le signe de la nationalité; le moine pouvait au besoin manier l'escopette pour une défense du territoire. Paysans et *frayles*, telle était la nation[1]; muletiers des Asturies, Catalans, miquelets, Navarrais, Castillans, Biscayens, voilà le peuple; et maintenant joignez à cela la démocratie des villes, les étudiants de Salamanque au manteau troué, les manouvriers de Séville, les confréries de Madrid, pénitents et ouvriers de Tolède, et l'on s'expliquera comment le parti national trouva en Espagne de si forts et de si puissants défenseurs. Si la bourgeoisie, presque toute d'origine étrangère et marchande, pouvait oublier la patrie comme de vieux juifs convertis, les moines et le peuple en gardaient mémoire précieusement; ceux-là se souvenaient des mœurs antiques, des processions des villes où se déployaient toutes les corporations de la cité; ils se rappelaient les fonctions royales du taureau, quand l'animal fougueux soulevait de son pied la poussière de la plaza Mayor; là était encore le peuple espagnol, avec ses chants nationaux, ses *scagna* d'amour plaintif, ses *rambla* si gaies, ses *aragonaises* aux mille couplets lascifs; là se trouvaient les femmes, dignes et fières Espagnoles qui poussent des cris de joie dans le cirque lorsque les chevaux haletants traînent leurs entrailles sanglantes et déchirées d'un coup de corne du taureau victorieux.

Le Portugal, si voisin de l'Espagne et qui en formait comme un fragment, était toujours sous le sceptre de la

---

[1] Je fus frappé, en visitant l'Espagne, de ce bel aspect des moines, des hiéronymites surtout; c'est l'élite de la démocratie, la plupart fils de laboureurs.

maison de Bragance; don Juan VI, qui le gouvernait à titre de régent, était un prince sans capacité politique, prêt à subir toutes les chances de la fortune. L'infante sa femme lui avait donné plusieurs fils, alors enfants, autour de la couronne royale : don Pedro, l'aîné, atteignait neuf ans, Miguel cinq; puis trois infantes, Marie-Thérèse, Isabelle-Marie, Anne-Joséphine; et cette famille nombreuse, marquée au coin de la race berbère, conservait un caractère un peu africain sous son teint cuivré[1]. La population de Portugal, quoique d'une origine fraternelle avec celle d'Espagne, ne voulait pas avouer une même famille; les deux races n'avaient pas les mêmes habitudes, les mêmes mœurs; une haine instinctive les distinguait; le Portugais se croyait haut de dix coudées à côté de l'Espagnol.

Les vieux Portugais étaient peu nombreux; les paysans cultivaient la terre d'une manière noble, les habitants des grandes villes se livraient au commerce et à la navigation. Beaucoup d'étrangers et d'Anglais surtout habitaient les côtes; Porto était le vignoble de l'Angleterre; le Portugal avait des colonies depuis Goa dans l'Inde jusqu'à Madère, belle plantation de vignes jetée sur l'Océan. L'Espagne et le Portugal étaient des terres magnifiques pour la conquête; au milieu des deux nations il y avait vingt peuples divers; le Catalan ne ressemblait pas aux paysans des Castilles, l'Andalou à l'Aragonais, l'Asturien aux Valenciens, tous attachés à leur sol; l'Espagne a tant d'attrait! lorsqu'on l'a vue une fois, on voudrait la parcourir encore; c'est une terre à part, un peuple à part, si attachant qu'on abandonnerait tout pour la toucher du bâton voyageur.

---

[1] Marie-Françoise-Elisabeth de Portugal, née le 17 décembre 1734, reine de Portugal le 24 février 1777, veuve le 25 mai 1786 de don Pedro III, son oncle, roi de Portugal.

Jean-Marie-Joseph-Louis, prince du Brésil, prince-régent, né le 13 mai 1767, marié à Charlotte-Joachime, infante d'Espagne. De ce mariage :

Don Pierre d'Alcantara, prince de Beira, né le 12 août 1798.

Don Michel, né le 26 octobre 1802.

Marie-Thérèse, née le 29 avril 1793.

Que se passait-il cependant dans Aranjuez, habituellement si paisible, où bondissent les daims, où les perdrix du Tage s'agitent sous la feuillée? Pourquoi tant de mouvement dans ce palais, le Versailles de Philippe V? L'Espagne, demeurée fidèle à l'alliance française depuis le traité de Bâle, va-t-elle secouer ces traditions? elle a tout sacrifié à la France, ses trésors, ses flottes; à Trafalgar, elle avait vu sa marine abîmée sous les mille canons de l'escadre anglaise; toutes les fois que le Directoire, le Consul ou l'Empereur avaient demandé un sacrifice, l'Espagne s'était empressée de le faire, et l'ambassadeur de France, M. de Beauharnais, avait pu imposer à Madrid bien des volontés impératives. Depuis la chute de la maison de Bourbon à Naples, le prince de la Paix aurait-il enfin ouvert les yeux?

Ceci appelle quelques explications historiques : le cabinet de Madrid n'avait cessé de correspondre avec Naples et Palerme; c'étaient deux rameaux d'une même branche; le glaive de l'Empereur avait coupé l'un, l'autre s'en ressentait; comme dans la fable, les arbres généalogiques éprouvent une sensibilité instinctive, et leur tige s'abaisse sous le souffle des révolutions qui leur enlèvent quelques rameaux. La diplomatie de l'Europe entourait les Bourbons d'Espagne; le comte Strogonoff, ministre de Russie, de concert avec le ministre anglais, avait démontré les excès de cette politique de Napoléon qui, méconnaissant tous les droits, secouant tous les principes, renversait une royauté par un simple décret : c'était l'époque de la coalition formée par la Prusse et la Russie avant Iéna; il entrait dans le plan de l'Angleterre, accompli en 1812,

---

Isabelle-Marie-Francisque, née le 19 mai 1797.
Marie-Françoise-d'Assise, née le 22 avril 1800.
Isabelle-Marie, née le 4 juillet 1801.
Marie-Anne-Jeanne-Joséphine, née le 25 juillet 1805.

de réunir une masse de troupes pour la porter dans le midi de la France : 80,000 hommes, Portugais, Espagnols ou Anglais, devaient opérer simultanément sur les Pyrénées, tandis que la grande armée des puissances du Nord marcherait sur l'Elbe et sur le Rhin. Pour l'exécution de ce plan, conçu à Madrid par le comte Strogonoff et les agents de l'Angleterre, le prince de la Paix s'était hâté de lancer une proclamation pompeuse, sorte d'appel au patriotisme espagnol [1]. Cette proclamation, suivie d'une circulaire du cabinet, ne disait pas l'objet pour lequel cette levée était demandée ; mais les dépêches de M. de Beauharnais, ne laissant plus aucun doute, donnaient à l'empereur Napoléon la clef de ce mystère : le prince de la Paix entrait dans la coalition ; l'Espagne traitait pour des subsides avec l'Angleterre ; si des échecs au Nord étaient subis par l'Empereur, la guerre commencerait aux Pyrénées. Ces dépêches et la proclamation arrivèrent à Napoléon la veille de la bataille d'Iéna ; il dissimula tout, gardant mémoire néanmoins d'un acte qu'il considérait comme une hostilité de la maison de Bourbon contre sa propre dynastie ; il y vit une justification de ses desseins pour réaliser le vaste plan de Louis XIV. Charles IV lui en donnait un motif et un prétexte.

Lorsque les gouvernements faibles ont osé un acte

---

[1] Le texte de la proclamation du prince de la Paix peut ainsi se traduire :

« Dans des circonstances moins dangereuses que celles où nous nous trouvons aujourd'hui, les bons et loyaux sujets se sont empressés d'aider leurs souverains par des dons volontaires et des secours proportionnés aux besoins de l'État. C'est donc dans la circonstance actuelle qu'il est urgent de se montrer généreux envers la patrie. Le royaume d'Andalousie, favorisé par la nature dans la reproduction des chevaux propres à la cavalerie légère, la province d'Estramadure, qui rendit en ce genre des services si importants au roi Philippe V, verraient-elles avec indifférence la cavalerie du roi réduite et incomplète faute de chevaux ? Non ! je ne le crois pas ; j'espère, au contraire, qu'à l'exemple des illustres aïeux de la génération présente, qui aidèrent l'aïeul de notre roi actuel par des levées d'hommes et de chevaux, les petits-enfants de ces braves s'empresseront aussi de fournir des régiments ou des compagnies d'hommes habiles dans le maniement du cheval, pour être employés au

de vigueur, si cet acte échoue, ils tombent dans un abaissement inouï; telle fut la maison d'Espagne après la proclamation du prince de la Paix; la campagne de Prusse l'avait atterrée; elle voulut apaiser le vainqueur en redoublant les témoignages de son dévouement. Le prince de la Paix consentit à toutes les concessions qui furent demandées par M. de Beauharnais. Voulait-on les trésors et les armées d'Espagne? ils étaient à la disposition de l'Empereur des Français, l'auguste protecteur de ses voisins. Cette situation abaissée et servile, Napoléon sut l'exploiter au profit de sa couronne et de ses projets de dynastie.

La France avait déjà dévoré les flottes d'Espagne; Trafalgar, sanglante catastrophe, avait vu disparaître les derniers débris de la grande *armada;* on ne pouvait plus demander à l'Espagne que ses armées, composées de vieux régiments des gardes wallonnes et d'une cavalerie parfaitement montée; plusieurs camps étaient formés dans la Catalogne, la Navarre et l'Andalousie; l'Empereur exigea que 25,000 hommes des meilleures troupes fussent mis à sa disposition en vertu de l'alliance, pour servir d'auxiliaires à ses projets au nord de l'Europe. Les vues de Napoléon étaient simples; il acquérait d'abord un corps de braves soldats, infanterie solide, sobre et patiente;

service et à la défense de la patrie, tant que durera le danger actuel. Une fois passé, ils rentreront pleins de gloire au sein de leur famille, chacun se disputera l'honneur de la victoire : l'un attribuera à son bras le salut de sa famille, l'autre celui de son chef, de son parent ou de son ami; tous, enfin, s'attribueront le salut de la patrie. Venez, mes chers compatriotes, venez, venez vous ranger sous les bannières du meilleur des souverains. Venez; je vous accueillerai avec reconnaissance; je vous en offre dès aujourd'hui l'hommage, si Dieu nous accorde une paix heureuse et durable, unique objet de nos vœux. Venez, vous ne céderez ni à la crainte ni à la perfidie; vos cœurs se fermeront à toute espèce de séduction étrangère; venez, et si nous sommes forcés de croiser nos armes avec celles de nos ennemis, vous n'encourrez pas le danger d'être notés comme suspects, et vous ne donnerez point une fausse idée de votre loyauté, de votre honneur, en refusant de répondre à l'appel que je vous fais.

« Mais si ma voix ne peut réveiller en

puis il affaiblissait les forces militaires de la Péninsule, au cas où il entreprendrait une expédition sérieuse contre ce gouvernement. Tout ce que Napoléon demandait fut accordé par le prince de la Paix et la cour d'Espagne : deux corps d'armée furent mis à sa disposition ; l'un, sous les ordres d'Offarill, officier-général de mérite, qui avait commencé sa carrière aux Pyrénées contre la république et Dugommier, fut destiné pour la Toscane. L'autre, formant près de 14,000 hommes, dut traverser la France sous les ordres du marquis de La Romana, noble physionomie de cette époque.

C'était une existence pleine et curieuse que celle de don Pedro Caro-Y-Sureda, marquis de La Romana ; il était né dans l'île de Majorque, à Palma, la belle capitale, dans ce pays jeté comme une corbeille de fleurs sur la Méditerranée ; son père commandait les dragons d'Almanza, et à 14 ans le jeune La Romana le vit tomber sous une balle anglaise au siége de Gibraltar. Sa première éducation fut faite en France, chez les oratoriens de Lyon ; puis il vint terminer ses études à l'université de Salamanque, la ville aux frayles (le front caché sous leurs larges sumbreros). Le marquis de La Romana, jeune garde-marine, se consacra aux sciences naturelles dans Valence, au milieu des canaux et des riantes prairies ; grand amateur de riches collections,

vous les sentiments de votre gloire, soyez vos propres instigateurs, devenez les pères du peuple, au nom duquel je vous parle ; que ce que vous lui devez vous fasse souvenir de ce que vous devez à vous-mêmes, à votre honneur et à la religion que vous professez. »

Palais royal de Saint-Laurent, 5 octobre 1806.

Signé, le prince de la Paix.

Cette proclamation fut accompagnée d'une circulaire adressée par le prince généralissime aux intendants des provinces et aux corrégidors de toutes les villes du royaume. En voici la traduction :

Monsieur,

« Le roi m'ordonne de vous dire que, dans les circonstances présentes, il attend de vous un effort de zèle et d'activité pour son service, et moi, en son nom, je vous recommande la plus grande activité dans le tirage au sort qui doit avoir lieu, vous faisant observer que nous ne nous contenterons, ni Sa Majesté ni moi, de ces

artiste distingué, il peignait, et encourageait toutes les productions de l'intelligence. La Romana visita Vienne et Berlin, et lorsque la révolution française éclata, il prit du service dans l'armée du Guipuscoa que commandait son oncle, don Ventura Caro; il s'y comporta en brave officier. A l'époque où Bonaparte exerçait son influence sur l'Espagne, le marquis de La Romana avait 45 ans; capitaine-général, officier de premier ordre, antiquaire savant, il aimait tout ce que l'art grec et romain nous a laissé; sa figure belle laissait voir une empreinte de mélancolie qui semblait révéler l'asservissement de la patrie.

Le marquis de La Romana, traversant la France avec sa division, fut partout accueilli dans les banquets publics, dans les fêtes; la tristesse était sur son front; il se soulageait par l'étude, et plus d'une fois il témoigna le désir d'émanciper son pays. Il fallait voir cette division espagnole, calme, patiente, résignée, comme leurs ancêtres sous Philippe II, lorsque les vieilles bandes castillanes traversaient la Franche-Comté pour aller réprimer la Flandre; pas une plainte, pas un murmure parmi ces hommes qui quittaient l'Estramadure, la Catalogne, Valence, pays si chauds, pour aller jusque dans le Holstein, au ciel toujours brumeux. La Romana

---

efforts éphémères qu'on a coutume de faire dans les cas ordinaires. Vous pouvez notifier aux curés, au nom du roi, qu'ils seront secondés par les évêques pour porter le peuple à se réunir sous les drapeaux, et les riches à faire des sacrifices nécessaires pour les frais de la guerre que nous serons peut-être forcés de soutenir pour le bien de tous; et comme elle exigera de grands efforts, les magistrats doivent sentir qu'il est plus particulièrement de leur devoir d'employer tous les moyens propres à exciter l'enthousiasme national afin de pouvoir entrer dans la lice qui va s'ouvrir. Sa Majesté a la confiance que vous ne négligerez aucun de ceux qui peuvent procurer un plus grand nombre de soldats dans votre province, et y exciter le courage généreux de la noblesse (car il s'agit de ses priviléges comme de ceux de la couronne), et que vous ferez tout ce qui sera en votre pouvoir pour atteindre l'un et l'autre but. »

Madrid, 14 octobre 1806.

Signé, le généralissime, prince de la Paix.

obéit, parce que son premier devoir était d'exécuter les ordres de son gouvernement.

L'ambassadeur français à Madrid était toujours M. de Beauharnais, capacité d'un ordre secondaire, mais parfaitement au courant des desseins de Napoléon sur la famille des Bourbons; ses instructions étaient précises; il avait intérêt à les seconder, car ce trône d'Espagne viendrait à quelqu'un des siens, à Eugène, à Louis, époux d'Hortense Beauharnais, et l'envie de la royauté avait séduit toutes les têtes. L'ambassadeur savait les divisions intestines nées entre le prince de la Paix et Ferdinand, l'héritier des Castilles; loin de les calmer, ses ordres étaient de les irriter, il prêtait l'oreille aux uns et aux autres. Les moindres détails envoyés à l'Empereur indiquaient les progrès de ces haines; d'une part, le prince des Asturies, entouré du duc de l'Infantado et du chanoine Escoïquiz, cherchait à s'appuyer sur la protection de l'Empereur par des lettres respectueuses [1]. Le chanoine, écrivain actif, traçait des plans, rédigeait des suppliques; sorte de secrétaire d'État, il préparait ainsi le règne de don Fernand VII,

---

[1] La lettre du prince des Asturies à Napoléon, qu'on va lire, est écrite de sa main; elle fut copiée sur l'original, œuvre d'Escoïquiz.

« La crainte d'incommoder V. M. I. et R. au milieu de ses exploits et des affaires majeures qui l'entourent sans cesse, m'a empêché jusqu'ici de satisfaire directement le plus vif de mes désirs, celui d'exprimer, au moins par écrit, les sentiments de respect, d'estime et d'attachement que j'ai voués à un héros qui efface tous ceux qui l'ont précédé et qui a été envoyé par la Providence pour sauver l'Europe du bouleversement total qui la menaçait, pour affermir les trônes ébranlés et pour rendre aux nations la paix et le bonheur.

« Les vertus de V. M. I., sa modération, sa bonté même envers ses injustes et plus implacables ennemis; tout me faisait espérer que l'expression de ces sentiments en sera accueillie comme l'effusion d'un cœur rempli d'admiration et de l'amitié la plus sincère.

« L'état où je me trouve depuis longtemps, et qui ne peut échapper à la vue perçante de V. M. I., a été jusqu'à présent un second obstacle qui a arrêté ma plume prête à lui adresser mes vœux; mais plein d'espérance de trouver dans la magnanime générosité de V. M. I. la protection la plus puissante, je me suis déterminé non seulement à lui témoigner les sentiments de mon cœur envers son auguste personne, mais à l'épancher dans son sein comme dans celui du père le plus tendre.

tandis que le duc de l'Infantado était destiné à devenir le chef militaire d'un mouvement insurrectionnel qui pourrait enlever la puissance au prince de la Paix. Don Fernand, condamné à la retraite, recevait néanmoins ces deux conseillers intimes, qui agissaient sur le peuple et l'armée; telle était la situation de l'Espagne, que rien ne pouvait se faire sans la protection de l'Empereur.

Le duc de l'Infantado et le chanoine Escoïquiz virent donc l'ambassadeur français, M. de Beauharnais; il résulte des dépêches, que celui-ci ne fut point étranger aux démarches que préparait Fernand afin d'arracher le pouvoir au prince de la Paix. Napoléon, mécontent de Godoï depuis la proclamation d'Aranjuez, voulait-il faire tomber le favori, ou bien poussait-il à cette insurrection afin de brouiller profondément le père et le fils? Tant il y a que M. de Beauharnais écouta le duc de l'Infantado et le chanoine Escoïquiz, les encourageant dans leur opposition, et que ce fut d'après les insinuations de l'ambassadeur que le prince des Asturies demanda en mariage une des nièces de Napoléon comme un gage de son système. L'on ne songea jamais à une des filles de

---

« Je suis bien malheureux d'être obligé par les circonstances à cacher comme un crime une action si juste et si louable; mais telles sont les conséquences funestes de l'extrême bonté des meilleurs rois.

« Rempli de respect et d'amour filial pour celui à qui je dois le jour, et qui est doué d'un cœur le plus droit et le plus généreux, je n'oserais jamais dire à V. M. I. ce qu'elle connaît mieux que moi, que ces mêmes qualités, si estimables, ne servent que trop souvent d'instruments aux personnes artificieuses et méchantes pour obscurcir la vérité aux yeux des souverains, quoique si analogue à des caractères comme celui de mon respectable père.

« Si ces mêmes hommes qui, par malheur, existent ici, lui laissaient connaître à fond celui de V. M. I. comme je le connais, avec quelle ardeur ne souhaiterait-il pas de serrer les nœuds qui doivent unir nos deux maisons! Et quel moyen plus propre pour cet objet que celui de demander à V. M. I. l'honneur de m'allier à une princesse de son auguste famille? C'est le vœu de tous les sujets de mon père, ce sera aussi le sien, je n'en doute pas, malgré les efforts d'un petit nombre de malveillants, aussitôt qu'il aura connu les intentions de V. M. I. C'est tout ce que mon cœur désire; mais ce n'est pas le compte de ces égoïstes perfides qui l'assiégent, et ils peuvent, dans un premier moment, le surprendre. Tel est le motif de mes craintes.

« Il n'y a que le respect de V. M. I. qui puisse déjouer leurs complots, ouvrir les

Lucien, alors en disgrâce. M. de Beauharnais travaillait un peu pour les intérêts de sa famille ; il aurait vu avec plaisir une des Tascher revêtue du beau titre de reine d'Espagne qu'avaient porté les filles de France ; l'orgueil avait perdu les têtes, et comme au temps de la chevalerie, chacun cherchait de grandes fortunes. Pendant ces négociations, don Fernand copiait de sa main dans San-Lorenzo les mémoires du chanoine Escoïquiz adressés au roi son père en forme de remontrances, pour le renvoi du prince de la Paix, et il écrivait respectueusement à l'empereur Napoléon, pour lui demander l'honneur d'unir sa vie à une princesse du sang impérial ; démarches toutes connues et favorisées par M. de Beauharnais.

D'un autre côté, le prince de la Paix, fortement inquiet de la chute inévitable de son pouvoir si les plaintes de Fernand étaient écoutées, crut indispensable de prendre une mesure décisive pour détourner la crise menaçante. Maître de l'esprit du roi Charles IV et de la reine Louise-Marie, les notes de la police lui avaient appris les démarches du prince des Asturies auprès de Napoléon, et les projets concertés entre ce jeune prince, le chanoine

---

yeux à mes bons, à mes bien-aimés parents, les rendre heureux et faire en même temps le bonheur de ma nation et le mien.

« Le monde entier admirera de plus en plus la bonté de V. M. I., et elle aura toujours en moi un fils le plus reconnaissant et le plus dévoué.

« J'implore donc avec la plus grande confiance la protection paternelle de V. M. I., afin que non seulement elle daigne m'accorder l'honneur de m'allier à sa famille, mais qu'elle aplanisse toutes les difficultés, et fasse disparaître tous les obstacles qui peuvent s'opposer à cet objet de mes vœux. Cet effort de bonté de la part de V. M. I. m'est d'autant nécessaire, que je ne puis de mon côté en faire le moindre, puisqu'on le ferait passer peut-être pour une insulte faite à l'autorité paternelle, et que je suis réduit à un seul moyen, à celui de me refuser, comme je le ferai avec une invincible constance, à m'allier à toute personne que ce soit, sans le consentement et l'approbation de V. M. I., de qui j'attends uniquement le choix d'une épouse.

« C'est un bonheur que j'espère de la bonté de V. M. I., en priant Dieu de conserver sa précieuse vie pendant de longues années.

« Écrit et signé de ma propre main et scellé de mon sceau, à l'Escurial, le 11 octobre 1807

« De V. M. I. et R. le très affectionné serviteur et frère. »   Fernand.

Escoïquiz et le duc de l'Infantado; il résolut, dès ce moment, de traiter comme conspiration les tentatives de l'héritier du trône; il les présenta comme un dessein de frapper le roi, et dans une seule nuit le prince et ses conseillers furent arrêtés dans leur palais comme rebelles.

Il se passa ainsi à San Lorenzo de l'Escurial, sous les longues galeries monastiques, quelque chose qui ressemblait (moins la puissance des temps et l'énergie des caractères) à la fatale scène de Philippe II et de don Carlos au xvie siècle. Philippe II avait un vaste plan dans la tête comme une conviction; Carlos était le chef d'un parti de réformateurs des Pays-Bas, préparant la chute de la monarchie; ainsi le dit l'histoire; tandis que Charles IV, roi faible et sans dessein, laissait flotter les rênes de l'État aux mains d'un favori [1]; don Fernand n'avait pas non plus cette nature ferme et dramatique de don Carlos. Le prince des Asturies était-il coupable? avait-il conspiré contre le roi son père? Il est des temps où tout conspire: les hommes, les événements; le crime de don Fernand

---

[1] Charles IV dénonça son propre fils; voici son décret plein de colère :

Décret du roi notre seigneur.

« Dieu, qui veille sur tous ses enfants, ne permet pas la consommation des faits atroces dirigés contre des victimes innocentes. C'est par le secours de sa toute-puissance que j'ai été sauvé de la plus grande catastrophe. Mes peuples, mes sujets, tout le monde connaît ma religion et la régularité de ma conduite; tous me chérissent et me donnent ces marques de vénération qu'exigent le respect d'un père et l'amour de ses enfants. Je vivais tranquille au sein de ma famille dans la confiance de ce bonheur, lorsqu'une main inconnue m'apprend et me dévoile le plus énorme plan et le plus inattendu qui se tramait dans mon propre palais et contre ma personne. Ma vie, qui a été souvent en danger, était une charge pour mon successeur, qui, préoccupé, aveuglé et abjurant tous les principes de religion qui lui étaient imposés avec le soin et l'amour paternel, avait adopté un plan pour me détrôner. J'ai voulu m'en imposer sur la vérité de ce fait; l'ayant surpris dans mon appartement, j'ai mis sous ses yeux les chiffres d'intelligence et circonstances qu'il recevait des malveillants : j'ai appelé à l'examen le gouverneur lui-même du conseil, je l'ai associé aux autres ministres, pour qu'ils prissent avec la plus grande diligence leurs informations. Tout s'est fait. Il en est résulté la connaissance des différents coupables, dont l'arrestation a été décrétée. Celle de mon fils est dans son appartement. Cette peine est venue accroître celles qui m'affligent; mais aussi, comme elle est la plus sensible, elle est aussi la plus importante à purger. En conséquence, j'ordonne

était d'avoir rêvé la chute de Manuel; il avait pour lui la faveur des masses; les Espagnols aimaient le successeur de Charles IV, ils l'auraient soutenu non seulement de leur amour, mais encore de leurs imprécations contre le garde du corps, le cortéjo vieilli de la reine.

Le prince de la Paix, qui connaissait cette situation populaire de don Fernando, crut indispensable de mettre un terme à la conjuration. Des lettres solennelles émanées du roi pour les communes de Castille annoncèrent que le prince des Asturies avait conspiré contre la vie de son père, par la plus infâme trahison; les alguazils de cours parcouraient les rues de Madrid, et Charles IV s'empressa d'annoncer à son bon ami Napoléon les troubles qui agitaient l'intérieur de sa famille. En réponse, M. de Beauharnais reçut l'ordre d'entretenir les divisions qui servaient les desseins de l'Empereur : « Laissez-les s'arranger entre eux et s'affaiblir. » Telles furent les paroles des dépêches. Tout dépendait ainsi de Napoléon; Godoï avait à se faire pardonner la proclamation d'Aranjuez, et dans ce but il chargea un de ses

que le résultat en soit public. Je ne veux pas cacher à mes sujets l'authenticité d'un chagrin qui sera diminué lorsqu'il sera accompagné de toutes les preuves acquises avec loyauté. »

Moi le Roi.

Lettre de Charles IV à Napoléon.

« Monsieur mon frère, dans le moment où je ne m'occupais que des moyens de coopérer à la destruction de notre ennemi commun; quand je croyais que tous les complots de la ci-devant reine de Naples avaient été ensevelis avec sa fille, je vois avec une horreur qui me fait frémir que l'esprit d'intrigue le plus horrible a pénétré jusque dans le sein de mon palais. Hélas! mon cœur saigne en faisant le récit d'un attentat si affreux! mon fils aîné, l'héritier présomptif de mon trône, avait formé le complot horrible de me détrôner; il s'était porté jusqu'à l'excès d'attenter contre la vie de sa mère! Un attentat si affreux doit être puni avec la rigueur la plus exemplaire des lois. La loi qui l'appelait à la succession doit être révoquée; un de ses frères sera plus digne de le remplacer et dans mon cœur et sur le trône. Je suis dans ce moment à la recherche de ses complices pour approfondir ce plan de la plus noire scélératesse; et je ne peux perdre un seul moment pour en instruire V. M. I. et R., en la priant de m'aider de ses lumières et de ses conseils.

« Sur quoi je prie Dieu, mon bon frère, qu'il daigne avoir V. M. I. et R. en sa sainte et digne garde. » Charles,

confidents intimes, le conseiller Isquierdo, savant naturaliste, esprit actif et habile, d'aller traiter à Paris les affaires d'Espagne sur de larges proportions; rien ne fut dit de cette mission, ni au secrétaire d'État don Pedro Cevallos, ni au conseil de Castille. Isquierdo connaissait les pensées de Godoï ; dépositaire de ses desseins, il dut les mettre aux pieds de Napoléon. L'Empereur vit ainsi que tout arrivait à ses souhaits, et maître du secret de chacun, il pouvait profiter de toutes les plaies de la Péninsule ; il ordonna au grand-maréchal Duroc, lié avec l'Espagne par son mariage avec mademoiselle Hervas, de suivre une négociation très hardie avec Isquierdo, pour lui donner moyen, à lui Napoléon, d'en finir plus aisément avec la dynastie des Bourbons en Espagne.

Les principales bases de cette négociation curieuse portaient sur un ensemble d'intérêts dans la Péninsule[1]. L'Empereur voulait faire cesser d'abord cette faible royauté de Toscane, que le Consul avait établie sous le nom d'*Étrurie;* il lui paraissait impossible que lorsque

---

[1] Voici l'original du traité secret de Fontainebleau, le 27 octobre 1807 :

1. La province Entre-Minho-et-Duero, la ville d'Oporto y comprise, sera donnée en toute propriété et souveraineté à S. M. le roi d'Étrurie, avec le titre de roi de la Lusitanie septentrionale.

2. La province d'Alentéjo et le royaume des Algarves seront donnés en toute propriété et souveraineté au prince de la Paix, qui en jouira avec le titre de prince des Algarves.

3. Les provinces de Beira, Tra-los-Montes et de l'Estramadure portugaise, resteront en dépôt jusqu'à la paix générale, et alors on disposera d'elles selon les circonstances, et conformément à ce qui sera convenu entre les deux hautes parties contractantes.

4. Le royaume de la Lusitanie septentrionale sera possédé par les descendants de S. M. le roi d'Étrurie, héréditairement et suivant les lois de succession qui sont en usage dans la famille régnante de S. M. le roi d'Espagne.

5. La principauté des Algarves sera possédée par les descendants du prince de la Paix, héréditairement et d'après les lois de succession qui sont en usage dans la famille régnante de S. M. le roi d'Espagne.

6. A défaut de descendants ou héritiers légitimes du roi de la Lusitanie septentrionale ou du prince des Algarves, ces pays seront donnés moyennant l'investiture par S. M. le roi d'Espagne, pourvu qu'ils ne puissent jamais être réunis sous une seule personne, ni à la couronne d'Espagne.

7. Le royaume de la Lusitanie septentrionale et la principauté des Algarves re-

toute l'Italie obéissait à son système, la Toscane formât comme une souveraineté étrangère, une terre féodale séparée de son royaume. En échange, on donnait au roi d'Étrurie la province portugaise entre Minhò et Duero, dont la capitale était Oporto ; cette terre se nommerait le royaume de la Lusitanie septentrionale. Un autre royaume ou principauté des Algarves serait érigé au profit du prince de la Paix. Ainsi don Manuel, qui craignait les chances de l'avénement de Fernand VII en Espagne, devenait prince indépendant ; le reste du Portugal demeurait en dépôt aux mains de l'Empereur pour en disposer dans l'avenir. D'un trait de plume la maison de Bragance était effacée de la carte, ni plus ni moins que la maison de Naples ; le royaume d'Espagne était maintenu dans son intégralité par Napoléon, et le roi catholique, le vieux Charles IV, prenait tout joyeux et tout fier le titre d'Empereur des Deux-Amériques, puérile satisfaction que le favori donnait au vieux monarque.

Ces bases, jusqu'alors éventuelles, reposaient sur les chances d'une conquête et d'un partage du Portugal ;

connaîtront comme protecteur S. M. le roi d'Espagne, et les souverains de ces pays ne pourront jamais faire la paix ni la guerre sans le consentement du roi catholique.

8. Si les provinces de Beira de Tra-los-Montes et de l'Estramadure portugaise, restant en dépôt, étaient rendues au temps de la paix générale à la maison de Bragance, en échange de Gibraltar, la Trinité, et d'autres colonies que les Anglais ont conquises sur l'Espagne et ses alliés, le nouveau souverain de ces provinces aurait l'égard de S. M. C. le roi d'Espagne les mêmes soumissions que le roi de la Lusitanie septentrionale et le prince des Algarves, et il possédera sous les mêmes conditions.

9. S. M. le roi d'Étrurie cède en toute propriété et souveraineté le royaume d'Étrurie à S. M. l'Empereur des Français, roi d'Italie.

10. Quand l'occupation définitive des provinces du Portugal sera effectuée, les différents princes qui doivent les posséder nommeront d'accord les commissaires pour fixer les limites naturelles.

11. S. M. l'Empereur des Français, roi d'Italie, garantit à S. M. le roi d'Espagne la possession de ses États du continent d'Europe, situés au midi des Pyrénées.

12. S. M. l'Empereur des Français, roi d'Italie, s'oblige à reconnaître S. M. C. le roi d'Espagne comme empereur des deux Amériques quand tout sera prêt, afin que S. M. puisse prendre ce titre, ce qui pourra arriver au temps de la paix générale, ou le plus tard d'ici à trois ans.

13. Les hautes puissances contractantes

le dernier mot de Napoléon n'était pas là, toutes ces clauses n'étaient qu'une ruse pour arriver à des articles secrets qui préparaient l'occupation du royaume d'Espagne par les armées françaises, car après l'envahissement viendrait l'usurpation de la couronne. Un corps de 28,000 hommes devait entrer en Espagne, et servir d'avant-garde à un autre corps de 40,000 hommes réunis à Bayonne; tous deux devaient agir immédiatement contre le Portugal. Le but de cette convention militaire était donc de jeter une masse de troupes dans la Péninsule afin de la faire servir à un dessein de conquête définitive; le premier traité n'était qu'un prétexte pour la signature du second. Isquierdo fut-il de bonne foi? trompé par les habiles causeries de l'Empereur, fut-il séduit par ses promesses et ses engagements? Le traité immédiatement ratifié par Charles IV et le prince de la Paix, l'Espagne déclara qu'elle était prête. Dans une dépêche de M. de Champagny à M. de Beauharnais, le ministre recommande d'apaiser pour le moment les différends entre Charles IV et le prince des Asturies; on les ferait renaître au besoin; en attendant,

accorderont les moyens de faire à l'amiable une division égale des îles, colonies et autres propriétés d'outre-mer du Portugal.

14. Le présent traité restera secret, il sera ratifié, et les ratifications seront échangées à Madrid dans vingt jours.

Fait à Fontainebleau, le 27 octobre 1807.
Convention secrète, relative au traité précédent.

1. Un corps de troupes impériales françaises, de 25,000 hommes d'infanterie et de 3,000 de cavalerie, entrera en Espagne; il fera sa jonction avec un corps de troupes espagnoles composé de 8,000 hommes d'infanterie, 3,000 de cavalerie et 30 pièces d'artillerie.

2. Au même temps, une division de troupes espagnoles de 10,000 hommes prendra possession de la province d'Entre-Minho-et-Duero, et de la ville d'Oporto; et une autre division de 6,000, composée pareillement de troupes espagnoles, prendra possession de l'Alentéjo et du royaume des Algarves.

3. Les troupes françaises seront nourries et entretenues par l'Espagne, et leur solde payée par la France, pendant tout le temps de leur passage en Espagne.

4. Depuis le moment où les troupes combinées seront entrées en Portugal, les provinces de Beira, Tra-los-Montes et l'Estramadure portugaise (qui doivent rester en dépôt) seront administrées et gouvernées par le général commandant des troupes françaises, et les contributions qui leur seront imposées seront au profit de la France.

il fallait organiser un bon système pour l'occupation militaire du Portugal.

Aussi, d'après les conseils de M. de Beauharnais et l'action intime des agents de Napoléon, une réconciliation au moins passagère fut accomplie entre le roi et son fils, entre Godoï et Fernand. Il en était temps; les choses en étaient venues à un point extrême; Charles IV et la reine avaient songé à déshériter le prince des Asturies, et les alguazils de cour l'avaient violemment arrêté à San Lorenzo de l'Escurial. On nomma une commission de onze membres du conseil de Castille, et là, comme au temps de Philippe II, le prince fut interrogé devant une sorte d'inquisition d'état : « Qu'avez-vous fait et quels étaient vos desseins sur le roi votre père? » Le prince, pleinement justifié par ses réponses, fut acquitté; mais Manuel Godoï ne le laissa pas paisible; il lui imposa une humble supplique : Fernand agenouillé, se reconnaissant coupable, demandait pardon à son père et à sa mère de son crime irrémissible, et bientôt parurent des lettres royales qui, sur l'aveu du prince, lui remettaient l'attentat de conspiration contre la couronne; ces lettres royales, très froides, laissaient percer la haine du

Les provinces qui doivent composer le royaume de la Lusitanie septentrionale et la principauté des Algarves seront administrées et gouvernées par les généraux commandant les divisions espagnoles qui en prendront possession, et les contributions qui leur seront imposées resteront au bénéfice de l'Espagne.

5. Le corps du centre sera sous les ordres du commandant des troupes françaises, aussi bien que les troupes espagnoles qui lui seront réunies. Cependant, si le roi d'Espagne ou le prince de la Paix trouvaient convenable et jugeaient à propos de s'y rendre, le général commandant des troupes françaises et elles-mêmes seront soumises aux ordres du roi d'Espagne ou du prince de la Paix.

6. Un autre corps de 40,000 hommes de troupes françaises sera réuni à Bayonne le 20 novembre prochain ou avant ce temps-là, et il devra être prêt à marcher sur le Portugal, en passant par l'Espagne, si les Anglais envoient des renforts et menacent d'attaquer le premier. Cependant, ce nouveau corps de troupes n'entrera que quand les deux hautes parties contractantes se seront mises d'accord pour cet effet.

7. La présente convention sera ratifiée, et l'échange des ratifications sera fait au même temps que le traité d'aujourd'hui.

Fait à Fontainebleau, le 27 octobre 1807.

favori qui les avait dictées; Manuel Godoï resta le maître, et il fit annoncer par Charles IV, dans une lettre intime à Napoléon, la ratification du traité de Fontainebleau, et le pardon qu'il accordait à son fils pour un crime abominable : « Il était indulgent à cause de son protecteur le grand Napoléon; » les lettres étaient à peine signées d'une main tremblante, car la goutte tourmentait le roi des Espagnes, le souverain des deux mondes; Manuel faisait tout; le roi continua sa sieste, et peut-être ces fatales scènes de palais s'accomplirent entre une chasse et un solo de violon de Rode [1].

L'empereur Napoléon avait ses desseins; il marchait tout entier à son plan d'invasion militaire; il se servait des clauses du traité de Fontainebleau pour préparer l'occupation de la Péninsule; ce traité obligeait la France à la formation de deux grands corps d'armée : le premier pénétrant en Portugal, marchait sur Lisbonne en toute hâte; le second plus considérable devait entrer par Bayonne jusqu'au centre de l'Espagne, afin d'attendre les événements. Toute la sollicitude de l'Empereur se porta sur la composition de ces deux corps d'armée ; il faut remarquer que les bonnes troupes encore en Allemagne ne l'avaient pas évacuée; peu de régiments avaient repassé le Rhin, tous occupaient l'espace entre

---

[1] Ces mesures de pardon royal prirent un caractère officiel de publicité.

« Aujourd'hui, 5 novembre, le roi a adressé le décret suivant au gouverneur *par interim* du conseil de Castille :

« La voix de la nature désarme le bras de la vengeance ; et lorsque l'inadvertance réclame la pitié, un père tendre ne peut s'y refuser. Mon fils a déjà déclaré les auteurs du plan horrible que lui avaient fait concevoir des malveillants : il a tout démontré en forme de droit, et avec l'exactitude requise par la loi pour de telles preuves. Son repentir et son étonnement lui ont dicté les remontrances qu'il m'a adressées et dont voici le texte :

« Sire et mon père, je me suis rendu coupable en manquant à V. M. J'ai manqué à mon père et à mon roi ; mais je m'en repens, et je promets à V. M. la plus humble obéissance. Je ne devais rien faire sans le consentement de V. M. ; mais j'ai été surpris : j'ai dénoncé les coupables, et je prie V. M. de me pardonner et de permettre de

FORMATION DES ARMÉES D'ESPAGNE (NOVEMBRE 1807).

l'Oder, l'Elbe et le Niémen ; les premiers corps destinés au Portugal et à l'Espagne se composaient du cinquième bataillon de conscrits en dépôt par chaque régiment, et des troupes qu'on appelait *régiments de marche*, organisés dans la route par de nouvelles levées.

Rien de plus médiocre que les premières divisions qui furent employées en Portugal et en Espagne ; à peine comptaient-elles 10,000 hommes des vieux régiments d'Allemagne et d'Italie ; cette mauvaise composition des cadres expliquera les événements militaires qui vont se déployer. La correspondance du général Clarke, ministre de la guerre, indique avec quelle peine on parvint à réunir ces premières masses d'hommes destinés à la Péninsule. Par une circonstance digne de remarque, le commandement de ces armées à peine organisées fut confié à deux généraux les moins propres à conduire des opérations d'une certaine importance. Junot fut mis à la tête du corps d'invasion de Portugal ; c'était un brave officier, habile pour un coup de main, haché de coups de sabre, mais une pauvre tête pour un commandement en chef ; plein d'ardeur et se décourageant tour à tour, sans tenue et sans fermeté surtout dans l'administration de la guerre. L'Empereur avait des motifs pour préférer Junot : ce général connaissait le Portugal, où il avait été

---

baiser vos pieds à votre fils reconnaissant.

« Saint-Laurent, le 5 novembre 1807. »

Fernand.

« Madame et mère, je me repens bien de la grande faute que j'ai commise contre le roi et la reine, mes père et mère ; aussi, avec la plus grande soumission, je vous en demande pardon, ainsi que de mon opiniâtreté à vous nier la vérité l'autre soir : c'est pourquoi je supplie V. M. du plus profond de mon cœur, de daigner interposer sa médiation envers mon père, afin qu'il veuille bien permettre d'aller baiser les pieds de S. M., à son fils reconnaissant.

« Saint-Laurent, le 5 novembre 1807. »

Fernand.

« En conséquence de ces lettres, et à la prière de la reine, mon épouse bien-aimée, je pardonne à mon fils, et il rentrera dans ma grâce dès que sa conduite me donnera des preuves d'un véritable amendement dans ses procédés. J'ordonne aussi que les mêmes juges qui ont entendu dans cette cause depuis le commencement, la conti-

plus d'un an ambassadeur extraordinaire; puis il voulait à tout prix l'éloigner de Paris à la suite d'un amour de femme dans la famille même de l'Empereur. On en revenait un peu aux habitudes de Louis XV; les jours austères de la Convention étaient passés; Junot devait commettre des fautes par son dévouement trop absolu et par ses imprudences dans un pays grave, sombre et tout à fait en opposition avec les habitudes françaises.

Le second corps d'armée, destiné à pénétrer en Espagne, était également remis à un des généraux les plus brillants, mais aussi des plus incapables de forte stratégie, à Murat, le grand-duc de Berg; s'il avait fallu en finir, après une bataille accomplie, par une charge fougueuse de cavalerie, Murat était admirable, nul ne l'égalait; mais n'était-il pas imprudent de confier à une tête aussi impétueuse la conduite d'une opération qui demandait autant de sagesse et de fermeté que de courage individuel? Une autre faiblesse dans le caractère de Murat, c'est que, comme tous ces gens-là, il rêvait des couronnes; le trône d'Espagne lui tournait le cerveau: il voulait en être le roi, il aurait tout sacrifié à ses desseins; des notes secrètes indiquent que cette couronne lui fut promise par Napoléon avant qu'il eût jeté les yeux sur Joseph; Murat avait manqué la Pologne; pour cette fois la couronne de Charles-Quint formerait une compensation.

nuent, et je leurs permets de s'adjoindre d'autres collègues, s'ils en ont besoin; je leur enjoins, dès qu'elle sera terminée, de me soumettre le jugement qui devra être conforme à la loi, selon la gravité des délits et la qualité des personnes qui les auront commis. Ils devront prendre pour base dans la rédaction des chefs d'accusation, les réponses données par le prince dans l'intérrogatoire qu'il a subi; elles sont paraphées et signées de sa main, ainsi que les papiers, écrits aussi de sa main, qui ont été saisis dans ses bureaux. Cette décision sera communiquée à mes conseils et à mes tribunaux, et on la fera circuler à mes peuples, afin qu'ils y reconnaissent ma pitié et ma justice, et pour soulager l'affliction où ils ont été jetés par mon premier décret, car ils y voyaient le danger de leur souverain et de leur père, qui les aime comme ses propres enfants, et dont il est aimé. »

Moi le Roi.

Ainsi, Murat dans le centre de l'Espagne, Junot sur les frontières du Portugal, tels étaient les généraux qui allaient commencer des opérations diplomatiques autant que militaires ; ils avaient en face des populations fières et décidées à défendre leur nationalité : on connaissait mal l'Espagne : on croyait avoir affaire à des peuples soumis et paisibles comme les Allemands ; Junot et Murat ne tenaient compte que des armées régulières et ils espéraient justement que celles-ci seraient facilement vaincues. Ensuite les divisions placées sous leurs ordres étaient composées en majorité de mauvaises troupes, de conscrits sans valeur, désertant sous les armes, et qui, d'après les rapports au ministre de la guerre, laissaient un centième de malades à chaque marche militaire.

Les pays dans lesquels ces armées allaient s'engager étaient le plus souvent des landes sauvages, des sierra incultes, ou des plaines immenses dans lesquelles on ne voyait ni habitants ni villages pendant vingt lieues : en dehors des grandes routes tracées par Charles III, il n'y avait que quelques posada désertes où l'on trouvait, à grands frais, un peu d'eau pour se désaltérer, quelques outres de mauvais vin dans des peaux de boucs. L'armée devait donc s'épuiser avant d'arriver à son but. Napoléon n'avait-il pas ordonné de marcher, et qui pouvait résister à cette volonté impérative? Sa voix ressemblait à l'immense trompette du jugement dernier; elle brisait les crânes. Il avait dit à Junot et à Murat : « Allez sur Lisbonne et sur Madrid, et coûte que coûte, il faut m'avoir ces capitales. » Et les armées obéirent.

CHAPITRE V.

FONTAINEBLEAU, VOYAGE D'ITALIE,

PARIS PENDANT L'HIVER DE 1807 A 1808.

La cour à Fontainebleau. — Les chasses. — Coutumes de Louis XIV. — Réception des ambassadeurs. — Arrivée du comte de Tolstoy. — Ivresse de la génération. — Représentations scéniques. — *Triomphe de Trajan.* — Départ de l'Empereur pour l'Italie. — Milan. — Venise. — Souvenirs de l'antiquité. — Premiers projets d'un empire d'Occident. — Mantoue. — Entrevue avec Lucien. — L'esprit public à Paris. — Fête militaire pour le retour de la garde impériale. — Arc de triomphe. — Idée romaine. — Napoléon à Paris. — Fêtes de cour. — Bals masqués. — Théâtres. — Littérature.

Septembre 1807 à Février 1808.

Napoléon, maître de la victoire et de la paix après l'entrevue de Tilsitt, vint habiter le château de Saint-Cloud, belle résidence qui avait vu le 18 brumaire. Quels changements s'étaient opérés dans la merveilleuse fortune de Bonaparte! que d'événements accomplis depuis que le conseil des Cinq-Cents, agitant ses toges, avait menacé le général audacieux de le mettre hors la loi! Ce général, porté sur l'aile de la destinée, avait pris son vol, et le voilà l'égal des empereurs, maître des rois, brisant les empires, élevant des trônes comme des vassalités, changeant la face de l'Europe; Napoléon avait résumé en lui toutes les forces de la Révolution française, il avait absorbé toute la puissance vitale du mouvement démocratique. Aujourd'hui souverain, il prenait les grandes manières de cour à Saint-Cloud; des flots d'adulations venaient battre les pieds de son trône; le Sénat, le conseil d'État, la Justice, le Corps législatif, tous se précipitaient à l'envi pour exalter cette intelligence supérieure qui de sa main remuait le monde.

Saint-Cloud devint bientôt trop étroit pour les plaisirs de la nouvelle cour; il n'y avait ni parc, ni forêt séculaire; Napoléon consacra ses épargnes à la réparation de ses bâtiments somptueux; l'orangerie s'embellit de fleurs suaves que le Consul cultivait de sa main à la Malmaison; les cascades jetaient leurs eaux bouillonnantes sur la mousse verte qui datait de l'époque de Monsieur, le frère de Louis XIV; les dryades répandaient leurs flots d'argent sur la pelouse touffue; les allées de tilleuls artistement taillées se façonnaient en berceaux, les vieux arbres des coteaux de Meudon et de Ville-d'Avray voyaient les cavalcades de jeunes femmes dans leurs whiskis et leurs calèches, voitures de mode alors; l'Empereur se perdait quelquefois à cheval sous cette magnifique nature. Mais les limites en étaient bornées, l'horizon n'était point assez vaste; Saint-Cloud, le produit de l'art, n'était pas assez royal; le parc un peu bourgeois, n'avait rien de sauvage et de contemporain des premières dynasties; Versailles plaisait davantage à Napoléon : ses vastes bâtiments, ces œuvres gigantesques du grand roi l'avaient plus d'une fois entraîné à examiner par lui-même si Versailles ne devait pas un jour devenir sa résidence impériale; ces proportions étaient dignes de lui; ses poumons respiraient dans ces parcs[1] où Louis XIV avait promené

---

[1] Si l'Empereur avait vieilli dans le pouvoir, il aurait habité Versailles.

sa royauté; il rêvait le temps où, suivi d'un cortége souverain, il descendrait cet escalier de marbre, et comme le roi de France, une canne à pomme d'or à la main, il verrait des gentilshommes floquetés de rubans attendre sa parole comme la voix de Dieu même. Ces images lui plaisaient: relever Versailles n'était pas l'œuvre d'un seul jour, le travail de quelques journées; il y songeait comme un temps de repos pour sa vieillesse, car Paris et les Tuileries lui paraissaient trop populaires; il fallait de l'éloignement et du mystère pour entourer de respect l'image du souverain. La religion du pouvoir devait avoir ses tabernacles et ses voiles sacrés.

Cependant la saison avançait; on était à la fin d'août, et l'Empereur résolut, à l'imitation des anciens rois, de passer le temps des chasses à Fontainebleau. Cette résidence convenait à sa grandeur : dix-sept lieues d'épaisses forêts, avec des arbres noircis par le temps, secoués par l'ouragan des âges. Fontainebleau n'avait rien de vulgaire, sorte de création vierge, telle que Dieu avait pu la jeter sur la terre primitive; partout restait debout le témoignage des révolutions du globe, ces roches, ces granits, répartis çà et là, comme si la main des géants les avaient remués dans un jour de catastrophe. Le château était vaste, on y voyait des salles d'armes comme aux temps féodaux de la chevalerie; les beaux appartements étaient décorés par les peintures du Primatice; ainsi qu'à Saint-Germain, le château n'était pas tout d'un seul jet, il y avait de l'architecture de plusieurs époques; la main des siècles s'y marquait d'une manière indélébile. Puis, sur ce perron, il était beau d'entendre les fanfares du cor, les aboiements de la meute impatiente; on rappellerait là les belles chasses de Henri II ou de Louis XIII : tout cela parlait aux idées souveraines de Napoléon, et il décida un voyage impérial à Fontainebleau.

Plusieurs motifs le déterminèrent à ce faste, à cette ostentation des anciens monarques ; il attendait à Paris le comte de Tolstoy, l'ambassadeur russe, suivi de gentilshommes appartenant à l'aristocratie de Saint-Pétersbourg et de Moscou [1]. Craignant les moqueries et les sarcasmes du vieux parti russe, il voulut déployer toutes les habitudes des anciennes cours. Fontainebleau ressemblait aux antiques châteaux de l'Ukraine ou de Nowogorod sous le noir ombrage ; on y pourrait chasser le sanglier, le chevreuil bondissant, le daim et le cerf. A cette occasion, tous les usages de l'ancienne cour furent reproduits ; les maréchaux-des-logis, les fourriers du palais, renouvelèrent la coutume des appartements marqués à la craie et de l'aristocratique *pour* [2] dont parle tant Saint-Simon. Les invitations à Fontainebleau durent être expresses et émaner du grand-chambellan et du grand-maréchal ; on adopta un uniforme de chasse, une veste verte que vieux et jeunes durent endosser, à ce point

---

[1] Voici comment l'ambassade de M. de Tolstoy est annoncée :

Paris, 7 novembre 1807.

« Hier, vendredi, 6 novembre, S. M. l'Empereur et roi a reçu à Fontainebleau S. Exc. M. le général comte de Tolstoy, qui a présenté à S. M. ses lettres de créance en qualité d'ambassadeur extraordinaire de S. M. l'empereur de Russie. Cet ambassadeur a été conduit au palais dans les formes accoutumées, par un maître et un aide des cérémonies, qui sont allés le chercher avec trois voitures de la cour. Il a été introduit dans le cabinet de S. M. par S. Exc. le grand-maître des cérémonies, et présenté par S. A. S. monseigneur le prince vice-grand-électeur, faisant les fonctions d'archi-chancelier d'Etat. »

Paris, 12 novembre 1807.

« Dimanche, 8 de ce mois, M. le comte de Nesselrode, conseiller d'ambassade, M. le prince Gagarin, secrétaire d'ambassade, M. de Gourieff, gentilhomme de la chambre, cavalier d'ambassade, et M. de Benkendorff, aide-de-camp de S. M. l'empereur Alexandre, tous attachés à l'ambassade extraordinaire de Russie, ont été présentés à S. M. l'Empereur et Roi.

« S. M. a fait inscrire S. Exc. M. le comte de Tolstoy sur la liste du voyage à Fontainebleau, et lui a fait donner un appartement au palais. »

[2] Une des prérogatives des grandes entrées sous l'ancienne cour, c'était d'avoir le *pour* dans le voyage, c'est-à-dire que les maréchaux du palais faisaient inscrire *pour*

que M. de Talleyrand et Fouché durent se revêtir de ce singulier costume qui contrastait si étrangement avec les habitudes de leur vie. On vit des anciens membres du comité de salut public avec le couteau de chasse suspendu à un ceinturon de daim, comme les marquis de Louis XV; et tout cela parce que Napoléon le voulait [1].

A Fontainebleau, la légation russe fut officiellement présentée à l'Empereur; son chef, le comte de Tolstoy, ne devait occuper ce poste que provisoirement. Le général comte de Tolstoy, un des gentilshommes russes les plus dévoués à l'empereur Alexandre, l'expression de sa pensée, possédait cette finesse de caractère, cette habileté de vue qui distinguent l'aristocratie du Nord; poli de manières, il parlait le français avec élégance, et Napoléon, le comblant de prévenances, lui donna un vaste hôtel à Paris. M. de Tolstoy était accompagné du jeune comte de Nesselrode, qui, sous le titre de conseiller d'ambassade, commençait sa carrière intelligente de dévouement au Czar Alexandre; le comte de Nesselrode était employé dans les affaires étrangères depuis sa plus extrême jeunesse. L'ambassade russe comptait encore le prince Gagarin, M. de Gourieff et M. de Benkendorff; on avait mis un soin particulier à Saint-Pétersbourg dans le choix de cette légation, la première que l'on voyait en France depuis le Consulat. M. de Tolstoy reçut un appartement à Fontainebleau; il y fut traité avec une distinction qui effaça toutes les

---

M. le duc... *pour* madame la marquise. C'était comme un appartement réservé.

[1] « Toutes les femmes avaient un uniforme; il fut d'abord affreux, mais alors il était charmant, en casimir chamois, avec le collet et les parements de l'amazone en drap vert, brodé en argent. Le chapeau était de velours noir, avec un grand bouquet de plumes blanches. Les hommes avaient un fort bel uniforme de chasse : c'était un habit à la française vert-dragon, avec des galons d'or et d'argent, posés en brandebourg sur la poitrine et aux poches, et dont les parements étaient en velours amaranthe, avec culotte de casimir blanc et bottes à l'écuyère sans revers. »

autres ambassades, même celle du comte de Metternich, l'homme à la mode.

A Fontainebleau ce beau corps diplomatique prit part à tous les plaisirs de la saison; le comte de Metternich, dans toute la fleur et la grâce de la jeunesse; le prince de Masserano, l'ambassadeur de Charles IV, déployant le magnifique étalage, le faste que l'Espagne mit toujours dans ses légations; M. de Cetto pour la Bavière; M. de Dreyer pour le Danemarck; de Maïardoz pour la Suisse: ambassadeurs et ministres furent invités à cette noble résidence où parut un moment Mouhib-Effendi, ambassadeur extraordinaire de la Turquie, dans son costume national; puis le marquis de Ferrette portant fièrement son titre de l'ordre de Malte qu'il ne quittait pas plus que sa loge aux Italiens, sa résidence habituelle. On fit là chasses au courre, au tir; l'Empereur y prit plaisir avec l'ardeur d'un roi de la première race; toujours à cheval, il pressait le cerf toute une journée; les hommes le suivaient à cheval, les dames en calèche [1]; on y parla d'intrigues d'amour, des bonnes fortunes de diplomatie; on prit toutes les habitudes de Louis XIV: les grands levers d'apparat, les bals et les fêtes; l'Empereur voulut donner aux Russes une bonne idée de sa cour; il y eut plus d'une légende de bonne fortune pour l'Empereur à Fontainebleau, comme cela se faisait

---

[1] Voici du genre Louis XV, seulement avec moins d'esprit et de bonne compagnie: « Une dame belle, spirituelle, de la compagnie des princesses, attira les regards de l'Empereur. Il y eut d'abord quelques billets doux d'échangés; enfin, un soir, l'Empereur m'ordonna de porter une nouvelle lettre. Dans le palais de Fontainebleau est un jardin intérieur appelé le jardin de Diane, ou LL. MM. seules avaient accès. Ce jardin est entouré des quatre côtés par des bâtiments. A gauche, la chapelle avec sa galerie sombre et son architecture gothique; à droite, la grande galerie, autant que je puis m'en souvenir. Le bâtiment du milieu contenait les appartements de LL. MM.; enfin, en face et fermant ce carré, de grandes arcades derrière lesquelles étaient des bâtiments destinés à diverses personnes attachées soit aux princes, soit à la maison impériale. Madame de B....., la dame que l'Empereur avait remarquée, logeait dans un apparte-

aux temps de la vieille monarchie pour les fêtes royales de Marly et de Choisy-le-Roi.

Cependant Napoléon ne perdait point de vue la direction politique de son gouvernement; depuis son retour de Tilsitt il avait décidé un voyage en Italie, pour revoir ce royaume abandonné au vice-roi après le sacre de Milan ; de vastes terres étaient réunies ; Venise et l'Adriatique obéissaient à son sceptre ; il voulait examiner par lui-même la véritable nature de ces conquêtes et le parti qu'on pourrait en tirer, soit pour la défense territoriale, soit pour le commerce extérieur. L'Empereur méditait des modifications essentielles dans la base de la constitution d'Italie : les pouvoirs lui paraissaient mal combinés, le gouvernement trouvait des résistances ; il voulait formuler une constitution de telle nature qu'elle pût prêter aide à son système sans jamais l'embarrasser dans sa marche ; songeant à imprimer plus de stabilité et d'unité à la forme même de l'administration du royaume, déjà il avait donné l'adoption au prince Eugène qui gouvernait avec un dévouement remarquable : nul ne pouvait disputer l'amour qu'il portait à son père adoptif; Napoléon désirait constater par sa présence que l'Italie, unie au système français, n'en serait jamais détachée.

Dans cette pensée, le 16 novembre au matin, Napoléon

---

ment situé derrière ces arcades, au rez-de-chaussée. S. M. me prévint que je trouverais une fenêtre ouverte, par laquelle j'entrerais avec précaution ; que dans les ténèbres je remettrais son billet à une personne qui me le demanderait. Cette obscurité était nécessaire, parce que la fenêtre ouverte derrière les arcades, mais sur le jardin, aurait pu être remarquée s'il y eût eu de la lumière. Ne connaissant pas l'intérieur de ces appartements, j'arrivai et j'entrai par la fenêtre ; croyant alors marcher de plain-pied, je fis une chute bruyante, occasionnée par une haute marche qui était dans l'embrasure de la croisée. Au bruit que je fis en tombant, j'entendis pousser un cri et une porte se fermer brusquement. Je m'étais légèrement blessé au genou, au coude et à la tête. » (Mémoires du valet de chambre Constant.)

s'élança dans sa voiture de voyage, et prit la direction de Milan [1] ; les Alpes furent traversées sur la nouvelle route du Simplon que son génie avait improvisée. A Milan, ce fut une pompe indicible : le vice-roi s'agenouilla devant son père adoptif et son protecteur, lui baisa la main avec enthousiasme ; les acclamations furent grandes, l'ivresse fut au comble, et le *Te Deum* entonné dans la cathédrale de marbre de Saint-Ambroise. Napoléon répondit, toujours en italien : « que Milan était la capitale chérie de son royaume ; il la saluait avec l'orgueil de Charlemagne. » Il traça de sa main des arcs de triomphe, des monuments qui devaient décorer cette grande cité ; réunissant autour de lui les conseils législatifs, il leur parla un langage sévère ; ils devaient conquérir par leur dévouement une patrie qu'ils avaient trop souvent perdue par leurs divisions intestines ; l'Italie ne devait jamais se séparer de la France ; ils formaient deux peuples divers, mais unis d'intérêts, qui devaient mutuellement se soutenir dans la conquête de leur indépendance [2].

Durant ce séjour à Milan, Napoléon développa l'institu-

---

[1] [Paris, 17 novembre 1807.

« S. M. est partie hier, 16, à quatre heures du matin, pour passer quelques jours à Milan et à Venise. Elle sera de retour dans les premiers jours de décembre.

« Pendant l'absence de S. M., le conseil des ministres et le conseil d'État seront, dit-on, présidés par S. A. S. l'archi-trésorier de l'Empire.

« Le cortège de l'Empereur est uniquement composé de deux voitures. On dit que S. M. n'est accompagnée que du grand-duc de Berg et du prince de Neufchâtel. On assure cependant que les ministres d'Italie qui résident auprès de S. M. doivent la suivre presque immédiatement.

« On annonce aussi le prochain départ de S. Exc. Mgr de Champagny, ministre des relations extérieures.

« S. Exc. le ministre secrétaire d'État est arrivé lundi soir à Paris.

[2] *Discours de Napoléon aux trois colléges réunis à Milan, le 20 décembre* 1807.

« MM. les Possidenti, Dotti et Commercianti,

« Je vous vois avec plaisir environner mon trône.

« De retour après trois ans d'absence, je me plais à remarquer les progrès qu'ont faits mes peuples ; mais que de choses il reste encore à faire pour effacer les fautes de nos pères et vous rendre dignes des destins que je vous prépare

« Les divisions intestines de nos ancê-

tion de l'ordre de la Couronne de fer, symbole de l'Italie; Napoléon s'en déclarait le grand-maître, et le prince Eugène en était le premier grand-officier; afin que son nom et sa lignée se révélassent partout, il nomma l'aîné de la famille de Beauharnais prince de Venise, et princesse de Bologne sa gracieuse fille, qui vint le caresser de ses bras, et offrir son front à ses baisers [1]. Enfin, M. de Melzi, le chancelier du royaume, l'homme dévoué aux intérêts de l'Empereur, fut nommé duc de Lodi, en souvenir de celui qui, le premier, lui porta les clefs de Milan sur le champ de bataille de Lodi [2].

Napoléon voulut saluer Venise, la cité des mers. Son cortége impérial le suivit jusque dans cette ville désolée, dont les palais sont vides et les canaux silencieux. Venise se para de ses habits de fête; elle renouvela pour l'Empereur des Français les pompes de ses doges; le *Bucentaure* d'or remua ses mille rames et pavoisa ses mâts épais; la basilique de Saint-Marc, dépouillée de ses ornements, fit entendre sa grosse cloche qui retentit jusqu'au Lido; les gondoliers oublièrent les chants du

tres, leur misérable égoïsme de ville, préparèrent la perte de tous nos droits. La patrie fut déshéritée de son rang et de sa dignité, elle qui dans des siècles plus éloignés avait porté si loin l'honneur de ses armes et l'éclat de ses vertus. Cet éclat, ces vertus, je fais consister ma gloire à les conquérir.

« Citoyens d'Italie, j'ai beaucoup fait pour vous ; je ferai plus encore. Mais de votre côté, unis de cœur comme vous l'êtes d'intérêt avec mes peuples de France, considérez-les comme des frères aînés. Voyez constamment la source de notre prospérité, la garantie de nos institutions, celle de notre indépendance, dans l'union de cette couronne de fer avec ma couronne impériale. »

[1] *Décrets datés de Milan, le 20 décembre* 1807.

« Voulant donner une preuve particulière de notre satisfaction à notre bonne ville de Venise,

« Nous avons conféré et conférons par ces présentes lettres-patentes, à notre bien-aimé fils le prince Eugène Napoléon, notre héritier présomptif à la couronne d'Italie, le titre de *prince de Venise*. »

« Voulant donner une preuve particulière de notre satisfaction à notre bonne ville de Bologne,

« Nous avons conféré et conférons par les présentes le titre de *princesse de Bologne* à notre bien-aimée petite-fille la princesse Joséphine. »

[2] *Daté de Milan, 20 décembre* 1807.

« Voulant reconnaître les services que le sieur Melzi, chancelier, garde des sceaux de notre royaume d'Italie, nous a rendus dans toutes les circonstances, dans l'administra-

Tasse et de Godefroy, pour réciter les hymnes en l'honneur de Napoléon. Mais Venise était frappée de mort; elle ressemblait à ces terres d'où la mer s'éloigne, à ces rivages désolés où furent jadis des villes qui, comme Carthage, ne sont plus que ruines. Venise pouvait-elle saluer Napoléon, lorsque le décret de Berlin lui enlevait toutes ses ressources? A Milan encore, quand l'Italie l'entourait de fêtes, le souverain lançait un autre décret plus effrayant pour le commerce du monde : le coup portait sur les neutres; le pavillon ne fut plus respecté; dès qu'ils avaient subi la visite d'un navire anglais, les neutres se trouvaient dénationalisés; ils n'avaient plus ni droits ni priviléges; placé en dehors de toute protection, le pavillon qui subissait l'odieuse visite était de bonne prise, et par ce seul décret tout le commerce fut mis en interdit. Malheureuse Italie, avec tes villes de Gênes, de Livourne, de Venise, qu'allais-tu devenir quand le commerce du monde était arraché à tes comptoirs, à tes ports, à tes vastes lazarets; quand l'étranger ne pouvait plus jeter sur les arts l'or de ses loisirs [1] ?

---

tion publique où il a déployé, pour le bien de nos peuples et de notre couronne, les plus hauts talents et la plus sévère intégrité ;

« Nous souvenant qu'il fut le premier Italien qui nous porta, sur le champ de bataille de Lodi, les clefs et les vœux de notre bonne ville de Milan ;

« Nous avons résolu de lui conférer le titre de *duc de Lodi*, pour être possédé par lui ou par ses héritiers masculins, soit naturels, soit adoptifs, par ordre de primogéniture, entendant que le cas d'adoption ayant lieu par le titulaire et ses descendants, elle sera soumise à notre approbation ou à celle de nos successeurs. »

[1] Le texte du décret prohibitif de Milan est incroyable comme système d'économie politique.

En notre palais impérial de Milan, le 17 décembre 1807.

« Napoléon, Empereur des Français, roi d'Italie, et protecteur de la Confédération du Rhin.

« Vu les dispositions arrêtées par le gouvernement britannique, en date du 11 novembre dernier, qui assujettissent les bâtiments des puissances neutres, amies et même alliées de l'Angleterre, non seulement à une visite par les croiseurs anglais, mais encore à une station obligée en Angleterre et à une imposition arbitraire de tant pour cent sur leur chargement, qui doit être réglée par la législation anglaise ;

Dans ses courses du Milanais à travers l'Adriatique, Napoléon eut un souvenir; lorsqu'il faisait des rois. lorsqu'il plaçait toute sa famille sur des trônes, en parquant les peuples sous des lois arbitraires, Napoléon se rappela qu'il avait un frère, le plus capable, le plus habile de tous, et qui lui avait rendu des services éminents au 18 brumaire; une querelle de famille les avait séparés, un mouvement d'impatience avait rompu les rapports de Napoléone et de Luciano. Qu'était devenu ce frère? Avait-il cherché à conspirer contre sa puissance? aucunement; Lucien s'était retiré paisiblement dans les États du pape, aux campagnes de Rome, avec une colossale fortune; il avait presque rapporté deux millions de son ambassade à Madrid; il tenait grande maison dans une de ces villas de Rome déserte, sous les cyprès et les pins, solitudes brûlées ou la salamandre se joue sur les ruines blanchâtres; Lucien vivait au milieu des arts, de la musique qu'il aimait, de la poésie dont il s'était plus d'une fois épris, au murmure des cascades de Tivoli avec les vers d'Horace et de Virgile. L'Empereur voulait substituer la dynastie des Bonaparte à celle des Bourbons, et dans cette œuvre n'avait-il pas besoin de s'aider de celui de ses frères dont la pensée était le plus éminente? Il lui indiqua donc pour rendez-vous Mantoue, lieu de passage pour se rendre à Venise.

« Considérant que, par ces actes, le gouvernement anglais a dénationalisé les bâtiments de toutes les nations de l'Europe; qu'il n'est au pouvoir d'aucun gouvernement de transiger sur son indépendance et sur ses droits, tous les souverains de l'Europe étant solidaires de la souveraineté et de l'indépendance de leur pavillon; que si, par une faiblesse inexcusable, et qui serait une tache ineffaçable aux yeux de la postérité, on laissait passer en principe et consacrer par l'usage une pareille tyrannie, les Anglais en prendraient acte pour l'établir en droit, comme ils ont profité de la tolérance des gouvernements pour établir l'infâme principe que le pavillon ne couvre pas la marchandise, et pour donner à leurs droits de blocus une extension arbitraire et attentatoire à la souveraineté de tous les États;

« Nous avons décrété et décrétons ce qui suit :

« 1. Tout bâtiment, de quelque nation qu'il soit, qui aura souffert la visite d'un

L'entrevue fut secrète, mystérieuse. Duroc, Murat et Eugène durent accompagner l'Empereur; Eugène était vice-roi d'Italie, Murat grand-duc de Berg; Duroc, le favori de l'Empereur. Le cortége de Lucien était plus modeste : il avait avec lui un cousin-germain de sa première femme (la fille de l'aubergiste de Saint-Maximin) du nom de Boyer; puis deux simples amis, qui habitaient la campagne de Rome. Lucien recommanda de ne pas dételer ses chevaux, parce que peut-être il repartirait le soir même; il monta hâtivement à la résidence de l'Empereur, qui vint à lui en tendant la main avec émotion; Lucien la baisa, puis les deux frères s'embrassèrent. Sur un signe de Napoléon, les officiers se retirèrent, et il se trouva face à face dans un entretien avec le tribun du 18 brumaire. L'Empereur ne se fit point illusion sur la nature tenace de son frère; avec Lucien on ne pouvait employer de petits détours, pas plus qu'avec Fouché et les hommes qui avaient assisté à l'origine de sa fortune; il fallait aller droit au but, et Napoléon, adressant brusquement la parole en italien à son frère, lui dit : « Lucien, veux-tu enfin entrer franchement dans ma route ? » « Quelle est-elle ? répondit le fier président du conseil des Cinq-Cents, comme si c'était

vaisseau anglais, ou se sera soumis à un voyage en Angleterre, ou aura payé une imposition quelconque au gouvernement anglais, est par cela seul déclaré dénationalisé, a perdu la garantie de son pavillon, et est devenu propriété anglaise.

« 2. Soit que lesdits bâtiments ainsi dénationalisés par les mesures arbitraires du gouvernement anglais, entrent dans nos ports ou dans ceux de nos alliés, soit qu'ils tombent au pouvoir de nos vaisseaux de guerre ou de nos corsaires, ils sont déclarés de bonne et valable prise.

« 3. Les îles britanniques sont déclarées en état de blocus sur mer comme sur terre. Tout bâtiment, de quelque nation qu'il soit, quel que soit son chargement, expédié des ports d'Angleterre ou des colonies anglaises, ou des pays occupés par des troupes anglaises, ou allant en Angleterre, ou dans les colonies anglaises ou dans les pays occupés par les troupes anglaises, est de bonne prise, comme contrevenant au présent décret; il sera capturé par nos vaisseaux de guerre ou par nos corsaires, et adjugé au capteur.

le général Bonaparte qu'il eût encore devant lui ; quelle est cette route ? explique-toi, et je verrai si elle me convient. » Alors l'Empereur, avec un geste italien mêlé d'un peu d'ostentation, jetant une carte sur la table, répéta cette phrase du démon tentateur au Christ transporté par l'Esprit sur une montagne : « Choisis, quel est le royaume que tu désires ? foi de frère, tu l'auras ; les rois m'obéissent, il faut que mes proches me secondent, et l'empire du monde est à nous ; Louis et Jérôme sont incapables, mes espérances sont en toi, veux-tu les seconder? »

En achevant ces mots, l'Empereur regarda son frère pour pénétrer sa réponse dans ses traits, vivement animés. « C'est là ta route ? dit Lucien, eh bien ! elle est mauvaise ; je ne crois pas que tu puisses aller jusqu'au bout. Tu le sais, j'ai secondé ton Consulat, ton Empire même sur des bases héréditaires ; mais les rois sous ta main ne sont que des préfets, il n'est pour eux ni indépendance ni volonté ; si tu me donnes un royaume, je ne veux pas qu'on maudisse mon nom ; vois la Toscane et l'Italie, qu'en as-tu fait ? Plus de commerce, plus de prospérité ; être roi comme cela, je n'en veux pas. — Si vous êtes toujours entêté, dit l'Empereur en regardant Lucien, sachez bien que je le suis autant que vous. Vous êtes donc comme Joseph, qui m'écrit qu'on doit lui laisser faire sa besogne de roi à Naples ? Il veut malgré

« 4. Ces mesures, qui ne sont qu'une juste réciprocité pour le système barbare adopté par le gouvernement anglais, qui assimile sa législation à celle d'Alger, cesseront d'avoir leur effet pour toutes les nations qui sauraient obliger le gouvernement anglais à respecter leur pavillon. Elles continueront d'être en vigueur pendant tout le temps que ce gouvernement ne reviendra pas aux principes du droit des gens, qui règle les relations des États civilisés dans l'état de guerre. Les dispositions du présent décret seront abrogées et nulles par le fait dès que le gouvernemens anglais sera revenu aux principes du droit des gens, qui sont aussi ceux de la justice et de l'honneur.

« 5. Tous nos ministres sont chargés de l'exécution du présent décret, qui sera inséré au bulletin des lois. »

Signé, Napoléon.

moi rétablir ses relations avec le pape. — Eh! pourquoi non? dit Lucien, si cela est utile aux intérêts du pays, Joseph a très bien fait d'insister. » L'Empereur changeant de couleur marcha dès lors à pas précipités; sa voix forte et accentuée retentissait dans les longues galeries. « Monsieur, dit-il à Lucien, vous devez m'obéir, comme au chef de votre famille; ainsi vous ferez ce que je veux. » Lucien à son tour s'échauffa. « Prenez garde, dit-il à Napoléon, toujours en italien; je ne suis pas votre sujet. Vous croyez me faire peur: rappelez-vous qu'au 18 brumaire ce n'est pas moi qui ai tremblé; je suis ferme, voyez-vous? A la Malmaison, je vous ai dit: Ce qui s'élève par la violence tombe par la violence [1]. » Napoléon ne se contenait plus; on dit même qu'il menaça de la main Lucien, et Lucien, toujours ferme, toujours tenace, voulut faire cesser cette scène en se retirant; Napoléon lui dit alors: « Adieu, Lucien; la nuit porte conseil: à demain. » Ce lendemain, le frère ne l'attendit pas, la chaise de poste était préparée, il partit à l'instant de Mantoue. Ainsi l'œuvre de famille ne put être accomplie; l'Empereur ne put avoir sous sa main la seule tête capable de sa race; c'est que tout ce qui est haut ne s'abaisse pas; il y a une certaine fierté dans la valeur de soi, ce qui est petit demeure petit, ce qui est fort reste fort.

Tandis qu'une simple volonté résistait à Napoléon dans l'antique Mantoue, à Paris l'adulation se déployait dans tout ce qu'elle avait de pompes et de retentissements; Napoléon n'avait point encore quitté sa capitale, lorsqu'on annonça l'opéra du *Triomphe de Tra-*

---

[1] Voici quelles furent les paroles textuelles de Lucien à la Malmaison : « Cet empire que vous élevez par la force, que vous soutiendrez par la violence, eh! bien, il sera abattu par la violence et la force... et vous-même vous serez brisé ainsi... »

jan [1], œuvre d'Esmenard et commandé par Fouché; c'était plus qu'un drame lyrique; on y considérait moins la musique et les paroles que le vaste triomphe romain, et l'encens jeté au chef du nouvel et vaste empire; les chevaux parurent sur la scène, ils firent des évolutions comme dans le cirque; ils traînèrent le char d'or de l'empereur romain, ainsi qu'on le voit dans les bas-reliefs de la villa Borghèse; les chants de triomphe furent entonnés au milieu des acclamations et des guirlandes de fleurs; il y eut un ballet à la forme antique; des artistes aujourd'hui vieillis, ou que la mort a fait disparaître, représentaient des femmes romaines, de jeunes vierges; et ces papillons brillants, Clotilde, Bigottini, que sont-ils devenus?

Le Triomphe de Trajan eut un succès d'enthousiasme; partout on y vit l'empereur Napoléon : le temps et la mode étaient alors aux triomphes, on ne songeait qu'à ces coups de théâtre éclatants qui reproduisaient des scènes antiques; la ville éternelle était dans Paris, fière d'un empereur à la taille des Césars. *La Vestale* parut au théâtre de l'Opéra; la musique en était pompeuse, les décorations aussi belles que dans *Trajan;* on y vit Licinius vainqueur comme Trajan, comme Napoléon; on y exprima des chants de gloire. Sous un système qui

---

[1] Paris, 23 octobre 1807.

« Il est difficile de se faire une juste idée de tous les genres de magnificence déployés dans l'opéra de *Trajan*, dont la première représentation avait attiré, ce soir, une affluence prodigieuse. La pompe des décorations, la richesse des costumes, l'imitation fidèle des monuments historiques, réunis à la beauté des vers, à l'intérêt du dénouement, à la variété de la musique, forment un spectacle qui satisfait également les yeux, l'esprit et l'imagination. Nous donnerons incessamment l'analyse de cet ouvrage, qui aura sans doute un grand nombre de représentations. Le succès a été complet, et toutes les allusions saisies avec enthousiasme. On a remarqué l'art avec lequel l'auteur a rejeté la conjuration qui forme l'intrigue de la pièce, parmi les esclaves daces, scythes et germains. En effet, Trajan, adoré de Rome et de l'Empire, ne peut trouver des ennemis personnels que parmi les ennemis de l'État, où, comme l'a très bien dit le poëte :

L'intérêt de tous le défend;
Tous attachent leur sort à cet Auguste.

fait de grandes choses, quand on parle d'antique grandeur on saisit les allusions; le peuple était si préoccupé de son Empereur, qu'il le voyait partout et en tout.

Paris devenait une seconde Rome. Napoléon avait décrété un immense arc de triomphe à la barrière de l'Étoile : au milieu des trophées d'armes, on y graverait les victoires des armées françaises sur des masses de granit telles qu'on en voit en Égypte ou au Colysée, parmi les ruines des cirques : deux vastes rues devaient s'élever autour des Tuileries, rappelant par leurs noms de Rivoli et de Castiglione les souvenirs d'Italie; au milieu de la place Vendôme, une colonne en bronze s'élevait comme la colonne Antonine, et sur l'emplacement de la Madeleine, le cimetière de Louis XVI, se traçait alors le *temple de la Gloire*. Tout était ainsi dédié à l'armée, la force et le bras de Napoléon. A ce moment, l'élite de cette armée, la garde impériale, faisait son entrée dans Paris ainsi que les prétoriens dans Rome; leurs enseignes étaient décorées d'une couronne d'or que la ville leur avait décernée. Cette vieille garde qu'on n'avait pas vue depuis deux ans, après Austerlitz, Iéna et Friedland, passa sous des arcs de triomphe de chênes et de lauriers. Le corps municipal accourut au-devant de ces nobles fils de la France, jonchant le chemin de fleurs. M. Frochot, préfet de la Seine, porta la parole;

« L'ouvrage est écrit avec une noblesse et une élévation de style qui rappellent souvent le poëme de *la Navigation*. La musique, sourdement décriée avant d'être entendue, n'avait besoin que de l'être pour obtenir un succès brillant. Elle est remplie de morceaux d'un grand effet. Tous les airs chantés par Lays, mademoiselle Armand et madame Branchu; tous les chœurs, tous les morceaux d'ensemble, ont été vivement applaudis. M. Persuis a paru digne d'unir son talent à celui de l'auteur des *Bardes*, et cet ouvrage lui donne, parmi nos compositeurs les plus distingués, une place que l'envie et l'esprit de parti pourraient seuls lui contester. On doit ajouter que la mise de cet opéra fait le plus grand honneur à l'administration, et prouverait seule, au besoin, que le théâtre de l'Académie impériale de musique est au-dessus de toute comparaison et de toute rivalité. »

(Récit officiel.)

car Paris était fier de ses soldats [1]. Le maréchal Bessières répondit au nom de la garde en se félicitant des honneurs que la première ville du monde faisait à la troupe, fidèle compagne de l'Empereur. Il y avait dans tout cela une forme antique, une imitation de la ville éternelle aux temps de César et d'Auguste : prétoriens, centurions, tribuns, tous durent s'asseoir dans un banquet que la ville de Paris donna aux Champs-Élysées; les tentes étaient dressées. Tout se passa avec ordre, il y eut de la joie sans ivresse; la garde fit honneur à son uniforme; elle se glorifiait de l'aigle qui paraissait brillante sur ses étendards.

Ainsi était le peuple, lorsque Napoléon arriva subitement à Paris de son voyage d'Italie; il avait gardé l'idée de se faire proclamer empereur d'Occident; on dit même que tel était le but secret de son voyage. Parvenu à la hauteur de Charlemagne, il pouvait en revendiquer le titre pour se faire couronner à Rome, et nul pontife ne refuserait de le revêtir de la pourpre carlovingienne. Après plus de réflexions, il crut que le temps n'était pas venu; avec la pensée qu'il avait sur l'Espagne, il ne pouvait blesser l'Autriche à ce point de ne tenir aucun compte de la dignité de l'empereur François II ; il

---

[1] *Discours de M. Frochot, préfet de la Seine.*

« Héros d'Iéna, d'Eylau, de Friedland, conquérants de la paix, grâces immortelles vous soient rendues !

« C'est pour la patrie que vous avez vaincu, la patrie éternisera le souvenir de vos triomphes ; vos noms seront légués par elle, sur le bronze et sur le marbre, à la postérité la plus reculée, et le récit de vos exploits, enflammant le courage de nos derniers descendants, longtemps encore après vous-mêmes, vous protégerez par vos exemples ce vaste Empire si glorieusement défendu par votre valeur.

« Braves guerriers, ici même un arc triomphal dédié à la grande armée s'élève sur votre passage; il vous attend : venez recevoir, sous ses voûtes, la part qui vous est due des lauriers votés par la capitale de cette invincible armée. Qu'ainsi commence la fête de votre retour : venez, et que ses lauriers, tressés en couronnes par la reconnaissance publique, demeurent appendus désormais aux aigles impériales qui planent sur vos têtes victorieuses. »

Le maréchal Bessières répondit :

« Les aînés de cette grande famille militaire vont se retrouver avec plaisir dans le sein d'une ville dont les habitants ont constamment rivalisé avec eux d'amour, de

réserva son projet pour d'autres époques plus mûres. Rien n'était préparé pour un empire d'Occident, ni les peuples, ni les rois; il lui fallait d'autres gloires et soumettre d'autres vassalités [1].

Napoléon vint habiter les Tuileries; l'hiver commençait avec ses frimas; la cour était brillante, le corps diplomatique nombreux. A Fontainebleau, il avait donné le spectacle des chasses; aux Tuileries, il voulut qu'on multipliât les bals, et que rien ne fût négligé pour la splendeur de sa cour. Il venait d'Italie, tout ému encore des spectacles et des fêtes vénitiennes; il voulait poursuivre et pénétrer quelques intrigues au milieu du libre caquetage des bals; il donna l'impulsion à sa cour. Sous le masque chacun pouvait dire sa pensée; la police dut veiller à la sûreté de l'Empereur; au milieu de ces bals ne pouvait-il pas se glisser un assassin, et la scène serait sinistrement finie? Comme dans la nuit de Gustave, au milieu des masques, ne pouvait-il pas se trouver une main ferme et un poignard aiguisé? Fouché mit tous ses soins à suivre ces fêtes; l'Empereur y venait avec Duroc en domino; sa tournure et sa marche étaient telles qu'on pouvait le reconnaître; il ne déguisait ni ses gestes ni sa voix. Quand une femme re-

---

dévouement et de fidélité pour notre illustre monarque. Animés des mêmes sentiments, la plus parfaite harmonie existera toujours entre les habitants de la grande ville et les soldats de la garde impériale. Si nos aigles marchaient encore, en nous rappelant le serment que nous avons fait de les défendre jusqu'à la mort, nous nous rappellerons aussi que les couronnes qui les décorent nous en imposent doublement l'obligation. »

[1] Les derniers actes de l'Empereur en Italie sont datés de Milan; les voici :

« S. M. a ordonné par un décret que la section des *consultatori* cesserait de faire partie du conseil d'État, et prendrait le nom de Sénat (*Senato consulente*). Ses principales attributions seront l'enregistrement des lois, et la répression de tous les délits relatifs à la liberté civile. — Par un autre décret de même date, l'Empereur a nommé douze assistants près le conseil d'État du royaume d'Italie, dont les attributions seront les mêmes que celles des auditeurs près le conseil d'État de France. — Par un autre décret, ont été créés 15 nouveaux dignitaires de la Couronne de fer, 50 commandants et 300 chevaliers. »

cevait une parole d'amour, un homme un reproche ou un sarcasme, tous savaient la bouche qui les prononçait[1]. Les princesses, sœurs de l'Empereur, se laissaient aller à leur sensualisme ennuyé et désespérant; elles pleuraient un amant perdu, une conquête enlevée. Il y eut plus d'une aventure de nobles dames, plus d'une fureur jalouse de grands dignitaires de l'Empire. Les officiers-généraux n'avaient rien de galant, d'empressé, et leurs jeunes femmes préférèrent souvent les étrangers du Nord, si polis, à la chevelure blonde, ou M. de Metternich à la physionomie si aimable sous ses cheveux poudrés à trente ans.

On sut bien des secrets dans les bals masqués, on surprit plus d'une confidence d'amour dans les sachets roses et ambrés ou dans ce qu'on appelait alors les *bonheurs du jour*. L'Empereur même se tut parce que lui aussi eut bien des choses à cacher. Certaines aventures de bal prirent un caractère plus grave et plus sinistre; on raconta qu'un masque avait abordé Cambacérès, et lui avait dit : « Beau prince, viens, j'ai quelque chose à te révéler », et il avait poussé l'archichancelier jusqu'au fond d'une pièce écartée; là, il lui raconta sa vie intime, le commencement de son existence, ses mesures les plus secrètes de la Convention, ses actes les plus effrayants; et comme Cambacérès, étonné et presque frissonnant, lui disait : « Enfin, qui es-tu? » l'inconnu se démasquant montra un second masque de cire avec tous les traits de Louis XVI, et lui dit : « Altesse sérénissime, régicide de la Convention, me reconnais-tu? » Puis il disparut et se perdit dans la foule, laissant le fastueux archi-chancelier dans des transes mortelles. Ces scènes se multiplièrent, et, comme

[1] M. de Metternich m'a dit au Johannisberg « qu'aucun des membres du corps diplomatique ne s'était jamais trompé sur la présence de l'Empereur à un bal. »

elles ne furent point réprimées par la police, on en accusa Fouché lui-même, qui était aise de rappeler à toute cette foule de gentilshommes de nouvelle espèce qu'ils n'étaient comme lui que d'origine révolutionnaire. Cambacérès en manchettes oubliait un peu trop la carmagnole ; il fallait lui donner une bonne leçon, et le ministre n'y manquait pas.

Ces bals et ces fêtes jetaient une grande joie dans Paris. A l'Opéra, c'étaient encore les beaux jours de madame Gardel, de mesdemoiselles Bigottini et Clotilde, avec leurs pas de caractère qu'elles avait dansés dans *Trajan* et *la Vestale* ; on joua aussi *les Bardes* de M. Baour-Lormian, qui devaient plaire à Napoléon, si enthousiaste de poésies ossianiques ; tout l'encens ne brûlait-il pas pour lui? et quelle idée avait assez de hardiesse pour s'opposer à la sienne? A l'Opéra, aux Français, tout retentissait de son nom ; Talma prenait ses inspirations dans le génie de l'Empereur, la poésie et l'histoire se résumaient en lui. Un surintendant des théâtres fut nommé pour donner une direction plus hautaine, plus impériale à toutes les compositions scéniques ; M. de Rémusat, d'une bonne famille méridionale, esprit poli, fut nommé surintendant des théâtres [1].

La musique avait glacialement brillé dans *la Vestale* ; on reprit *le Mariage de Figaro*, de Mozart, partition si grave et si gracieuse, si folle et si savante. M. Étienne donnait sa jolie comédie de *Brueys et Palaprat* sorte d'innovation aux Français [2] ; car on parlait d'une pièce et d'un vaudeville même comme d'un fait politique. Ce fut l'époque des spirituelles créations pour les Variétés,

---

[1] C'était se rapprocher de la dignité de premier gentilhomme de la chambre, autrefois chargé des théâtres et menus-plaisirs.

[2] Plus tard on verra que les disputes sur *Conaxa* et les *Deux Gendres* émurent tout Paris.

il y eut des types admirables; on développa les *Jocrisses*, les *Cadets Roussels* ; il fallait se moquer du peuple; hélas! on avait bien raison, quelles folies ne subissait-il pas! M. Regnault de Saint-Jean-d'Angely se mêla plus d'une fois à la composition de ces *Jocrisses*, et il ne fut pas étranger à *Cadet Roussel Esturgeon*, qui déridait le soir Cambacérès, lorsque son œil fauve suivait les formes matérielles de mademoiselle Cuizot. On eut pour second type *M. Vautour*, l'image de la bonne bourgeoisie de Paris, le propriétaire paisible du Marais; *les Innocents*, où Brunet était si admirable, n'étaient-ils pas aussi le symbole de ce pauvre peuple que les dignitaires plumaient à qui mieux mieux; de ces conscrits arrachés au village qui se sacrifiaient pour la gloire de leur Empereur?

Que dire de *M. et madame Denis*, expression de ces vieux mariages bourgeois qui naissent et s'éteignent sous un bonnet de coton, fidèles à tous les pouvoirs, égoïstes à deux, limitant le monde à leurs pots à fleurs sur la croisée, et les destinées de l'humanité aux portées de leur petit chien? Désaugiers commençait sa vogue, et il jeta dans ses chansons bien des ridicules sur cette cour impériale si fastueuse. Rien de plus spirituel que cette parodie de *la Vestale*, véritable expression du peuple parisien qui raille tout ce qui est solennel et grandiose. Dans ces vaudevillistes paraissait alors pour la première fois un jeune homme bon, spirituel, qui devait laisser trace; né à Montpellier, la ville si gaie, neveu du tribun Albisson, M. Merle blessait si doucement que nul ne put s'offenser de sa verve. Martainville donnait aussi son *Pied de Mouton*, féerie à grand spectacle, où l'on voyait des changements à vue, des miracles bien moins grands que les réalités qui s'opéraient sous les yeux du monde. Qui pouvait s'étonner des talismans lorsque tant d'existences ignorées portaient des couronnes, lorsqu'on voyait les vieilles familles s'éteindre, des nouvelles s'élever? quels jeux de la fortune inouïs! et comme Gusman : « nul ne pouvait plus trouver d'obstacles »; il semblait « que les dieux guidaient les pas » de tous ces acteurs du drame de l'Empire; tout s'explique par ces fortunes. Les temps expriment les œuvres, les œuvres expriment les temps.

Peu de place restait à la littérature sérieuse; qui pouvait s'occuper des époques historiques, lorsque la libre pensée n'existait plus au monde? comment juger les époques, lorsque la censure non seulement effaçait, mais imposait encore des phrases dans l'intérêt du système impérial? Jugeait-on le commerce des anciens? il fallait penser aux décrets de Berlin et de Milan. Faisait-on l'histoire de Rome? malheur à qui n'abaissait pas Carthage, car il fallait servir les haines de Napoléon contre l'Angleterre. Parlait-on d'Auguste et de César? on devait se garder de répandre quelques larmes sur la statue de la Liberté voilée. Si l'on touchait l'histoire moderne, c'était plus difficile encore; il ne vous était point permis de parler du peuple, de ses principes, de ses grandeurs; il fallait considérer sa souveraineté comme un mystère, et le 18 brumaire comme un tabernacle où tout s'était fait par la volonté de Dieu, ou plutôt par la grandeur d'un seul homme. De là, la platitude des histoires contemporaines; des plumes même élégantes s'asservirent aux injonctions de la police. Il ne faut point faire de reproche aux tristes œuvres de ce temps ; ce n'est pas toujours le talent qui manquait, mais la liberté; il n'y a pas de génie sans indépendance; sous l'Empire la censure fut tout entière dirigée vers le but politique

que se proposait l'Empereur. Napoléon voulait alors une dictature absolue sur les âmes, sur les esprits et sur les corps ; le gouvernement lui donnait la matière, il n'était pas assez fou pour laisser l'intelligence libre ; il savait que cette terrible souveraine l'aurait brisé, et pourtant il était de bronze!

CHAPITRE VI.

LUTTE ENTRE LA PUISSANCE MATÉRIELLE ET MORALE.

L'EMPEREUR ET LE PAPE.

Retour de Pie VII à Rome. — Le cardinal Gonzalvi. — Le cardinal Fesch. — Premiers différends entre Napoléon et Pie VII. — Volonté impérative.—Force de la résignation.—Occupation d'Ancône.—Lucien dans l'État romain. — Système continental. — Prétention aux droits de Charlemagne. — Souveraineté sur Rome. — Le vice-roi d'Italie. — Démission de Gonzalvi. — Le cardinal Casoni. — Ambassade de M. Alquier. — Fiefs de Bénévent et de Ponte-Corvo. — Négociation du cardinal de Bayane à Paris. — Séjour des troupes françaises dans les légations. — Occupation violente de Rome et du château Saint-Ange par le général Miollis. — Pie VII au Quirinal. — Esprit du peuple. — Les Transtévérins.

1805 à 1808.

Un des spectacles les plus solennels qu'offre l'histoire dans ses vastes annales, c'est la lutte entre la puissance morale, patiente, résignée, et l'autorité matérielle usant du glaive et de la violence; il y a dans la protestation du faible qui défend son droit, sa liberté, une énergie qu'on ne peut définir : la patience en face des tourments, la douceur vis-à-vis la colère, le sang-froid opposé à la vivacité impétueuse; ce mot : « Ma conscience me le défend. » Cette expression angélique d'un homme qui souffre pour la liberté, pour la religion, tout cela est empreint d'une force inconnue, mystère des grandes âmes, sainte passion du Christ sur la terre ; le martyr qui meurt pour une idée religieuse, le démocrate qui monte sur l'échafaud pour sa foi républicaine, le royaliste pour la chevaleresque idée de son suzerain, portent en eux un caractère sublime que nul ne peut méconnaître. « Que voulez-vous de moi ? mon corps ? il est ici ; ma tête ? je vous l'offre ; mais mon opinion, ma conscience, je ne peux vous la donner. » C'est ici que plus l'oppresseur domine, plus il grandit sa victime ; plus il devient cruel, plus il est petit ; plus il tourmente, plus il se rabaisse, et se noierait-il dans le sang, qu'il n'en serait pas plus fort ni plus grand [1].

Les annales du moyen âge ont rappelé la persécution de plus d'un pontife; à Rome, on avait vu les Othons de Germanie, les hommes sensuels de l'Allemagne couverts de fer, déployer leurs tentes autour de Saint-Jean-de-Latran et faire paître leurs chevaux sur le rivage jauni du Tibre; des papes avaient été arrachés des autels, d'autres traînés par les cheveux dans les rues de Rome. Eh bien ! toutes ces violences n'avaient pu affaiblir la puissance mo-

---

[1] La correspondance du pape et de Napoléon peut noblement faire connaître la nature de cette lutte entre la puissance morale et la puissance matérielle.

Lettre de Pie VII.

Impériale et royale Majesté,

« Nous dirons franchement à V. M., avec toute l'ingénuité de notre caractère, que l'ordre qu'elle a donné au général Saint-Cyr d'occuper Ancône avec les troupes françaises et de la faire approvisionner, nous a causé non moins de surprise que de douleur, tant pour la chose en elle-même que pour la manière dont elle a été exécutée.

« Véritablement nous ne pouvons dissimuler que c'est avec une vive sensibilité que nous nous voyons traité d'une manière qu'à aucun titre nous ne croyons avoir méritée. Notre neutralité, reconnue par Votre Majesté comme par toutes les autres puissances, et pleinement respectée par elles, nous donnait un motif particulier de croire que les sentiments d'amitié qu'elle professait à notre égard nous auraient préservé de cet amer déplaisir; nous nous apercevons que nous nous sommes trompé.

« Nous le disons franchement : depuis l'époque de notre retour de Paris, nous n'avons éprouvé qu'amertumes et déplaisirs, quand au contraire la connaissance personnelle que nous avions faite avec Votre Majesté et notre conduite invariable nous promettaient tout autre chose. En un mot, nous

rale de la papauté, les races de Souabe étaient éteintes, les Empereurs étaient passés, les gouvernements avaient croulé les uns sur les autres ; qu'étaient devenus les dynasties et les blasons de Lorraine et de Thuringe? et les papes demeuraient encore dans la basilique de Saint-Pierre, les chefs de la croyance ; l'encens s'élevait à longs tourbillons, et des milliers d'hommes restaient agenouillés sur les dalles de la place de Saint-Pierre lorsque le pontife, vêtu de lin, jetait sa bénédiction aux flots de peuple. Il y avait ici un caractère de perpétuité indépendant des âges et des générations.

Pie VII avait témoigné une douce et reconnaissante piété pour Napoléon, ne l'avait-il pas couronné à Paris dans la cathédrale de Notre-Dame, lui vieillard aux cheveux blancs? pouvait-il faire moins pour le génie puissant qui avait relevé les autels et grandi le sentiment moral de la nation? Lorsqu'il quitta Paris, Pie VII fut accueilli à Rome avec cet enthousiasme des populations transtévérines ; on détela la voiture du Saint Père, les acclamations vinrent de tous côtés glorifier cette tête vénérable ; la multitude accourait baiser ses pieds, et

ne trouvons pas dans Votre Majesté la correspondance de sentiments que nous étions en droit d'attendre.

« Nous le sentons vivement, et, à l'égard de l'invasion présente, nous disons avec sincérité que ce que nous nous devons à nous-mêmes, et les obligations que nous avons contractées envers nos sujets, nous forcent de demander à Votre Majesté l'évacuation d'Ancône, au refus de laquelle nous ne verrions pas comment pourrait se concilier la continuation des rapports avec le ministre de Votre Majesté à Rome ; ces rapports étant en opposition avec le traitement que nous continuerions à recevoir de Votre Majesté dans Ancône.

« Cette lettre est un devoir pénible pour notre cœur, mais nous ne pouvons dissimuler la vérité.

« Nous voulons donc espérer qu'au milieu de toutes les amertumes qui nous accablent, Votre Majesté voudra bien nous délivrer du poids de celles-ci qu'il dépend de sa seule volonté de nous épargner.

« Nous finissons en lui accordant de tout notre cœur la paternelle bénédiction apostolique.

« Donné à Rome, près Sainte-Marie-Majeure, le 13 novembre de l'an 1805, PP. VII. »

Réponse de l'Empereur.

« Très saint père, je reçois une lettre de Votre Sainteté, sous la date du 13 novembre ; je n'ai pu qu'être très vivement affecté de ce que, quand toutes les puis-

lui toujours si doux, remerciait ce peuple qui remplissait le Corso, la place du Vatican et le Monte-Cavallo. Le pape ne se tenait plus de joie de revoir sa capitale chérie, il avait trouvé en France des témoignages de piété; mais Rome était sa ville bien aimée, le Tibre son fleuve de prédilection; le château Saint-Ange avec sa tour ronde laissait flotter le drapeau pontifical blanc comme l'aube des prêtres, avec les clefs de Saint-Pierre et la tiare des pontifes. Pie VII aurait tout donné pour Rome, la ville des arts qu'il aimait, la sainte capitale qui avait vu son exaltation.

Pie VII vint habiter le Monte-Cavallo, et à peine entré dans son cabinet il écrivit une lettre de reconnaissance à son très cher fils Napoléon, « pour le remercier de l'accueil que la France lui avait fait. » Son langage était doux, persuasif; il lui parlait des intérêts de la religion dans son empire et son royaume d'Italie: « beaucoup de choses restaient à faire; il suppliait le souverain que Dieu avait

sances à la solde de l'Angleterre s'étaient coalisées pour me faire une guerre injuste, Votre Sainteté ait prêté l'oreille aux mauvais conseils, et se soit portée à m'écrire une lettre si peu ménagée : elle est parfaitement maîtresse de garder mon ministre à Rome, ou de le renvoyer. L'occupation d'Ancône est une suite immédiate et nécessaire de la mauvaise organisation de l'état militaire du Saint-Siége. Votre Sainteté avait intérêt à voir cette forteresse plutôt dans mes mains que dans celles des Anglais ou des Turcs. Votre Sainteté se plaint de ce que depuis son retour de Paris elle n'a eu que des sujets de peine; la raison en est que, depuis lors, tous ceux qui craignaient mon pouvoir et me témoignaient de l'amitié ont changé de sentiments, s'y croyant autorisés par la force de la coalition, et que depuis le retour de Votre Sainteté à Rome, je n'ai éprouvé que des refus de sa part sur tous les objets, même sur ceux qui étaient d'un intérêt du premier ordre pour la religion, comme, par exemple, lorsqu'il s'agissait d'empêcher le protestantisme de lever la tête en France. Je me suis considéré comme le protecteur du Saint-Siége, et à ce titre j'ai occupé Ancône. Je me suis considéré, ainsi que mes prédécesseurs de la deuxième et de la troisième race, comme fils aîné de l'Église, comme ayant seul l'épée pour la protéger et la mettre à l'abri d'être souillée par les Grecs et les Musulmans. Je protégerai constamment le Saint-Siége, malgré les fausses démarches, l'ingratitude et les mauvaises dispositions des hommes qui se sont démasqués pendant ces trois mois. Ils me croyaient perdu : Dieu a fait éclater, par les succès dont il a favorisé mes armes, la protection qu'il a accordée à ma cause. Je serai l'ami de Votre Sainteté toutes les fois

donné à la France de protéger la sainte religion qui faisait le bien des peuples et des sujets ; ainsi avaient parlé les Anastase et les Adrien aux empereurs Constantin et Charlemagne », comparaison qui flattait si vivement l'orgueil de Napoléon. Cette correspondance presque toujours autographe était dirigée par le cardinal Gonzalvi, secrétaire d'État, esprit distingué, un des hommes le plus justement appréciés par M. de Talleyrand ; le cardinal Gonzalvi avait fait une étude profonde de la papauté, de ce caractère de perpétuité qui la sépare des institutions humaines ; le cardinal professait le principe de l'école catholique, à savoir : que le pape n'étant qu'usufruitier, ne peut rien céder, rien donner ; comme il régit le patrimoine de l'Église, il doit le rendre à son successeur intact ; de là résulte comme conséquence que si Rome subit la violence, elle proteste incessamment ; si un pape cède une terre, une possession, une prérogative, son successeur recouvre ce que la faiblesse a donné ; immense

qu'elle ne consultera que son cœur et les vrais amis de la religion. Je le répète : si Votre Sainteté veut renvoyer mon ministre, elle est libre d'accueillir de préférence et les Anglais, et le calife de Constantinople ; mais ne voulant pas exposer le cardinal Fesch à ces avanies, je le ferai remplacer par un séculier : aussi bien la haine du cardinal Gonzalvi est telle, qu'il (le cardinal Fesch) n'a constamment éprouvé que des refus, tandis que les préférences étaient pour mes ennemis. Dieu est juge qui a le plus fait pour la religion, de tous les princes qui règnent.

« Sur ce, je prie Dieu, très saint-père, qu'il vous conserve longues années au régime et gouvernement de notre mère sainte Église.

« L'Empereur des Français, roi d'Italie.»
Napoléon.
A Munich, le 7 janvier 1806.

« Très Saint-Père, j'ai reçu la lettre de Votre Sainteté, du 29 janvier. Je partage toutes ses peines ; je conçois qu'elle doit avoir des embarras : elle peut tout éviter en marchant dans une route droite, et en n'entrant pas dans le dédale de la politique et des considérations pour les puissances qui, sous le point de vue de la religion, sont hérétiques et hors de l'Église, et, sous celui de la politique, sont éloignées de ses États, incapables de la protéger, et ne peuvent lui faire que du mal. Toute l'Italie sera soumise sous ma loi. Je ne toucherai en rien à l'indépendance du Saint-Siège. Je lui ferai même payer les dépenses que lui occasionnent les mouvements de mon armée. Mais nos conditions doivent être que V. S. aura pour moi dans le temporel les mêmes égards que je lui porte pour le spirituel, et qu'elle cessera des ménagements inutile envers des hérétiques ennemis de l'Église

force que ce principe! rien n'est puissant comme l'idée de perpétuité à côté des systèmes mobiles qu'agitent les passions humaines ; le gouvernement de Rome est admirablement constitué ; le pape est l'élu du collége des cardinaux ; ce collége est pris dans tous les ordres, pauvres comme riches ; le pape n'a ni famille ni intérêts ; la liberté la plus absolue règne dans ses États ; l'infortune s'y réfugie, les souverains tombés y trouvent un asile ; on y voyait alors, à côté du dernier des Stuarts, le cardinal d'York, dans sa villa de Frascati aux fraîches cascades, Lucien Bonaparte cherchant un abri dans les États de Rome, contre les persécutions d'un frère revêtu de la puissance impériale ; les dynasties nouvelles comme les anciennes avaient leurs proscrits, et Rome leur servait d'asile.

Le caractère de Napoléon pouvait-il souffrir un tel ordre d'idées pacifiques et tolérantes, en opposition avec l'énergie et l'impétuosité de ses sentiments ? lui, l'homme impératif, pouvait-il comprendre cette douce mansuétude ? Que devait-il se passer dans son âme em-

et envers des puissances qui ne peuvent lui faire aucun bien. Votre Sainteté est souveraine de Rome, mais j'en suis l'Empereur. Tous mes ennemis doivent être les siens. Il n'est donc pas convenable qu'aucun agent du roi de Sardaigne, aucun Anglais, Russe ni Suédois, réside à Rome ou dans vos États, ni qu'aucun bâtiment appartenant à ces puissances entre dans vos ports. Comme chef de notre religion, j'aurai toujours pour V. S. la déférence filiale que je lui ai montrée dans toutes les circonstances ; mais je suis comptable envers Dieu qui a bien voulu se servir de mon bras pour rétablir la religion : et comment puis-je, sans gémir, la voir compromise par les lenteurs de la cour de Rome, où l'on ne finit rien, où pour des intérêts mondains, de vaines prérogatives de la tiare, on laisse périr les âmes, le vrai fondement de la religion ? Ils en répondront devant Dieu, ceux qui laissent l'Allemagne dans l'anarchie ; ils en répondront devant Dieu, ceux qui mettent tant de zèle à protéger des mariages protestants, et veulent m'obliger à lier ma famille avec des princes protestants ; ils en répondront devant Dieu, ceux qui retardent l'expédition des bulles de mes évêques et qui livrent mes diocèses à l'anarchie. Il faut six mois pour que les évêques puissent entrer en exercice, et cela peut être fait en huit jours. Quant aux affaires d'Italie, j'ai tout fait pour les évêques, j'ai consolidé les intérêts de l'Église ; je n'ai touché en rien au spirituel ; ce que j'ai fait à Milan, je le ferai à Naples, et partout où mon pouvoir s'étendra je ne refuse pas d'accepter le concours d'hommes doués d'un

portée lorsqu'il trouvait tant de patience et de résignation? il aurait brisé le fer, il le cherchait, et il trouvait sans cesse le roseau faible qui, ployant sous ses paroles, se relevait toujours après l'ouragan et la tempête. La tempérance et l'humilité étaient en face de l'ivresse de la force et de l'orgueil du pouvoir; Napoléon estimait Pie VII, mais ce caractère devait lui être insupportable; l'Empereur avait anéanti des armées, vaincu des coalitions, et il ne pouvait venir à bout d'un simple prêtre qui n'avait que son anneau pastoral pour défense. Cette lutte est curieuse à voir, elle prend l'espace des dix années brillantes de Napoléon; elle l'use plus que cent batailles; ces deux hommes s'estimaient, le pape et l'Empereur se tendaient la main, et cependant ils furent amenés à agir l'un contre l'autre par des coups d'autorité.

Telles furent les causes premières de ces différends qui rappelaient les vieilles querelles des Othon de Souabe et des Grégoire, de Philippe-le-Bel (l'homme de chicane et de judicature) et de Boniface (l'esprit universel et moral). L'Empereur partait de plusieurs idées en ce qui touche

---

vrai zèle pour la religion, et de m'entendre avec eux; mais si à Rome on passe les journées à ne rien faire et dans une coupable inertie, puisque Dieu m'a commis après de si grands bouleversements pour veiller au maintien de la religion, je ne puis devenir, ni ne puis rester indifférent à tout ce qui peut nuire au bien et au salut de mes peuples. Très Saint Père, je sais que V. S. veut ce bien, mais elle est environnée d'hommes qui ne le veulent pas, qui ont de mauvais principes, et qui, au lieu de travailler dans ces moments critiques à remédier aux maux qui se sont introduits, ne travaillent qu'à les aggraver. Si V. S. voulait se souvenir de ce que je lui ai dit à Paris, la religion de l'Allemagne serait organisée, et non dans le mauvais état où elle est. Dans ce pays et en Italie, tout se serait fait de concert avec V. S. et convenablement. Mais je ne puis laisser languir un an ce qui doit être fait dans quinze jours. Ce n'est pas en dormant que j'ai porté si haut l'état du clergé, la publicité du culte, et réorganisé la religion en France, de telle sorte qu'il n'est pas de pays où elle fasse tant de bien, où elle soit plus respectée, e où elle jouisse de plus de considération. Ceux qui parlent à V. S. un autre langage, la trompent et sont ses ennemis; ils attireront des malheurs qui finiront par leur être funestes.

« Sur ce, je prie Dieu, très Saint-Père,
« Votre dévot fils. »
Napoléon.

Paris, 13 février 1806.

Rome; toujours préoccupé de la fortune de Charlemagne, il croyait que la puissance temporelle des papes n'était qu'une concession de sa volonté; successeur du grand Empereur d'Occident, il devait régner sur Rome et les États de l'Église[1]; le jour qu'il plairait à l'Empereur de révoquer la donation pourprée, il pourrait faire cesser cette puissance temporelle; ce que Charlemagne avait donné, Napoléon pouvait le retirer, c'était l'acte d'un successeur. Charlemagne, l'ennemi de Didier le Lombard, avait disposé de l'Italie comme d'un fief; il avait donné Rome au pape; rien donc n'était perpétuel.

La seconde pensée de Napoléon résultait de ses préoccupations habituelles, de son système politique et commercial : l'exclusion des Anglais de toute la Péninsule italique; il voulait faire entrer Rome dans ses idées, dans ses passions, comme une des provinces de son Empire : peu lui importait le caractère d'universalité qui constitue l'établissement papal; à Rome il ne pouvait y avoir d'exclusion, rien qui tînt à un pavillon, à une idée politique; le pape n'a pas de prévention individuelle contre un peuple ou un souverain; il doit les traiter tous également, il ne peut pas exclure ceux qui viennent à lui, préférer un système de gouvernement à un autre, pourvu

---

[1] *Lettre de Napoléon au vice-roi, en date de Dresde, le 22 juillet 1807.*

« Mon fils, j'ai vu dans la lettre que Sa Sainteté vous a adressée, et que certainement elle n'a pas écrite, j'ai vu qu'elle me menace; croirait-elle donc que les droits du trône sont moins sacrés aux yeux de Dieu que ceux de la tiare? Il y avait des rois avant qu'il y eût des papes. Ils veulent, disent-ils, publier tout le mal que j'ai fait à la religion. Les insensés! ils ne savent pas qu'il n'y a pas un coin du monde, en Allemagne, en Italie, en Pologne, où je n'aie fait encore plus de bien à la religion que le pape n'y fait de mal, non par de mauvaises intentions, mais par les conseils irascibles de quelques hommes bornés qui l'entourent. Ils veulent me dénoncer à la chrétienté; cette ridicule pensée ne peut appartenir qu'à une profonde ignorance du siècle où nous sommes : il y a une erreur de mille ans de date. Le pape qui se porterait à une telle démarche cesserait d'être pape à mes yeux; je ne le considérerais que comme l'antechrist envoyé pour bouleverser le monde et faire du mal aux hommes, et je remercierais Dieu de son impuissance. Si cela était ainsi, je sépare-

qu'ils soient chrétiers; il ne peut prohiber une idée politique, et ces principes devaient blesser profondément les idées et les passions de l'Empereur. A plus forte raison quand il s'agissait des personnes ; Napoléon prétendait faire la police de Rome, exclure tel réfugié, se saisir de tel autre ; ce grand système de tolérance politique du pape, Napoléon ne le comprenait pas ; il voulait que Rome frappât ceux qu'il avait signalés. La cité éternelle n'était plus un asile.

Enfin, ce qui excita au plus haut point les violences du souverain impétueux, ce fut la résistance passive de Rome à tout ce qui tenait aux questions morales et de religion ; Napoléon n'appelait autour de lui que des instruments ; toute résistance était comme la digue qui fait blanchir d'écume le torrent impétueux ; quand il avait décidé qu'un divorce aurait lieu, il fallait qu'en le demandant au pape il trouvât sanction dans sa volonté ; or sur tous ces points de morale le souverain pontife était inflexible ; les questions de dogme et de discipline lui paraissaient inattaquables, en ses mains c'était un dépôt ; gardien suprême des saints liens de la société, le pape préservait les chastes rapports de l'homme et de la femme, la pureté de l'union conjugale contre ces nouveaux féodaux qui ne ménageaient pas la pau-

---

rais mes peuples de toute communion avec Rome, et j'établirais une telle police qu'on ne verrait plus circuler ces pièces mystérieuses, ni provoquer ces réunions souterraines qui ont affligé quelques parties de l'Italie, et qui n'avaient été imaginées que pour alarmer les âmes timorées. Que veut faire Pie VII en me dénonçant à la chrétienté ? Mettre mon trône en interdit, m'excommunier ? Pense-t-il alors que les armes tomberont des mains de mes soldats ! Pense-t-il mettre le poignard aux mains de mes peuples pour m'égorger ? Il ne lui resterait plus alors qu'à essayer de me faire couper les cheveux et de m'enfermer dans un monastère... Le pape actuel s'est donné la peine de venir à mon couronnement à Paris. J'ai reconnu à cette démarche un saint prélat : mais il voulait que je lui cédasse les légations, je n'ai pu ni voulu le faire. Le pape actuel est trop puissant ; les prêtres ne sont point faits pour gouverner... Pourquoi le pape ne veut-il pas rendre à César ce qui est à César, et est-il sur la terre plus que Jésus-Christ ? Peut-être le temps n'est pas loin,

vre épouse délaissée pour une rivale plus heureuse.

Si l'on veut bien résumer toutes les difficultés qui s'élevèrent entre Napoléon et Pie VII, il faut reconnaître que Rome défendait les idées de perpétuité, de liberté, d'asile, tandis que l'orgueilleux empereur voulait soumettre les inflexibles dogmes à des nécessités passagères; il disait au pape : « Voici un divorce, il faut votre sanction sans retard, sans opposition; voici mon système politique qui prohibe le commerce, il faut y adhérer; voici tel proscrit qui habite vos États, qu'il porte la couronne ou qu'il traîne sa misérable existence, qu'il soit mon frère ou un étranger, il faut me le livrer. » Le pape répondait : « Que suis-je? un pauvre prêtre que vous pouvez dépouiller, mais il ne m'est pas permis de donner un seul pouce de terre, je dois les remettre intactes à mon successeur; je ne suis que le symbole d'une idée religieuse, votre système passera et la morale est éternelle; je suis le père des nations, je dois admettre tout ce qui est chrétien; vos intérêts, vos passions vous portent à répudier une pauvre femme, votre politique vous commande de briser une sainte union dans la couche de votre frère, moi je ne dois ni partager vos idées, ni servir vos projets purement humains; vous me dites : Livrez-moi tel proscrit parce qu'il est républicain, roya-

si l'on veut continuer à troubler les affaires de mes États, où je ne reconnaîtrai le pape que comme évêque de Rome, comme égal et au même rang que les évêques de mes États. Je ne craindrai pas de réunir les Églises gallicane, italienne, allemande, polonaise, dans un concile, pour faire mes affaires sans pape... Dans le fait, ce qui peut sauver dans un pays, peut sauver dans un autre; les droits de la tiare ne sont au fond que des devoirs, s'humilier et prier. Je tiens ma couronne de Dieu et de mes peuples; je n'en suis responsable qu'à Dieu et à mes peuples. Je serai toujours Charlemagne pour la cour de Rome, et jamais Louis-le-Débonnaire... Jésus-Christ n'a pas institué un pèlerinage à Rome comme Mahomet à la Mecque. Tels sont mes sentiments, mon fils, j'ai jugé important de vous les faire connaître, je n'autorise plus qu'une seule lettre de vous à Sa Sainteté, pour lui faire connaître que je ne puis consentir à ce que les évêques italiens aillent chercher leur institution à Rome. »   Napoléon.

liste ou Anglais ; qu'importe ? il est homme et chrétien, la grande basilique lui sera ouverte, les portes ne se fermeront que pour les méchants et les pervers. »

Tel fut le sens moral de la querelle de Napoléon et de Pie VII; elle se développe dans une longue et attentive correspondance. Déjà, sous l'ambassade du cardinal Fesch, Napoléon avait demandé l'extradition de quelques Italiens rebelles à son gouvernement, ou bien la répression de tumultes à Rome. Le cardinal Fesch demandait l'exécution sous huit jours des coupables, et l'on reconnaît à son langage la dictée de Napoléon [1]. L'ambassadeur de France s'exprime impérativement; quoique revêtu de la pourpre du cardinalat, il n'en sert pas moins la politique de son neveu. Le cardinal Fesch n'aime pas Gonzalvi ; ses dépêches sont précises ; ses rapports avec le secrétaire d'État sont froids ; ils révèlent une véritable rivalité ; le cardinal Fesch espérait la papauté après la mort du pontife. Napoléon écrit au saint-père; il se plaint sans cesse; avant Austerlitz il est modéré, il n'a pas vaincu l'Europe, il

---

[1] *Note du cardinal Fesch.*

« Le cardinal Fesch, ministre plénipotentiaire de S. M. l'Empereur des Français, roi d'Italie, a lieu de s'étonner que, depuis vingt heures environ, on ait commis dans Rome des meurtres dont le public accuse hautement comme acteurs des personnes portant la cocarde française, sans qu'il en soit averti par le gouvernement et autrement que par la rumeur publique.

« Le soussigné reprend les choses d'un peu loin : il connaît les intentions pacifiques du gouvernement romain, et ses propres intérêts qui lui commandent de rester attaché à la France. Le soussigné, dans sa note du 9 août 1804, demandait que l'on punît tous ceux qui portaient la cocarde française sans avoir ce droit, parce qu'il prévoyait dès lors que les malveillants se serviraient de ce moyen pour attiser le feu, et mettre peut-être le poignard dans les mains de ceux qui sont toujours prêts à renouveler des scènes sanglantes par l'appât du gain et de l'impunité! D'après ces données, le soussigné se croit autorisé à demander si les circonstances du temps ne ressemblent pas à celles qui amenèrent les massacres de Basseville et du général Duphot.

« Les ennemis de la France voudraient-ils encore essayer leurs astucieuses menées pour allumer le feu contre les Français en excitant le peuple et en préparant des insurrections ? Les grands embrasements ont eu des commencements moins marqués, et le soussigné connaissant, sans pouvoir en douter, que dans les pays limitrophes de l'État pontifical, tout se prépare, sans gar-

se tient dans les termes de convenance ; en respectant le caractère du saint-père, il lui répète : « qu'il est mal entouré ; son secrétaire d'État, le cardinal Gonzalvi, lui paraît déplorablement disposé pour la France ; tous les griefs sont contre lui. » Le cardinal Fesch est rappelé et remplacé à Rome par M. Alquier, caractère impérieux, qui déjà s'est montré si tranchant dans sa légation de Naples ; mais M. Alquier s'est modifié ; il sait qu'il traite avec une cour habile, on n'obtient rien d'elle par violence ; il se montre très respectueux pour le saint-père ; ses dépêches indiquent qu'il a apprécié avec une certaine justesse le véritable caractère de Pie VII. « On croit généralement, dit-il, que le saint-père se laisse conduire : c'est une erreur ; le pape est d'une douceur inaltérable, mais d'une grande ténacité de principes ; qu'on se le dise bien, il n'en cédera aucun. Si on le presse trop il éclatera ; qu'on use donc de grands ménagements, à moins de rompre absolument avec lui [1]. »

A cette époque, pourtant, Napoléon ordonne les me-

---

der aucune mesure, à former des bandes pour les diriger contre les Français, ne peut pas s'aveugler au point que les meurtres de cette nuit ne lui paraissent des essais de scélérats qui veulent sonder l'opinion du peuple, pour le porter à des scènes qui se sont déjà répétées à Rome. Son éminence M. le cardinal secrétaire d'État doit bien connaître qu'il se trouve des hommes capables de nouer de semblables intrigues, et le soussigné est convaincu qu'ils existent encore, et qu'ils espèrent de réussir une troisième fois avec impunité.

« En conséquence, le soussigné demande formellement que les coupables soient fusillés dans la huitaine ; qu'on livre à la plus sévère punition les personnes qui ont crié aujourd'hui contre les Français, et que, si les coupables ne se trouvent pas, les personnes qui doivent surveiller soient exemplairement punies, et qu'on prenne des mesures telles que le nom français ne soit plus exposé à des outrages. Les circonstances actuelles n'admettent plus la raison d'ignorance dans ceux qui gouvernent, et il n'est pas permis que dans Rome on soit tous les huit jours menacé par des brigands.

« Le soussigné renouvelle à son Éminence l'assurance de sa respectueuse considération. »

Le cardinal Fesch.
Rome, 12 septembre 1805.

[1] M. Alquier écrivait à M. de Talleyrand. « V. A. ne peut avoir oublié, Monseigneur, ce que j'ai dit constamment de la résistance opiniâtre du pape et de l'impos-

sures militaires qui peuvent seconder ses idées d'agrandissement et de conquête; quelques jours avant Austerlitz, il prescrit l'occupation d'Ancône, la clef des légations papales, sous prétexte de défendre la neutralité pontificale contre les Napolitains et les Anglais. Berthier écrit à M. de Talleyrand pour en prévenir sa sainteté : « il n'y a pas d'intention de conquêtes; c'est un mouvement militaire commandé par les circonstances; Ancône sera rendue lorsque Naples sera soumis; le pavillon papal flottera sur les murailles conjointement avec l'aigle de l'Empire; deux régiments occuperont Ancône. » La cour de Rome proteste en vain, la victoire a prononcé; quand Napoléon s'est emparé d'une place, il ne la cède pas : ce que la force a pris, la force le garde.

M. Alquier explique, dans une note diplomatique, les motifs de l'occupation d'Ancône et des marches; il faut défendre le pape contre les Anglais hérétiques. Puis Napoléon, dans un caprice de munificence, crée M. de Talleyrand prince de Bénévent, et Bernadotte prince de Ponte-Corvo; ces terres ont toujours été revendiquées comme propriétés pontificales, comme des fiefs dépendants de la clef de saint Pierre; Napoléon les donne à ses officiers, il ne tient compte ni du droit de propriété ni du droit de souveraineté; que lui importent ces idées

---

sibilité que je trouvais à le vaincre. On s'est étrangement trompé sur le caractère de ce souverain, si l'on a pensé que sa flexibilité apparente cédait à tous les mouvements qu'on voulait lui imprimer. Cette manière de le juger n'est vraie que sur les objets d'administration et de détails de gouvernement, où le pape s'en remet à la volonté de ceux qui en sont chargés; mais dans tout ce qui tient à l'autorité du chef de l'Église, il ne s'en rapporte qu'à lui seul. Le pape a un caractère doux, mais très irritable, et susceptible de déployer une fermeté à toute épreuve. C'est un fait constant qu'il ne verra pas sans une satisfaction très vive que sa résistance produise des changements politiques qu'il appellera persécution. Comme tous les ultramontains, il pense que les malheurs de l'Église, suivant leur expression, doivent amener des temps plus prospères et des jours de triomphe, et déjà ils disent hautement : « *Si l'Empereur nous renverse, son successeur nous relèvera.* »

du juste dans la répartition des territoires? il lui paraît curieux de mettre M. de Talleyrand en dispute avec le pape; un ancien évêque est créé prince d'une légation en dépit de Rome. Pie VII proteste encore ; Napoléon ne répond plus au saint-père, il le dédaigne; lui, si fort, qu'a-t-il besoin de s'occuper d'un pauvre vieillard sans armée, sans batailles à livrer ? il manifeste toute sa colère par le silence; elle s'exhale de temps à autre dans les lettres qu'il écrit au vice-roi ; il établit sa théorie sur la souveraineté de Rome : « lui seul en est l'Empereur, le pape en est l'évêque ». Tout change, tout se modifie; mais selon Napoléon, il est un droit imprescriptible qu'il tient de son prédécesseur, le grand Charles, et il ne le cédera pas plus que son épée [1].

Dans ces circonstances délicates, Pie VII croit nécessaire de sacrifier le cardinal Gonzalvi ; il veut montrer, en suivant le même système, que ce n'est pas le cardinal, mais sa conscience qui l'inspire. Il ne faut pas que la France s'imagine que le saint-père sans fermeté est le jouet de quelques prélats, et, comme il le dit lui-même, qu'il soit une sorte de *fantoccino* que les cardinaux font mouvoir à leur gré. Pour prouver que le saint-père agit par

---

[1] *Notification adressée au cardinal Gonzalvi par M. Alquier, le 16 juin 1806.*

« Monseigneur, S. M. l'Empereur des Français, roi d'Italie, vient d'accorder à S. Exc. M. de Talleyrand, son grand-chambellan et son ministre des relations extérieures, le titre de prince et duc de Bénévent. La même détermination a été prise en faveur de S. Exc. le maréchal de l'Empire Bernadotte, à qui S. M. a conféré le titre de prince et duc de Ponte-Corvo.

« S. M. avait souvent remarqué que ces deux pays, enclavés dans le royaume de Naples, étaient un sujet habituel de difficultés entre cette cour et le Saint-Siège. Naples s'en était emparé dans plusieurs guerres. D'anciennes causes de mésintelligence pouvaient se produire, et S. M., occupée de pacifier l'Italie, n'a pas voulu les laisser subsister. Rome et Naples sont les États auxquels elle prend le plus d'intérêt, ceux entre lesquels elle désire le plus de voir s'établir la bonne intelligence et l'amitié que le voisinage de leurs possessions leur rend habituellement nécessaires. La cour de Rome retirait si peu d'avantages de ces possessions séparées, l'éloignement y rendait son administration si faible, et les revenus y étaient d'ailleurs si peu considérables, que le léger sacrifice qu'on lui demande sera aisément réparé par les dédommagements que S. M. se propose de

lui-même, il prend pour secrétaire d'État le cardinal Casoni, vieillard de 74 ans, qui, certes, n'aura aucun ascendant; et quand il a désigné ce cardinal, Pie VII devient plus ferme encore [1]. Napoléon visite l'Italie après Iéna et Tilsitt; il est à l'apogée de sa puissance, Venise et Milan l'ont accablé de fêtes et de grandeurs; le souverain est dans l'ivresse au milieu de l'encens qui fume partout à ses pieds; qui peut lui résister? Toujours ce faible prêtre, ce vieillard; pour un vainqueur orgueilleux, cela n'est pas supportable. On dit même qu'à Tilsitt il a pris conseil de l'autocrate russe; chef de la religion dans son vaste empire, Alexandre lui a dit qu'en Russie la religion n'est jamais un embarras; là il n'y a pas de pape, le Czar est le pontife suprême, on n'a pas de rapports avec Rome; pourquoi n'en serait-il pas de même en France? Napoléon a relevé les autels, il peut se dire le protecteur et le centre de la religion, elle lui doit tout; c'est ce qu'on lui conseille; de Milan il peut venir à Rome à travers les voies de la ville éternelle, à l'imitation des Césars; là il peut se proclamer tout à la fois Empereur d'Occident, et pontife de la croyance politique. Quelle résistance pourra lui faire un collége de prêtres aux cheveux

lui offrir, et qui seront beaucoup plus à la convenance du Saint-Siége. Il est impossible que le souverain pontife, constamment animé du désir de la paix, ne trouve pas dans son cœur et dans sa haute sagesse les motifs qui doivent lui faire approuver les dispositions de prévoyance que S. M. vient de prendre pour la tranquillité de l'Italie, et qu'elle-même n'a adoptées qu'avec une maturité de réflexion qui les rend irrévocables. Je ne crois pas avoir besoin en conséquence de faire observer à V. Exc. que les déterminations que la cour de Rome prendra dans cette affaire influeront nécessairement sur la nature et la valeur des dédommagements que S. M. sera disposée à accorder au pape, conformément aux intentions qu'elle a exprimées dans son message au Sénat.»

[1] Le pape disait à M. Alquier au sujet de la reconnaissance de Joseph comme roi de Naples : « Monsieur l'ambassadeur, nous avons fait jusqu'ici tout ce qu'a voulu l'Empereur, et S. M. n'a pas cru devoir observer les promesses qu'elle nous a données. Si nous cédions aujourd'hui à ce qu'on demande en son nom, nous n'échapperions pas aux dangers dont nous sommes menacé. Nous voyons dans des lettres particulières de S. M., et dans plusieurs pièces officielles, qu'on ne nous regardera plus comme souverain, si nous

blancs ? Quelques grenadiers de sa garde feront frissonner la population transtévérine.

Tandis qu'il s'abandonne à ces fières idées, l'opposition du Saint-Siége à ses desseins continue avec plus de fermeté ; le pape n'a pas voulu prononcer le divorce de Jérôme, il a refusé de livrer Lucien, il le protége comme proscrit politique; la famille du cardinal Gonzalvi est prête à s'unir avec le frère de Napoléon ; cela irrite l'Empereur, il ne peut obtenir les résultats que sa politique lui désigne, il ne peut vaincre l'obstacle du plus chétif des rois. Une résistance s'organise dans les ports de la légation contre le système continental ; Napoléon vient de rendre le décret de Milan, le pape doit fermer sur-le-champ ses États aux Anglais ; Ancône est aux mains de généraux de France ; mais Civitta-Vecchia avec son bon port, Ostie à l'embouchure du Tibre, sont encore ouvertes au commerce britannique ; l'Empereur veut que l'Italie entière obéisse à son impulsion. Civitta-Vecchia est un lieu de dépôt pour toute l'Italie; là les neutres peuvent se mettre à couvert, la contrebande peut s'accomplir sans opposition ; peut-il y avoir un coin de terre qui échappe à la souveraineté de l'Empereur ? Naples, la Toscane, tout lui

n'accédons au système fédératif, et si nous ne consentons pas à être compris dans l'enclave de l'Empire. On inculpe à tort le cardinal Gonzalvi ; il paraît qu'on croit à Paris que nous avons la faiblesse de nous laisser diriger par sa volonté, et que nous ne sommes qu'un vrai *fantoccino*. Nous lui donnerons un successeur, et notre opinion ne variera pas. Tous les points importants de nos États sont successivement occupés par les troupes de l'Empereur, que nous ne pouvons plus faire subsister même en mettant de nouveaux impôts. Nous vous prévenons que si on veut s'emparer de Rome, nous refuserons l'entrée du château Saint-Ange. Nous ne ferons aucune résistance, mais vos soldats devront briser les portes à coups de canon. L'Europe verra comme on nous traite ; et nous aurons du moins prouvé que nous avons agi conformément à notre honneur et à notre conscience. Si on nous ôte la vie, la tombe nous honorera, et nous serons justifié aux yeux de Dieu et dans la mémoire des hommes. » M. Alquier ajoutait : « Cette réponse a été faite du ton le plus ferme et avec un mélange de résignation religieuse et d'une vanité profondément blessée. Je crois pouvoir assurer que l'opiniâtreté du pape est désormais invincible. »

obéit; et pourquoi Civitta-Vecchia servirait-elle de dépôt aux marchandises anglaises? Le pape répond : « que l'Empereur lui demande la ruine de ses sujets, l'anéantissement de l'industrie; il est neutre, et l'Europe entière a reconnu sa neutralité. Sans doute les Français peuvent s'emparer par la force de toutes ses possessions; il n'a pas la possibilité de résistance; une armée peut en quelques jours de marche conquérir ses États, il le sait; mais s'il le faut, il se retirera dans un coin de terre, même dans les catacombes, comme les premiers chrétiens; tout cela ne prouverait qu'une chose, c'est que la force aurait triomphé[1]; le pape protesterait en face de l'Europe, et il trouverait appui moral dans tous les cœurs et les esprits. »

De telles protestations du souverain pontife ne font qu'aigrir l'impérieux souverain de la France, il paraît décidé à s'emparer des États romains; c'est une pensée à lui très arrêtée : sous prétexte qu'on refuse de fermer les ports aux Anglais, il veut réunir à son empire Rome, son cirque, son Capitole; 45,000 hommes sont déjà dans les

---

[1] « A cette époque, il s'éleva un nouveau différend. Le prince Camille Borghèse, cédant à un besoin d'argent ou aux sollicitations de son beau-frère qui équivalaient à des ordres, lui avait vendu les objets d'art de la villa Borghèse, qui formaient un des plus beaux ornements de Rome, aux portes de laquelle cette magnifique villa est située. Au mois de novembre 1807, l'ordre de Napoléon, d'enlever tous ces monuments, arriva à Rome. La transaction que le prince Borghèse avait conclue était illégale, sous un double rapport : les objets vendus ne formaient pas sa propriété ; c'était un fidéicommis de famille dont il ne pouvait disposer. Une loi défend la sortie des États du pape de tous les monuments de l'antiquité ; et, quoiqu'on l'eût souvent éludée à l'aide de dispenses, les pertes que Rome avait souffertes en ce genre par la paix de Tolentino avaient engagé le gouvernement à tenir la main à son exécution. Cependant on avait placé des gardiens français à l'entrée de la villa pour protéger l'enlèvement des marbres. Le saint-père réclama contre cette atteinte en faisant adresser la lettre que l'on va lire, par le cardinal Casoni, aux cardinaux Caprara et de Bayane à Paris :

Des appartements du Quirinal, le 14 novembre 1807.

« Il y a trois jours qu'on vit paraître subitement deux commissaires français. Ils se portèrent à la villa Borghèse, inventorièrent et visitèrent toutes les statues antiques, tous les bas-reliefs existant en cette maison, disant qu'ils avaient été vendus au gouvernement français. Douze gardiens y furent placés, et l'on dit que l'ordre a été donné d'emballer tous les objets d'art et de les envoyer à Paris. Tout cela s'est fait sans qu'on

marches d'Ancône, Civitta-Vecchia est occupée, les revenus perçus au profit de la France; les généraux font la police comme dans des villes conquises; chaque jour des plaintes viennent au pape sur les exigences de ces hommes de guerre qui, semblables aux Allemands sensuels du xiiᵉ siècle, opprimaient les Italiens et les clers de Lombardie. Un jour on saisit le consul anglais, le lendemain on arrête les voyageurs de cette aristocratie bretonne qui parcourt incessamment l'Italie, sa terre de prédilection. On ne reconnaît plus de cargaisons neutres; il n'y a plus ni privilége de souverain, ni drapeau pontifical; le pape écrit de nombreuses lettres à Napoléon et au vice-roi, on ne lui répond plus[1]; de temps à autre, M. Alquier vient justifier dans une langue douce et mesurée la conduite des généraux français, il dit : « ce système passager cessera aux premiers et inévitables arrangements avec le pape; il faut négocier pour se réunir franchement à son système ».

L'Empereur désirait alors sérieusement s'occuper des

en ait préalablement averti le gouvernement qui, tous les jours, reçoit quelque nouvel outrage, et les reçoit dans le moment où il est en droit de s'y attendre le moins. La ville de Rome, regardée par toute la terre comme le siège des beaux-arts, après avoir été dépouillée des plus rares monuments de l'antiquité, se voit avec peine privée encore, par la force, de ces restes qui lui servaient d'ornement, et contribuaient à l'instruction de ceux qui cultivent les arts. Sa Sainteté voit avec la plus vive douleur qu'à la perte de ces monuments on joigne le mépris de toutes les convenances et de tous les égards. Dans la pauvreté de chefs-d'œuvre à laquelle Rome avait été réduite par des événements déplorables, une loi avait renouvelé la défense d'exporter les monuments. Cette loi a été généralement observée par tout le monde, et le saint-père s'est vu dans le cas de refuser des permissions d'exportation à la Russie, à l'Autriche, à l'Espagne. La France, plus riche que toute autre nation en objets de ce genre, qui, pendant quelque temps, faisaient la gloire de Rome, est entièrement insensible à l'avilissement de cette ville qui, certainement, n'est pas une ville ennemie... Elle veut enlever de force ces objets d'un sol où les arts sont indigènes; elle exécute ce dessein au mépris des lois et sans égard pour le souverain. Le saint-père, justement irrité, enjoint à VV. Exc. de s'en plaindre, en son nom, à la justice du gouvernement français, en le priant qu'il permette que les lois aient leur effet. »

[1] *Lettre du pape adressée, le 11 septembre 1807, à Napoléon.*

« Quoique V. M. ait laissé sans réponse quelques-unes de nos lettres, néanmoins

affaires de Rome; la guerre était terminée, la coalition dissoute; le cardinal Caprara, légat à *latere* auprès de Napoléon, était sans pouvoirs pour traiter. A ce moment aussi, M. de Talleyrand cédait le portefeuille à M. de Champagny, si souple de volonté sous la grande pensée; l'Empereur lui ordonna de suivre les affaires avec Rome et d'en finir sur-le-champ. M. de Champagny écrivit au cardinal Casoni, secrétaire d'État, l'invitant à désigner un cardinal revêtu des pleins pouvoirs du saint-père, et qui pût terminer les différends du Saint-Siége. Les lettres de M. de Champagny sont dures et pleines de prétentions extraordinaires. Pie VII, qu'un indicible attachement pour Napoléon domine toujours, accepte les propositions de M. de Champagny et charge de ses pleins pouvoirs un des cardinaux les plus agréables à la France, M. de Bayane.

Français d'origine, M. de Bayane avait été créé auditeur de rote pour la France, sous Louis XVI, poste qui mène au cardinalat; il fut appelé à toute la confiance de Pie VII par son érudition, sa science et une douceur de caractère évangélique; M. de Bayane devait plaire à Napoléon; il fut accepté par M. de Champagny; et, se dirigeant vers la France, comme au vieux temps de M. d'Ossat, le cardinal habita l'arche-

---

nous entreprenons de lui écrire encore une fois. Nous n'avons pu apprendre sans peine, par notre cardinal légat, que V. M. croit que notre cœur lui est aliéné, et que nous nous opposons, par la seule envie de la contrarier, à ce qu'elle désire de nous.

« Majesté! Dieu nous est témoin; il sait que nous ne mentons jamais. Ce n'est pas l'envie de la contredire, c'est le sentiment de nos devoirs qui nous a forcé de nous refuser à quelques-unes de ses demandes.

« Rien ne nous est plus agréable que de seconder ses vœux de tout notre pouvoir.

« Nous lui en donnons une preuve par notre condescendance à lui envoyer le cardinal de Bayane que nous ferons partir au premier jour. Nous espérons que ce digne sujet dissipera dans l'âme de V. M. tout doute sur notre constante et loyale affection, et que notre cœur sera rempli de joie en apprenant que, par son moyen et celui de notre cardinal-légat, tous les différends existants ont été aplanis.

« Le bruit s'est répandu que V. M. pensait venir dans ce pays : ainsi, à la satisfaction que nous éprouverons par l'arran-

vêché de Paris. Napoléon l'accueillit bien : « Voyez, lui dit-il, M. de Champagny ; il faut en finir, car ces sortes d'affaires me pèsent. » Au mois de novembre les conférences s'ouvrirent ; l'Empereur demeura dans toute l'exigence de son système ; il voulait bien admettre la souveraineté du pape, mais à condition qu'il entrerait dans ses idées. La correspondance du cardinal de Bayane avec Pie VII révèle « l'indicible chagrin qu'il éprouve de faire connaître les conditions qu'impose Napoléon [1]. » L'Empereur veut d'abord que le pape s'oblige à fermer immédiatement tous ses ports aux Anglais, et cela sans exception, même pour les neutres ; le décret de Berlin sera exécuté dans toute sa rigueur. A cet effet, les ports d'Ancône, d'Ostie et de Civita-Vecchia seront confiés aux troupes françaises ; aucun Anglais ne pourra entrer sur le territoire pontifical ; le pape doit reconnaître tous les frères de l'Empereur, même Joseph, roi à Naples, sans exiger jamais les droits de haquenée et de pallium, puis sanctionner tous les arrangements faits en Italie et en Allemagne. Le pape devait renoncer également à toute souveraineté sur Bénévent, Ponte-Corvo, et rentrer, pour la puissance temporelle, dans le système fédératif de Napoléon. Enfin, et pour qu'à tout jamais l'élection du pape se fît sous l'influence

gement tant désiré, se joindrait encore celle de recevoir V. M. Dans ce cas, nous ne céderons à personne l'honneur de recevoir un hôte si illustre : notre droit à cette préférence ne saurait être contesté ! Le palais du Vatican, que nous ferons arranger pour le mieux, sera destiné à recevoir V. M. et sa suite. Toutes les affaires ayant été conciliées à Paris, nous pourrons, à Rome, travailler à faire jouir la religion catholique, dont V. M. doit être le défenseur, de tous les biens qu'elle lui a promis. Qu'en attendant V. M. soit persuadée de notre affection constante en gage de laquelle nous lui donnons, avec toute l'affection de notre cœur, la bénédiction apostolique.

Pius, PP. VII.

[1] Projet du traité envoyé de Paris par le cardinal de Bayane.

« Le Saint-Siége s'oblige à faire cause commune avec Sa Majesté, et à réunir ses forces de terre et de mer à celles de Sa Majesté dans toutes les guerres qu'elle aura à soutenir contre les Infidèles et les Anglais. S. M. s'oblige à défendre les États du Saint-Siége dans toutes les guerres contre les Infidèles et les Anglais, et s'engage à faire respecter par les Barbaresques le pa-

presque exclusive de l'Empereur, il serait convenu que le tiers des cardinaux serait pris parmi les sujets français, qui tous auraient le droit plein et entier d'assister au conclave. Cette dernière clause était destinée à assurer la papauté au cardinal Fesch.

Pie VII reçut avec douleur cette dépêche du cardinal de Bayane ; il ne pouvait pas accepter le traité que lui proposait Napoléon, sans abdiquer sa souveraineté. Retiré dans le palais du Quirinal, le saint-père ne sortait plus que rarement, et le peuple ardent de Rome l'entourait d'une muette douleur. Partout, dans les légations pontificales, l'occupation française devenait violente ; les attentats se multipliaient ; on ne respectait ni la propriété, ni les personnes ; les régiments de marche s'étendant sur le territoire, les troupes s'emparaient des positions les plus dominantes afin d'accomplir plus facilement la spoliation du Saint-Siége. Tel était le système que paraissait adopter Napoléon pour tous les États du continent ; il allait l'employer en Espagne, il l'essayait sur le Saint-Siége ; les craintes étaient vives à Rome, les cardinaux entouraient le pape, et l'on voyait dans les larges galeries du Quirinal une longue file de vieillards autour d'un autre vieillard vêtu de blanc.

villon de Sa Sainteté, et à garantir ses États de leurs incursions, trois mois après le rétablissement de la paix maritime.

« Dans toutes les guerres avec l'Angleterre, le Saint-Siége s'oblige à fermer ses ports aux bâtiments et au commerce de cette puissance, et à ne permettre à aucun Anglais d'entrer et de résider en ses États ; enfin à confier aux troupes de Sa Majesté la garde des ports d'Ancône, Ostie et Civita-Vecchia.

« Le Saint-Siége s'oblige à recevoir à Ancône 2,000 hommes de troupes françaises, et à se charger de leur entretien.

« Toutes autres troupes de Sa Majesté stationnées dans les États du Saint-Siége, ou qui devront les traverser, recevront leur entretien de Sa Majesté.

« Sa Sainteté reconnaît le roi de Naples, Joseph Napoléon ; le roi de Hollande, Louis Napoléon ; et le roi de Westphalie, Jérôme Napoléon ; elle reconnaît S. A. I. le grand-duc de Berg, et LL. AA. I. et S. les princes de Lucques et de Piombino. Elle reconnaît tous les arrangements faits par Sa Majesté en Allemagne.

« Sa Sainteté renonce à toutes les prétentions, ainsi qu'à toutes les protestations

Un courrier venait d'arriver et annonçait qu'une forte division d'infanterie et de cavalerie s'avançait vers Rome sous le général Miollis, militaire décidé, exécuteur aveugle des ordres de Napoléon. Que venait-il faire? Les paysans, les *contadini* aux chapeaux larges et pointus, avaient quitté leurs champs pour accourir sous les portiques des palais de Rome, ils annonçaient que ces troupes venaient occuper la ville sainte au nom de l'empereur des Français.

En face de tels actes, Pie VII ne pouvait rester paisible; le cardinal Casoni adressa une note très vive à M. Alquier ; à mesure que le danger devenait plus pressant, la parole du pape prenait aussi un accent plus mâle. Ainsi agissent les puissances morales, par contraste avec les puissances matérielles : dans le danger, ce qui tient au droit devient fier, ce qui tient à la force devient faible ; alors le juste est hautain, car il porte sa tête jusqu'aux cieux. Dès ce moment, Pie VII ne dissimule pas qu'il pourra se servir des armes spirituelles contre celui qu'il a aimé de toutes ses entrailles pontificales; il sait que des troupes vont envahir Rome, une division s'avance avec de l'artillerie et de la cavalerie. Que vient faire le général Miollis? va-t-on renverser le

---

contraires aux droits de S. M. le roi de Naples, à sa pleine et entière souveraineté et à la dignité de sa couronne. Cette même renonciation s'étend aux principautés et aux souverainetés de Bénévent et de Ponte-Corvo, érigées en grands fiefs de l'Empire.

« Le nombre des cardinaux de l'Empire français sera porté au tiers du nombre total des membres du sacré collége. Seront considérés comme cardinaux français ceux qui sont nés dans les ci-devant États de Piémont, de Parme et de Gênes. Les cardinaux français ne pourront, dans aucun cas, être privés du droit d'assister au consistoire ; il n'y aura entre eux et les cardinaux italiens aucune distinction.

« Le concordat établi pour le royaume d'Italie, recevra son exécution dans l'ancien État de Venise, et dans tous les États de LL. AA. I. et S. les princes de Lucques et de Piombino. Aucun des évêques d'Italie ne sera obligé d'aller à Rome pour se faire consacrer.

« Il sera immédiatement négocié et conclu à Paris un concordat entre Sa Majesté et le Saint-Siége pour tous les États d'Allemagne compris dans la Confédération du Rhin.

souverain légitime? M. Alquier se hâte de répondre au secrétaire d'État : « Si le général Miollis vient à Rome, c'est que sa division demande passage comme à un allié [1]; les troupes vont à Naples, elles traversent les États pontificaux comme amies, elles ne resteront à Rome que pour se reposer, leur itinéraire est fixé; l'ambassadeur se hâte de l'assurer au secrétaire d'État. M. Alquier demande une audience au pape, et on l'accorde sur-le-champ; le Saint-Père lui parle un langage si ferme, si froid, qu'en rentrant à l'ambassade, M. Alquier écrit une lettre inquiète, soucieuse, humble même : « Il voit qu'il a perdu la confiance du Saint-Père; il n'a point mérité cette disgrâce; qu'il daigne donc lui rendre ses bénédictions [2] ». Le pape garde le silence sur la question générale et politique, il reste plein de grâce personnelle pour M. Alquier.

Pendant ce temps, des fanfares de cavalerie se faisaient

---

[1] *Billet de M. Alquier au cardinal Casoni, le 2 janvier 1808.*

« Monseigneur, j'ai l'honneur de transmettre à V. Em. copie de l'itinéraire que suivront deux colonnes de troupes composées de 6,000 hommes, qui doivent incessamment traverser l'État romain. M. le général Miollis, en m'envoyant son ordre de marche, m'assure que les troupes dans leur passage par les différentes communes de l'État romain, conserveront le meilleur ordre possible, et la réputation de M. le général Miollis est si universellement connue, que je ne crains pas, monseigneur le cardinal, de me rendre garant de l'observation de sa promesse.

« J'ai l'honneur de renouveler à V. Em. les assurances de ma respectueuse considération. » Alquier.

Itinéraire de la première colonne, partie d'Ancône, sous les ordres du général Dutruis, forte de 4,000 hommes.

Janvier 28 à Spoleto. — 29 à Terni. — 30 à Mongliano. — 31 à Nepi. — Février 1er à Baccano. — 2 à Ponte-Molle. — 3 séjour. — 4 Albano. — 5 à Velletri. — 6 à Sermoneta. — 7 à Piperno. — 8 séjour à Terracine, où elle recevra de nouveaux ordres de S. M. le roi de Naples.

Itinéraire de la deuxième colonne, partie de Florence sous les ordres du général Herbin, forte de 2,000 hommes et 500 chevaux.

Janvier 28 à Soligno. — 29 à Spoletto. — 30 à Narni. — 31 à Civita-Castellana. — Février 1er à Bellano. — 2 séjour. — 3 à Ponte-Molle. — 4 à Albano. — 5 à Velletri. — 6 à Sermoneta. — 7 séjour à Piperno. — 8 à Terracine, où elle recevra de nouveaux ordres de S. M. le roi de Naples.

[2] *Lettre de M. Alquier au Saint-Père.*

Rome, le 1er février 1808.

« Très Saint-Père, j'éprouve le besoin d'exprimer à V. S. la douleur profonde que m'a causée l'accueil si extraordinaire que j'ai reçu d'elle dans ma dernière audience.

entendre sur la place du Peuple ; la musique jouait *La victoire est à nous* au pied de la villa Borghèse ; c'était l'avant-garde du général Miollis se déployant aux portes de Rome. La garde pontificale fut immédiatement désarmée, et quelques régiments marchèrent en toute hâte au château Saint-Ange avant qu'on eût eu le temps de baisser les ponts-levis ; le château que couronne le grand Saint Michel fut immédiatement occupé ; le commandant des troupes papales protesta sans se défendre. Les ordres de l'Empereur furent ainsi exécutés dans toute leur étendue ; les ponts, les lieux fortifiés furent garnis de canon ; le général Miollis vint s'aboucher avec M. Alquier à l'ambassade française, en ce moment très occupée de justifier les actes accomplis par la volonté du souverain : il fut convenu que le général Miollis demanderait audience au pape pour lui présenter l'hommage de sa piété filiale et lui expliquer le motif de l'oc-

J'ai le droit de penser, très Saint-Père, que je n'ai point mérité de perdre l'estime, la bonté, et j'oserai même dire la confiance dont V. S. m'a donné si souvent des preuves qui m'honorent et qui sont la récompense la plus chère de ma conduite toujours franche et ouverte. J'ai pu juger assez de la sensibilité de votre cœur, très Saint-Père, pour espérer que la froideur que V. S. m'a témoignée se dissipera bientôt, et que je ne serai plus privé des marques précieuses de bienveillance dont vous m'avez comblé jusqu'à ce jour. Ma confiance dans la haute sagesse du souverain pontife ne me laisse aucun doute sur la prudence qui dirigera des ordres relatifs au passage des troupes françaises annoncé pour demain. Cet événement, qui inquiète et afflige peut-être V. S., n'a rien d'alarmant ; je prends sur moi de le garantir. J'oserais promettre plus encore.

« Si, comme V. S. m'a paru le croire, les troupes de S. M. I. devaient rester pendant quelques jours à Rome, cette mesure ne serait que passagère : elle n'offrirait aucune apparence de danger, ni pour le présent ni pour l'avenir ; elle ne rendrait une conciliation ni moins possible ni moins facile.

« Je conjure V. S. d'ajouter foi à ce que j'ai l'honneur de lui dire. J'ai de nouvelles autorisations pour déclarer que S. M. souhaite vivement de terminer, par des voies conciliantes, les discussions qui existent entre la France et Rome, et qu'un arrangement si désirable, en resserrant plus étroitement que jamais les liens qui unissent depuis tant de siècles les deux puissances, serait une garantie nouvelle, et certes bien efficace, de la souveraineté de V. S. et de la conservation pleine et entière de ses possessions.

« Je supplie V. S. de recevoir avec bonté l'hommage de mon très profond respect. »

Signé, Alquier.

cupation provisoire du château Saint-Ange [1], indispensable pour maintenir dans l'ordre le peuple transtévérin; il fallait prévenir une révolte sanglante contre les Français, une répétition des scènes de désordre sous le général Duphot, révolte capable de compromettre les bons rapports du gouvernement français avec le Saint Siége.

Alors l'affliction continuait à être profonde au Quirinal, et Pie VII prenait dans la force de son droit une énergie peu commune. Pour la première fois, il songeait à excommunier l'Empereur des Français, ou au moins à lui donner une admonition paternelle qui lui rappellerait que la force n'était pas tout dans ce monde; l'amour ineffable qu'il portait à Napoléon, le restaurateur du culte en France, l'arrêta dans ce moment, il voulut temporiser encore. Quand le pape reçut la lettre de M. Alquier qui demandait une audience pour le général Miollis, il répondit : « qu'il le recevrait avec toute paternité, parce que tous devaient approcher de lui, et qu'il ne voulait pas refuser sa bénédiction à un chrétien déposant ses hommages aux pieds du souverain pontife. » L'audience fut donnée le soir même, et le général

---

[1] *Billet de M. Alquier au cardinal Casoni.*
« Éminence, M. le général Miollis désire avoir l'honneur de rendre ses devoirs à S. S. Il prie V. Em. de vouloir bien prendre les ordres du souverain pontife, et de me faire savoir à quelle heure S. S. daignera permettre que j'aie l'honneur de lui présenter M. le général.

« Je prie S. Ém. de recevoir les assurances de ma haute considération. »
Ce 2 février 1808.   Alquier.
Réponse du cardinal Casoni.
Des appartements du Quirinal, le 2 fév. 1808.
« Le cardinal secrétaire d'État a reçu et mis sous les yeux de S. S. la note de V. Exc. par laquelle elle exprime le désir d'avoir une audience, pour présenter le général Miollis.

« V. Exc. peut bien s'imaginer quels son les sentiments de surprise et de douleur dont le Saint-Père est pénétré. Plein de confiance et de candeur, après l'assurance que V. Exc. lui avait donnée, par sa lettre d'hier, que la troupe n'était que passagère, et n'avait pas d'intention hostile, il ne s'attendait pas qu'elle entrerait dans la ville malgré lui, désarmerait la garde de la porte du Peuple, entourerait son habitation par des quartiers de soldats, et placerait de

Miollis fut parfaitement accueilli ; le pape lui rappela en italien les vertus de son frère, évêque consacré. Miollis, vieux démocrate, fut étonné de trouver des idées très avancées dans Pie VII, pontife essentiellement populaire ; le pape répéta « que la République l'avait mieux traité que l'Empire, le Consul que l'Empereur. » Miollis sourit à ces aveux ; puis, d'après les instructions de son gouvernement, il déclara que l'occupation ne serait que passagère et seulement destinée à prévenir les émeutes des Transtéverins [1].

Elle murmurait en effet cette multitude du Tibre, si artistique de formes, si belle de traits, qui habite ces quartiers que l'on aime tant à parcourir lorsqu'on visite la basilique de Saint-Pierre ; population si curieuse à étudier : là se voient, sous les haillons, ces traits fiers qui rappellent les souvenirs de Rome ; ces belles femmes qui ressemblent aux caryatides de Pompeïa ; ces enfants que l'on trouve maillottés comme l'enfant Jésus des Vierges de Raphaël; ces hommes aux membres forts, à la stature hautaine ; ces paysans de la campagne qui jouent aux osselets, comme les Romains dont parle Horace, dans les tavernes enfumées, semblables aux caupones du *Voyage à Brindes*. Ce peuple transtéverin s'émeut facilement, le pape est pour lui comme le symbole du consul au Forum ; il s'arme de la faucille, du couteau ;

---

l'artillerie braquée contre la porte de son palais.

« Il ne croyait pas qu'on pousserait si loin les injures contre un prince sans armes et vivant en paix, contre un souverain qui n'est pas en guerre avec l'Empereur des Français, contre le chef de l'Église catholique.

« Humble et doux par caractère et par principes, accablé de douleur par des traitements si durs, il m'a, pour donner une preuve de sa modération, chargé de répondre qu'il recevra demain, à midi, M. le général Miollis accompagné par Votre Excellence.

« En lui adressant cette réponse, le soussigné lui réitère, etc. »

Philippe, cardinal Casoni.

[1] A ce moment de violence et de brutalité le pape crut nécessaire d'envoyer une protestation à tous les gouvernements de l'Europe.

il jette sur ses épaules le manteau brun, le chapeau pointu, et ces groupes, comme dans les toiles magnifiques de Léopold Robert, s'agitent sur la place du Peuple, au Vatican, en souvenir des comices de Rome. L'émeute est alors terrible, en plusieurs circonstances elle avait éclaté avec fureur; le peuple aurait demandé le *pape* comme les vieux Romains demandaient leurs tribuns.

Les précautions du général étaient donc dictées par la prudence la plus sévère; il fallait empêcher les assassinats des Français. M. Alquier n'était pas sans crainte, et ceci explique la mesure et la douceur de son langage; il exécutait les ordres de l'Empereur, mais avec inquiétude; Rome ne pouvait être occupée que par une armée de 10 à 12,000 hommes, le général Miollis n'en avait pas 5,000, il temporisait; l'étendard papal se déployait encore; l'archange saint Michel balançait sur le château Saint-Ange la couleur blanche aux clefs pontificales; la garde noble et les Suisses entouraient le souverain pontife, les portes étaient fermées; on n'admettait les bergers de la campagne que le soir, lorsqu'au son monotone du pipeau virgilien ils ramenaient leurs troupeaux dans la cité éternelle; on avait interdit l'entrée à ces vigoureux conducteurs de buffles qui, la pique à la main, dirigent le fougueux animal sous les portiques en ruine. Miollis veillait sur Rome comme sur une ville prête à

Note circulaire adressée par le cardinal Casoni aux ministres étrangers près Sa Sainteté.

Des appartements du Quirinal, le 2 février 1808.

« Le cardinal secrétaire d'État a reçu l'ordre exprès de Sa Sainteté de faire part à V. E. que, le 9 janvier dernier, le gouvernement français a proposé à M. le cardinal-légat six articles renfermant l'*ultimatum* de ses prétentions, avec la déclaration que si, cinq jours après l'arrivée de la dépêche du légat à Rome, le saint-père n'avait pas annoncé à l'ambassadeur de France son adhésion absolue à ces articles, toute la légation française partirait, et que non seulement les provinces de la Marche seraient perdues définitivement et à perpétuité, mais aussi que le Pérugin serait incorporé à la Toscane, la moitié de la campagne de Rome au royaume de Naples; enfin, qu'on prendrait possession du reste des

s'émouvoir, la diane éveillait le soldat dès que l'aurore paraissait sur les collines qui bornent l'horizon de Rome; le soir de nombreuses patrouilles circulaient dès que les litanies se faisaient entendre vis à vis les madones dans leurs niches grillées.

Ainsi Napoléon commençait au midi de l'Europe un système de force et de violence. A Austerlitz, à Iéna, à Friedland, il avait légitimement conquis la victoire; l'homme puissant n'avait pas eu besoin de dissimulation; il menait l'ennemi de défaites en défaites, il restait grand; la ruse pouvait être un auxiliaire, mais elle n'était pas le mobile de ses succès; s'il trompait l'ennemi, il ne développait pas ce système étroit et de guet-apens que désormais il emploie vis à vis le pape et l'Espagne. Avec le souverain pontife la victoire matérielle n'était pas difficile, un régiment suffisait pour cela; on pouvait désarmer les gardes papales, s'emparer du château Saint-Ange, tenir le pape captif, comme les infants d'Espagne avec Charles IV; il n'y avait à cela aucune gloire: c'était comme si la maison de Hanovre se fût emparée du cardinal d'York, vieillard affaibli et solitaire dans Rome; quel bénéfice pouvait-il acquérir de tous ces actes? un gouvernement se perd lorsqu'il lutte contre une idée morale.

États du pape, et placerait une garnison à Rome.

« Après l'expiration du délai de 5 jours, le saint-père remit à M. l'ambassadeur la déclaration demandée, dernier effort de sa condescendance et de sa loyauté; il y manifesta son adhésion à ceux des articles, quoique très onéreux, dans lesquels sa conscience ne trouvait aucun obstacle, et démontra l'impossibilité d'adhérer à ce qui lui était défendu par ses obligations sacrées. M. l'ambassadeur n'a pas trouvé cette déclaration satisfaisante, quoiqu'elle renferme toutes les facilités possibles. Il a dit, dans sa note du 29, qu'il s'attend à recevoir incessamment des ordres qu'il devra exécuter dans les vingt-quatre heures.

« Fidèle à ses devoirs, et prêt à souffrir les dernières extrémités, plutôt que d'imprimer une tache à sa conscience, le saint-père voit avec une sainte résignation se consommer tout ce dont il avait été menacé.

« Ce matin à treize heures et demie, les

Napoléon se jette ici dans un faux système; il prépare une carrière de réaction contre lui ; la République s'est abdiquée avec sa puissance de démocratie, c'est bien assez de sacrifices pour un peuple ; maintenant il va plus loin : par les décrets de Berlin et de Milan, il a mis contre lui les intérêts; l'industrie et le commerce gémissent éplorés ; en Espagne et en Allemagne il insulte aux nationalités, il brise les rapports de peuples, et changeant les démarcations naturelles, il remanie l'œuvre de la création; à Rome, non seulement il foule la faiblesse aux pieds, mais encore il met contre lui le catholicisme; il croit trop aux flatteries de ceux qui l'entourent, il se dit le tout puissant, il se rit d'être excommunié, comme si l'excommunication, lorsqu'elle atteint la tête d'un spoliateur, n'était pas comme le glaive de Dieu.

A ce moment donc, Napoléon, qui sous le Consulat s'est rendu fort en protégeant les idées morales, commence sa décadence en suivant une autre carrière; il attaque tout à la fois la liberté du monde, l'indépendance du genre humain, la religion catholique, le commerce et les intérêts matériels. Là se trouve la véritable cause de sa décadence et du succès de la coalition. Après Tilsitt, Napoléon est à son apogée, il brille dans sa splendeur, et à ce moment commence son hostilité orgueilleuse contre les éléments de l'ordre européen. On s'explique la ruine du monument élevé par son génie !

---

troupes françaises sont entrées dans Rome, ont désarmé la garde de la porte du Peuple, se sont mises en possession du château Saint-Ange et se sont présentées en nombre au portique du palais Quirinal avec huit pièces d'artillerie.

« Sa Sainteté, remettant son sort entre les mains de Dieu, et protestant, comme ses devoirs le lui prescrivent, contre toute occupation de son territoire, a ordonné au soussigné d'informer V. Exc. de cet événement très affligeant, afin qu'elle puisse en rendre compte à son tour.

« En obéissant aux ordres que le saint-père lui a donnés, il renouvelle à V. E. l'assurance de la considération la plus distinguée. »

Philippe, cardinal Casoni.

CHAPITRE VII.

INVASION DU PORTUGAL ET DE L'ESPAGNE.

Composition de l'armée du général Junot. — Instructions secrètes de Napoléon. — Marche à travers l'Espagne. — Aspect du Portugal. — Négociations de M. de Rayneval à Lisbonne. — Napoléon et la maison de Bragance. — Le prince-régent et les Anglais. — Sir Sidney Smith. Blocus du Tage. — Fuite du prince régent au Brésil. — Junot à Lisbonne. — Organisation du gouvernement. — Formation de l'armée d'observation d'Espagne. — 1er corps, le général Dupont. — 2e, Moncey. — 3e, Duhesme.—Instructions secrètes des généraux. — Surprise des forteresses.—M. de Beauharnais à Madrid.—Mouvement national en Espagne. — Insurrection d'Aranjuez. — Aspect de Madrid. Premières mesures du système défensif. — Idée anglaise sur l'Amérique. — Projet de se retirer à Séville. — Abdication de Charles IV. — Avénement de Ferdinand VII. — La cour de Murat à Madrid.

Octobre 1807 à Avril 1808.

L'armée française destinée à l'invasion de la Péninsule se réunissait en toute hâte autour de Bayonne; l'aspect n'en était pas imposant et martial comme celui des vieilles troupes de la grande armée; l'œil exercé pouvait voir dans ces rangs pressés d'une manière tumultueuse, la mauvaise composition de ces régiments, presque tous formés de conscrits de la dernière levée; on ne comptait pas quatre vieux soldats par compagnie, même d'élite; deux seuls régiments de bonnes troupes formaient comme le centre de ces 24,000 hommes réunis confusément par les ordres de l'Empereur; la cavalerie surtout, qui se composait du quatrième escadron des dépôts, offrait des cavaliers qui n'avaient pas quatre mois d'exercice ; l'on mit tant d'imprévoyance dans la manière de rassembler ces trois divisions, que les chevaux du train d'artillerie furent achetés sur place quelques jours avant l'entrée en campagne ; et le service de l'artillerie, confié à une entreprise particulière, fut mis dans la main des traitants [1].

Cependant Junot venait d'arriver au quartier-général à Bayonne ; l'Empereur lui avait donné pour lieutenants des officiers d'un mérite distingué : le général Delaborde, qui avait fait les campagnes de la grande armée ; Loison et Travot, d'une grande fermeté de caractère ; enfin le général Kellermann, le même qui exécuta la charge de cavalerie si décisive à Marengo, devait commander ces quatrièmes escadrons formés en régiments de marche, conscrits qui se tenaient à peine à cheval. Mais l'Empereur avait commandé de marcher vite, d'arriver à Lisbonne surtout, et Junot, si profondément dévoué à son souverain, ne calculait rien ; quand Napoléon avait parlé, il exécutait ses ordres sans murmure ; ni les montagnes escarpées, ni les torrents impétueux, ne pouvaient l'arrêter, et ce dévouement que l'Empereur appréciait avant toute chose,

---

[1] Le général Foy en fait lui-même l'aveu, il dit :
« Le corps d'observation de la Gironde ne fut pas formé aux dépens des armées françaises d'Allemagne, de Pologne et d'Italie. On le composa de troupes restées dans l'intérieur pour la garde des côtes de la Normandie et de la Bretagne, savoir : les 70e et 86e régiments d'infanterie, deux corps qui, n'ayant pas fait les dernières campagnes avec l'Empereur, conservaient dans les rangs un grand nombre d'anciens militaires ; plusieurs troisièmes bataillons où il n'y avait que de jeunes soldats, des bataillons suisses, et deux légions formées l'une de Piémontais, l'autre d'Hanovriens. Les bataillons étaient de 1000 à 1200 hommes. La cavalerie consistait en quatrièmes escadrons fournis par la conscription de l'année courante, et rassemblés en régiments provisoires. Dans cette organisation, hommes, chevaux, habits, équipements, tout était neuf, moins les officiers, les sous-officiers et trois ou quatre cavaliers par compagnie, les seuls qui eussent fait la guerre. Cinquante pièces d'artillerie de bataille furent attachées au corps d'armée. Comme les bataillons du train d'artillerie étaient tous employés au service extérieur, on eut recours, pour atteler le parc, à une entreprise particulière à laquelle le gouvernement confia des soldats, et qui se chargea de fournir des chevaux équipés pour entrer en campagne. »
(*Hist. de la guerre de la Péninsule.*)

pouvait compromettre le résultat d'une campagne, lorsque surtout il se plaçait dans un esprit aussi peu étendu que celui de Junot.

Ces divisions passaient la Bidassoa tandis qu'on négociait à Lisbonne auprès du prince régent; après le départ de Junot, les affaires diplomatiques furent confiées à un simple chargé d'affaires, le jeune de Rayneval, fils d'un diplomate distingué de la cour de Louis XVI, et lui-même déjà très avancé dans la carrière diplomatique. A un esprit très facile, M. de Rayneval joignait des études profondes et l'habitude des affaires; mais avec l'Empereur, il s'agissait moins d'un système de négociations à suivre régulièrement que d'une volonté à exécuter; M. de Rayneval fut chargé de notifier formellement au prince régent la volonté de son souverain; il demandait impérativement que le Portugal fermât ses ports aux Anglais et les expulsât même de son territoire. Dans un délai très limité, le prince régent devait déclarer la guerre à la Grande-Bretagne, livrer sa flotte aux Français, saisir toutes les propriétés anglaises, et détruire ces établissements de vignobles de Porto qui font la richesse de la contrée. En tentant d'expulser Ferdinand

---

[1] *Note remise au gouvernement portugais par le premier secrétaire de légation, faisant fonctions de ministre plénipotentiaire de France.*

« Le soussigné a reçu l'ordre de déclarer que si au 1er septembre prochain S. A. R. le prince régent de Portugal n'a pas manifesté le dessein de se soustraire à l'influence anglaise, en déclarant, sans délai, la guerre à l'Angleterre, en renvoyant le ministre de S. M. B., en rappelant de Londres son propre ambassadeur, en arrêtant comme otages les Anglais établis en Portugal, en confisquant les marchandises anglaises, en fermant ses ports au commerce anglais, et enfin en réunissant ses escadres aux escadres des puissances continentales, S. A. R le prince régent de Portugal sera considéré comme ayant renoncé à la cause du continent, et dans ce cas le soussigné aura l'ordre de demander des passe-ports, et de se retirer en déclarant la guerre.

« Le soussigné, en pesant les motifs de la détermination que la cour de Portugal doit prendre, dans la circonstance présente, se livre à l'espérance qu'éclairée par de sages conseils, elle entrera franchement et complètement dans le système politique qui est le plus conforme à sa dignité ainsi qu'à ses intérêts, et qu'elle se décidera en-

de la Sicile, Napoléon voulait s'emparer du grenier des Anglais; en saisissant Porto, il s'efforçait de détruire leur vignoble; toujours la même haine et le développement de la même idée. M. de Rayneval déclarait que, faute d'obéir à cette note impérative, il était obligé de demander ses passe-ports et de quitter Lisbonne.

La situation de Jean VI se trouvait très difficile : expulser les Anglais, c'était la ruine du Portugal, et l'abîmer sous les plus cruelles exigences en le privant de la vie commerciale; puis n'avait-on pas à craindre les terribles représailles, comme naguère l'Angleterre en avait usé à Copenhague. Toutefois, comme le prince avait appris le passage de la Bidassoa par l'armée de Junot, il se vit contraint de prononcer l'expulsion des Anglais du Tage et des villes commerciales de la côte. Un décret parut dicté en quelque sorte par M. Rayneval lui-même; le malheureux don Juan y mit son scel; la pensée française dominait tout entière ses actes. S'il ne déclarait point la guerre à la Grande-Bretagne, il adoptait au moins l'idée du système continental [1]; les ports étaient fermés à l'Angleterre. A ce moment, paraissait dans le Tage une flotte formidable sous la conduite de sir Sidney Smith; l'Angleterre venait d'accomplir son expédition de Copenha-

---

fin à faire ouvertement cause commune avec tous les gouvernements du continent contre les oppresseurs des mers, et l'ennemi de la navigation de tous les peuples.

« Lisbonne, le 12 août 1807. »

Rayneval.

[1] *Édit du prince-régent de Portugal.*

« Ayant toujours eu le plus grand soin de conserver à mes États, pendant la présente guerre, la plus parfaite neutralité, à cause des avantages notables qui en résultaient pour les sujets de cette couronne; ne pouvant cependant la conserver plus longtemps, et considérant en outre combien la pacification générale convient à l'humanité, j'ai dû, pour le bien, accéder à la cause du continent, en m'unissant à S. M. l'Empereur des Français et roi d'Italie, et à S. M. C., afin de contribuer autant qu'il sera en mon pouvoir à l'accélération de la paix générale.

« A cette fin, il m'a plu d'ordonner que les ports de ce royaume seront, dès ce moment, fermés à l'entrée des navires de la Grande-Bretagne, tant de guerre que de commerce.

« Donné au palais de Maffra, le 20 octobre 1807. »

Le Prince.

gue ; elle avait traîné à sa suite les vingt vaisseaux de ligne danois ; fier de ce triomphe, le ministère Perceval, Canning, Castlereagh, se hâta d'exécuter la seconde partie de son plan militaire et maritime. Le cabinet avait eu communication des stipulations secrètes du traité de Tilsitt par lesquelles on livrait les flottes danoise et portugaise à Napoléon, pour grandir sa marine ; c'était même pour accomplir cet engagement que le Czar Alexandre avait envoyé à Lisbonne une escadre, sous les ordres de l'amiral Siniavin, destinée à manœuvrer de concert et à seconder la flotte de Napoléon contre l'Angleterre. Dans ces circonstances décisives, où il était si important de frapper fort, le cabinet de Londres crut indispensable de prendre l'initiative contre le Danemarck et le Portugal ; la flotte danoise était en son pouvoir et la marine de Copenhague réduite à l'impuissance : il fallait maintenant s'emparer de la flotte portugaise, et tenir même en dépôt la flotte russe de l'amiral Siniavin [1].

A cet effet, un conseil se réunit à Windsor ; M. Canning exposa ses idées diplomatiques, comme lord Castlereagh son plan de guerre ; le système de M. Canning reposait sur une double pensée : « Puisque Napoléon

---

[1] *Déclaration officielle sur la mise en état de blocus de l'embouchure du Tage.*

« Je fais savoir par la présente, à qui il appartiendra, qu'étant notoire que les ports de Portugal sont fermés au pavillon de la Grande-Bretagne, et que le ministre plénipotentiaire de S. M. B. près la cour de Lisbonne a quitté cette capitale, conformément aux instructions remises par le soussigné vice-amiral du pavillon bleu, commandant en chef, l'embouchure du Tage est déclarée en état de blocus rigoureux. J'informe par la présente le gouvernement portugais que les ordres sont donnés pour que cette mesure soit strictement exécutée tant que dureront les sujets de mésintelligence actuelle. Les consuls des États neutres aviseront leur gouvernement en temps opportun que le fleuve est en état de blocus ; qu'il serait pris contre les bâtiments qui essaieraient d'y entrer toutes les mesures d'exécution autorisées par les lois des nations et par les traités respectifs entre S. M. B. et les puissances neutres.

« Donné à bord du vaisseau l'*Hibbernia*, à la hauteur du Tage, le 22 novembre 1807. »

Signé, W. Sidney Smith.

allait porter son attention sur la Péninsule et en tenter la conquête, il était indispensable que la Grande-Bretagne prît ses précautions à l'égard de la flotte et des colonies : la flotte, on s'en emparerait, rien de plus probable ; pour cela, il fallait agir vigoureusement, et se confier au courage des marins sous le pavillon britannique ; quant aux colonies, M. Canning avait déjà songé à leur séparation d'avec la métropole : des agents habiles parcouraient l'Amérique du sud, pour préparer son indépendance. Le moyen le plus facile, le plus légal, était d'engager les rois de Portugal et d'Espagne à quitter leurs états d'Europe, pour habiter les Amériques sous la protection de l'Angleterre ; par là, on s'assurait d'un grand débouché : des transactions postérieures donneraient le monopole de l'or avec les colonies, en échange de produits manufacturés ; si l'on perdait le continent de l'Europe, on aurait le continent américain, et cela remplacerait, pour l'industrie des grands districts manufacturiers de l'Angleterre, ce que la France leur avait fait perdre par la conquête [1]. »

Cette vaste idée développée par M. Canning fut suivie de l'exposition simple du plan militaire de lord Castlereagh : « Si l'Angleterre n'avait pas réussi dans l'appui qu'elle avait prêté aux puissances du nord, c'est que parmi ces peuples il n'y avait pas encore d'énergie et de passions vives ; on n'avait pas trouvé un point d'appui dans les populations. Il n'en était pas de même en Espagne ; on aurait derrière soi le peuple, qui défendait son indépendance ; le Portugal, avec ses montagnes et ses torrents, comme le territoire espagnol avec ses déserts, présentait d'admirables moyens de défense ; les flottes agiraient

---

[1] Documents diplomatiques.

sur les côtes, dans les grands fleuves, comme dans le Tage; Gibraltar était un magasin formidable, on pouvait s'emparer de Saint-Sébastien et de Cadix; Majorque et Minorque seraient une compensation des sacrifices qu'on pourrait faire dans la pensée du triomphe de la cause commune. » En conséquence de ce plan, la station maritime de sir Sidney Smith dans le Tage avait reçu de nombreux renforts en vaisseaux et en frégates; sir Sidney Smith se trouvait là une fois encore pour contrarier la fortune de Napoléon, comme il avait arrêté celle du général Bonaparte à Saint-Jean d'Acre. Lord Castlereagh demanda que les forces militaires d'une expédition destinée à la Péninsule fussent portées à 50,000 hommes, avec une puissante artillerie et tout l'attirail qui suit les armées anglaises sur le continent. Tout se disposait à Londres; on y désignait sir Arthur Wellesley et le lieutenant-général sir Hew Dalrymple, pour leur confier cette expédition [1].

Pendant ce temps, Napoléon préparait d'autres desseins; dans sa pensée, il avait arrêté la ruine de la maison de Bragance. Si M. de Rayneval agissait à Lisbonne avec plus de modération, s'il ne quittait la capitale du Portugal qu'après avoir calmé les craintes de Jean VI, l'Empereur déclarait par un simple décret : « que la maison de Bragance avait cessé de régner. » On parlait de la conquête du Portugal comme d'un fait accompli; l'ambassadeur à Paris, le marquis de Lima, n'avait eu qu'une connaissance fort indirecte des résolutions de l'Empereur à l'égard de son maître. Quoique M. de Talleyrand ne fût plus au ministère des relations extérieures, il conservait néanmoins beaucoup de rapports

---

[1] Documents publiés dans *The Dispatches of field marshal the duke of Wellington*.

avec les ambassadeurs, et, le premier, il fit connaître à M. de Lima, dans une causerie intime, les desseins de Napoléon à l'égard de la maison de Bragance. L'Angleterre en fut également informée par ses agents secrets; elle se procura en toute hâte le fameux article du *Moniteur* qui frappait la maison de Bragance; cet article, transmis par courrier à M. Canning, fut expédié également par un paquebot à sir Sidney Smith, alors mouillé dans le Tage, avec ordre de le communiquer sur-le-champ à don Juan VI.

A ce moment Napoléon espérait que Junot, par une marche précipitée sur Lisbonne, se serait emparé du prince-régent et de la famille régnante [1], comme otages de ses volontés; on prendrait la flotte, le trésor; ne faisait-on pas des récits merveilleux sur les diamants du Brésil? Les instructions secrètes que l'Empereur avait données à son aide-de-camp lui imposaient l'obligation de marcher sans retard ni repos; l'itinéraire était fixé jour par jour; arrivé à Lisbonne, Junot devait garder la famille royale, et, tout en la traitant avec respect, proclamer les formes du gouvernement impérial et hisser le drapeau à l'aigle sur la tour de Belem. Lorsque Napoléon donnait

---

[1] Junot, en entrant en Portugal, adressa une proclamation aux habitants. On y voit le langage habituellement inflexible de ces armées envahissantes :

« Portugais ! l'empereur Napoléon m'envoie dans votre pays à la tête d'une armée, pour faire cause commune avec votre bien-aimé souverain contre les tyrans des mers, et pour sauver votre capitale du sort de Copenhague.

« Habitants pacifiques de la campagne, ne craignez rien; mon armée est aussi disciplinée qu'elle est brave : je réponds sur mon honneur de sa bonne conduite. Qu'elle trouve parmi vous l'accueil dû aux soldats du grand Napoléon, qu'elle trouve les vivres dont elle a besoin, mais surtout que l'habitant des campagnes reste tranquille dans sa maison.

« Je vous fais connaître les mesures prises pour conserver la tranquillité publique. Je tiendrai ma parole :

« Tout soldat qui sera trouvé pillant, sera puni sur-le-champ avec la plus grande sévérité.

« Tout individu qui se permettra de lever une contribution sera traduit à un conseil de guerre, pour être jugé suivant la rigueur des lois.

« Tout habitant du royaume de Portugal

ces ordres impératifs, il avait mal étudié les cartes du Portugal, soit qu'il n'en existât pas d'exactes, soit que, selon son habitude, il tînt peu de compte des obstacles; il n'avait pas calculé les difficultés d'une campagne au travers des montagnes à pic, des landes sauvages. Ces difficultés se rencontraient à chaque pas; une armée de 24,000 hommes fut obligée de s'échelonner en seize petites colonnes qui marchaient à une journée de distance : aucune ressource n'était préparée, on mourait de faim dans ces terres aussi sauvages que les déserts du Nouveau-Monde; on trouvait quelques chèvres amaigries bondissant sur les rochers aigus, des torrents grossis par les pluies; ces régiments de malheureux conscrits marchaient à la débandade; des jeunes hommes qui n'avaient jamais quitté la chaumière ou la maison de leurs parents, étaient obligés de se nourrir de glands qui pendaient aux arbres, ou bien d'écorce de liége comme le chameau d'Afrique. La moitié de ces conscrits restèrent malades au milieu des populations inconnues de pasteurs qui les regardaient avec effroi et commencèrent contre eux un système de vengeance. Les troupes pour se nourrir et se vêtir furent

qui, n'étant pas soldat de troupes de ligne, sera trouvé faisant partie de quelque rassemblement armé, sera fusillé.

« Tout individu convaincu d'être chef d'un attroupement ou d'une conspiration tendante à armer les citoyens contre l'armée française, sera fusillé.

« Toute ville ou village dans le territoire duquel un assassinat aura été commis contre un individu appartenant à l'armée française, paiera une contribution qui ne pourra pas être moindre que le triple de sa contribution annuelle ordinaire. Les quatre principaux habitants serviront d'otages pour le paiement de la somme; et, pour que la justice soit exemplaire, la première ville ou le premier village où un Français aura été assassiné, sera brûlé et rasé entièrement.

« Mais je veux me persuader que les Portugais connaîtront leurs vrais intérêts, que, secondant les vues pacifiques de leur prince, ils nous recevront en amis, et que particulièrement la ville de Lisbonne me verra avec plaisir entrer dans ses murs, à la tête d'une armée qui peut seule la préserver de devenir la proie des éternels ennemis du continent.

« Au quartier-général d'Alcantara, le 17 novembre 1807. »   *Signé*, Junot.

obligées de piller, et le pillage amena les coups de stylet; les guérillas se formaient déjà, et malheur aux traînards qui restaient à quelques marches de l'armée, ils succombaient sous la main des hommes agrestes et fanatisés, leurs corps n'étaient même plus retrouvés par leurs frères d'armes. En vain, Junot cherchait-il à faire croire à ce peuple qu'il venait porter secours au prince-régent contre les Anglais et les hérétiques; le paysan s'en inquiétait peu, car quelle était cette espèce de secours qui commençait par un affreux pillage et la plus déplorable indiscipline? Junot cherchait à imiter Napoléon dans sa marche rapide; il parlait sans cesse à ses soldats, multipliant les proclamations dans lesquelles il n'omettait jamais le titre de « gouverneur de Paris et de premier aide-de-camp de l'Empereur. »

Cette armée épuisée arriva par détachements aux portes d'Abrantès, la première ville un peu opulente qu'on saluait sur cette longue route. Il s'était passé des choses inouïes dans l'itinéraire depuis Salamanque jusqu'à Abrantès; comme Napoléon avait écrit « qu'une armée de 24,000 hommes pouvait se nourrir même dans un désert », Junot s'était avancé en aveugle; quand

---

[1] A ce moment, on considérait à Paris la conquête du Portugal comme accomplie. Néanmoins on levait une conscription, et le général Clarke, ministre de la guerre, adressait à l'Empereur un rapport sur l'augmentation des forces militaires.

« Votre Majesté m'a ordonné de former le premier et le second corps d'observation de la Gironde. Le premier de ces corps, que commande le général Junot, a conquis le Portugal. La tête du deuxième est déjà à portée de suivre le premier, si les circonstances l'exigent.

« Votre Majesté, dont la prévoyance n'est jamais en défaut, a voulu que le corps d'observation de l'Océan, qu'elle a confié à M. le maréchal Moncey, fût en troisième ligne.

« La nécessité de fermer les ports du continent à notre irréconciliable ennemi, et d'avoir sur tous les points d'attaque des moyens considérables, afin de profiter des circonstances heureuses qui se présenteraient pour porter la guerre au sein de l'Angleterre, de l'Irlande et des Indes, peuvent rendre nécessaire la levée de la conscription de 1809.

« Le parti qui domine à Londres a proclamé le principe de la guerre perpétuelle, et, quoique dans aucune époque la

la réalité vint, quand le dénuement se montra hideux, les chefs se permirent tout pour suppléer à ce qui leur manquait, et, chose inouïe, dans la ville d'Alcantara, les soldats n'ayant pas de papier pour faire des cartouches, déchirèrent les archives du noble ordre de chevalerie qui avait son origine dans l'expulsion des Maures. Il y avait là quelque chose de la vieille barbarie; les Français imitaient ces peuples du nord, qui sous la conduite d'Attila foulèrent aux pieds les monuments de la civilisation : croyaient-ils, à l'imitation d'Omar, qu'ils n'auraient besoin un jour d'aucuns titres pour leur propre histoire? Les chevaliers d'Alcantara avaient été de braves soldats comme eux, ils durent gémir et s'agiter dans leurs tombes quand ils virent ainsi leurs titres jetés au vent; les officiers de Junot s'exposaient à de solennelles représailles; hélas! ils auraient aussi une postérité ingrate qui méconnaîtrait les titres de leur gloire et de leur passé victorieux : les vivants oublieraient les morts!

Lorsque cette armée souffrante de tant de privations

France n'ait eu des armées aussi nombreuses, ce n'est point assez encore; il faut que l'influence anglaise puisse être attaquée partout où elle existe, jusqu'au moment où l'aspect de tant de dangers portera l'Angleterre à éloigner de ses conseils les oligarques qui la dirigent, et à confier l'administration à des hommes sages et capables de concilier l'amour et l'intérêt de la patrie avec l'intérêt et l'amour du genre humain.

« Une politique vulgaire aurait pu déterminer V. M. à désarmer ; mais cette politique serait un fléau pour la France : elle rendrait imparfaits les grands résultats que vous avez préparés. Oui, Sire, V. M., loin de diminuer ses armées, doit les accroître jusqu'à ce que l'Angleterre ait reconnu l'indépendance de toutes les puissances, et rendu aux mers cette tranquillité que V. M. a assurée au continent. Sans doute V. M. doit souffrir d'exiger de ses peuples de nouveaux sacrifices, de leur imposer de nouvelles obligations ; mais elle doit aussi se rendre à ce cri de tous les Français : « Point de repos jusqu'à ce que les mers soient affranchies, et qu'une paix équitable ait rétabli la France dans le plus juste le plus utile et le plus nécessaire de ses droits. »

« Je suis avec un profond respect, etc.
Signé, Clarke.

se réunissait à Abrantès, sir Sidney Smith venait de recevoir *le Moniteur* et les pièces diplomatiques du cabinet de Napoléon [1], qui déclaraient : « que la maison de Bragance avait cessé de régner. » Depuis son entrée dans le Tage, l'amiral avait entamé une négociation avec la cour de Lisbonne d'après les ordres de son gouvernement. Les dépêches de M. Canning étaient formelles ; sir Sidney Smith devait proposer à la famille de Bragance un asile royal à bord des navires anglais, et une protection contre les forces françaises : il se proposait de conduire la famille exilée au Brésil, où elle recouvrerait toute son indépendance. Cette négociation, activement conduite, éprouvait des difficultés, et la volonté de l'Angleterre rencontrait de la résistance dans le prince-régent, et surtout au cœur d'une femme fière, la vieille reine, qui habitait le vaste palais de Mafra, avec ses beaux jardins d'orangers, de citronniers, autour de ses mille clochers monastiques ; Mafra était la résidence chérie des rois de Bragance. Marie-Françoise-Élisabeth de Portugal, restée veuve de don Pedro III depuis vingt ans déjà, vivait

---

[1] Je donne le texte si curieux des pièces de toute cette négociation du Portugal.
Dépêche de lord Strangford à M. Canning.
A bord de *l'Hibernia*, le 29 novembre 1807.

« Monsieur, j'ai l'honneur de vous annoncer que le prince-régent de Portugal a effectué le projet de se retirer d'un royaume où il ne pouvait demeurer plus longtemps que comme vassal de la France, et que S. A. R. et sa famille, accompagnés de la plupart des vaisseaux de guerre et d'une multitude de sujets et de partisans fidèles, sont partis aujourd'hui de Lisbonne, et qu'ils sont actuellement sur la route du Brésil, sous l'escorte d'une flotte britannique. Ce grand et mémorable événement ne doit pas être attribué seulement à l'alarme soudaine excitée par l'apparition d'une armée française en Portugal ; elle a été le résultat naturel du système constamment adopté par Sa Majesté à l'égard du Portugal, pour le succès final duquel je m'étais rendu moi-même en quelque sorte responsable, et que, conformément à vos instructions, je m'étais uniformément attaché à maintenir, dans les circonstances même qui paraissaient les plus décourageantes.

« J'avais fréquemment et distinctement déclaré au cabinet de Lisbonne que Sa Majesté avait passé toutes les bornes de la modération en consentant à ne point ressentir l'outrage du commerce britannique exclu des ports du Portugal ; que par une semblable concession, motivée sur les circonstances dans lesquelles le prince-régent se trouvait, Sa Majesté avait fait

dans la solitude du couvent; cette altière princesse ne pouvait comprendre qu'on abandonnât le Portugal sans tenter une résistance contre les envahisseurs, comme aux grands jours des Albuquerques; elle montrait son sceptre pour témoigner qu'elle avait accordé la régence à son fils et non point la couronne.

Sir Sidney Smith lui envoya *le Moniteur*, pour la déterminer à quitter sa retraite; elle devint furieuse; on croyait à Lisbonne qu'une armée considérable marchait à pas redoublés; dans huit jours on verrait reluire cinquante mille baïonnettes de France; les Anglais offraient un asile dans le Brésil, sous le même climat que le Portugal: Lisbonne et Rio-Janeiro étaient deux sœurs étroitement enlacées, deux couleurs dans un même blason. Tout fut donc convenu entre sir Sydney Smith et la maison royale de Bragance, et l'on vit alors les palais de Mafra, ces solitudes d'or, se dépouiller de leurs ornements et les soustraire à l'avidité des Français. Don Juan de Portugal, sa mère, sa femme et ses fils, prirent avec eux leurs trésors, leurs diamants, leurs

tout ce que l'amitié et le souvenir d'une ancienne alliance pouvaient justement exiger; mais que si les choses allaient plus loin, la guerre entre les deux nations deviendrait alors inévitable.

« Cependant, le prince-régent se permit lui-même d'oublier pour un moment que, dans l'état actuel de l'Europe, nul pays ne pouvait impunément se déclarer l'ennemi de l'Angleterre, et que malgré la disposition de Sa Majesté à montrer de la condescendance, eu égard à l'impuissance où se trouvait le Portugal de résister aux efforts de la France, elle ne pourrait néanmoins, sans compromettre sa dignité et les intérêts de son peuple, permettre qu'on se soumît sans réserve à toutes les demandes de la France. Le 8 du courant, S. A. R. se laissa aller à signer un ordre pour la détention du petit nombre de sujets anglais, et pour le séquestre de ce qui restait encore de leurs propriétés à Lisbonne. Sur la publication de cet ordre, je fis enlever les armes d'Angleterre de la porte de mon hôtel, je demandai mes passe-ports en protestant contre la conduite récente de la cour de Lisbonne, et je me rendis à bord de l'escadre, qui arriva à la hauteur de Portugal quelques jours après que j'eus reçu mes passe-ports.

« Je suggérai immédiatement à sir Sidney Smith l'expédient d'établir le blocus le plus rigoureux à l'embouchure du Tage; et c'est avec la plus vive satisfaction que j'appris ensuite que je n'avais fait par-là que devancer les intentions de Sa Majesté. Je reçus en effet, le 25, vos dépêches, qui me prescrivaient d'autoriser cette mesure dans le

cruzades, toutes les richesses des mines, pour les embarquer sur la flotte immense pavoisée aux couleurs britanniques. Les quais de la grande ville de Lisbonne, remplis par la multitude émue, retentirent pour la dernière fois des cris de la fidélité. Don Juan s'éloignait avec une douleur vive de cette Lisbonne, riche amphithéâtre du Tage, où se mirent tant de voiles blanches, tant de pavillons nationaux. Qui n'a vu Cadix et Lisbonne n'a pas la juste idée des trésors de la Péninsule ; ces rives chantées par Camoëns, illustrées par Colomb, furent délaissées par la royale famille qui avait donné au Portugal des rois glorieux : les Juan, les Pedro, sauveurs de la patrie. La flotte anglaise, contrariée pendant quelques jours par le mauvais temps, salua le roi Juan de cent coups de canon ; enfin elle quitta le Tage pour cingler vers le Brésil. Hélas! le régent reverrait-il jamais cette terre de Portugal, que la fortune jalouse le forçait alors à délaisser?

Lisbonne pleurait don Juan et ses fils ; Mafra, sa vieille souveraine, et Junot continuait sa marche forcée; comme un coursier haletant que le cavalier presse

cas où le gouvernement portugais passerait les bornes et prendrait des mesures injurieuses à l'honneur et aux intérêts de la Grande-Bretagne.

« Ces dépêches avaient été écrites dans la supposition que j'étais encore résident à Lisbonne ; et, pour me conformer entièrement à vos instructions, je revins dans cette ville pour connaître l'effet qu'y avait produit la mesure du blocus, et pour proposer, selon vos instructions, au gouvernement portugais, comme seule condition de la cessation du blocus, l'alternative, ou de remettre la flotte à Sa Majesté, ou de l'employer sur-le-champ à transporter le prince-régent et sa famille au Brésil. Je pris sur moi la responsabilité de renouer des négociations, malgré la cessation de mes fonctions publiques, convaincu que j'étais qu'indépendamment de la détermination de Sa Majesté de ne pas souffrir que la flotte portugaise tombât entre les mains de ses ennemis, elle avait néanmoins encore plus à cœur qu'on l'employât à remplir le premier objet qu'on s'était proposé, celui de soustraire la famille royale de Bragance à la tyrannie de la France.

« Je demandai en conséquence une audience du prince-régent, et ayant reçu de S. A. R. une réponse favorable, je me rendis à Lisbonne le 27, à bord de *la Confiance*, portant pavillon parlementaire. J'eus ensuite avec la cour de Lisbonne les communications les plus importantes, et j'aurai l'honneur de vous en faire part dans une dépêche subséquente. Il suffit d'observer ici que le prince-régent dirigea sagement toutes ses craintes du côté de l'armée fran-

de ses éperons, il sautait les haies, franchissait les torrents, car le maître avait indiqué à jour fixe l'instant où ses légions devaient entrer à Lisbonne. Junot avait obéi ; mais quelle armée conduisait-il avec lui ? 24,000 hommes avaient franchi la Bidassoa, et Junot entrait dans Lisbonne avec des détachements par groupes de 1,500 hommes, pâles, épuisés de fatigue, presque sans tenue militaire ; la ville sur laquelle il allait dominer contenait une population de 180,000 âmes mal disposées ; le reste de l'armée de Junot était épars dans des chemins impraticables, et arrivait par bataillons séparés ; tous réunis, on pourrait avoir 14,000 hommes de divers régiments.

Les Espagnols avaient à peine secondé les Français dans leur marche ; un mouvement national commençait à se manifester ; il deviendrait terrible contre les envahisseurs. Junot était à Lisbonne, à la face d'une flotte anglaise qui attendait une armée de débarquement. Était-il possible de garder le Portugal, même lorsqu'on aurait eu 50,000 hommes ? Qu'importe ? Napoléon l'avait ordonné, et il n'y avait pas à hésiter avec un pareil souverain. Junot

çaise, et tout son espoir vers la flotte anglaise ; qu'il reçut de moi l'assurance la plus positive que Sa Majesté oublierait généreusement ces actes d'hostilité momentanée, auxquels S. A. R. n'avait donné qu'un consentement forcé, et que je promis à S. A. R., sur la foi de mon souverain, que l'escadre britannique devant le Tage serait employée à protéger sa retraite de Lisbonne et son voyage au Brésil.

« On a publié hier un décret où le régent annonce son intention de rester à Rio-de-Janeiro jusqu'à la conclusion d'une paix générale, et de nommer une régence pour administrer les affaires pendant son absence d'Europe.

« La flotte portugaise a mis ce matin à la voile, et j'ai eu l'honneur d'accompagner le prince dans son passage au-delà de la Barre. La flotte consistait en huit vaisseaux de ligne, quatre grandes frégates, plusieurs bricks, sloops et corvettes armées, et des bâtiments du Brésil, montant ensemble à environ trente-six voiles. Ils passèrent à travers l'escadre anglaise, et les vaisseaux de S. M. saluèrent de vingt-un coups de canon, et ce salut leur fut rendu de la même manière.

Signé Strangford.
Décret du prince-régent.

« Après avoir inutilement fait tous mes efforts pour conserver la neutralité à l'avantage de mes vassaux fidèles et chéris ; après avoir fait pour obtenir ce but le sacrifice de tous mes trésors, m'être même porté, au grand préjudice de mes sujets, à fermer mes ports à mon ancien et loyal allié le roi de la Grande-Bretagne, je vois s'avancer

fut frappé de stupeur lorsqu'il apprit le départ de la famille royale de Portugal ; le but était manqué ; la flotte et les forces actives avaient quitté le Tage ; la ville seule tombait au pouvoir des Français. Le général se hâta d'arrêter un plan pour l'organisation du pays; aidé de MM. Herman et du chef de police Lagarde, il commença l'administration du Portugal dans les conditions de la conquête; M. Herman, homme ferme, dut faire exécuter les ordres de l'Empereur ; un simple décret imposa cent millions au Portugal, et c'est par cette mesure inflexible que l'aigle fut inaugurée sur les tours de Lisbonne. Dans son gouvernement si difficile, Junot s'éclaira des généraux Delaborde, Travot, Loison et Kellermann ; Junot connaissait Lisbonne, où pendant plus d'un an il était resté ambassadeur ; il se comporta avec ce ton impérieux et tranchant qui distinguait alors les chefs des occupations françaises à l'étranger. Fastueux à l'excès, Junot s'était installé dans le palais des rois ; il parlait en maître, agissait comme un souverain ; et cependant devait-il être sans crainte? pouvait-il se maintenir isolé dans cette portion de la

---

vers l'intérieur de mes États les troupes de S. M. l'Empereur des Français, dont le territoire ne m'étant pas contigu, je croyais être à l'abri de toute attaque de sa part. Les troupes se dirigent sur ma capitale. Considérant l'inutilité d'une défense, et voulant éviter une effusion de sang sans probabilité d'aucun résultat utile, présumant que mes fidèles vassaux souffriront moins dans ces circonstances si je m'absente de ce royaume, je me suis déterminé, pour leur avantage, à passer avec la reine et toute ma famille dans mes États d'Amérique, et à m'établir dans la ville de Rio-de-Janeiro, jusqu'à la paix générale. Considérant qu'il est de mon devoir comme de l'intérêt de mes sujets de laisser à ce pays un gouvernement qui veille à leur bien-être, j'ai nommé pour gouverneurs du royaume mon bien-aimé cousin le marquis d'Abrantès ; le lieutenant-général de mes armées, François da Cunha de Menezes; le principal Castro, de mon conseil, qui sera chef de la justice ; Pedro de Mello Brayner, de mon conseil, qui sera président du trésor royal ; Don Francisco de Noronha, lieutenant-général de mes armées, qui sera président du tribunal des ordres et de la conscience. Dans le cas où l'un des susnommés viendrait à manquer, il sera remplacé par le grand-veneur du royaume, que j'ai nommé gouverneur du sénat de Lisbonne. Le conseil sera assisté par le comte de Sampaio et par le procureur de la couronne, Jean-Antoine Salter de Mendonça, que je nomme secrétaires. L'un des deux secrétaires venant à manquer sera remplacé par D. Miguel Pereira-Forjaz.

Péninsule? La flotte anglaise pouvait opérer un débarquement; et resterait-on en Portugal sans appui de l'Espagne?

Napoléon n'avait pas séparé les deux occupations militaires de Lisbonne et de Madrid; son vaste plan avait son unité; lorsque Junot franchissait la Bidassoa, le second corps d'observation, ainsi qu'on le nommait alors, se groupait à Bayonne sous Dupont. Le général ne conduisait pas les braves régiments couverts de gloire à Friedland; Dupont n'était plus à la tête de cette division immortalisée qui croisa la baïonnette avec la garde russe; ces troupes étaient restées en Allemagne; l'Empereur lui avait donné des recrues à peine exercées; sur les 28,000 hommes de son corps, il comptait à peine 3,000 hommes de troupes d'élite; le reste était des conscrits de la levée de 1808. Le général s'appuyait sur un autre corps de 32,000 hommes conduit par le maréchal Moncey, tandis que 15,000 soldats, sous les ordres du général Duhesme, se réunissaient aux Pyrénées-

---

D'après la confiance que j'ai en eux tous, et la longue expérience qu'ils ont des affaires, je tiens pour certain qu'ils rempliront leur devoir avec exactitude, qu'ils administreront la justice avec impartialité, qu'ils distribueront les récompenses et les châtiments suivant les mérites de chacun, et que mes peuples seront gouvernés d'une manière qui décharge ma conscience.

« Les gouverneurs le tiendront pour dit. Ils se conformeront au présent décret, ainsi qu'aux instructions qui y seront jointes, et ils feront les participations nécessaires aux autorités compétentes.

« Donné au palais de Notre-Dame-d'Ajuda, le 26 novembre 1807. »

Le Prince.

Instructions auxquelles se rapporte le décret royal du 26 novembre 1807.

« Les gouverneurs du royaume, nommés par mon décret de ce jour, prêteront le serment d'usage entre les mains du cardinal patriarche.

« Ils maintiendront la rigoureuse observance des lois du royaume.

« Ils garderont aux nationaux tous les privilèges qui leur ont été accordés par moi et mes ancêtres.

« Ils décideront à la pluralité des voix les questions qui leur seront soumises par les tribunaux respectifs.

« Ils pourvoiront aux emplois d'administration et de finance et aux offices de justice dans la forme pratiquée par moi jusqu'à ce jour.

« Ils défendront les personnes et les biens de mes fidèles sujets.

« Ils feront choix, pour les emplois militaires, de personnes dont ils connaîtront les bons services.

Orientales près de la Catalogne, champ de guerre illustré par les campagnes du maréchal de Noailles et de Dugommier. Ainsi, en réunissant toutes ces troupes qui alors pénétraient dans la Péninsule, y compris l'armée de Junot, on pouvait compter 80 à 85,000 hommes, sans y comprendre une arrière-garde destinée à soutenir les opérations ; elle partait de Paris pour Poitiers et se composait de deux régiments de fusiliers de la garde, quelques corps de vieilles troupes, tirées d'Allemagne, et des garnisons de la Bretagne et de la Normandie, sous les ordres de Bessières. J'ai déjà dit que Murat était désigné par l'Empereur comme son lieutenant chargé de diriger toutes les forces qui marchaient en Espagne.

Chacun des chefs de corps avait reçu des instructions particulières et un tracé de campagne. Le général Dupont devait passer la Bidassoa et s'avancer sur Valladolid ; le maréchal Moncey s'appuyait sur Burgos et donnait la main au général Darmagnac qui occupait Pampelune, et lui-même appuyant sa gauche sur le gé-

« Ils auront soin de conserver, autant que possible, la paix dans ce pays, que les troupes de l'Empereur des Français aient de bons logements, qu'elles soient pourvues de tout ce qui leur sera nécessaire pendant leur séjour dans ce royaume ; qu'il ne leur soit fait aucune insulte, et ce, sous les peines les plus rigoureuses, conservant toujours la bonne harmonie qui doit exister entre nous et les armes de nations avec lesquelles nous nous trouvons unis sur le continent.

« En cas de vacance par mort ou autrement d'une des charges de gouverneurs du royaume, il sera pourvu au remplacement à la pluralité des voix. Je me confie en leurs sentiments d'honneur et de vertu. J'espère que mes peuples ne souffriront pas de mon absence, et que, revenant bientôt parmi eux avec la permission de Dieu, je les trouverai constants, satisfaits et animés du même esprit qui les rend si dignes de mes soins paternels.

« Donné au palais de Notre-Dame-d'Ajuda, le 26 novembre 1807. »

Signé, Le Prince.

L'escadre portugaise qui partit pour le Brésil, était composée des vaisseaux de ligne le *Prince-Royal*, de 90 canons ; le *Comte-Henri*, de 74 ; le *Prince du Brésil*, de 74 ; la *Reine-de-Portugal*, de 74 ; l'*Alphonzo-d'Albuquerque*, de 74 ; le *Don-Juan-Castres*, de 74 ; la *Méduse*, de 74 ; le *Martin-de-Frietas*, de 64 ; de trois frégates, la *Minerve*, de 44 ; la *Solfinho*, de 36 ; l'*Urania*, de 36 ; puis quatre bricks de 18. On évaluait à 250 millions de cruzades les trésors du prince.

néral Duhesme en Catalogne; par Valladolid, l'armée d'Espagne se mettait en communication avec Junot dans le Portugal. Ce mouvement n'offrirait quelque sécurité que par la possession des forteresses qui forment une grande ligne sur les frontières de la France; on devait donc s'en emparer : à Pampelune, le général Darmagnac trompa singulièrement le commandant espagnol, avec lequel cependant on était en bonne harmonie : 100 grenadiers se précipitèrent dans la citadelle au moment de la distribution des vivres, et la bonne foi de la garnison fut trompée : à Barcelonne, à Figuières, à Saint-Sébastien, on employa des stratagèmes indignes des lois de la guerre, lorsque surtout il s'agissait d'une nation en pleine paix, et jusque là notre alliée fidèle. On essayait ainsi la patience des Espagnols; il ne faut pas abuser du caractère d'un peuple; il se tait pendant un temps, il éclate violemment ensuite '.

Au commencement de janvier, l'Espagne voyait près de 80,000 Français répartis sur son territoire, maîtres des places fortes du royaume comme point d'appui, de

---

Il restait encore dans le port : le *Vasco-de-Gama*, de 74 ; le *Maria-Primura*, de 74 ; le *San-Sébastian*, de 64 ; la *Princesse-de-Beira*, de 64 ; un vaisseau sur le chantier, de 74 ; six frégates, la *Carlotta*, de 44 ; la *Perola*, de 44 ; l'*Amazona*, de 44 ; le *Phénix*, de 44 ; la *Vénus*, de 36 ; plusieurs bricks et corvettes en état de pouvoir être armés, douze fortes goëlettes, quatre chaloupes canonnières, une batterie flottante.

En entrant à Lisbonne, Junot s'adressa de nouveau aux Portugais. Voici sa proclamation.

« Habitants de Lisbonne, mon armée va entrer dans vos murs. Elle y venait pour sauver votre port et votre prince de l'influence de l'Angleterre.

« Mais ce prince, si respectable par ses vertus, s'est laissé entraîner aux conseils de quelques méchants qui l'entouraient, et il est allé se jeter dans les bras de ses ennemis.

« On l'a fait trembler pour sa propre personne ; ses sujets n'ont été comptés pour rien, et vos intérêts ont été sacrifiés à la lâcheté de quelques courtisans !

« Habitants de Lisbonne, soyez tranquilles dans vos maisons ; ne craignez ni mon armée, ni moi ; nous ne sommes à craindre que pour nos ennemis et pour les méchants.

« Le grand Napoléon, mon maître, m'envoie pour vous protéger, je vous protégerai. »

Junot.

' Voici les stratagèmes employés par les Français pour s'emparer de Pampelune. Tous les jours les portes de la citadelle

manière à pouvoir agir avec sécurité dans les opérations d'une campagne. Ainsi le rusé, le puissant Empereur était arrivé à ses fins ; il démoralisait le gouvernement espagnol, en le privant de ses ressorts militaires ; La Romana était envoyé dans le Holstein, les corps disséminés dans toutes les provinces ; c'était comme une grande surprise. Mais le peuple de la Péninsule a un instinct profond de ce qui convient à son honneur national, de ce qui le blesse ou de ce qui l'exalte ; les populations de la Catalogne, de la Biscaye, de la Navarre, de Vittoria à Valladolid, partout enfin où les troupes françaises avaient pénétré, s'aperçurent bientôt que ces prétendus alliés avaient des desseins de conquête et d'invasion, car ils blessaient toutes les lois de l'alliance, tous les principes de nation à nation. Que venaient donc faire ces étrangers ? qui leur avait ouvert les portes de l'Espagne ? N'était-ce pas le prince de la Paix, Godoï ; nouveau comte Julien, il avait appelé les Maures ? Les Français, sans respect pour les principes et les coutumes catholiques, transformaient les couvents en casernes, les presbytères en écuries. Ce traître Godoï avait livré les flottes, les armées, et maintenant il vendait à bons deniers comptant le peuple espagnol, ce noble peuple, à des étrangers sans foi et sans croyance. Une fermentation commençait parmi les

---

étaient ouvertes à des soldats français de corvée, qui venaient chercher la distribution des vivres. Le général Darmagnac était logé dans une maison de la ville qui faisait face à la porte principale de la citadelle. Dans la nuit du 16 au 17 février, 100 grenadiers furent cachés dans cette maison ; les hommes de corvée, qui furent choisis parmi les voltigeurs les plus déterminés, portaient leurs sabres sous leurs capotes ; quelques-uns, feignant de jouer, s'arrêtèrent sur le pont-levis afin qu'on ne pût pas le fermer, A un signal convenu les uns se jetèrent sur le faisceau d'armes de la garde espagnole, les autres mirent le sabre à la main ; alors les grenadiers cachés dans la maison du général Darmagnac en sortirent précipitamment, et s'emparèrent de la porte de la citadelle.

Pendant ce temps le général Duhesme se rendait maître aussi par ruse de Barcelone. Il avait fait demander au capitaine-général espagnol que les troupes françaises gardassent, conjointement avec la garnison, les portes principales ; le général espagnol ne crut pas devoir refuser une telle pro-

masses : une nation marche vite quand son honneur est blessé. L'Espagne préparait une immense lutte.

A Madrid même, la cour n'était pas sans inquiétudes sur le caractère menaçant que prenait l'invasion française ; le traité de Fontainebleau, qui partageait le Portugal avait sans doute autorisé l'entrée d'un corps auxiliaire en Espagne, mais ce corps ne devait se composer que de 27,000 hommes ; et au cas où les Anglais auraient des forces en Portugal, on l'éleverait à 40,000 ; c'était tout et rien au-delà. Et encore était-il stipulé : que le roi d'Espagne pourrait commander, en personne, toute l'armée d'invasion, alors même que Murat viendrait comme lieutenant de l'Empereur. Au lieu de 40,000 hommes on en avait envoyé plus de 80,000 ; ces corps auxiliaires, au lieu de pénétrer du côté du Portugal, s'étaient étendus sur toute la ligne de l'Èbre ; à ce moment même, ils occupaient par surprise les quatre places principales du nord de l'Espagne. Il y avait donc là un dessein hostile, inexplicable, ou peut-être trop bien expliqué par la chute des Bourbons de Naples et le décret qui déclarait la maison de Bragance indigne du trône : voulait-on dépouiller le roi d'Espagne de son royaume et éteindre la race des Bourbons ? Une grande perplexité existait partout ; le prince de la Paix

---

position, et une partie des troupes françaises entrèrent dans Barcelonne. Une compagnie de voltigeurs fut placée à la porte principale de la citadelle, au lieu de 20 hommes. Le 28 février, le général Duhesme annonça qu'il passerait le lendemain une revue générale de ses troupes ; un bataillon des vélites de la garde italienne, sous le général Lecchi, s'appuyait à la palissade d'entrée de la citadelle ; le général, après avoir fait l'inspection, s'avança vers cette porte, comme pour visiter l'intérieur, accompagné des officiers de son état-major et de quelques ordonnances ; les deux gardes française et espagnole se mirent sous les armes pour rendre les honneurs. Pendant que le général Lecchi, resté sur le pont-levis, feignait de donner quelques ordres au capitaine des voltigeurs français de garde, le bataillon des vélites défila, couvert par le ravelin qui défend la porte, et enleva la première sentinelle espagnole. Le général Lecchi, pénétrant alors dans l'intérieur, fut suivi par les vélites ; puis

voyait bien qu'il fallait rendre compte au peuple de sa politique; un parti restait à prendre, et les conseils intimes de Godoï et de Charles IV se réunirent pour arrêter un plan de conduite qui ne manquait pas d'une certaine intelligence.

Le prince de la Paix désira d'abord que des explications fussent demandées au cabinet de Paris; Isquierdo, qui avait signé avec Duroc le traité de Fontainebleau, fut désigné pour cette nouvelle mission, afin de solliciter l'interprétation simple et naturelle de ce traité; il devait s'adresser directement à l'Empereur pour obtenir satisfaction de la conduite des généraux français dans la Péninsule : si la condescendance du roi avait été à ce point d'autoriser l'occupation d'une ou deux places fortes, elle ne pouvait aller au-delà sans exciter les inquiétudes de la nation. Isquierdo alla prendre également les instructions de Charles IV, qui lui dit avec son ton de familiarité habituelle : « Manuel est ton protecteur; fais ce qu'il t'a dit, par ce moyen tu me serviras [1]. » Le conseiller Isquierdo partit en toute hâte, tandis que le prince de la Paix, réuni à la reine d'Étrurie, au roi des Espagnes et à Marie-Louise, délibérait sur les résolutions définitives à prendre dans la crise qui menaçait le favori bien-aimé.

---

quatre autres bataillons entrèrent après et achevèrent l'invasion de la place.

A Figuières, le colonel Pio, commandant 800 hommes que le général Duhesme avait laissés, voulut s'emparer du fort San-Fernando par la même ruse qu'à Barcelonne. Mais le commandant espagnol qui s'en aperçut fit baisser le pont-levis. Toutefois, le colonel Pio obtint deux jours après de renfermer 200 conscrits dans la place, et au lieu de ceux-ci, il envoya 200 soldats d'élite, qui lui assurèrent la possession du fort.

Dans les premiers jours de mars, le général Thouvenot fit demander au gouverneur de Saint-Sébastien la permission de faire entrer dans la place les hôpitaux du corps d'armée, et quelques dépôts de cavalerie. Le gouverneur, ayant consulté le ministère espagnol, reçut pour réponse qu'il n'y avait pas d'inconvénient; le général français une fois dans la place l'occupa bientôt militairement, ainsi que le château de Santa-Cruz qui en est la citadelle.

[1] « Manuel es tu protector; tras quando te diga; por medio suo debes servir me. »

Don Manuel Godoï n'avait jamais cessé d'être en rapport avec l'Angleterre, au temps même où il était le plus rapproché de Napoléon; les agents de M. Canning s'étaient multipliés depuis un mois à Aranjuez et à Madrid; les uns travaillaient le peuple, les autres la cour; l'Angleterre favorisait parmi les masses l'idée d'une abdication de Charles IV au profit du prince des Asturies, Fernand; les Anglais insinuaient à don Manuel Godoï le projet que déjà M. Canning avait réalisé pour le Portugal, c'est-à-dire la retraite du roi dans les possessions d'outre-mer, afin de séparer l'Amérique espagnole de la métropole : le Mexique était une terre aussi brillante, aussi fertile que l'Espagne; les possessions du Nouveau-Monde étaient les beaux diamants de la couronne catholique; l'abandon de la Péninsule ne devait pas coûter à Charles IV après tant de troubles et d'agitations. Cette idée souriait au prince de la Paix, d'autant qu'il craignait tôt ou tard les vengeances du peuple contre sa fortune et sa personne; don Juan de Portugal était parti pour le Brésil, don Carlos IV irait habiter Mexico, la Venise de l'Amérique, sur ses dix-sept lacs; le plan commercial de l'Angleterre pourrait trouver son application, elle protégerait l'Espagne d'outre-mer et l'inonderait de ses marchandises. En tous les cas, la retraite provisoire de Charles IV dans l'Andalousie ne pouvait souffrir le moindre obstacle; on mettrait la Sierra-Morena, le Guadalquivir, le Tage, entre les Bourbons et l'armée française; là on verrait si on pouvait se défendre avec l'aide des Anglais, ou bien si l'on passerait en Amérique, selon le désir de M. Canning.

Ce qui déterminait don Manuel Godoï à cette résolution, c'est que la mission d'Isquierdo à Paris ne prenait pas une tournure favorable; le conseiller intime du prince de la Paix avait trouvé l'Empereur des Français dans des dispositions inflexibles contre la maison de Bourbon. Tout était changé depuis la signature du traité de Fontainebleau pour le partage du Portugal. L'Empereur savait que son armée était en pleine possession des forteresses du nord de l'Espagne; il disposait de près de 100,000 hommes répartis entre Lisbonne et Valladolid; puisque le Portugal était tombé dans ses mains, il fit entendre à Isquierdo que rien n'était plus simple que de modifier les articles du traité de Fontainebleau : on donnerait à l'Espagne le Portugal tout entier, cela lui manquait comme complément de territoire ; l'armée française briserait la séparation qui existait entre les deux peuples. Or, en compensation d'un si beau lot donné à l'Espagne, Napoléon lui demandait une part de conquête pour la France au-delà des Pyrénées; on prendrait l'Èbre pour limite; ce fleuve serait la séparation des deux royaumes; on tirerait un cordeau depuis Bilbao jusqu'à Tortose en passant par Vittoria, Tudela, Saragosse, Mequinenza; c'était la frontière de l'ancien empire de Charlemagne, son successeur la désirait comme complément à son vaste système; on devait donc formuler un nouveau traité dans le sens des volontés de l'Empereur.

Lorsque la cour reçut ces dépêches d'Isquierdo, elle se confirma dans sa résolution d'une retraite précipitée derrière la Sierra-Morena, pour se mettre à l'abri d'un coup de main : des ordres furent expédiés aux troupes ; on choisit Séville pour siége futur du gouvernement; des envoyés seraient expédiés à Londres pour solliciter conseil et appui au cas où l'on serait forcé de prendre une résolution semblable à celle de la famille de Bragance. Le roi Charles IV écrivit aux chefs des gardes du corps, aux Suisses de sa maison, aux régiments wallons qui avaient leurs quartiers à Madrid, pour les appeler à Aranjuez, afin d'entourer sa personne. En Espagne, tout se fait avec solennité et gravité, la royauté ne se remue qu'avec un appareil immense; de pareils ordres devaient exciter une inquiétude générale, c'était de l'activité au milieu d'une cour immobile, le mouvement dans le repos, le réveil dans la sieste; le peuple murmura donc tout haut. Il y eut d'indicibles rumeurs dans la multitude, on menaça d'une sédition. Cette sédition avait des causes profondes.

Le prince des Asturies, depuis son procès criminel de San Lorenzo, avait tenu une conduite plus réservée; le chanoine Escoïquiz, le duc de l'Infantado, l'un et l'autre exilés, ne l'aidaient plus de leurs conseils ardents. La reine d'Étrurie avait même essayé un rapprochement entre don Manuel Godoï et le prince; il était question d'un mariage de famille; ils s'étaient serré la main, et Fernand dit à Manuel : « On m'avait trompé sur toi : je vois, tu es un bon serviteur. » Le prince des Asturies n'en restait pas moins le chef des mécontents; le peuple a toujours besoin de formuler les griefs et de les personnifier en un homme qui devient l'objet de son amour ou de sa haine; pour lui tout est passion; or don Fernand était son ami naturel, son protecteur; don Manuel Godoï, son ennemi. Ajoutez à cette circonstance, les instructions venues d'Angleterre, quelque argent jeté parmi des hommes ardents, et l'on s'expliquera les scènes qui se préparent au vaste palais d'Aranjuez. Dans la journée du 18 mars, la fermentation s'accrut à Madrid, la cité du peuple; on voyait les casernes de la Puerta del Sol s'agiter d'une façon étrange; les officiers parlaient entre eux à haute voix contre Manuel Godoï; les soldats espagnols abandonnaient leur caractère grave et silencieux pour se communiquer leurs griefs contre le favori ; une multitude de peuple : moines, alguazils, muletiers d'Oviédo, Asturiens aux membres forts, à la démarche fière, Aragonais à la culotte de velours noir, à la crépine pendante, se mêlaient dans les rangs des soldats : on se demandait ce qu'il était advenu au seigneur roi ; tout le monde savait que les ordres du prince de la Paix appelaient les gardes wallones, les troupes provinciales, les régiments de ligne, la garde du corps même à Aranjuez ; que signifiait cette résolution ? Est-ce que le roi allait fuir en laissant isolée sa bonne ville de Madrid ? Manuel Godoï voulait-il l'enlever, comme les Maures traînaient en captivité les comtes de Léon et de Castille ? Est-ce que la ville de Madrid serait privée de ses souverains ? Est-ce que le Buen-Retiro ne verrait plus les infants jouer sous ses frais ombrages ? Aranjuez, veuve de ses nobles hôtes, n'entendrait-elle plus le cor de la chasse royale ?

Ainsi parlait le peuple, se groupant autour des soldats appelés à Aranjuez par les ordres royaux. Quand les tambours donnèrent le signal, la foule suivit les troupes qui se rendaient à cette belle résidence des Bourbons espagnols. Aranjuez[1], le Versailles d'Espagne, offre une population de 14 à 15,000 âmes ; la ville est découpée en rues larges à la façon de Louis XIV, car Philippe V avait passé son enfance à Versailles et il voulait reproduire là cette création merveilleuse que son aïeul avait jetée au milieu d'un désert. Le palais d'Aranjuez était grand, bien abrité par une verte feuillée ;

---

[1] J'ai visité Aranjuez dans un bel et chaud été d'Espagne ; je foulais des gazons verts au milieu des chants de mille oiseaux rares : malheureusement le bruissement de la cigale domine sous ces feux ardents. Les bords du Tage sont admirables.

le Tage arrosait le pied du château; d'immenses écuries, des casernes aux bâtiments blancs, composaient les alentours du palais construit sans défense, comme Versailles, car Versailles fut la résidence des temps pacifiques, comme Saint-Germain fut celle des époques de guerre civile. Dans cette Aranjuez, habituellement si paisible, la foule se pressait, poussant des cris tumultueux; si elle respectait le roi Charles IV, de grossières injures étaient jetées à la face de la reine Maria-Luiza et surtout de Godoï, l'objet de la haine publique. Les soldats, sous le vaste palais, au lieu de réprimer ces manifestations séditieuses dans les cours d'Aranjuez, hésitaient devant toute répression; les gardes du corps mêmes, plus dévoués à Manuel, leur vieux camarade, semblaient prendre part à la sédition commune. Bientôt le tumulte devint tellement grand que les dalles du palais en étaient ébranlées; le sang coula; des paroles de mort furent prononcées contre le favori en même temps que des cris d'enthousiasme et d'amour pour Fernand; le peuple est toujours dominé par cette double expression d'amour et de haine. Le prince des Asturies paraissait le symbole de la nationalité espagnole : lui, au moins, n'était pas vendu aux Français, il n'ouvrait pas les portes aux Maures; il régnerait en roi catholique, espagnol, sans traîtres et sans trafiquants du royaume de Castille.

Lorsque la fureur du peuple demandait à grands cris la tête de Manuel Godoï, Charles IV et la reine Maria-Luiza paraissaient accablés de la disgrâce qu'éprouvait leur *pauvre ami; Manuel, Manuelito*, était toute leur pensée; qu'on le sauvât, et la couronne était à ce prix [1];

---

[1] Je donne plus tard une lettre infiniment curieuse de la Reine au grand-duc de Berg sur son *pauvre ami*.

que leur faisait le pouvoir s'il n'était plus secondé par leur pauvre ami? Aranjuez pour eux serait désert comme l'Escurial et Saint-Ildefonse. Cependant Godoï, en entendant ces cris de fureur, s'était dérobé à la multitude; quand on demandait sa vie, il se cachait sous des matelas amoncelés dans un grenier. Étranges caprices que la fortune réserve aux favoris! Celui dont les ordres étaient naguère respectés dans les deux mondes, celui qui commandait à toutes les justices de Castille, ne trouvait pas un asile; sur sa tête grondait un de ces revirements de destinée qui doivent effrayer les puissants. Pendant trente-six heures, Manuel Godoï resta dans sa cachette; mourant de soif, il s'adressa à un garde-du-corps pour le secourir, et celui-ci dénonça le traître à la multitude [1]; des cris de mort furent encore proférés.

Alors la reine éperdue et Charles IV consterné s'adressèrent à leur fils Fernand, qu'environnait l'amour du peuple : « lui seul pouvait sauver le *pauvre ami*; aucun sacrifice ne coûterait; la couronne était pesante dès que le prince de la Paix n'en partageait pas le faix. Fernand voulait-il être roi? eh bien! l'abdication aurait lieu; Charles IV allait se retirer dans l'Andalousie, à Badajoz, à Cadix, pourvu qu'on lui laissât Manuel Godoï à son service. » Et le prince des Asturies,

---

[1] Voici le premier récit qui fut envoyé par l'ambassade française à Napoléon.

Aranjuez, 19 mars 1808.

« Ce que paraissaient se proposer les chefs de l'insurrection vient d'être couronné de succès.

« Ce matin, à neuf heures, un garde vint prévenir qu'il avait cru reconnaître le prince de la Paix, qui lui avait demandé à boire. Le grand-amiral, caché dans une chambre obscure de sa maison, et étant resté trente-six heures sans boire, avait demandé à ce garde un peu d'eau. Les chefs du rassemblement qui se tenaient autour de la maison donnèrent aussitôt le signal, et une foule considérable se porta à la maison du prince. La reine conjura le prince des Asturies de sauver le prince de la Paix. Le prince des Asturies vint haranguer les mutins, et arracha le prince de la Paix à leur fureur. J'ai vu de ma fenêtre le grand-amiral, blessé à l'œil et couvert de sang, marcher entre deux gardes du corps qui le tenaient au collet; il trouva

obéissant ainsi à son père, vint au-devant du favori que la multitude traînait déjà dans la poussière. Plus d'un caillou ramassé dans le Tage vint frapper celui que la fureur du peuple écrasait; Manuel était blessé à l'œil; son corps était tout meurtri; Fernand s'approcha de lui, le prit sous son bras, le couvrit de sa personne, et haranguant la foule, il engagea sa parole : « que le procès serait fait à Godoï jeté dans les prisons du palais; il fallait un exemple solennel, il serait donné par le conseil des Castilles; et, si Manuel était déclaré coupable, le peuple pourrait danser autour de son cadavre pendu sur la plaza Mayor à Madrid. » Le respect que la foule portait à Fernand arrêta les fureurs meurtrières; des acclamations partirent autour de ce jeune prince, l'espoir de l'Espagne; on se borna pendant ce temps à jeter mille imprécations contre Manuel Godoï; on répéta des épithètes sales et ignobles que les muletiers des Asturies appliquaient au vieux page de la reine, au cortejo de Maria-Luiza; il fut conduit dans les prisons d'Aranjuez, et les gardes du corps durent veiller sur sa personne.

Dès que Charles IV et la reine Maria-Luiza eurent appris que leur pauvre ami était en sûreté, ils songèrent à réaliser le vœu de cette multitude émue. Le soir l'abdication, déjà discutée au conseil, fut résolue par le

---

sûreté dans la caserne des gardes du corps. Le prince des Asturies fut obligé, pour le sauver, de s'engager à lui faire faire son procès.

« A trois heures après midi, le même rassemblement se reporta devant la caserne; son but paraissait être plus sérieux. Il se tenait des propos affreux. On demandait des têtes et du sang; on accusait les personnages les plus augustes de vouloir soustraire le prince de la Paix à la vindicte publique, pour le faire passer en Grenade.

Les têtes s'échauffaient; beaucoup de soldats se joignaient à ces rassemblements.

« Le roi jugea à propos sur ces entrefaites d'envoyer dire qu'il se démettait de la couronne. Le peuple poussa des cris de joie. Le prince des Asturies, devenu roi par cette abdication, a promis de poursuivre juridiquement le prince de la Paix. Le décret d'abdication part à l'instant pour Madrid, où, dans la situation actuelle des têtes, il sera accueilli avec empressement. »

roi ; était-elle la suite d'une conjuration positive? les ressorts en étaient-ils préparés par le prince des Asturies et ses complices de la grandesse? Le mouvement d'Aranjuez fut-il prévu et arrangé d'avance, ou vint-il spontanément comme le résultat de la situation? Dans les événements politiques, il y a moins de conjurations qu'on ne croit ; quand une situation est faite, les conséquences en découlent naturellement : ainsi le prince Fernand n'eut pas besoin de s'entendre avec les conjurés pour arriver à la couronne ; elle lui vint par la force des circonstances. Le peuple proclama Fernand VII comme une espérance de sa nationalité; Charles IV ne lui paraissait plus un roi digne des Castilles; don Manuel Godoï était un traître ; on voyait l'avénement d'un nouveau prince comme un retour vers l'indépendance espagnole ; Fernand se laissa porter par les flots, il n'eut pas besoin de les commander. Quant à Charles IV et à la reine, ils furent frappés par le coup qui atteignait le prince de la Paix ; ils étaient tout par lui, incarnés en lui ; ils cessèrent d'être souverains quand leur pauvre ami fut captif.

Le soir du 19 mars, en présence de quelques grands d'Espagne, Charles IV, vieillard couvert de rhumatisme et de goutte, déclara qu'il voulait abdiquer une couronne dont le poids le fatiguait, lui, épuisé et malade[1].

[1] L'acte officiel de cette abdication est ainsi conçu :

Décret royal.

« Comme mes infirmités habituelles ne me permettent pas de supporter plus longtemps le poids important du gouvernement de mon royaume, et ayant besoin, pour rétablir ma santé, de jouir dans un climat plus tempéré de la vie privée, j'ai décidé, après la plus mûre délibération, d'abdiquer ma couronne en faveur de mon héritier, mon très aimé fils le prince des Asturies.

« En conséquence, ma volonté royale est qu'il soit reconnu et obéi comme roi et seigneur naturel de tous mes royaumes et souverainetés; et pour que ce décret royal de ma libre et spontanée abdication soit exactement et duement accompli, vous le communiquerez au conseil et à tous autres à qui il appartiendra.

« Donné à Aranjuez, le 19 mars 1808. »
A don Pedro Cevallos. Io el Rey.

Le secrétaire d'État Cevallos dut rédiger la cédule royale de renonciation. « Pedro, fais-la bonne et formelle, lui dit le vieux roi; je ne veux plus de mon pouvoir; » et tant il était empressé d'accomplir cette abdication, que lui, qui ne signait plus par suite de ses douleurs et de sa paresse [1], voulut apposer au bas de l'acte ces paroles sacramentelles : *Moi le roi*, qui constituent la forme de la volonté royale dans la Péninsule.

Dès ce moment, Charles IV cessa de régner; il n'abdiqua pas comme Charles-Quint, fatigué d'une grandeur sans limite; ce ne fut pas le roi philosophe allant finir ses jours dans un monastère pour méditer sur les choses humaines, après avoir accompli son œuvre; ce ne fut pas Philippe V quittant le trône avant la mort pour assurer les droits de son fils; Charles IV fut un roi qui s'étant incarné dans un favori, ne comprenait pas le pouvoir sans lui; le sceptre était de fer, la couronne d'épines. Le jour où tomba Godoï, tout fut dit pour le roi et la reine des Espagnes; Maria-Luiza, préoccupée de Manuel, voulut le sauver à tout prix; spectacle de faiblesse et de décrépitude, expression de

---

[1] Il envoya officiellement la lettre suivante à l'Empereur pour annoncer son abdication :
Lettre de Charles IV à Napoléon.
« Monsieur mon frère, ma santé se trouvant chaque jour plus délabrée, j'ai cru nécessaire, pour la rétablir, d'aller chercher un climat plus doux que celui-ci, en me retirant des affaires de mon royaume. En conséquence, j'ai jugé convenable, pour le bonheur de mes peuples, d'abdiquer en faveur de mon fils bien aimé, le prince des Asturies. Les liens qui unissent nos deux royaumes, et l'estime toute particulière que j'ai toujours eue pour la personne de V. M. I. et R., me font espérer qu'elle ne pourra qu'applaudir à cette mesure, d'autant plus que les sentiments d'estime et de mon affection pour V. M. I. et R., que j'ai tâché d'inspirer à mon fils, se sont si profondément gravés dans son cœur, que je suis sûr des soins qu'il se donnera pour resserrer de plus en plus les deux États. Je m'empresse d'en faire part à V. M. I. et R., en lui renouvelant à cette occasion les assurances de mon attachement sincère et les vœux que je ne cesserai de faire pour la prospérité de V. M. I. et R. et de toute son auguste famille.

« Je suis, avec ces sentiments, de V. M. I. et R. etc. »

Charles.

A Aranjuez, ce 20 mars 1808.

la vieillesse luxurieuse d'une reine qui avait tout sacrifié pour le cortejo de ses jeunes années.

Le prince des Asturies fut proclamé le même soir roi des Espagnes et des Indes, sous le nom de Fernand VII. Ce fut un triomphe d'opinion publique, une manifestation bruyante de la multitude; on vit la foule, ruisselante dans les jardins d'Aranjuez, saluer le nouveau monarque par des acclamations. Jamais cri d'amour des sujets et vassaux ne fut jeté avec plus d'enthousiasme; ce peuple semblait pressentir que dans le nouveau souverain était le symbole de la nationalité espagnole; il l'aima de toute la haine qu'il portait à Godoï; le soir le baisement de main eut lieu. La nouvelle de l'avénement *del rey nuestro señor* Fernando VII se répandit à Madrid, et l'on vit des illuminations aux cierges blancs, des tapisseries jaunes et rouges tendues aux fenêtres, comme dans les jours de réjouissances publiques, ou quand le saint corps passe aux processions de la Fête-Dieu dans les *calles* d'Alcala ou de San-Geronimo.

CHAPITRE VIII.

DRAME DE BAYONNE, JOSEPH ROI D'ESPAGNE.

Murat à Madrid. — Ses rapports politiques avec Charles IV et la reine Marie-Louise. — La reine d'Étrurie. — Abdication de Charles IV rétractée. — Instructions à M. de Beauharnais et à Murat. — Négociations de Ferdinand VII avec l'Empereur. — Le général Savary à Madrid. — Sa mission. — Départ de Ferdinand pour la frontière. — Séjour à Vittoria. — Napoléon à Bayonne. — Instances auprès de Ferdinand pour l'abdication. — L'Empereur et le chanoine Escoïquiz. — Les grands d'Espagne à Bayonne. — Voyage de Charles IV. — Développement du drame. — Mouvement populaire du 2 mai à Madrid. — Scènes entre Charles IV, la reine et Ferdinand. — Les traités de Bayonne. — Ordre à Joseph d'arriver sur-le-champ. — Son entrevue avec Napoléon. — Simulacre de junte. — Formule de la constitution. — Imitation du baise-main de Philippe V. — Les derniers Bourbons d'Espagne.

Mars à Juillet 1808.

Lorsque le drame d'Aranjuez se développait dans les proportions d'une émeute en Espagne, Murat, grand-duc de Berg, s'avançait à marches forcées sur Madrid. Les ordres de l'Empereur étaient précis : ménager les populations espagnoles, afin de leur donner une grande et noble idée des Français; tout devait être payé avec exactitude par l'armée, aucune réquisition ne serait faite sur les villes, on devait agir comme des alliés jusqu'au moment où l'Empereur se prononcerait sur la destinée de la Péninsule. Dès Burgos, Murat, imitant toujours la partie pompeuse et dramatique de Napoléon, s'était adressé aux Espagnols dans une proclamation bienveillante et souveraine [1]. La manie d'être roi n'avait pas quitté le grand-duc de Berg; il avait rêvé la couronne de Pologne et de Prusse; maintenant celle d'Espagne flattait son amour-propre; lui né pauvre en Quercy, sous le soleil méridional, rêvait la souveraineté des belles villes d'Espagne, de Burgos, Alcantara, Séville et Cadix.

A Buytrago, Murat connut les événements d'Aranjuez; il se hâta d'accourir à Madrid, où l'armée française fit son entrée avec toutes les pompes militaires, le 23 mars. Le soin de Murat fut d'organiser un bon système de défense; les troupes occupèrent les casernes vacantes; il ne restait plus que quelques bataillons de gardes espagnoles; Murat prit contre eux des précautions de défense sans les désarmer encore. Sa pensée n'était pas de se montrer hostile à l'Espagne; comme il se croyait appelé à régner, il ménageait l'orgueil du peuple castillan; cette nation lui plaisait; elle était pleine d'ostentation; lui n'avait-il pas aussi toutes les manies, tous les clinquants d'un écuyer du cirque ou d'un toréador dans une belle lutte de taureaux de la plaza Mayor? Dès que la cour d'Aranjuez apprit l'arrivée de Murat, le beau-frère de l'Empereur, tous les partis s'adressèrent spontanément à lui pour attendre leur destinée : aucun des princes d'Espagne, aucun des hommes d'État ne pensait

---

[1] *Circulaire adressée par S. A. I. et R. le grand-duc de Berg à MM. les intendants, gouverneurs et députés des provinces de Burgos, de la Vieille-Castille, de la Biscaye, de Guipuscoa*, etc.

« Messieurs les députés, parti de Paris depuis une quinzaine de jours pour prendre le commandement des troupes de S. M. l'Empereur, j'ai appris, à mon entrée en Espagne, que vos provinces avaient fait des avances considérables pour les troupes françaises, et que toutes ces dépenses étaient à la charge de ces mêmes provinces. S. M. m'a chargé de vous faire connaître qu'elle remboursera avec la plus scrupuleuse exactitude tout ce qui a été payé et

triompher sans le secours et l'appui de l'Empereur. Si secrètement on s'adressait au comte de Strogonoff, ministre de Russie, ou au nonce Gravina, afin de tâter l'opinion des cabinets, on savait bien que le seul moyen d'arriver à une solution pour les affaires d'Espagne, c'était d'obtenir la protection suprême de Napoléon, et par conséquent de Murat qui était son image : Charles IV, la reine, Ferdinand lui-même, tous s'étaient hâtés de se mettre en rapport avec le généralissime des armées françaises qui fixait son quartier-général à Madrid. Aucune opinion ne pouvait triompher sans lui; on courait prendre ses ordres, et Murat, dont la vanité grandissait en raison de sa situation élevée, accueillait ces sollicitations en véritable suzerain, donnant à tous des espérances qui, par la suite, favoriseraient sa propre élévation à la couronne.

Dès le lendemain de son abdication, le roi Charles IV avait envoyé un de ses confidents les plus intimes à l'ambassade de France à Madrid. M. de Beauharnais, qui attendait alors M. de Laforest, avait des instructions doubles ; le but de Napoléon était de favoriser les dissensions au sein de la famille d'Espagne, afin de démoraliser le pouvoir de la maison des Bourbons. M. de Beauharnais déclara : « que les événements d'Aranjuez lui paraissaient avoir un caractère de violence, et il conseillait à Charles IV, au nom de son souverain, de préparer une pro-

---

fourni pour ses troupes. Je vous invite en conséquence d'en remettre les notes et les états à l'intendant de l'armée.

« Depuis que je suis au milieu de vous, je ne puis que me féliciter des bonnes dispositions qui vous animent, et je me suis empressé d'en rendre compte à S. M. l'Empereur, qui, plein d'estime et d'affection pour la nation espagnole, a le désir de contribuer de tout son cœur au bien-être de ce pays.

« Sur ce, je prie Dieu qu'il vous ait en sa sainte et digne garde.

« Donné à Burgos, au grand-quartier-général des armées d'Espagne, le 13 mars 1808. »

Le grand-duc de Berg, lieutenant de l'Empereur.   Joachim.

PROTESTATION DE CHARLES IV (21 MARS 1808). 207

testation contre un acte évidemment arraché par un tumulte irrégulier; » d'après ce conseil, le roi Charles IV rédigea une protestation en espagnol, écrite de la main du secrétaire d'État, revêtue du sceau royal; elle fut déposée à l'ambassade pour l'opposer aux droits de Ferdinand VII[1]; il y disait en quelques lignes : « qu'il protestait et déclarait que tout ce qui était contenu en son décret du 19 mars, abdiquant la couronne en faveur de son fils, avait été forcé afin de prévenir de plus grands maux. » M. de Beauharnais prit copie de cette protestation, et l'envoya immédiatement à l'Empereur. A peine Murat était-il à Madrid, que Charles IV lui écrit en italien non seulement pour protester contre les événements d'Aranjuez, mais pour recommander à son bon frère le grand-duc de Berg, son pauvre ami, le prince de la Paix[2]. Le roi craint qu'on ne lui fasse son procès; il n'a donc d'autre ressource que dans la protection impériale et royale. La correspondance de la reine est plus pressante encore;

---

[1] *Lettre du roi Charles IV à l'empereur Napoléon.*

« Monsieur mon frère, Votre Majesté apprendra sans doute avec peine les événements d'Aranjuez et leur résultat : elle ne verra pas sans quelque intérêt un roi qui, forcé d'abdiquer la couronne, vient se jeter dans les bras d'un grand monarque son allié, se remettant en tout à sa disposition, qui seul peut faire son bonheur, celui de toute sa famille et de ses fidèles et aimés sujets. Je n'ai déclaré m'en démettre en faveur de mon fils que par la force des circonstances, et lorsque le bruit des armes et les clameurs d'une garde insurgée me faisaient assez connaître qu'il fallait choisir entre la vie et la mort, qui eût été suivie de celle de la reine. J'ai été forcé d'abdiquer; mais rassuré aujourd'hui et plein de confiance dans la magnanimité et le génie du grand homme qui s'est toujours montré mon ami, j'ai pris la résolution de m'en remettre à lui, en tout ce qu'il voudra bien disposer de nous, de mon sort, de celui de la reine, et de celui du prince de la Paix. J'adresse à V. M. I. et R. une protestation contre les événements d'Aranjuez et contre mon abdication. Sur ce, je prie Dieu qu'il vous ait en sa sainte et digne garde.

Charles.

Aranjuez, le 21 mars 1808.

21 marzo.

« Protesto y declaro que todo lo que manifiesto en mi decreto del 19 de marzo, abdicando la corona en mi hijo, fue forzado por precaver mayores males y la efusion del sangue de mis queridos vasallos, y por tanto de ningun valor. »

Io el Rey.

[2] *Lettre en italien du roi Charles au grand-duc de Berg, du 22 mars 1808.*

« Monsieur et très cher frère, ayant parlé à votre adjudant-commandant, et

Maria-Luiza écrit d'une manière abaissée au grand-duc de Berg pour solliciter la liberté de Manuel; sa lettre est en français : « Sauvez le prince de la Paix, l'ami des Français, c'est un service que nous vous demandons tous; ne laissez pas l'Espagne aux mains des ennemis de la France [1]. » L'intermédiaire actif de toutes ces négociations auprès de Murat était la reine d'Étrurie, l'infante qu'on avait vue sous le Consulat à Paris auprès de son frêle époux; princesse spirituelle, elle parlait le français et l'italien avec facilité; quoiqu'elle ne fût plus très jeune, elle avait encore cette grâce du monde, cet esprit, cette suavité de tournure que l'Espagne seule donne à ses enfants; elle avait séduit Murat, si facilement entraîné; on parlait de l'ascendant qu'elle exerçait sur le grand-duc de Berg et des longues causeries sous les arbres du Mançanarez. Le chevaleresque Murat aimait à se montrer tout chamarré d'or avec la reine d'Étrurie, même au Prado, où se voient les grandes statues mythologiques, les chars et les nappes d'eau qui tombent à gros bouillons sur ces allées sablonneuses. Charles IV se trouvait ainsi assuré par la reine d'Étrurie de l'appui de Murat; il ne s'inquiétait plus de son abdication : qu'on sauvât Manuel Godoï, c'était son unique vœu.

Pendant ce temps, don Fernand VII, proclamé par le peuple, reconnu par les grands, se hâtait d'es-

l'ayant informé de tout ce qui s'est passé, je vous prie de me rendre le service de faire connaître à l'Empereur la prière que je lui fais de délivrer le pauvre prince de la Paix, qui ne souffre que pour avoir été l'ami de la France, et de nous laisser aller avec lui dans le pays qui conviendra le mieux à ma santé. Pour le présent, nous allons à Badajoz. J'espère qu'avant que nous partions vous nous ferez réponse, si vous ne pouvez pas absolument nous voir; car je n'ai confiance qu'en vous et dans l'Empereur. En attendant, je suis votre très affectionné frère et ami de tout cœur. »   Charles.

[1] *Lettre de la reine d'Espagne au grand-duc de Berg (écrite en français).*

« Monsieur mon frère, je n'ai aucun ami sinon V. A. I.; mon cher mari vous écrit,

sayer à son tour quelques démarches pour obtenir l'appui de Napoléon ; il avait annoncé son avénement royal à Murat et à M. de Beauharnais ; tous deux se bornèrent à des paroles vagues ; ils ne donnèrent encore que le titre d'*altesse royale* à celui qui n'était pour eux que le prince des Asturies. M. de Beauharnais, pour s'excuser, prit un prétexte diplomatique ; et, sans se prononcer sur la question d'Aranjuez, il déclara : « qu'il attendait les ordres de son gouvernement sur une crise aussi délicate ; il avait écrit à l'Empereur, il espérait recevoir des instructions postérieures, et alors il se ferait joie de saluer pour roi des Espagnes le prince que le peuple avait proclamé, conseillant même au prince des Asturies de s'adresser à Napoléon, pour lui dire les événements accomplis, et son désir de rester fidèle à l'alliance française. » Telle était, au reste, l'intention du nouveau roi ; comme Charles IV, il savait que rien ne pouvait se faire alors sans la volonté de Napoléon. Don Fernand VII venait d'envoyer trois grands d'Espagne avec la mission officielle de notifier à Napoléon l'abdication du roi Charles, et l'avénement d'un nouveau prince à la couronne ; Murat approuva cette démarche, afin de tout reporter à la personne sacrée de l'Empereur, et d'attendre de lui sa destinée.

Les événements d'Aranjuez préoccupaient très vivement l'Empereur des Français ; l'œuvre préparée par

et vous demande votre amitié : seulement en vous et en votre amitié nous nous confions mon mari et moi. Nous nous unissons pour vous demander que vous nous donniez la preuve la plus forte de votre amitié pour nous, qui est de faire que l'Empereur connaisse notre sincère amitié, de même que nous avons toujours eue pour lui et pour vous, de même que pour les Français. Le pauvre prince de la Paix, qui se trouve emprisonné et blessé pour être notre ami, et qui vous est dévoué, de même qu'à toute la France, se trouve ici pour cela, et pour avoir désiré vos troupes. De même, parce qu'il est notre unique ami, il désirait et voulait aller voir V. A. I., et actuellement il ne cesse de le désirer et l'espérer. V. A. I., obtenez-nous que nous puissions finir nos jours tranquilles dans un endroit convenable à la santé du roi, qui est délicate, de même que la mienne, avec notre ami, unique ami, l'ami de V. A. I.

sa politique allait-elle être arrêtée? Avec Charles IV et le prince de la Paix, il pouvait tout : des princes faibles et un favori, une nation qui méprisait et son roi et son ministre, tout cela servait admirablement les desseins de Napoléon pour s'emparer de la couronne d'Espagne ; il arriverait à la chute profonde, irrévocable de la maison de Bourbon ; on laisserait à Charles IV le sceptre du Pérou et du Mexique, comme on avait laissé le Brésil à don Juan de Portugal ; quant à l'Espagne, elle reviendrait de plein droit à la famille Bonaparte. Les événements d'Aranjuez changeaient toute la nature de cette situation : un prince jeune, entouré de la confiance nationale, se posant au sein du peuple comme son bras, sa force et son épée, devenait un grand obstacle aux idées de Napoléon ; une force allait se présenter hostile, une nation s'armait derrière un roi populaire ; comment songer dès lors à une abdication volontaire, à une renonciation de droits qui touchait tout à la fois le prince et la patrie espagnole? L'Empereur, vivement contrarié de cet incident, réfléchit dans sa puissante tête au moyen de sortir d'une situation si embarrassée ; son génie fertile en expédients lui suggéra une idée féconde en résultats : Charles IV et Ferdinand se trouvaient sous les coups d'une vive querelle de famille et de couronne ; tous deux s'étaient adressés à lui comme à leur juge naturel, à leur suze-

---

le pauvre prince de la Paix, pour finir nos jours tranquillement. Ma fille sera mon interprète, si je n'ai pas la satisfaction de pouvoir connaître et parler à V. A. I.; pourrait-elle faire tous ses efforts pour nous voir, quoique ce fût un instant, de nuit, comme elle voudrait?

« L'adjudant-commandant de V. A. I. vous dira tout ce que nous lui avons dit. J'espère que V. A. I. nous obtiendra ce que nous désirons et demandons, et que V. A. I. pardonne mes griffonnages et oubli de lui donner de l'altesse, car je ne sais où je suis, et croyez que ce n'est pas pour lui manquer, et recevez l'assurance de toute mon amitié.

« Je prie Dieu, etc.

« Votre très affectionnée. »
Louise.

rain, à leur arbitre. Il était tout simple que dans cette situation l'Empereur intervînt dans la question espagnole : c'était son droit et son devoir. : s'il allait à Madrid pour se prononcer en souverain, n'était-ce pas se livrer à un mouvement d'émeute ou à un caprice de peuple ? mieux valait donc appeler les princes d'Espagne dans une ville frontière de France, à Bayonne par exemple : il verrait et jugerait là les querelles de famille ; puisqu'il y avait procès, il était naturel que les parties vinssent où siège le juge, lorsque ce juge était l'Empereur des Français. S'il attirait une fois les princes d'Espagne à Bayonne, il serait maître de tout, et prononcerait ensuite souverainement [1].

Pour arriver à ce résultat, il fallait choisir un homme de confiance, un esprit dévoué, qui pût et dût agir comme l'Empereur lui-même dans une affaire aussi délicate. Napoléon fit appeler le général Savary, à peine alors de retour de sa mission intime auprès de l'empereur Alexandre à Saint-Pétersbourg ; il pouvait compter sur lui, Savary était parfaitement capable de le comprendre et d'exécuter ses ordres ponctuellement [2]. Ses instructions secrètes furent celles-ci : « déterminer les princes d'Espagne à venir à Bayonne pour attendre le jugement souverain de l'Em-

---

[1] Cette idée, Napoléon l'exprima dans son manifeste.

[2] Le général Savary n'a fait connaître que les instructions officielles de l'Empereur ; c'était son devoir : les instructions secrètes étaient de nature à ne point être révélées. Voici les paroles de Napoléon :

« Vous allez partir pour Madrid. On me mande de cette ville que le roi Charles IV a abdiqué et que son fils lui succède, et en même temps l'on m'apprend que cela est arrivé à la suite d'une révolution dans laquelle le prince de la Paix paraît avoir succombé, ce qui me donne à penser que l'abdication du roi n'a pas été volontaire. J'étais bien préparé à quelques changements en Espagne, mais je crois voir, à la tournure des affaires, qu'elles prennent une marche tout autre que je ne croyais. Voyez notre ambassadeur, et dites-moi ce qu'il a fait dans tout cela. Comment n'a-t-il pas empêché une révolution que l'on ne manquera pas de m'attribuer, et dans laquelle je suis forcé d'intervenir ?

pereur. » On ajoute que quelques autres paroles furent dites au général Savary sur la possibilité d'un enlèvement de ces mêmes princes au cas de résistance; sous ce rapport, la politique de l'Empereur se faisait peu de scrupule, l'affaire du duc d'Enghien avait constaté que lorsque les intérêts de dynastie commandaient une résolution de violence, il ne s'inquiétait pas de la moralité de l'action; comme il avait une pensée vaste, il y allait droit sans détourner la tête par des motifs purement humains. Il arrive toujours ainsi quand la tête de l'homme dépasse les proportions de la commune nature; il est simple que celui qui se propose un grand dessein ne reste pas dans les conditions de la vie ordinaire.

Le général Savary fit à franc étrier le voyage de Paris à Madrid; il avait intérêt à ce que nul ne prévînt Ferdinand et ses conseillers du but secret de sa mission, qui était de déterminer le voyage des infants à Bayonne auprès de l'Empereur; partout sur son passage, le général Savary répandait le bruit que Napoléon viendrait jusqu'à Burgos, et que ce serait là qu'aurait lieu son entrevue avec les princes espagnols; Ferdinand VII y serait reconnu roi. C'était une nouvelle jetée habilement afin de préparer les infants au voyage; puisque l'Empereur reconnaissait le frère aîné Ferdinand, le peuple espagnol ren-

---

Avant de reconnaître le fils, je veux être instruit des sentiments du père : c'est lui qui est mon allié, c'est avec lui que j'ai des engagements; et s'il réclame mon appui, je le lui donnerai tout entier, et le remettrai sur le trône en dépit de toutes les intrigues. Je vois maintenant qu'il avait raison d'accuser son fils d'avoir tramé contre lui : cet événement le décèle; et jamais je ne donnerai mon assentiment à une pareille action, elle déshonorerait ma politique et tournerait un jour contre moi.

« Mais si l'abdication du père est volontaire, et, pour qu'elle le soit, il faut qu'elle en porte les caractères, au lieu que celle-ci n'a que ceux de la violence, alors je verrai si je puis m'arranger avec le fils comme je m'arrangeais avec le père.

« Lorsque Charles-Quint abdiqua, il ne se contenta pas d'une déclaration écrite, il la rendit authentique par les cérémonies d'usage en pareil cas, il la renouvela plusieurs fois, et ne remit le pouvoir seulement qu'après que tout le monde fut convaincu que rien autre chose que sa volonté ne l'avait porté à ce sacrifice.

dait son amour au magnanime souverain de la France ; des arcs de triomphe se dressaient sur la route ; les capitaines-généraux, les intendants, tous se préparèrent à recevoir dignement Napoléon. A Madrid, le général Savary vit peu le grand-duc de Berg ; sa mission principale était de décider le prince Ferdinand à faire le voyage : dans ses dépêches secrètes, le général Savary blâme la conduite de Murat et rend compte à l'Empereur des démarches qu'il a faites auprès de M. de Cevallos et du chanoine Escoïquiz, conseillers intimes de Ferdinand. M. de Laforest, diplomate du premier ordre, récemment arrivé à Madrid, suivait la même conduite ; il entraînait Ferdinand VII à un voyage royal sur la Bidassoa pour y renouveler le pacte de famille.

Le général Savary alla plus loin. Ferdinand n'était pas reconnu diplomatiquement ; M. de Beauharnais et Murat ne l'appelaient qu'*altesse royale;* eh bien ! pour mieux le convaincre des intentions de l'Empereur, le général Savary lui donna le titre de *roi* et de *majesté*, ces formes d'étiquette ne coûtaient rien ; c'était peu de chose s'il arrivait à l'objet de sa mission : entraîner les princes espagnols à l'entrevue de Bayonne. Le général Savary insista : « Que S. M. vienne seulement jusqu'à Burgos ; l'Empereur, déjà parti de Paris, arrivera en même temps sur la

---

« Cette abdication avait un bien autre caractère que celle d'un souverain dont on viole le ministère, et que l'on met entre la mort et la signature de cet acte.

« Rien ne pourra me le faire reconnaître avant qu'il soit revêtu de toute la légalité qui lui manque ; autrement, il suffira d'une troupe de traîtres qui s'introduira, la nuit, chez moi, pour me faire abdiquer et renverser l'État.

« Si le prince des Asturies règne, j'ai besoin de connaître ce prince, de savoir s'il est capable de gouverner lui-même, et dans ce cas, quels sont ses principes.

« S'il doit gouverner par ses ministres, je veux savoir par quelle intrigue il est dominé, et si nos affaires pourront rester à cette cour sur le pied où elles étaient à la cour du roi son père.

« Je ne le crois pas, parce que les extrêmes se touchent en révolution ; et il est vraisemblable qu'un des grands moyens de popularité du nouveau roi aura été l'intention manifestée de suivre une marche op-

frontière pour reconnaître et saluer son bon frère, don Fernand VII, le roi des Espagnes et des Indes. »

C'est au murmure de ce langage flatteur que le jeune roi se mit en marche à travers la grande route de Bayonne, avec cette pompe royale de l'Escurial et d'Aranjuez; partout le peuple espagnol venait saluer son seigneur avec des démonstrations du plus grand enthousiasme : les vieux régiments de Castille, les *provinciales*, les gardes wallones, se réunissaient sur la route; les cris populaires qu'on n'avait pas entendus depuis longues années éclataient autour des voitures royales. A Buitrago, à Aranda del Duero, à Burgos, le peuple entier se leva au nom de ce roi que le général Savary suivait avec un œil inquiet, pour épier ses desseins. Toutes les divisions françaises se mirent aussi sous les armes; l'envoyé de l'Empereur déclarait aux généraux qu'il fallait se tenir prêt à tout événement; sous prétexte de faire cortége, on gardait Fernand VII; les divisions se concentraient entre Vittoria et Burgos, point central où le drame allait avoir ses développements. Il n'est pas douteux qu'une fois au milieu des troupes françaises, le général Savary n'aurait pas hésité à enlever le roi si la moindre résistance avait été apportée à ses volontés.

On arrivait à Vittoria sans qu'on vît apparaître le

---

posée à celle de son père, qui lui-même m'avait déjà donné de l'inquiétude après Iéna.

« Sans doute les alentours du prince des Asturies seront différents, et il fera bien; cela m'importe peu. Le roi son père trouvait bien la manière dont il s'était établi, ce n'était pas à moi à le désapprouver : j'avais fini par m'en accommoder et par m'en trouver très bien.

« Je voudrais pouvoir m'établir sur le même pied avec le fils, et finir d'une manière honorable avec le père,

« Si, comme je le crains, le fils a donné dans une marche opposée, il se sera entouré de tout ce que le roi Charles IV avait éloigné de sa cour et de ses affaires ; alors je dois m'attendre à avoir des embarras, parce que les hommes se gouvernent le plus souvent par leurs passions, et que ceux-ci, ayant attribué leur disgrâce à l'influence de la France, ne laisseront échapper aucune occasion de s'en venger, si je leur en laisse le temps et les moyens. »

(Instructions de l'Empereur au général Savary.)

moindre signe annonçant l'approche de l'Empereur. Ici commençait le danger de la situation pour Fernand; les ministres Cevallos et Escoïquiz, les grands d'Espagne, dévoués au système national, commençaient à s'inquiéter des résultats d'un voyage aussi imprudemment entrepris; le général Savary pressait toujours de continuer la route sans repos : « Puisque l'Empereur, absorbé par sa grande administration, n'avait pu se rendre jusqu'à Vittoria, il était fort simple, tout naturel, que Ferdinand vînt à Bayonne; l'Empereur y serait tout prochainement; on ne manquait en rien ici aux égards, aux lois de l'étiquette : Napoléon n'était-il pas l'aîné de Fernand et souverain d'un plus puissant empire? n'était-ce pas le roi des Espagnes qui voulait se faire reconnaître? il devait donc la première démarche. » Dans cette perplexité, Escoïquiz conseilla au roi d'écrire, de Vittoria, une lettre directe à Napoléon; conçue en termes respectueux [1], elle annonçait officiellement l'abdication du père et l'avénement du fils à la couronne : « l'esprit du roi, y disait-on, était tout français, son système demeurerait en rapport

---

[1] *Lettre de Ferdinand VII à Napoléon.*
Vittoria, le 14 avril 1808.

« Monsieur mon frère, élevé au trône par l'abdication libre et spontanée de mon auguste père, je n'ai pu voir sans un véritable regret que S. A. R. le grand-duc de Berg, ainsi que l'ambassadeur de V. M. I. et R., n'aient pas cru devoir me féliciter comme souverain d'Espagne, tandis que les représentants d'autres cours, avec lesquelles je n'ai point de liaisons si intimes ni si chères, se sont empressés de le faire. Ne pouvant en attribuer la cause qu'au défaut d'ordres positifs de V. M., elle me permettra de lui exposer, avec toute la sincérité de mon cœur, que, dès les premiers moments de mon règne, je n'ai cessé de donner à V. M. I. et R. les témoignages les plus marquants et les moins équivoques de ma loyauté et de mon attachement à sa personne; que l'objet du premier ordre a été de renvoyer à l'armée du Portugal les troupes qui l'avaient déjà quittée pour se rapprocher de Madrid; que mes premiers soins ont eu pour but l'approvisionnement, le logement et les fournitures de ses troupes, malgré l'extrême pénurie dans laquelle j'ai trouvé mes finances, et le peu de ressources qu'offraient les provinces où elles ont séjourné, et que je n'ai pas hésité un moment à donner à V. M. la plus grande preuve de confiance, en faisant sortir mes troupes de ma capitale pour y recevoir une partie de son armée. J'ai cherché pareillement, par les lettres que j'ai adressées à V. M., à le convaincre, autant qu'il a été en mon pouvoir de le faire, du désir que j'ai toujours nourri de resserrer d'une

avec les volontés de son auguste allié; il avait tout fait pour donner des gages de ses bons sentiments : des troupes impériales étaient à Madrid; L'infant don Carlos était parti pour aller au-devant de son allié; lui-même se trouvait à Vittoria malgré les soins qu'exigeait son royaume à son récent avénement ; depuis son arrivée, il n'avait aucune nouvelle de l'Empereur, il le suppliait de s'expliquer : comment serait-il reçu? le traiterait-on en roi? » Cette lettre, confiée au général Savary, fut portée à Bayonne, et l'aide-de-camp de l'Empereur en rapporta sur-le-champ la réponse ; elle dut convaincre Ferdinand qu'un piége était tendu à l'inexpérience de son âge; et pourtant la fatalité l'entraînait. La lettre de Napoléon, conçue en termes graves et d'une remarquable grandeur, parlait à Fernand un langage paternel, avec une magnificence d'aperçus et de vues peu commune; il traitait le prince des Asturies de frère, mais il ne l'appelait qu'*Altesse Royale;* « il lui portait de l'intérêt; à plusieurs reprises il lui en avait donné des témoignages; il n'était point juge des événements d'Aranjuez, seulement il était

manière indissoluble, pour le bonheur de mon peuple, les liens d'amitié et d'alliance qui existaient entre S. M. I. et mon auguste père. C'est dans les mêmes vues que j'ai envoyé auprès de V. M. une députation de trois grands de mon royaume, pour aller au-devant de V. M., aussitôt que son intention de se rendre en Espagne me fut connue, et pour lui démontrer, d'une manière encore plus solennelle, ma haute considération pour son auguste personne; je n'ai pas tardé à faire partir, avec un égal objet, mon très cher frère l'Infant Don Carlos, déjà arrivé depuis quelques jours à Bayonne. J'ose me flatter que V. M. aura reconnu dans ces démarches mes véritables sentiments.

« A ce simple exposé des faits, V. M. me permettra d'ajouter l'expression des vifs regrets que j'éprouve en me voyant privé de ses lettres, surtout après la réponse franche et loyale que j'ai donnée à la demande que le général Savary vint me faire à Madrid au nom de V. M. Ce général m'assura que V. M. désirait seulement savoir si mon avénement au trône pourrait amener quelques changements dans les rapports politiques de nos États. J'y répondis, en réitérant ce que j'avais eu l'honneur de manifester par écrit à V. M.; et je me suis rendu volontiers à l'invitation que le même général me fit de venir au-devant de V. M., pour m'anticiper à la satisfaction de la connaître personnellement, d'autant plus que j'avais déjà manifesté à V. M. mes intentions à cet égard. En conséquence, je me suis rendu à ma ville de Vittoria, sans égard aux soins indispensables d'un nouveau ré-

dangereux d'habituer le peuple à verser le sang, « car, ajoute l'Empereur, les peuples se vengent facilement des hommages qu'ils nous rendent. » Le procès du prince de la Paix, continuait Napoléon, serait odieux; il suffisait de l'éloigner des affaires; l'Empereur lui offrait un asile en France. Il ne pouvait pas décider sur les caractères de l'insurrection d'Aranjuez avant de les connaître; si l'abdication était de pur mouvement, il n'hésiterait pas à le proclamer roi des Espagnes; Fernand VII trouverait toujours en lui un ami et un protecteur. »

Cette lettre, si fortement pensée, si habilement écrite, montrait la nécessité de presser le voyage de Bayonne, et c'est dans ce sens que parlait toujours le général Savary; en vain Escoïquiz et M. de Cevallos firent observer qu'au lieu d'aller à Bayonne, on pourrait fixer un lieu sur la Bidassoa où les deux souverains se verraient, selon le vieil usage établi entre les deux monarchies, même au temps de leur plus grande intimité. Le général Savary insista pour le voyage à Bayonne; il parla un langage de fermeté mêlé peut-être d'un peu d'i-

gne, qui auraient exigé ma résidence au centre de mes États.

« Je prie donc instamment V. M. I. et R. de vouloir bien faire cesser la situation pénible à laquelle je suis réduit par son silence, et de dissiper par une réponse favorable les vives inquiétudes qu'une trop longue incertitude pourrait occasionner à mes fidèles sujets.

« Sur ce, je prie Dieu qu'il vous ait en sa sainte garde,

« De V. M. I. et R. le bon frère. »
Ferdinand.

Réponse de Napoléon au prince des Asturies.

« Mon frère, j'ai reçu la lettre de V. A. R. Elle doit avoir acquis la preuve dans les papiers qu'elle a eus du roi son père, de l'intérêt que je lui ai toujours porté. Elle me permettra dans la circonstance actuelle de lui parler avec franchise et loyauté. En arrivant à Madrid, j'espérais porter mon illustre ami à quelques réformes nécessaires dans ses États, et à donner quelque satisfaction à l'opinion publique. Le renvoi du prince de la Paix me paraissait nécessaire pour son bonheur et celui de ses sujets. Les affaires du Nord ont retardé mon voyage. Les événements d'Aranjuez ont eu lieu. Je ne suis point juge de ce qui s'est passé, et de la conduite du prince de la Paix ; mais ce que je sais bien, c'est qu'il est dangereux pour les rois d'accoutumer les peuples à répandre du sang et à se faire justice eux-mêmes. Je prie Dieu que V. A. R. n'en fasse pas un jour l'expérience. Il n'est pas de l'intérêt de l'Espagne de faire du mal à un prince qui a épousé une princesse du

ronie. M. de Cevallos répétait sans cesse : « Mais, général, l'Empereur se mêle un peu trop des affaires d'Espagne. — Apparemment, répliqua le général Savary, que mon souverain a le droit de s'en mêler. » A Vittoria, Fernand ne fut plus le maître de sa volonté : l'armée française était échelonnée, des mesures de police et de surveillance étaient prises; M. de Cevallos et le chanoine Escoïquiz pensèrent qu'il n'était plus possible de reculer.

Dès qu'il s'était décidé à passer Burgos, don Fernand VII était à la disposition de la France ; l'attitude des troupes de Napoléon était visible, elles paraissaient déterminées à se saisir du prince si la moindre résistance était faite ; la police du général Savary veillait attentive, et nul ne pouvait échapper à cet œil inquisiteur de l'aide-de-camp de l'Empereur. Les Espagnols restèrent trois jours, pour ce voyage, entre Vittoria et la Bidassoa ; ils traversèrent la rivière célèbre dans les annales de France, sur le pont de bois qui fut témoin de l'entrevue dans l'île des Faisans. Plus d'un Espagnol dut gémir lorsque, quittant le der-

sang royal, et qui a si longtemps régi le royaume.

« Le prince n'a plus d'amis : V. A. R. n'en aura plus si jamais elle est malheureuse. Les peuples se vengent volontiers des hommages qu'ils nous rendent. Comment pourrait-on faire le procès au prince de la Paix, sans le faire à la reine et au roi votre père ? Ce procès alimentera les haines et les passions factieuses : le résultat en sera funeste pour votre couronne, V. A. R. n'a de droits que ceux que lui a transmis sa mère. Si le procès la déshonore, V. A. R. déchire par là ses droits. Qu'elle ferme l'oreille à des conseils faibles et perfides. Elle n'a pas le droit de juger le prince de la Paix. Ses crimes, si on lui en reproche, se perdent dans les droits du trône. J'ai souvent manifesté le désir que le prince de la Paix fût éloigné des affaires ; l'amitié du roi Charles m'a porté souvent à me taire et à détourner les yeux des faiblesses de son attachement. Misérables hommes que nous sommes ! faiblesse et erreur, c'est notre devise. Mais tout cela peut se concilier : que le prince de la Paix soit exilé d'Espagne, et je lui offre un refuge en France. Quant à l'abdication de Charles IV, elle a eu lieu dans un moment où mes armées couvraient les Espagnes, et aux yeux de l'Europe et de la postérité je paraîtrais n'avoir envoyé tant de troupes que pour précipiter du trône mon allié et mon ami. Comme souverain voisin, il m'est permis de vouloir connaître, avant de reconnaître cette abdication. Je le dis à V. A. R., aux Espagnols, au monde entier, si l'abdication du roi Charles est de pur mouvement, s'il n'y a pas été forcé par l'insurrection et l'émeute d'Aranjuez, je ne fais aucune difficulté de l'admettre, et je reconnais V. A. R. comme roi d'Espagne

nier poste des douanes, il aperçut le drapeau tricolore sur les rives opposées. Fernand allait demeurer captif comme les comtes de Castille sous les rois maures; le triste drame marchait à son dénouement, il n'était plus d'Espagne indépendante : les Bourbons avaient cessé de régner [1].

Cependant Napoléon, depuis trois jours à Bayonne, s'impatientait d'attendre les princes de la maison d'Espagne; il avait traversé en souverain la Vendée, la province de Guyenne, naguère si royaliste, comme s'il voyageait dans une vue de distraction et de plaisir; des gardes d'honneur s'étaient partout formées à son passage; dans l'ivresse de la paix, le peuple saluait cette gloire merveilleuse. Bayonne fut fixée comme la limite de son voyage; il annonça qu'il y aurait de grandes affaires diplomatiques à traiter, et dans cet objet il appela auprès de lui des hommes capables de seconder sa pensée. Il avait envoyé M. de Laforest à Madrid, sur le théâtre même des événements; il était

Je désire donc causer avec elle sur cet objet. La circonspection que je porte depuis un mois dans ces affaires doit lui être garant de l'appui qu'elle trouvera en moi, si, à son tour, des factions de quelque nature qu'elles soient venaient à l'inquiéter sur son trône. Quand le roi Charles me fit part de l'événement du mois d'octobre dernier, j'en fus douloureusement affecté; et je pense avoir contribué, par les insinuations que j'ai faites, à la bonne issue de l'affaire de l'Escurial. V. A. R. avait bien des torts; je n'en veux pour preuve que la lettre qu'elle m'a écrite, et que j'ai constamment voulu ignorer. Roi à son tour, elle saura combien les droits du trône sont sacrés. Toute démarche près d'un souverain étranger de la part d'un prince héréditaire est criminelle. V. A. R. doit se défier des écarts, des émotions populaires. On pourra commettre quelques meurtres sur mes soldats isolés, mais la ruine de l'Espagne en serait le résultat. J'ai déjà vu avec peine qu'à Madrid on ait répandu des lettres du capitaine-général de la Catalogne, et fait tout ce qui pouvait donner du mouvement aux têtes. V. A. R. connaît ma pensée tout entière. Elle voit que je flotte entre diverses idées qui ont besoin d'être fixées. Elle peut être certaine que dans tous les cas je me comporterai avec elle comme avec le roi son père. Qu'elle croie à mon désir de tout concilier et de trouver des occasions de lui donner des preuves de mon affection et de ma parfaite estime.

« Sur ce, je prie Dieu, etc., etc. »
Napoléon.
Bayonne, le 16 avril 1808.

[1] Le général Savary se présente toujours comme un homme de candeur politique; à l'entendre « tout fut juste, rien de concerté, tout imprévu »; la police est une chaste vierge.

aise d'avoir une tête habile auprès de M. de Beauharnais et de Murat. L'Empereur s'était fait suivre à Bayonne de M. de Champagny, ministre des relations extérieures depuis la retraite de M. de Talleyrand. M. de Champagny avait trop de dévouement et pas assez de lumières : à Bayonne il eût été utile à l'Empereur d'avoir un homme d'affaires et d'intelligence de la portée de M. de Talleyrand; il aurait peut-être amené un meilleur résultat sans scandale. En passant à Poitiers, l'Empereur invita M. de Pradt à le suivre à Bayonne, parce qu'il pourrait lui être utile; esprit vif, pénétrant, M. de Pradt rendrait service dans les négociations ; et puis, comme il aurait à traiter des questions catholiques avec des conseillers presque tous appartenant à l'ordre du clergé, l'abbé de Pradt, évêque de Poitiers, lui paraissait très propre à discuter avec les docteurs de Salamanque ou d'Alcala toutes les affaires qui tenaient aux idées et aux intérêts du clergé espagnol. M. de Pradt accompagna donc l'Empereur à Bayonne avec le simple titre d'aumônier, ce qui imprimait un caractère religieux à la négociation [1].

Bayonne, ville demi-espagnole, aux formes si gaies, s'unit à la Biscaye par ses mœurs et ses habitudes; elle dépend de la longue chaîne des Pyrénées; il y a peu de différence entre Vittoria et Bayonne, sœurs d'origine, si pleines de soleil et de vie. Napoléon la choisit comme centre des négociations; il partageait son temps entre la ville et le château de Marac, simple manoir à une distance très rapprochée. Les princes d'Espagne venaient lentement, et l'activité prodigieuse de l'Empereur supportait impatiemment tous délais ; il lisait chaque jour les dépêches de Madrid, de Burgos; il écri-

---

[1] M. de Pradt mettait beaucoup de chaleur dans le récit qu'il aimait à faire des événements d'Espagne, même aux derniers temps de sa vie.

vait rapidement aux différents corps d'armée, à Murat, à M. de Laforest; il répétait à chaque moment : « Les princes d'Espagne ne viennent donc pas? » les courriers succédaient aux courriers. Il était à la gêne, ses gestes, ses yeux, tout témoignait de l'inquiétude; le drame n'allait pas à sa fin. Trois jours se passèrent ainsi, lorsqu'une voiture attelée de quatre mules parut à la porte de Bayonne, précédée d'un courrier; il en descendit un tout jeune homme de dix-neuf ans à peine, très frêle de corps, d'une physionomie fatiguée; il se fit annoncer comme l'infant don Carlos, le second des fils de Charles IV; il venait d'après les ordres de son frère, le roi Fernand VII, au-devant de S. M. l'Empereur, pour le recevoir et l'accompagner, s'il désirait visiter l'Espagne. Napoléon accueillit ce prince avec une grâce parfaite : « l'assurant qu'il recevrait don Fernand, son aîné, avec tous les égards dus à un bon et fidèle allié. » Carlos s'empressa d'écrire au roi la bonne et douce réception que lui avait faite l'Empereur. La lettre n'arriva pas à sa destination.

A ce moment la Bidassoa était franchie par don Fernand VII et ses fidèles conseillers don Pédro Cevallos, le chanoine Escoïquiz et le comte de Labrador [1]. Le général Savary ne quittait plus le prince, et lorsqu'il vint annoncer à Napoléon que le pont-levis de Bayonne était levé sur don Fernand, il ne put contenir sa joie : le prince était donc en France; il pouvait en disposer.

---

[1] *Lettre de Ferdinand VII à Napoléon.*
« Monsieur mon frère, en conséquence de ce que j'ai eu l'honneur d'écrire à V. M. I. et R., en date d'hier, je viens d'arriver à Irun, et je me propose de sortir à huit heures du matin, demain, pour avoir l'avantage de faire la connaissance de V. M. I. et R. en la maison de Marac, ce que j'ambitionne depuis longtemps, si toutefois elle veut bien me le permettre. En attendant, je suis, avec les sentiments de la plus haute estime et considération,
« De V. M. I. et R. le bon frère. »
Fernand,
A Irun, le 19 avril 1808.

L'Empereur l'embrassa cordialement, en évitant toutefois de lui donner encore le titre de majesté ; on expliqua devant ses conseillers qu'il fallait avant tout la formalité de la reconnaissance : le soir ils dînèrent ensemble, et l'Empereur employa toujours en lui parlant la troisième personne pour ne point préjuger une question qui serait traitée en conseil. Napoléon suivait des yeux les moindres mouvements du prince ; il cherchait à pénétrer son cœur, à lire dans sa physionomie ; plusieurs portraits de don Fernand lui avaient été envoyés de Madrid ; on le trompait sur le véritable caractère de ce jeune homme ; on le disait mou, irrésolu ; Napoléon s'imaginait rester maître du prince des Asturies sur trois points [1] : l'abdication de la couronne d'Espagne, son acceptation du frêle trône d'Étrurie en échange, puis le mariage de ce prince avec une de ses nièces. Don Fernand oserait-il une résistance ? L'Empereur croyait vaincre l'opposition dans un jeune prince déjà fatigué d'une lutte trop violente pour son tempérament.

Le même jour qu'il recevait avec une expression si cordiale don Fernand de Castille, l'Empereur donnait mission à Savary d'exposer à ce prince sa volonté impérative d'une abdication ; il n'y avait pas à hésiter, car cette résolution était définitive ; rien ne pourrait la chan-

---

[1] Dès son arrivée on put se convaincre des tristes impressions que Ferdinand avait dû recevoir à l'aspect de sa captivité :
Lettre de Ferdinand à son frère Antonio-François-de-Paule.
Mon cher Antonio,
« J'ai reçu ta lettre du 24, et j'ai lu la copie de la lettre de Murat, et ta réponse dont je suis satisfait. Je n'ai jamais douté de ta prudence et de ton attachement à ma personne, et je ne sais comment t'en récompenser. J'ignore comment tout ceci finira, je désire que ce soit bientôt, et surtout à la satisfaction de tous. Je te préviens que Napoléon a entre ses mains une lettre de Marie-Louise qui porte que l'abdication de mon père a été forcée. Fais comme si tu l'ignorais, mais conduis-toi en conséquence, et tâche que ces *maudits Français* ne fassent aucun trait de leur méchanceté.
« Je suis ton affectionné frère, etc. »
Fernand.
Bayonne, le 28 avril 1808.

ger. On vit dès ce moment à Bayonne tous les caractères d'une triste surprise, d'un guet-apens : on faisait venir Fernand VII sous la promesse de le reconnaître roi, on l'attirait sur un territoire étranger par l'ascendant d'un esprit aussi supérieur que celui de Napoléon, et là le général Savary, le chef de la gendarmerie d'élite, venait lui intimer l'ordre d'abdiquer la couronne ; Napoléon l'avait embrassé pour l'étouffer. Il était bien possible que le prince qui prenait la couronne en fût indigne ; on peut ajouter même que l'intérêt de la France voulait que la maison de Bourbon cessât de régner en Espagne ; alors il fallait aller droit au but, l'Empereur était assez fort pour déclarer la guerre à la maison d'Espagne ; s'il avait à se plaindre de Charles IV, de son fils, des Espagnols, eh bien ! n'avait-il pas alors ses aigles victorieuses ? et au premier signal, son armée marchait sur Madrid ; elle qui avait conquis le monde, pouvait bien toucher les colonnes d'Hercule. Tout était ici loyal et fort ; pourquoi employer la ruse italienne ? pourquoi ces subterfuges de la faiblesse, ce petit machiavélisme dicté par l'esprit corse ?

Ce qui surprit l'Empereur, c'est que Savary trouva une résistance très vive dans don Fernand VII » qui ne venait, disait-il, à Bayonne, que pour être reconnu roi » ; le général se hâta d'en rendre compte à Napoléon fort avant dans la nuit. Sur le champ, l'Empereur manda au palais le chanoine Escoïquiz [1], le conseiller sérieux, l'esprit tout puissant auprès de Fernand, son élève ; il voulait le gagner à lui, il voulait lui dévoiler en termes précis

---

[1] Je donne textuellement ce curieux dialogue du chanoine Escoquïz et de l'Empereur chef-d'œuvre d'habileté de part et d'autre :

« *Napoléon*. — Chanoine, comment expliquez-vous l'émeute d'Aranjuez ?

« *Escoïquiz*. — L'émeute du peuple à Aranjuez n'eut d'autre cause que l'indignation publique portée au plus haut point par la nouvelle positive de la résolution prise par le roi de se retirer avec toute sa famille en Andalousie, et la crainte qu'à l'exemple

toutes ses idées sur l'Espagne, et l'entraîner sous le prestige de son système. Dans ces sortes de conférences intimes, Napoléon était admirable de finesse et de dextérité, employant tour à tour la force, la douceur, la souplesse. Il savait toute la puissance qu'Escoïquiz avait sur le prince; si donc il pouvait obtenir une victoire sur la conscience du digne chanoine, il était certain d'arriver au résultat de sa politique.

L'Empereur aborda la question par des paroles chaudes et pressantes : « Il y a longtemps, dit-il, chanoine, qu'en raison de la bonne idée qu'on m'a donnée de vous, je désirais m'entretenir sur les affaires de votre prince. Je ne saurais, dans ma position, ne pas m'intéresser au sort malheureux du roi son père. Il réclame ma protection, et l'Europe entière a les yeux sur moi. L'abdication de Charles IV, faite au milieu d'une garde séditieuse et d'un peuple révolté, indique suffisamment qu'elle fut forcée. Je ne puis la regarder comme réelle que lorsque le roi, qui m'a adressé une protestation, abdiquera de nouveau et sans contrainte. D'ailleurs, les intérêts de mon empire exigent absolument que la maison de Bourbon, ennemie implacable de la mienne, perde le trône d'Espagne. Ce changement est dans l'intérêt de votre nation. La dynastie que j'établirai vous

du souverain de Portugal, il n'abandonnât aussi son peuple et n'allât s'établir dans une de ses colonies. Tout, en effet, avait été tranquille jusqu'au moment où les préparatifs de ce fatal voyage, l'avis qui en fut donné officiellement au conseil de Castille, et l'ordre porté aux troupes de Madrid de se rendre en toute hâte à Aranjuez pour protéger le départ des souverains, eurent fait connaître que rien n'était plus certain que cette résolution. Pouvait-on penser qu'un peuple si jaloux de l'honneur de son pays, si fidèle à son roi, verrait sans indignation une entreprise de ce genre? Les troupes mêmes pouvaient-elles s'empêcher de partager ce sentiment en voyant que l'on voulait se servir d'elles comme d'un instrument nécessaire pour favoriser un projet si honteux et si funeste à la nation?

« Quant aux gardes du corps et autres troupes qui étaient à Aranjuez, tout le monde sait que, loin de prendre part à cette émeute, ils accoururent pour protéger la maison du prince de la Paix contre la violence du peuple; et qu'après l'avoir garantie, ils s'unirent aux autres corps qui

donnera une bonne constitution, et son alliance avec moi assurera le bonheur de la Péninsule. Cependant, j'estime Ferdinand; il est venu me trouver avec confiance à Bayonne, je veux traiter cette affaire avec lui, et le dédommager, autant qu'il est possible, ainsi que ses frères, de ce que ma politique m'oblige de leur enlever. Proposez donc à Ferdinand de renoncer à tous ses droits sur la couronne d'Espagne, de recevoir, en échange, l'Étrurie, avec le titre de roi, et une entière indépendance pour lui et ses héritiers. Dites-lui que je lui ferai compter en pur don, pour son établissement, une année des revenus de son nouveau royaume. Lorsqu'un traité aura été signé à cet égard, je lui donnerai ma nièce en mariage, pour l'assurer de toute mon amitié, et nos conventions seront signées de suite, avec la solennité nécessaire. Si Ferdinand rejette mes propositions, je m'entendrai avec son père : ni lui ni ses frères ne seront admis à aucune négociation. Ils perdront tout sans indemnité. Si le prince fait ce que je désire, je conserverai à l'Espagne son intégrité territoriale, son indépendance, ses lois, sa religion, ses usages; je ne veux pas un seul village pour moi. » Ensuite l'Empereur déclara « que si cela ne convenait pas au prince des Asturies, il était libre de s'en retourner. » Paroles malheureusement trom-

étaient déjà assemblés devant le palais du roi, pour réprimer, s'il était nécessaire, les efforts de la populace et défendre LL. MM.

« *Napoléon*. — Quelle que soit la couleur que vous essayez, chanoine, de donner au soulèvement d'Aranjuez et à ses résultats, il est certain que vous ne pourrez vous empêcher au moins d'avouer que les apparences, et particulièrement la protestation faite par le roi Charles, le jour même de la signature de son abdication, prouvent que cette abdication, loin d'avoir été libre et volontaire, fut le fruit de la crainte, Ainsi, cet acte, malgré tous vos efforts, sera généralement regardé comme arraché au roi Charles, dans la crainte que lui inspirait un danger très pressant !

« *Escoïquiz*. — Je ferai observer à V. M. que le changement soudain de résolution auquel pourrait faire croire la protestation du même jour, quoique je sois bien persuadé qu'elle n'eut lieu que deux jours après, c'est-à-dire au moment où elle fut adressée à V. M. I., n'étonnera que ceux qui ne connaissent point l'excessive faiblesse de ce malheureux roi. Esclave de la reine, qui

peuses, car il suffisait de voir les gardes pressés autour de la maison du prince pour juger qu'il était captif.

A cette brusque et inattendue communication, le front du chanoine se plissa, ses yeux témoignèrent une douloureuse surprise : « Puisque vous me permettez, Sire, de vous parler franchement, je ne vous cacherai pas combien je suis étonné d'un projet que mon roi et ma nation sont bien loin de soupçonner, vu l'étroite alliance qui, depuis plus d'un siècle, subsiste entre les deux États, le renouvellement qui en a été fait sous votre Empire et qui l'a rendue bien plus étroite encore, les efforts continuels de l'Espagne depuis cette époque jusqu'à ce moment pour soutenir la France dans toutes ses guerres, même dans celle que V. M. I. a entreprise pour détrôner la branche des Bourbons de Naples; efforts dans lesquels l'Espagne a sacrifié sa marine, épuisé ses trésors, et a fini par se ruiner; la remise de nos places frontières, l'entrée libre de vos troupes jusque dans la cour de notre souverain, et tout cela avec la confiance que peut seule inspirer l'amitié la plus aveugle. Permettez-moi seulement, Sire, dans la persuasion où je suis que ce refus et ce projet d'ôter au roi et à sa dynastie la couronne d'Espagne ne peuvent être que le résultat de faux renseignements qui

---

avait toute sa confiance, il eût signé et signerait encore, au moindre désir qu'elle lui en témoignerait, l'acte le plus opposé à ses propres idées ; et voilà pourquoi il consentit à cette époque à une protestation dictée par la prévention de cette aveugle souveraine contre son propre fils.

« *Napoléon*. — Je n'ignore point, chanoine, tout ce que l'on a raconté de la faiblesse de Charles IV ; mais il y a dans sa renonciation des particularités, outre celles dont je vous ai déjà parlé, qui à mes yeux en confirment la nullité. Un acte comme celui-là, sur lequel il fallait longuement réfléchir avant que de e faire, et dont tous les éléments avaient besoin d'être discutés avec les représentants de la nation ; un acte qui devait être exécuté avec la lenteur et la solennité nécessaires, et dans une tranquillité parfaite d'esprit et de corps, qui malgré cela a été accompli et médité d'une manière si subite dans un jour de sédition ; qui, ce jour-là même, ou si vous le voulez quarante-huit heures après, a été, par celui même qui l'avait consenti, révoqué comme lui ayant été arraché par la force ; un acte, dis-je, de cette nature, ne passera jamais aux yeux des hommes sensés pour

vous auront été donnés sur les affaires du royaume, de prendre la liberté de vous opposer le véritable état des choses, et de vous prouver que ce refus et ce projet sont aussi contraires à vos intérêts politiques qu'à ceux de l'Espagne et de mon souverain. »

Le conseiller fidèle de Ferdinand VII développa les fatales conséquences d'une guerre nationale contre l'Espagne et la conduite loyale de son prince. « Vous vous trompez, chanoine, s'écria Napoléon; tout a été violent jusqu'ici dans vos palais. Et la conspiration de l'Escurial, expliquez-la. » — « La conspiration de l'Escurial, reprit Escoïquiz, ne fut qu'une accusation atroce et calomnieuse contre le roi Fernand, alors prince des Asturies, et n'exista jamais que dans la malignité de Godoï, secondé par la préoccupation de la reine et la pusillanimité de Charles IV. Personne ne peut parler plus pertinemment que moi de ces faits, puisque j'en fus le principal acteur. Ces démarches, Sire, se réduisirent aux conférences que j'eus au nom du prince Ferdinand avec l'ambassadeur Beauharnais, et à la lettre qu'à sa demande je lui remis de la part du prince pour V. M.; lettre par laquelle le prince implorait votre appui auprès des vieux souverains, pour obtenir qu'ils approuvassent

avoir été libre et volontaire. Rappelez-vous les exemples que l'histoire de votre pays vous fournit, et vous verrez si les Charles V, les Philippe V n'observèrent pas en pareilles circonstances toutes les formalités, ne prirent pas toutes les précautions dont je vous ai parlé. Quelle différence ne trouvez-vous pas entre ces actes et celui d'Aranjuez?

« *Escoïquiz.* — La renonciation que le monarque fit après en faveur de son fils ne fut, si on peut le dire, que la répétition de celle qu'il avait déjà faite depuis longtemps en faveur du prince de la Paix, avec cette différence cependant que, par la dernière, c'est-à-dire celle par laquelle l'héritier légitime de la couronne était placé sur le trône, Charles IV ne se débarrassa pas seulement de l'autorité, mais encore du titre qui rendait cette autorité légitime.

« *Napoléon.* — Malgré toutes vos raisons, chanoine, je m'en tiendrai toujours à ma première idée; mais laissons cela pour un moment de côté, et dites-moi si je puis perdre de vue que les intérêts de ma maison et de mon empire exigent que les Bourbons ne règnent plus en Espagne? (Napoléon lui tirant l'oreille.) Quand bien même, chanoine,

son union avec une princesse de votre auguste famille, ce qui était pour S. A. R. un moyen infaillible de déconcerter les projets du prince de la Paix, en se mettant sous la puissante protection de V. M. »

Napoléon marchait à grands pas. « Vraiment Beauharnais a fait cela? Dans ce cas, chanoine, mon ambassadeur outre-passa de beaucoup ses pouvoirs, puisque je ne lui avais pas ordonné de traiter avec le prince des Asturies, et encore moins d'exiger de lui une semblable lettre, qui, dans toute autre circonstance, eût été une désobéissance criminelle envers son père. » Escoïquiz s'aperçut de la tendance que l'Empereur voulait donner à la conjuration de l'Escurial : « Sire, tout fut commandé à San Lorenzo par la juste crainte que nous inspiraient, au prince et à moi, l'ambition effrénée du prince de la Paix et les trames qu'il ourdissait sourdement pour opprimer Ferdinand au moment où le roi Charles, qui était alors dangereusement malade, viendrait à mourir. Nous ne nous dissimulons pas en effet que son intention était d'usurper le trône, ou de conserver contre le gré du légitime héritier, sous un titre quelconque, l'autorité absolue dont il jouissait. » — « Je suis parfaitement instruit de tout cela, reprit Napoléon. Je sais, à ne pas en douter,

vous auriez raison dans tout ce que vous m'avez dit, je vous répondrai : *Mauvaise politique*. (Après avoir beaucoup ri.) Mais revenons à notre objet, chanoine ; il est impossible que vous ne voyiez pas comme moi que tant que les Bourbons régneront en Espagne, je ne pourrai point m'attendre à avoir avec cette puissance une alliance sincère ; ils feindront bien, je le sais, tant qu'ils se trouveront seuls de leur côté, d'entretenir cette alliance avec moi, parce qu'ils ne seront pas assez forts pour me nuire ; mais leur haine éclatera aussitôt qu'ils me verront embarrassé dans quelque guerre du Nord, ce qui peut avoir lieu d'un moment à l'autre, et alors vous les verrez se réunir avec mes ennemis pour m'attaquer. Que puis-je faire de mieux, pour justifier à vos yeux cette opinion, que de rappeler la perfidie avec laquelle Charles IV lui-même, malgré sa prétendue fidélité à maintenir son alliance avec moi, voulut me faire la guerre peu de temps avant la bataille d'Iéna, c'est-à-dire dans le moment même où il me croyait le plus occupé à celle que je faisais alors à la Prusse ? Ne profita-t-il pas du danger qui semblait me menacer pour répandre, comme vous

que tout ce que l'on a imputé comme délit à vous, chanoine, au duc de l'Infantado, et à plusieurs autres personnes compromises dans l'affaire de l'Escurial, ne fut qu'un effet de votre fidélité. Je sais que vous n'aviez en vue que de vous opposer, par des moyens que dictait alors une juste prudence, aux projets que vous croyiez concertés contre le prince Ferdinand pour l'époque présumée de la mort de son père, mais que vous ne manquâtes jamais à la fidélité ni au respect que vous deviez à ce dernier. Je suis instruit de tous les détails, je connais l'innocence du prince et de toutes les personnes qui ont figuré dans cette circonstance; mais l'événement odieux d'Aranjuez, la renonciation du roi Charles, faite au milieu d'un peuple irrité; la désertion de ses gardes, qui, au lieu de soutenir leur maître, ne contribuèrent pas peu à l'opprimer et à le forcer de se prêter à ce qu'on exigeait de lui; l'empressement de Ferdinand à profiter de cette renonciation, sa conduite, celle de ses partisans dans cette occasion, tout cela n'est-il pas de nature à faire croire à l'Europe entière et à moi que Charles IV fut contraint de renoncer à sa couronne? »

Ces préliminaires sur les événements d'Espagne amenèrent la discussion des projets de l'Empereur. Souverain impérieux, Napoléon demandait à Ferdinand

le savez, dans tout son royaume, une proclamation qui ne tendait pas moins qu'à armer tous ses sujets contre moi? Jamais, non, jamais, je le répète, je ne pourrai compter sur l'Espagne tant que les Bourbons en occuperont le trône; et les forces de cette nation, qui de tout temps ont été considérables, peuvent un jour, s'il se trouve un homme de mérite à la tête du gouvernement, le devenir au point de troubler mon repos. Ne vous étonnez pas, chanoine, si je vous répète : *Mauvaise politique.*

« *Escoïquiz.* — Permettez, sire, que je fasse observer à Votre Majesté que la branche des Bourbons qui règne en Espagne en ce moment, séparée depuis longtemps des autres, et ne tenant à elles que par les liens d'une parenté très éloignée, ne peut pas avoir pour les dernières un grand degré d'affection ; c'est ce qui d'ailleurs a été bien prouvé sous le règne de Ferdinand VI, puisqu'elle ne voulut pas contracter la moindre alliance avec la branche de France. Non seulement elle se refusa à la soutenir dans ses guerres contre l'Angleterre et

une abdication pure, simple, immédiate. Le chanoine, fidèle à son prince, discuta une à une toutes les objections; il mit en présence la justice, la politique, les difficultés même puisées dans le caractère espagnol, et la vive indignation qu'il éprouverait à l'aspect des événements de Bayonne.

Cette conversation historique de l'Empereur et du chanoine Escoïquiz se continua pendant deux heures dans les mêmes termes, et Napoléon put se convaincre que la résistance de Fernand serait plus ferme qu'il ne l'avait cru d'abord. Il s'était imaginé qu'une fois à Bayonne, il exercerait sur un prince de vingt-deux ans, élevé dans les monastères d'Espagne, une influence décisive; et, tout au contraire, il vit que le prince, entouré de ses conseillers habiles, M. de Cevallos, Labrador, le duc de l'Infantado, le chanoine Escoïquiz et le duc de San Carlos, résistait avec une grande persévérance à toutes les volontés sur l'abdication de la couronne. Comme il croyait que cette résistance tenait à des intérêts particuliers, l'Empereur voulut que les hommes politiques qu'il avait conduits à Bayonne se missent en rapport avec les conseillers de Ferdinand. Les formes trop brusques, trop soldatesques de Savary, avaient profondément déplu aux

---

la Prusse, mais encore, même dans le temps qu'elle avait l'air de garder la plus exacte neutralité, elle manifesta, toutes les fois qu'elle put le faire, sans cependant manquer à cette neutralité, sa prédilection pour les ennemis de la France.

« Quelles seront les raisons, sire, qui pourront faire craindre à Votre Majesté de la part de Ferdinand la moindre inimitié, la moindre opposition contre votre auguste famille et votre Empire dont l'alliance est sous tous les rapports pour l'Espagne le premier intérêt politique? Et si l'union que notre jeune roi a le désir de contracter avec une princesse impériale a lieu, ne tiendra-t-il pas de plus près à la maison de son épouse? N'aura-t-il pas naturellement pour cette maison plus d'attachement que pour quelques parents éloignés auxquels il a toujours témoigné beaucoup d'indifférence? n'aimera-t-il pas mieux enfin avoir pour Votre Majesté les sentiments d'un bon fils, et pour votre famille ceux d'un prince dévoué?

« *Napoléon.* — Vous me faites là des contes, chanoine, vous êtes trop instruit pour ne pas savoir qu'une femme est toujours un lien trop faible pour fixer la conduite po-

grands d'Espagne ; Napoléon changea de négociateurs ; l'abbé de Pradt dut discuter les questions espagnoles avec le chanoine Escoïquiz : « entre gens de robe, comme le dit en plaisantant l'Empereur, il croyait qu'on pourrait s'entendre. » M. de Champagny se mit en rapport avec M. de Cevallos, le secrétaire d'État de don Fernand VII, tandis que lui, l'Empereur, se réservait l'action directe et immédiate sur l'esprit du jeune prince.

Pressé de toutes parts, il faut dire, à l'éloge du nouveau roi des Espagnes, qu'il résista avec une grande fermeté de caractère. Les infants montrèrent une certaine énergie ; ils entretenaient une correspondance intime avec la junte de Madrid et leur oncle Don Antonio, qui la présidait ; et ces princes d'Espagne ne cessèrent de s'exprimer sur le guet-apens de Bayonne avec un sentiment indicible de colère et de mépris. Ils parlaient déjà des « maudits Français » à leur jeune frère Francisco de Paulo, et ce sentiment de haine éclata plus tard dans les insurrections. Comme rien ne s'arrangeait à Bayonne, M. de Cevallos demanda « s'il serait libre aux infants de retourner en Espagne. » M. de Champagny répondit que « certainement oui, mais qu'il fallait prendre les

---

litique d'un prince, et que ce lien n'est en rien comparable à celui qui existe entre parents sortis de la même tige. Et qui pourrait me répondre d'ailleurs que l'épouse de Ferdinand prendrait de l'ascendant sur l'esprit de son mari ? Tout cela n'est-il pas subordonné au hasard et aux circonstances ? Au reste, la mort peut rompre un jour tous ces liens entre la maison d'Espagne et la mienne, et alors cette haine, qui n'aurait été qu'assoupie momentanément par l'influence de cette souveraine, se réveillerait après elle avec plus de force que jamais. Allons donc, chanoine, vous me présentez là de véritables châteaux en Espagne. Pensez-vous que je pourrai, tant que les Bourbons seront sur le trône, avoir sur le compte de l'Espagne la même sécurité que si le sceptre est entre les mains d'un prince de ma famille ? Celui-ci, il est vrai, pourra avoir, soit avec moi, soit avec mes successeurs, quelques différends, mais ce ne sera jamais au point d'être un ennemi déclaré de ma maison ; loin d'en désirer la ruine comme les Bourbons, il fera au contraire tous ses efforts pour la soutenir lorsqu'il verra son existence réellement menacée.

« *Escoïquiz*. — L'Europe, les yeux fixés sur Bayonne, attend avec impatience le ré-

ordres de l'Empereur; » et ces ordres furent de les retenir à Bayonne. On put voir les précautions redoubler; des gardes furent placées à toutes les issues; la police du général Savary devint plus active, il fut destiné à garder les princes d'Espagne : exécuteur fidèle des ordres de Napoléon, le général Savary n'avait qu'une pensée, qu'une volonté : répondre à la confiance, aux exigences même les plus arbitraires de son souverain.

Rien n'avançait à Bayonne, le plan conçu par Napoléon s'arrêtait tout à coup par la résistance des infants, il ne lui restait jusque-là que l'odieux du rôle. On avait déterminé les princes d'Espagne à venir à Bayonne; le bruit circulait déjà que l'abdication était exigée, et l'Empereur n'obtenait rien de positif : que faire dès lors pour arriver au but proposé? Napoléon savait toute l'influence que sa seule parole exerçait sur le vieux roi Charles IV et sur la reine Maria-Luiza; il connaissait leur tristesse, leur affliction, par suite de la captivité du prince de la Paix : si l'on rendait à la reine Manuel Godoï, retenu à Madrid sous une accusation capitale; si l'on donnait à Maria-Luiza son pauvre ami, son *Cortejo*, il n'est pas douteux que la reconnaissance de Charles IV serait à son comble, et que tous viendraient à Bayonne pour jeter aux pieds de l'Empereur leur couronne et leur

sultat du voyage du roi Ferdinand. Si Votre Majesté ne consulte dans cette affaire que son cœur noble et magnanime, nul doute que l'Europe ne lui rende une justice éclatante et n'applaudisse généralement à sa générosité. Les puissances ennemies, jalouses de votre gloire, se verront alors forcées d'avouer que vous êtes aussi équitable envers vos alliés que terrible pour vos adversaires. Cette preuve que vous leur donnerez de votre modération diminuera leur jalousie, refroidira leur haine, dissipera la crainte qu'elles ont de perdre à leur tour leur indépendance, crainte que l'Angleterre ne cesse de répandre parmi elles, et déjouera toutes les trames que cette implacable ennemie de la France ourdit pour réunir de nouveau toute l'Europe contre Votre Majesté.

« Si, au contraire, Votre Majesté tient toujours au projet d'un changement de dynastie, elle me permettra de lui assurer qu'elle portera par ce moyen à un degré extrême l'envie et la haine des puissances même les plus indifférentes. La crainte de perdre à leur tour leur indépendance s'em-

sceptre. Napoléon écrivit donc à Murat pour qu'il eût à exiger sur le champ de la junte la remise du prince de la Paix; on le conduirait à Bayonne sous la sauvegarde impériale. La junte n'osa résister au grand-duc de Berg, et Manuel Godoï, rendu à la liberté, n'eut pas de plus grande affaire que de venir en toute hâte se concerter à Bayonne avec Napoléon pour suivre et accomplir ses desseins. Le trajet de Madrid à la frontière fut fait en deux jours, à travers les corps français qui s'échelonnaient sur la route de Vittoria; dans la joie de sa délivrance, Manuel Godoï écrivit à Charles IV, témoignant la satisfaction qu'aurait l'Empereur des Français, son bon ami, de le voir à Bayonne; et Charles IV, ce monarque faible, accourut aux pressantes sollicitations de Godoï : roi et reine étaient si aises d'embrasser leur ami, de le savoir sauvé de ceux qu'ils appelaient les traîtres, les méchants !

Bayonne vit donc Charles IV après don Fernand VII, et des masses de peuple entouraient ces voitures gothiques, ces carrosses à la Louis XIV, traînés par huit mules de la Biscaye : L'Empereur, qui n'avait jamais vu Charles IV, l'accueillit avec une effusion très cordiale; la physionomie de ce monarque était fortement marquée des traits Bourbons dégénérés, avec

parera d'elles, surtout en voyant le sort affreux que vous aurez réservé à votre plus fidèle allié, et vous aurez en même temps fourni à l'Angleterre de nouvelles armes pour exciter et éterniser les efforts de toutes ces puissances pour faire la guerre à votre Empire. Ajoutez à cela, sire, que les Espagnols voueront à Votre Majesté une haine implacable, et plusieurs siècles s'écouleront avant qu'elle soit éteinte. L'expérience vient à l'appui de ce que je dis. Il y a plus de cent ans que la guerre de la succession a eu lieu, et ce n'a été cependant qu'à l'époque du couronnement de Ferdinand que l'animosité des provinces d'Aragon, de Catalogne et de Valence, contre la France, contre la maison de Philippe d'Anjou, et même contre les Castillans qui l'avaient soutenue, s'est véritablement assoupie.

« *Napoléon.* — Vous exagérez les difficultés, chanoine. Je ne crains rien de l'unique puissance qui pourrait me donner quelque inquiétude. L'empereur de Russie, à qui je communiquai à Tilsitt mes projets sur l'Espagne, qui datent de cette époque, les ap-

ce nez traditionnel dans les races du Béarn, une bouche large, les lèvres épaisses ; la stature de Charles IV était haute, son port majestueux ; bien qu'accablé de rhumatisme et de goutte, il marchait droit, et l'aisance même de sa pose constatait que ce prince était habitué aux commandements et aux hommages que de toutes parts on lui rendait. Le baisement eut lieu à Bayonne comme si le souverain eût encore été à Aranjuez ; chaque Espagnol dut s'agenouiller, selon l'usage des Castilles, et le roi les nomma tous par leurs noms avec un accent de grande familiarité : « Toi, Nunez, toi Pedro, toi Jose, Gonzalo, Gomez. » La reine montrait son origine tout italienne et napolitaine : sa peau était brune et affreusement ridée ; avec cela des yeux très expressifs, une finesse de regard indicible, une pénétration peu commune pour juger les événements. L'Empereur avait d'avance préparé le prince de la Paix à ses idées ; l'abdication lui paraissait indispensable. L'Espagne n'était plus à Charles IV depuis les événements d'Aranjuez ; nul du peuple ne lui aurait obéi ; Fernand seul pouvait être roi ; le prince de la Paix n'oserait jamais rentrer sur le territoire sans s'exposer à un procès criminel ou même à l'assassinat : roi d'Espagne ou Manuel Godoï, il n'était

---

prouva et me donna sa parole d'honneur de ne point s'y opposer. Quant aux autres puissances, elles se garderont bien de remuer. Dans tous les cas, la résistance des Espagnols ne sera jamais redoutable. Les grands et les riches, dans la crainte de perdre leur fortune, resteront tranquilles et emploieront toute leur influence à calmer le peuple. Le clergé et les moines, que j'aurai soin de rendre responsables du désordre, mettront aussi en usage leur influence ; et vous savez qu'ils en ont beaucoup. La populace seule excitera peut-être quelque soulèvement dans quelques points, mais quelques châtiments sévères l'auront bientôt rappelée à son devoir. Croyez-moi, chanoine, les pays où il y a beaucoup de moines sont faciles à subjuguer ; j'en ai l'expérience. C'est ce qui arrivera avec les Espagnols, surtout quand ils verront que je leur promets l'intégrité et l'indépendance de leur monarchie, une constitution plus libérale et plus raisonnable, et la conservation de leur religion et de leurs usages. » (On voit combien étaient fausses les idées de Napoléon sur l'Espagne.)

plus d'autres ressources pour eux que de demander un asile en France; l'abdication devenait une mesure indispensable; elle fut convenue.

Mais ce résultat ne finissait rien; il n'arrivait pas au but que l'Empereur se proposait, celui de s'emparer du trône des Espagnes; si l'on n'obtenait l'abdication formelle de don Fernand, tout était manqué, car il était le seul, le véritable roi pour la nation; la renonciation de Charles IV était un fait accompli depuis Aranjuez; si donc on voulait réaliser le plan de Napoléon, il fallait employer toute l'autorité de Charles IV et de la reine sa femme sur leur fils et leur héritier [1]; à cet effet, dès que Charles IV fut à Bayonne, toute équivoque cessa sur les rapports de la France et du roi d'Espagne; il ne fut plus question de la reconnaissance de don Fernand VII; l'Empereur ne salua d'autre majesté que celle du vieux roi; il le remit sur le trône, afin que ce sceptre, manié par des mains faibles, tombât de la maison de Bourbon dans la sienne. Préoccupé de ce dessein, Napoléon s'ouvrit à Manuel Godoï; le favori détestait don Fernand et il envenima les griefs du vieux souverain contre son fils. L'Empereur secondait les efforts de Ma-

---

[1] Cette négociation du père et du fils se suivait aussi activement par lettres autographes.

Lettre de Ferdinand VII à son père.

« Mon cher et honoré père, Votre Majesté est convenue que je n'ai pas eu la moindre part dans les mouvements d'Aranjuez, dont le but était, ainsi que cela est reconnu et que V. M. en a la preuve, non de la dégoûter de la royauté, mais pour l'engager à garder le sceptre, et à ne pas abandonner ceux dont l'existence dépend du trône même. V. M. m'a également déclaré que son abdication avait été spontanée, et que, quand même quelqu'un assurerait le contraire, je ne devais pas le croire, car elle n'avait jamais donné de signature avec plus de plaisir. V. M. m'a dit aujourd'hui que, quoiqu'il fût certain qu'elle fît son abdication avec toute la liberté possible, elle se réserva le pouvoir de reprendre les rênes du gouvernement quand elle le jugerait à propos. En conséquence, j'ai demandé à V. M. si elle voulait régner de nouveau; elle m'a répondu qu'elle ne voulait pas régner, et encore moins retourner en Espagne. Malgré cela, V. M. m'ordonne de résigner en sa faveur une couronne qui

nuel Godoï, il fut présent à la première scène dramatique entre Charles IV et don Fernand, à ces premiers reproches que le père et la mère adressèrent à l'aîné de leur race : « N'es-tu pas content, dit Charles IV à Fernand, d'avoir ainsi préparé mes afflictions? Tu vois dans quel état tu m'as réduit! Abdique le pouvoir que tu m'as arraché; remets-moi la couronne, je la veux; si tu n'obéis, je te traiterai toi et les tiens comme sujets rebelles, entends-tu, Fernand? »

Napoléon était là, suivant des yeux le prince des Asturies, qui répondit avec émotion : « Je ne suis pas un traître; la couronne est à moi, vous l'avez abdiquée, mon père, et par-dessus tout j'ai sauvé Manuel qui me poursuit. » — « Rends-moi ma couronne, répliqua Charles IV, rouge de colère. » Et, comme le prince s'y refusait, on vit alors un spectacle triste et affligeant : le vieux roi perclus de goutte se leva de son siége, et prenant sa canne, il en menaça Fernand. Charles IV ne savait pas se contenir : il était brutal, colère, avec ses enfants, ses domestiques; et l'Empereur lui-même fut ému à cet aspect; une indicible impression se peignit sur sa figure : lui rempli des souvenirs classiques, se représenta le vieux Priam, tel que nous le peint Homère. Un spectacle en-

m'est dévolue, suivant les lois fondamentales du royaume, dès le moment de son abdication. Comme aucune épreuve n'est difficile pour un fils qui s'est toujours distingué par l'amour, le respect et l'obéissance qu'il doit à ses parents, quand il s'agit de mettre au jour ces qualités, principalement quand ces devoirs de fils ne sont pas en contradiction avec les obligations que les devoirs de souverain m'imposent envers mes sujets, et afin que ces sujets, qui ont le premier droit à mes attentions, ne soient point lésés, et que V. M. n'ait pas lieu de se plaindre de mon obéissance, je suis prêt, vu les circonstances, à renoncer à ma couronne en faveur de V. M. aux conditions suivantes.

« Première : Que V. M. reviendra à Madrid, où je l'accompagnerai et la servirai en fils respectueux. — Deuxième : Que les cortès seront assemblées à Madrid ; et, dans le cas que V. M. ait de la répugnance pour une assemblée si nombreuse, on pourrait convoquer tous les tribunaux et les députés du royaume. — Troisième : Que ma renonciation sera faite, et les motifs qui m'y engagent seront déclarés en présence de cette assemblée. Ces

core plus hideux alors se montra aux yeux de Napoléon: la vieille reine Maria-Luiza, qui avait au cœur un ressentiment profond des injures que son Cortejo avait reçues de Fernand, lui jeta à la face mille insultes; elle l'accabla d'épithètes; puis se tournant vers l'Empereur, elle le supplia de faire le procès à son fils : « car il avait mérité l'échafaud. » Il se manifesta quelque chose d'affreux dans cette malheureuse scène de famille; et ceux-là furent bien coupables qui entraînèrent l'Empereur à préparer un spectacle aussi affligeant pour la dignité du foyer domestique. Fernand, un moment muet, reprit ses esprits : « Mon père, seigneur et roi, vous demandez ma renonciation; j'y consens, mais je ne céderai le sceptre que j'ai acquis dans notre bonne ville de Madrid, qu'à condition que V. M. n'amènera aucune des personnes qui sont odieuses à l'Espagne. Si le roi ne peut gouverner à cause de sa santé, c'est moi qui prendrai les rênes du gouvernement; quant à l'abdication, elle sera soumise à une convocation extraordinaire des cortès ou bien au conseil des Castilles; ils en jugeront. »

Napoléon fronça les sourcils; son plan était détruit; pour être utile, l'abdication devait avoir lieu à Bayonne.

motifs sont l'amour que j'ai pour mes sujets, afin de payer de retour celui qu'ils ont pour moi, en leur procurant la tranquillité et en écartant d'eux les horreurs d'une guerre civile, par le moyen d'une renonciation qui n'a d'autre but que celui d'engager V. M. à reprendre le sceptre et à gouverner des sujets dignes de son amour. — Quatrième : V. M. n'amènera point avec elle des personnes qui méritent, à juste titre, la haine de la nation. — Cinquième : Que si V. M. persiste dans ce qu'elle a avancé, de ne pas revenir en Espagne, et de ne pas régner une autre fois, je gouvernerai en son nom, comme son lieutenant; car personne ne peut m'être préféré : j'ai pour moi les lois, le vœu des peuples et l'amour de mes sujets ; personne ne peut chercher leur prospérité avec autant de zèle, et ne s'y croit plus obligé que moi. Après avoir fait ma renonciation avec ces restrictions, je comparaîtrai devant les Espagnols pour leur faire voir que je préfère l'intérêt de leur conservation à la gloire de les commander, et l'Europe me jugera digne de commander des peuples à la tranquillité desquels j'ai su sacrifier ce que les hommes ont de plus flatteur et de plus séduisant. Dieu ait l'importante vie de V. M,

Il ne voulait point renvoyer les princes d'Espagne ou les laisser partir pour Madrid : convoquer les cortès, c'était perdre tous les soins que jusqu'alors il avait donnés pour l'accomplissement de son drame. Que voulait-il? disposer librement de la couronne : Charles IV, don Fernand et don Carlos n'étaient à Bayonne que pour cela. Les laisserait-il échapper? la captivité était pour tous ; il fallait attiser le feu des dissensions de famille ; ce spectacle le remuait profondément, il y avait quelque chose d'antique qui lui représentait la tragédie grecque, la famille des Atrides qu'il avait étudiée dans la belle diction de Talma aux Français. Il fallait entendre M. de Pradt raconter avec la chaleur de sa parole la scène du vieux roi accablant son fils de reproches. Napoléon fut magnifique en rapportant les paroles de Charles IV, le soir, à Bayonne; il en dit les moindres incidents, il construisit le plus beau drame que l'imagination humaine puisse concevoir; son expression même avait quelque chose de poétique; il paraissait un improvisateur italien sur le trépied, jetant des pensées grandioses sous des expressions le plus ardemment colorées.

Cependant les événements de Bayonne, la captivité des princes, les mauvais desseins de Napoléon, commen-

---

en sa sainte garde, de la manière qu'il est prié par son affectionné et soumis fils, qui se met aux pieds de V. M. » Fernand.

Pedro Cevallos.
Bayonne, le 1er mai 1808.
Réponse de Charles IV à Ferdinand.
(Elle fut dictée par Napoléon; on y reconnaît son style.)

« Mon fils, les conseils perfides des hommes qui vous environnent ont placé l'Espagne dans une situation critique ; elle ne peut plus être sauvée que par Napoléon.

« Depuis la paix de Bâle, j'ai senti que le premier intérêt de mes peuples était de vivre en bonne intelligence avec la France. Il n'y a pas de sacrifice que je n'aie jugé devoir faire pour arriver à ce but important ; même quand la France était en proie à des gouvernements éphémères, j'ai fait taire mes inclinations particulières pour n'écouter que la politique et le bien de mes sujets. Lorsque Napoléon eut rétabli l'ordre en France, de grandes craintes se dissipèrent, et j'eus de nouvelles raisons de rester fidèle à mon système d'alliance.

« Lorsque l'Angleterre déclara la guerre à la France, j'eus le bonheur de rester neutre et de conserver à mes peuples les

çaient à retentir dans toute l'Espagne; les précautions prises pour surveiller la captivité de Fernand n'empêchaient pas que des émissaires biscayens, basques, aragonais, ne vinssent jusqu'à lui; quand ils avaient vu leur seigneur, ils repassaient la frontière pour raconter le guet-apens de Bayonne. La correspondance des généraux français depuis Vittoria, Burgos et Madrid constate qu'on s'attendait à un mouvement populaire; le général Bessières emploie même l'expression des *Vêpres Siciliennes* pour indiquer le véritable caractère que pourrait prendre une insurrection. A Madrid, l'effervescence bouillonnait comme les dalles de la rue d'Alcala sous les feux de juillet; il ne fallait qu'une étincelle pour que l'incendie s'étendît depuis Vittoria jusqu'à Cadix. Lorsque le voyage de Bayonne avait été décidé, don Fernand VII, en quittant Madrid, avait établi une junte centrale; un gouvernement par intérim qui s'organisait en Espagne en l'absence du monarque; elle fut placée sous la direction de don Antonio, l'oncle du roi, alors resté au Buen-Retiro avec l'infant don Francisco de Paolo et la reine d'Étrurie que Murat aimait tant à suivre sous les ombrages du Manzanarès. Toutes les fois que le grand-duc de Berg, gouverneur militaire de Madrid, avait reçu des ordres de l'Em-

bienfaits de la paix. L'Angleterre saisit postérieurement quatre de mes frégates et me fit la guerre avant même de me l'avoir déclarée; il me fallut repousser la force par la force. Les malheurs de la guerre atteignaient mes sujets.

« L'Espagne, environnée de côtes, devant une grande partie de sa prospérité à ses possessions d'outre-mer, souffrit de la guerre plus qu'un autre État. La cessation du commerce et les calamités attachées à cet état de choses se firent sentir à mes sujets. Plusieurs furent assez injustes pour les attribuer à moi et à mes ministres.

« J'eus la consolation du moins d'être assuré du côté de la terre et de n'avoir aucune inquiétude sur l'intégrité de mes provinces, que moi seul, de tous les rois de l'Europe, j'avais maintenue aux yeux des orages de ces derniers temps. Je jouirais encore de cette tranquillité sans les conseils qui vous ont éloigné du droit chemin. Vous vous êtes laissé aller trop facilement à la haine que votre première femme portait à la France, et bientôt vous avez partagé ses injustes ressentiments contre mes ministres, contre votre mère, contre moi-même. »

« J'ai dû me ressouvenir de mes droits de

pereur, c'était à don Antonio qu'il les adressait pour les communiquer à la junte. Don Antonio était un vrai Espagnol, et seul peut-être il avait prévu le résultat du voyage de Bayonne; prince actif, il avait écrit à tous les capitaines-généraux des provinces de Valence, de Biscaye, d'Andalousie, de Catalogne « que le seigneur-roi était réellement captif à Bayonne, et qu'il fallait se préparer à prendre les armes comme au temps des Maures. »

L'insurrection n'attendait plus qu'un prétexte : c'est ce que la police du général Savary avait prévu, et, d'après son conseil, l'Empereur invita impérativement don Antonio, don Francisco et la reine d'Étrurie à quitter Madrid pour se rendre à Bayonne; il voulait avoir sous sa main tous les membres de cette famille, afin qu'il n'y eût plus aucun chef de mouvement à Madrid; quant au cardinal de Bourbon, on avait peu à le craindre. L'Empereur ignorait que ce peuple énergique ne s'abandonnerait pas lui-même, et qu'il se lèverait en masse pour protester contre l'indigne traitement qu'on faisait à son caractère de nation et à sa couronne. La première insurrection d'Aranjuez avait accoutumé les masses au tumulte des armes;

père et de roi : je vous fis arrêter : je trouvais dans vos papiers la conviction de votre délit; mais sur la fin de ma carrière, en proie à la douleur de voir mon fils périr sur l'échafaud, je fus sensible aux larmes de votre mère, et je vous pardonnai.

« Dans cette situation, mes droits sont clairs; mes devoirs, davantage encore : je dois épargner le sang de mes sujets, et ne rien faire sur la fin de ma carrière qui puisse porter le ravage et l'incendie dans les Espagnes, et les réduire à la plus horrible misère. Ah! certes, si, fidèle à vos devoirs et aux sentiments de la nature, vous aviez re-

poussé des conseils perfides; si, constamment assis à mes côtés pour ma défense, vous aviez attendu le cours ordinaire de la nature qui devra marquer votre place dans peu d'années, j'eusse pu concilier la politique et l'intérêt de l'Espagne avec l'intérêt de tous. Sans doute, depuis six mois les dernières circonstances ont été critiques; mais quelque critiques qu'elles fussent, j'aurais obtenu de la contenance de mes sujets, des faibles moyens qui me restaient encore, et surtout de cette force morale que j'aurais eue en me présentant dignement à la rencontre de mon allié, auquel

et lorsque le peuple de Madrid, cette multitude si active, les Asturiens, les Castillans, les Valenciens, les Andalous, les Frayles des grands couvents, les muletiers, les toreadors couronnés dans les luttes, aux membres forts, aux muscles énergiques, s'aperçurent qu'on leur enlevait leur dernière espérance, don Antonio et don Francisco, un cri de *mort aux Français* se fit entendre, et les Vêpres Siciliennes commencèrent.

C'était le 2 mai, à cette époque de l'année où le sang monte au cerveau avec le parfum des fleurs, le jasmin du Prado, la rose du Buen-Retiro et les orangers des espaliers du Tage : tout à coup une irrésistible fureur s'empare de la population : « On veut nous enlever don Antonio, s'écrie-t-on de toutes parts; on tient captif le roi don Fernand, on veut tuer toute sa famille. » Des masses immenses se portent à la *casa del Campo* habitée par Murat; dans les rues, des soldats français sont insultés et la guerre au couteau est proclamée. La générale bat dans les quartiers, on prend tumultueusement les armes; tout à coup on voit apparaître un officier qui porte des ordres pressants de Murat pour que les canons soient braqués et que l'artillerie retentisse. L'insurrection éclate; on se porte à l'arsenal; les cloches de San-Geronimo et des quatre-vingt-deux églises de Madrid son-

---

je n'avais jamais donné de sujet de plainte, un arrangement qui eût concilié les intérêts de mes sujets et ceux de ma famille. En m'arrachant la couronne, c'est la vôtre que vous avez brisée, vous lui avez ôté ce qu'elle avait d'auguste et qui la rendait sacrée à tous les hommes. Votre conduite envers moi et vos lettres interceptées ont mis une barrière d'airain entre vous et le trône d'Espagne; il n'est ni de votre intérêt, ni de celui des Espagnes que vous y prétendiez. Gardez-vous d'allumer un feu dont votre ruine totale et le malheur de l'Espagne seraient le seul et inévitable effet. Je suis roi par le droit de nos pères; mon abdication est le résultat de la force et de la violence. Je n'ai donc rien à recevoir de vous, et je ne puis adhérer à aucune réunion ni assemblée; ce conseil est encore une faute des hommes sans expérience qui vous entourent.

« Donné à Bayonne, dans le palais impérial, appelé du gouvernement, le 2 mai. 1806. » Charles.

nent le tocsin; partout où la foule rencontre un militaire français, il est frappé de mort; c'est le réveil du peuple avec ce caractère d'origine africaine qui le distingue. Point de pitié! la mitraille sillonne les rues, la multitude se jette sur les canons; la mêlée devient sanglante, on poursuit les insurgés, et le soir seulement la populace s'apaise à la voix de quelques magistrats. Cent trente citoyens de Madrid succombèrent dans cette fatale lutte, et le soir, dans les casernes, l'appel fut assombri par l'absence de plus de 500 soldats, cavaliers, fantassins, qui manquèrent aux régiments; la plupart furent assassinés un à un dans les rues isolées.

D'impitoyables hostilités avaient ensanglanté la capitale des Espagnes, l'orgueilleuse Madrid avait vu sa population soulevée. Murat, réveillé de son sommeil de volupté, fut terrible, à la manière des rois d'Orient qui passent du sérail aux exécutions des muets, et des baisers d'une femme à ceux du bourreau. Quelques centaines de prisonniers avaient été faits, parmi les notables de Madrid; Murat, la nuit, sans jugement, les fit fusiller au Prado, au mépris d'une amnistie qu'il avait lui-même proclamée [1]. Le grand-duc de Berg, à l'aigrette de diamants, se souvint ici des jours de la Convention nationale où il signait du nom de Murat : les habitudes ne

---

[1] Murat fit publier l'ordre du jour qu'on va lire pour rassurer les habitants de Madrid.

Proclamation.

« Soldats, le 2 mai, vous fûtes contraints de courir et de repousser la force par la force.

« Vous vous êtes bien conduits, je suis content de vous ; j'en ai rendu compte à l'Empereur.

« Trois soldats se sont laissé désarmer :

ils sont déclarés indignes de servir dans l'armée française.

« Maintenant tout est rentré dans l'ordre ; le calme est rétabli ; les hommes coupables ou égarés sont punis ou reconnaissent leur erreur ; un voile doit être tiré sur le passé, la confiance doit renaître.

« Soldats, reprenez avec les habitants vos anciennes liaisons d'amitié.

« La conduite des troupes espagnoles mérite des éloges : elle doit cimenter de

se perdent pas, même sous les ornements de roi. Les Espagnols conservèrent un long sentiment de vengeance au souvenir de cette journée fatale du 2 mai 1808; et ce qui frappa le plus ce peuple, naturellement pieux et catholique, ce fut que Murat, le gouverneur de Madrid, au nom de l'Empereur, eût fait fusiller de vieux chrétiens, ennemis des infidèles, sans les préparer à la mort par la confession; la vie matérielle n'était rien pour ces martyrs en échange de la vie de cieux; « les Français, sans crainte de Dieu, avaient refusé à ce peuple la consolation et l'espérance de la vie éternelle. » La journée du 2 mai laissa des traces profondes; aujourd'hui encore, à travers les années et les changements politiques, des messes sont partout récitées pour ces victimes de l'occupation, et l'on prie le Dieu des armées d'arracher au purgatoire ces martyrs qui moururent pour la patrie espagnole, sans avoir eu le temps de se réconcilier avec le Christ et ses saints [1].

Cette nouvelle funèbre d'une insurrection où 500 soldats étaient tombés fut dépêchée en toute hâte à l'Empereur, suivant alors avec sa haute sollicitude tous les mouvements qui se rattachaient à l'Espagne et à son esprit national. Cette manifestation le frappa singulièrement; le sang avait coulé, et quand deux peuples ou deux partis sont depuis longtemps en présence, la première goutte creuse, pénètre et fait tache; la guerre

---

plus en plus l'harmonie et la bonne intelligence qui règnent entre les deux armées.

« Habitants de Madrid, habitants de l'Espagne, n'ayez plus d'inquiétude; dissipez les alarmes que la malveillance a voulu répandre : reprenez vos habitudes, le cours de vos affaires, et ne voyez dans les soldats du grand Napoléon, protecteur des Espagnes, que des soldats amis, que de fidèles alliés.

« Les habitants de toutes les classes, de tous les ordres, peuvent porter à l'ordinaire leur manteau; ils ne doivent plus être arrêtés ni inquiétés. »

Joachim.

[1] J'ai assisté à Madrid à cette commémoration du 2 mai; le peuple du vieux Madrid me regardait d'un œil farouche et insultait encore le Français.

civile vient au premier coup d'arquebuse. Napoléon avait immédiatement jugé la fatale portée de cet événement de Madrid; il aperçut l'importance d'en finir sur le champ avec la famille des Bourbons en Espagne. La rapidité seule pouvait mettre un terme à ces désolations. Il vit le soir même Manuel Godoï. « Demain, dit-il, sans plus tarder, il me faut l'abdication pure et simple de Ferdinand; c'est impérieux, voyez et pensez-y. Sûreté et fortune pour vous. Les stipulations sont prêtes [1], 50,000,000 de réaux et le château de Compiègne pour Charles IV; une belle chasse, la solitude, les arts, un site admirable, le repos et la paix après une vie tourmentée par l'esprit des révolutions. Avant tout l'abdication de Ferdinand, et, s'il refuse, il faut que le roi le menace de lui faire son procès criminel comme traître dans les événements d'Aranjuez. Vous savez que je n'hésite pas : condamnez, frappez; je suivrai en toute chose la volonté de Charles IV, le seul souverain que je reconnaisse; qu'il parle, et le procès commencera, dût la mort être au bout. »

Le lendemain, la scène tout arrangée par le prince de la Paix se manifesta sous de pénibles auspices; au fond d'une pièce, le roi Charles IV, assis sur un fauteuil, son jonc d'Amérique à la main; la reine

---

[1] Bien que le traité entre Charles IV et Napoléon porte une date de quelques jours postérieure, c'est à ce moment qu'il fut arrêté; en voici les bases :

« Art. 1er. S. M. le roi Charles n'ayant eu en vue toute sa vie que le bonheur de ses sujets, et considérant dans le principe que tous les actes d'un souverain ne doivent être faits que pour arriver à ce but, les circonstances actuelles ne pouvant être qu'une source de dissensions d'autant plus funestes que les factions ont divisé sa propre famille, a résolu de céder, comme il cède par le présent, à S. M. l'empereur Napoléon, tous ses droits sur le trône des Espagnes et des Indes, comme le seul qui, au point où en sont arrivées les choses, peut rétablir l'ordre; entendant que ladite cession n'ait lieu qu'afin de faire jouir ses sujets des deux conditions suivantes.

« Art. 2. 1° L'intégrité du royaume sera maintenue; le prince que S. M. l'empereur Napoléon jugera devoir placer sur le trône d'Espagne sera indépendant,

également assise, les pommettes couvertes de rouge, à la manière espagnole, jusque sous ses yeux noirs et brillants; à ses côtés l'empereur assis, pâle, pensif, la tête découverte, quoiqu'il aimât à paraître en souverain, l'œil fixé sur le vieux roi. Au-devant d'eux le prince des Asturies, don Fernand, avec ses cheveux noirs bouclés à l'espagnole, la physionomie fatiguée, l'œil taciturne, et, à ses côtés, don Carlos, frêle alors, avec ses jeunes traits prononcés de Bourbon et d'Italie. « As-tu des nouvelles de Madrid? » s'écria Charles IV, d'une voix rauque et colère. Le prince répondit : « Non, sire, mon seigneur et père. » — « Eh bien! je vais t'en donner, moi, » répliqua le vieux roi, et il raconta tout ce qui s'était passé à Madrid dans la fatale journée du 2 mai. « Crois-tu me persuader que tu n'as eu aucune part à ce *saccage* (ce fut son expression)? est-ce pour faire égorger mes vassaux que tu t'es empressé de me faire descendre du trône? quel est le misérable qui t'a conseillé cette coupable frénésie? N'as-tu de gloire à acquérir que celle d'un assassin? Parle donc, parle donc. » Fernand gardait le silence, les yeux baissés vers la terre, car la présence de l'Empereur le gênait. « Ne te l'avais-je pas dit? continua le vieux roi; voilà dans quelle position tu te mets et nous aussi! Parle donc! parle donc! »

« 2° La religion catholique, apostolique et romaine, sera la seule en Espagne. Il ne pourra y être toléré aucune religion réformée et encore moins infidèle, suivant l'usage établi aujourd'hui.

« Art. 3. Tous actes faits contre nos fidèles sujets depuis la révolution d'Aranjuez sont nuls et de nulle valeur, et leurs propriétés leur seront rendues.

« Art. 4. S. M. le roi Charles ayant ainsi assuré la prospérité, l'intégrité et l'indépendance de ses sujets, S. M. l'empereur s'engage à donner refuge dans ses états au roi Charles, à la reine, à sa famille, au prince de la Paix, ainsi qu'à ceux de leurs serviteurs qui voudraient les suivre, lesquels jouiront en France d'un rang équivalent à celui qu'ils possédaient en Espagne.

« Art. 5. Le palais impérial de Compiègne, les parcs et forêts qui en dépendent seront à la disposition du roi Charles, sa vie durant.

« Art. 6. S. M. l'Empereur donne et ga-

Et en disant ces mots, Charles IV leva encore sa canne comme pour en frapper son fils. Toujours même silence de don Fernand : « Tu nous aurais donc fait périr, si nous avions été à Madrid? comment l'aurais-tu empêché? Parle donc ! » Alors la vieille reine se leva à son tour et s'approcha de lui, comme pour lui donner un soufflet : « Parleras-tu enfin? Voilà comme tu as toujours fait à toutes tes sottises, tu n'en sais jamais rien. » Et don Fernand, toujours immobile, ne répondait pas. L'Empereur, qui goûtait un secret plaisir à cet abaissement des Bourbons, prit la parole avec un ton grave et mesuré : « Prince, jusqu'à ce moment je ne m'étais arrêté à aucun parti sur les événements qui vous ont amené ici ; mais le sang répandu à Madrid fixe mes irrésolutions. Ce massacre ne peut être que l'œuvre d'un parti que vous ne pouvez désavouer, et je ne reconnaîtrai jamais pour roi d'Espagne celui qui le premier a rompu l'alliance qui, depuis si longtemps, l'unissait à la France, en ordonnant le meurtre des soldats français, lorsque lui-même venait me demander de sanctionner l'action impie par laquelle il voulait monter au trône. Voilà le résultat des mauvais conseils auxquels vous avez été entraîné ; vous ne devez vous en prendre qu'à eux. Je n'ai d'engagements qu'avec le roi votre père ; c'est lui que je reconnais, et je vais le reconduire à

rantit à S. M. le roi Charles une liste civile de trente millions de réaux, que S. M. l'Empereur Napoléon lui fera payer directement tous les mois par le trésor de la couronne. A la mort du roi Charles, deux millions de revenu formeront le douaire de la reine.

«Art. 7. S. M. l'Empereur Napoléon s'engage à accorder à tous les infants d'Espagne une rente annuelle de quatre cent mille francs, pour en jouir à perpétuité eux et leurs descendants, sauf la réversibilité de ladite rente d'une branche à l'autre, en cas de l'extinction de l'une d'elles, et en suivant les lois civiles. En cas d'extinction de toutes les branches, lesdites rentes seront réversibles à la couronne de France.

« Art. 8. S. M. l'Empereur Napoléon fera tel arrangement qu'il jugera convenable avec le futur roi d'Espagne pour le paiement de la liste civile et des rentes comprises dans les articles précédents ; mais

Madrid s'il le désire. » Le roi Charles IV répliqua vivement : « Moi, je ne veux pas. Eh! qu'irais-je faire dans un pays où il a armé toutes les passions contre moi? Je ne trouverais partout que des sujets soulevés : et, après avoir été assez heureux pour traverser sans perte un bouleversement de toute l'Europe, irai-je déshonorer ma vieillesse en faisant la guerre aux provinces que j'ai eu le bonheur de conserver, et conduire mes sujets à l'échafaud? Non, je ne veux pas; il s'en chargera mieux que moi. » Regardant son fils, il lui dit : « Tu crois qu'il n'en coûte rien de régner? Vois les maux que tu prépares à l'Espagne; tu as suivi de mauvais conseils, je n'y puis rien; tu t'en tireras comme tu pourras, je ne veux pas m'en mêler : va-t'en. »

Cette scène était censée secrète; mais comme il arrivait souvent à l'Empereur, qui aimait à se faire écouter par ses officiers, les appartements furent distribués de manière à ce qu'on pût voir autour de lui; tout était police, et l'on avait pratiqué à côté de la salle, témoin de cette triste scène, des jours très bien répartis pour que le général Savary, le prince de la Paix et quelques autres officiers pussent entendre ce qui se passait dans la pièce voisine. Napoléon, sûr de Charles IV, ne s'inquiétait plus que de la renonciation de don Fernando VII; l'on brisa

---

S. M. le roi Charles IV n'entend avoir de relation pour cet objet qu'avec le trésor de France.

« Art. 9. S. M. l'empereur Napoléon donne en échange à S. M. le roi Charles le château de Chambord, avec les parcs, forêts et fermes qui en dépendent, pour en jouir en toute propriété et disposer comme bon lui semblera.

« Art. 10. En conséquence, S. M. le roi Charles renonce en faveur de S. M. l'empereur Napoléon à toutes les propriétés allodiales et particulières non appartenantes à la couronne d'Espagne, mais qu'il possède en propre. Les infants d'Espagne continueront à jouir du revenu des commanderies qu'ils possèdent en Espagne.

« Art. 11. La présente convention sera ratifiée, et les ratifications en seront échangées dans huit jours ou le plus tôt qu'il sera possible.

« Fait à Bayonne, le 5 mai 1808. »

Signé, Duroc, le prince de la Paix.

l'âme du jeune prince par toutes les tortures morales et par les terreurs. Le général Savary vint encore lui déclarer : « que s'il n'abdiquait pas le seul droit que l'insurrection d'Aranjuez lui avait donné, on lui ferait son procès criminel, et Napoléon exécuterait inflexiblement la sentence d'un père irrité, prononçât-elle la captivité éternelle ou la mort. » L'intercession de quelques grands détermina enfin l'abdication pure et simple de Ferdinand en faveur de son père [1]; Charles IV en remit l'acte dicté à don Pedro Cevallos, puis le donna au prince de la Paix, chef de la justice de Castille, qui, le trouvant en bonne forme, le transmit à l'Empereur.

Dès cet instant tout fut fini. Le traité entre Charles IV et Napoléon, préparé depuis longtemps par M. de Champagny et discuté avec Manuel Godoï, fut signé le 5 mai 1808; il était laconique et écrit sous la dictée de l'Empereur : le roi Charles cédait purement et simplement le trône des Espagnes et des Indes à Napoléon, promettant d'en maintenir l'intégrité : l'Empereur appellerait à cette couronne un prince selon son gré ; elle serait indépendante de la France ; la religion catholique dominante, nulle réforme ne pourrait être admise; restitution de propriétés à tous ceux qui les avaient perdues par suite des événements d'Aranjuez, ce qui assurait un beau lot au prince de la Paix. On donnait au roi Charles IV sa vie du-

---

[1] Voici en quels termes la renonciation de Ferdinand VII fut formulée :
Lettre de Ferdinand VII à Charles IV.
« Mon vénérable père et seigneur,
« Pour donner à Votre Majesté une preuve de mon amour et de ma soumission, et pour céder aux désirs qu'elle m'a fait connaître plusieurs fois, je renonce à ma couronne en faveur de Votre Majesté, désirant qu'elle en jouisse pendant de longues années.

« Je recommande à Votre Majesté les personnes qui m'ont servi depuis le 19 mars ; je me confie dans les assurances qu'elle m'a données à cet égard.
« Je demande à Dieu de conserver à Votre Majesté des jours longs et heureux.
« Je me mets aux pieds de Votre Majesté.
« Le plus humble de ses fils. »
Ferdinand.
Fait à Bayonne, le 6 mai 1808.

rant le château de Compiègne avec 50,000,000 de réaux ; 400,000 francs étaient accordés à chacun des infants ; le château de Chambord était assuré en échange contre les biens allodiaux que Charles IV possédait en Espagne. On n'avait discuté que sur la quotité de la liste civile annuelle.

Cinq jours après un autre traité était conclu avec le prince des Asturies, ou plutôt il lui fut imposé par la violence [1]. Don Fernand conservait le titre d'altesse royale; ses enfants porteraient celui d'altesse sérénissime, ni plus ni moins que Cambacérès (les successeurs de Charles-Quint en étaient là); l'Empereur donnait à Fernand VII les palais, parcs et fermes de Navarre, disposant d'un bien qui ne lui appartenait pas (il venait de la succession des Bouillon). Le même article était applicable aux infants don Antonio, don Carlos et don Francisco; on leur accordait une rente de 400,000 fr. Roi et princes devaient trouver asile en France, et protection dans les lois et le gouvernement de Napoléon. Ce n'était pas sans peine que ce résultat était obtenu ; enfin l'Empereur était maître de la couronne d'Espagne, ou, pour mieux dire, des titres de la maison de Bourbon. Pourrait-il encore disposer d'un peuple capricieu-

---

[1] *Traité entre Napoléon et le prince des Asturies.*

« Art. 1er. S. A. R. le prince des Asturies adhère à la cession faite par le roi Charles de ses droits au trône d'Espagne et des Indes, en faveur de S. M. l'Empereur des Français, roi d'Italie, et renonce, en tant que de besoin, aux droits qui lui sont acquis, comme prince des Asturies, à la couronne des Espagnes et des Indes.

« 2. S. M. l'Empereur des Français, roi d'Italie, accorde en France à S. A. R. le prince des Asturies le titre d'altesse royale, avec tous les honneurs et prérogatives dont jouissent les princes de son rang. Les descendants de S. A. R. le prince des Asturies conserveront le titre de prince et celui d'altesse sérénissime, et auront toujours le même rang en France que les princes dignitaires de l'Empire.

« 3. S. M. l'Empereur des Français, roi d'Italie, cède et donne par les présentes en toute propriété, à S. A. R. le prince des Asturies et à ses descendants, les palais, parcs, fermes de Navarre et les bois qui en dépendent, jusqu'à la concurrence de cinquante mille arpents, le tout dégrevé d'hypothèques, et pour en jouir en toute propriété, à dater de la signature du présent traité. . . . . »

sement donné? Ce peuple était-il à lui comme sa chose? Si les Allemands avaient paisiblement souffert la formation d'un royaume de Westphalie, si ces populations tranquilles avaient à peine murmuré, il n'en était pas de même des fiers Espagnols : les Bourbons avaient pu abdiquer, mais l'Espagne n'abdiquant pas, pouvait opposer sa grandeur en face de l'abaissement; la nation aurait du courage quand la royauté en manquait.

La couronne d'Espagne était à terre; maintenant qui la ramasserait? Napoléon manquerait-il de rois? Dès le commencement de ce drame d'Aranjuez et de Bayonne, Murat avait élevé ses prétentions jusqu'à désirer pour lui-même le trône de Charles-Quint et la succession des petits-fils de Louis XIV; c'était un beau lot de chevalerie dans la roue de fortune; il avait agi en ce sens à Madrid, et peut-être cette circonstance n'avait pas peu contribué à la fatale sédition du 2 mai. Murat voulait être maître des événements, et le généralissime désirait *passer roi*. Napoléon avait d'autres desseins : il ne croyait pas Murat capable de gouverner un peuple nouveau avec un caractère si prononcé, et de le conduire fermement dans le sens de sa politique; il fallait de la

---

« 4. Ladite propriété passera aux enfants héritiers de S. A. R. le prince des Asturies; à leur défaut, aux enfants et héritiers de l'infant don Charles; à défaut de ceux-ci, aux descendants et héritiers de l'infant don Francisque, et enfin, à leur défaut, aux enfants et héritiers de l'infant don Antonio. Il sera expédié des lettres-patentes et particulières de prince à celui de ces héritiers auquel reviendra ladite propriété.

« 5. S. M. l'Empereur des Français, roi d'Italie, accorde à S. A. R. le prince des Asturies, 400,000 francs de rente apanagère sur le trésor de France, et payables par douzième chaque mois, pour en jouir lui et ses descendants; et venant à manquer la descendance directe de S. A. R. le prince des Asturies, cette rente apanagère passera à l'infant don Charles, à ses enfants et héritiers, et à leur défaut, à l'infant don Francisque, à ses descendants et héritiers.

« 6. Indépendamment de ce qui est stipulé dans les articles précédents, S. M. l'Empereur des Français, roi d'Italie, accorde à S. A. R. le prince des Asturies une somme de 600,000 francs, également sur le trésor de France, pour en jouir sa vie durant. La moitié de ladite rente sera réversible sur la tête de la princesse son épouse, si elle lui survit.

prudence, de la modération, un système pacifique capable d'attirer les cœurs; Murat, roi d'Espagne, toujours impatient de conquêtes, aurait rêvé la domination de l'Afrique et des Maures; sa vie, comme une grande romance, avait besoin à chaque campagne d'un nouveau couplet à fanfare. Napoléon ne pouvait pas compter sur lui; si l'entrevue de Mantoue avait abouti à bonne fin, l'Empereur aurait donné l'Espagne à Lucien; deux ans son frère avait été ambassadeur à Madrid, il en connaissait les mœurs et la langue, presque toute la grandeur avait eu du rapport avec lui; Lucien, tenace, avait refusé des grandeurs asservies; il préférait être propriétaire indépendant dans les États de Rome, au titre de préfet couronné. Alors l'Empereur jeta les yeux sur ses autres frères et sur Joseph, qui s'était fait aimer par la douceur de son caractère à Naples; tout en obéissant aux ordres de l'Empereur, il les avait adoucis; la mollesse de Joseph serait suppléée par des généraux capables.

La pensée d'une abdication de la maison d'Espagne préoccupait tellement l'Empereur, qu'il avait écrit dès le mois de mars à Joseph, pour qu'il vînt le joindre à Bayonne; un nouvel aide-de-camp lui fut

---

« 7. S. M. l'Empereur des Français accorde et garantit aux infants don Antonio, oncle de S. A. R. le prince des Asturies, don Charles et don Francisque, frères dudit prince :

« 1º Le titre d'altesse royale, avec tous les honneurs et prérogatives dont jouissent les princes de leur rang : les descendants de leurs altesses royales conserveront le titre de prince, celui d'altesse sérénissime, et auront toujours le même rang en France que les princes dignitaires de l'Empire.

« 2º La jouissance du revenu de toutes leurs commanderies en Espagne, leur vie durant.

« 3º Une rente apanagère de 400,000 fr.; pour en jouir eux et leurs héritiers à perpétuité, entendant S. M. I. que les infants don Antonio, don Charles et don Francisque venant à mourir sans laisser d'héritiers, ou leurs postérités venant à s'éteindre, lesdites rentes apanagères appartiendront à S. A. R. le prince des Asturies, ou à ses descendants ou héritiers, le tout aux conditions que LL. AA. RR. don Charles, don Francisque et don Antonio adhèrent au présent traité.»

Duroc, Jean de Escoïquiz.
Bayonne, le 10 mai 1808.

expédié le 15 avril, et l'aîné des Bonaparte arriva au château de Marac dans les premiers jours de mai. L'Empereur, dans une longue conférence avec son frère, lui expliqua ses desseins sur l'Espagne : Napoléon, nourri des instructions de Louis XIV au duc d'Anjou, avait médité sur le moyen d'asseoir sa dynastie en face d'une population mobile; il se résuma en quelques phrases : « Ménagez la religion, réformez peu à peu les couvents, appuyez-vous sur la bourgeoisie; la grandesse sera pour la France; elle est dégénérée, le peuple vous viendra par la prudence et les démonstrations catholiques; Murat m'a un peu compromis les affaires; à vous, il appartient de les mener à meilleure fin; au reste, ma volonté est impérative, l'Espagne doit marcher dans mon système. »

Joseph quitta Naples avec regret, et, comme les rois de vieille dynastie, il écrivit une lettre souveraine à ses anciens sujets pour leur annoncer ses destinées nouvelles [1]; Napoléon l'avait voulu. A peine la conférence était-elle finie, que le soir l'Empereur annonçait à quelques grandesses réunies à Bayonne qu'il avait désigné son

---

[1] *Proclamation.*
Bayonne, 23 juin 1808.
« Joseph Napoléon, roi de Naples et de Sicile.
« Peuples du royaume de Naples, la Providence, dont les desseins nous sont inconnus, nous ayant appelé au trône des Espagnes et des Indes, nous nous sommes vu dans la cruelle nécessité de nous éloigner d'un peuple que nous avions tant de raisons de chérir, et dont le bonheur était notre plus douce espérance et l'unique but de notre ambition. Celui qui seul lit dans les cœurs des hommes, peut seul juger de la sincérité de nos sentiments malgré lesquels nous avons cédé à d'autres impulsions, et avons accepté un nouveau royaume dont le gouvernement nous est transmis en vertu de la cession qui nous a été faite des droits acquis sur la couronne d'Espagne par notre auguste frère S. M. l'Empereur des Français et roi d'Italie.
« Dans cette circonstance solennelle, considérant que ce sont les institutions seules qui demeurent, nous avons vu avec peine que votre organisation sociale n'était pas encore achevée; et nous avons pensé que plus nous nous éloignions de vous, plus nous devions assurer et garantir par tous les moyens qui sont en notre pouvoir votre félicité présente et future. En conséquence, nous avons mis la dernière main à notre œuvre, et avons terminé le statut constitutionnel du royaume d'après des

frère Joseph pour roi des Espagnes et des Indes : on avait appelé aux Pyrénées un simulacre de junte ; quelques députés des provinces étaient venus avec les infants, tous si parfaitement choisis, qu'il était impossible d'attendre la moindre résistance. Que pouvait être une junte sans élections, convoquée à l'étranger ? quelle légalité, quelle liberté pouvait-elle avoir en dehors du pays, et captive elle-même ? Tout était marqué d'un caractère singulièrement forcé : des abdications, des renonciations faites au milieu d'une place forte, sous la surveillance de Napoléon ; une junte enfin illégalement convoquée et délibérant sur un territoire ennemi.

Ce mensonge fut pourtant pris pour la réalité : la junte appela dans un simulacre d'assemblée don Joseph, frère de Napoléon, comme roi d'Espagne et des Indes ; elle le supplia d'accepter la couronne de Charles-Quint ; on rédigea quelques articles constitutionnels, non point dans les grandes limites des anciennes cortès, avec les principes si larges des assemblées représentatives d'Aragon, de Catalogne ou de Castille ; on répéta quel-

---

bases déjà établies en partie, et plus conformes au temps où nous vivons, à la situation réciproque des nations voisines, et au caractère de la nation que nous nous sommes appliqué à connaître particulièrement, dès que nous avons été appelé à la gouverner.

« Les vues principales qui nous ont dirigé dans notre travail, sont :

« 1º La conservation de notre sainte religion.

« 2º La création d'un trésor public distinct et séparé du patrimoine de la couronne.

« 3º La création d'un corps intermédiaire et d'un parlement national, capable d'éclairer le prince, et de lui rendre, ainsi qu'à la nation, de précieux services.

« 4º Une organisation judiciaire, qui rendra les jugements des tribunaux indépendants de la volonté du prince, et tous les citoyens égaux devant la loi.

« 5º Une administration municipale qui ne sera la propriété de personne, et à laquelle tous pourront être appelés sans distinction.

« 6º La conservation des établissements que nous avions formés pour assurer le paiement des créanciers de l'État.

« S. M. l'Empereur des Français et roi d'Italie, notre auguste frère, ayant bien voulu donner à cet acte sa suffisante garantie, nous sommes assuré que nos espérances pour le bien de nos chers peuples du royaume de Naples, reposant sur son immense gloire, ne seront point trompées. »

(Suit l'acte Constitutionnel.)

ques formules des *fueros*; tout fut calqué sur la constitution de l'empire français, comme dans les royaumes d'Italie, de Naples, de Hollande ou de Westphalie. Les œuvres de l'Empereur avaient un caractère d'unité, une formule politique; don Joseph Napoléon fut roi des Espagnes par un coup de la volonté souveraine; ce qui naît si vite meurt aussi vite, c'est la loi de nature. Quant la junte vint présenter l'acte constitutionnel à Joseph, le nouveau roi avait appris un peu d'espagnol et répondit avec une difficulté remarquée [1]. Le soir l'Empereur fit rédiger en bon français le petit discours de Joseph et l'envoya par un courrier au Sénat, à Paris, pour témoigner que l'affaire d'Espagne était finie.

Triste épisode dans la vie de Napoléon que cette entrevue de Bayonne; comment lui, l'Empereur, l'homme fort, put-il descendre à un rôle d'intrigues et de machiavélisme, et ne valait-il pas mieux faire une guerre ouverte en Espagne? Les veilles qu'il consacra à des négociations si petites, auraient pu dignement se donner à un vaste plan de conquête; tout fut préparé d'avance; l'affaire d'Espagne ne fut pas une improvisation du génie; il y eut de la perfidie froide en tout point; le projet de détrôner les Bourbons datait de loin, et pour en faire naître le prétexte,

---

[1] Les registres de la junte espagnole sont insignifiants, si ce n'est sa 12ᵉ séance: la voici:

12ᵉ *Séance de la junte espagnole.*

« Le roi Joseph étant assis sur son trône, et tous les membres ayant pris leur place, S. M. a prononcé, en langue espagnole, le discours suivant:

« MM. les députés, j'ai voulu me rendre au milieu de vous avant votre séparation. Réunis par suite d'un de ces événements extraordinaires auxquels toutes les nations ont été tour à tour assujetties à différentes époques, et par les dispositions de l'Empereur Napoléon, notre auguste frère, vos opinions ont été celles de son siècle.

« Vous en trouverez le résultat consigné dans l'acte constitutionnel dont vous allez entendre la lecture. Il évitera à l'Espagne les longs déchirements que faisait assez prévoir l'inquiétude sourde dont la nation était tourmentée depuis longtemps.

« L'effervescence qui règne encore dans quelques provinces cessera dès que les peuples sauront que la religion, l'indépendance et l'intégrité de leur pays sont garanties, leurs droits les plus précieux reconnus; qu'ils verront dans les nouvelles

l'Empereur exploita les passions d'une reine vieillie, les complaisances d'un favori tremblant, la faiblesse d'un roi en grande décadence, prince fainéant, sous les douleurs de rhumatisme, pâle reflet d'une grande maison; il profita de l'inexpérience d'un infant, des haines d'une mère contre son fils, des colères brutales de ce roi Charles IV, qui menaça de briser la tête de l'aîné de sa lignée; Napoléon enfin, amena cette scène à Bayonne, pour mieux l'avoir sous les yeux, pour en conduire tous les ressorts, pour en manier tous les éléments; quand il eut bien abâtardi cette dynastie, quand il eut bien brisé les os à ce colosse légué par Charles-Quint à sa postérité, il se crut maître de l'Espagne et des Indes [1].

Eh bien! en Espagne, il se trouva un peuple qui se leva tout entier pour donner une leçon aux rois; la guerre au couteau fut la réponse de la Péninsule, et en Amérique le mot d'indépendance retentit pour amener des millions d'hommes à une séparation de la mère-patrie. S'il est des temps où les rois s'abdiquent, les nations ne s'oublient pas elles-mêmes; et Napoléon, ce grand trafiquant des souverainetés, ne put ployer l'Espagne aux pieds de son frère. Il y eut, à Bayonne, un baisement

institutions les germes de la prospérité de leur patrie, bienfaits que les nations voisines n'ont acquis qu'au prix de tant de sang et de malheurs.

« Si tous les Espagnols étaient ici réunis, n'ayant tous qu'un même intérêt, ils n'auraient tous qu'une même opinion; nous n'aurions plus à déplorer les malheurs de ceux qui, séduits par des suggestions étrangères, devront être réduits par la force des armes.

« L'ennemi du continent doit espérer, à la faveur des troubles qu'il excite dans l'Espagne, de nous dépouiller de nos colonies. Tout bon Espagnol doit ouvrir les yeux et se réunir autour du trône.

« Nous y portons avec nous l'acte qui établit les droits et les devoirs réciproques du roi et des peuples. S'ils sont disposés aux mêmes sacrifices que nous, l'Espagne ne tardera pas à être tranquille et heureuse au dedans, forte et puissante au dehors. Nous en prenons avec confiance l'engagement au pied de Dieu qui lit dans le cœur des hommes, qui dispose d'eux à son gré, et qui n'abandonne jamais celui qui aime son pays et ne craint que sa conscience. »

[1] Voici quelques-uns des articles principaux de la constitution espagnole.

« 1° La religion catholique, apostolique et romaine est la seule religion admise en Espagne.

de cour pour le roi don Joseph, une imitation ridicule de la belle scène où Philippe V, enfant, se montra au-dessus de la grandeur, pour se faire reconnaître. Don Joseph eut beaucoup de signatures, les félicitations lui vinrent pendant son séjour à Bayonne; mais l'Espagne n'était pas là. Cette nation patiente, qui secoua le joug des Maures, se levait à la voix des cortès, et la grande insurrection fut sonnée aux cathédrales patriotiques de Burgos, de Séville, de Madrid et de Barcelone.

« 2° Le prince Joseph Napoléon, roi de Naples et de Sicile, est roi d'Espagne et des Indes.

« 3° La couronne sera héréditaire de mâle en mâle, par ordre de primogéniture, à l'exclusion perpétuelle des femmes. A défaut de descendant, elle reviendra à S. M. l'Empereur, dans ses héritiers naturels et légitimes; à leur défaut, à ceux du roi de Hollande; à leur défaut, à ceux du roi de Westphalie.

« 4° La couronne d'Espagne ne pourra jamais être réunie à une autre couronne sur la même tête.

« 5° Le roi est mineur jusqu'à dix-huit ans accomplis.

« 6° Les palais de Madrid, de l'Escurial, de Saint-Ildefonse, d'Aranjuez, del Pardo, et tous autres qui font partie des biens de la couronne, en forment le patrimoine jusqu'à concurrence d'un million de piastres; le trésor public versera en outre annuellement dans celui de la couronne une somme de deux millions de piastres.

« 7° Les chefs et grands-officiers de la maison royale sont au nombre de six, les ministres au nombre de neuf, etc. »

CHAPITRE IX.

L'OPINION PUBLIQUE APRÈS LES ÉVÉNEMENTS

DE BAYONNE.

La société de Paris. — L'esprit d'opposition. — Origine du salon de M. de Talleyrand. — Fouché. — La minorité du Sénat conservateur. — Garat. — Cabanis. — Volney. — Lanjuinais. — Groupes de mécontents au Corps législatif. — L'armée. — Généraux arrêtés. — Premier projet de Malet. — Maréchaux opposants. — Brune. — Bernadotte. — Masséna. — La société et les partis. — Madame de Staël et ses amis. — Voyage en Allemagne. — L'exil. — L'hôtel de Luynes. — Madame de Chevreuse. — Faubourg Saint-Germain. — Retour de Napoléon à Paris. — Enthousiasme des provinces. — Création des premiers ducs. — Travail sur le blason. — Décret hiérarchique. — Inscription sur les hôtels. — Formules de cour. — Munificences à l'armée.

Juin à Août 1808.

Les événements de Bayonne furent présentés par tous les journaux de l'Empire, alors soumis à une censure rigoureuse, dans le sens indiqué par Napoléon lui-même; il avait mis un soin particulier à rédiger sous sa dictée tous les actes, tous les incidents du drame fatal qui venait de s'accomplir contre la maison de Bourbon. Depuis un mois la police travaillait l'opinion publique pour lui donner le change sur le caractère de l'abdication des princes d'Espagne; on déguisa les violences et les tristes manœuvres que la diplomatie avait employées pour amener les infants sur le territoire de France : un rapport rédigé à Bayonne par M. de Champagny, sur les notes de Napoléon, fut destiné à justifier aux yeux de l'Europe cette négociation si machiavéliquement conduite; M. de Champagny sut donner une couleur favorable aux événements; on eût dit que la dynastie d'Espagne avait consenti avec enthousiasme à céder la couronne au frère de l'Empereur, et que le vœu des Espagnes appelait don Joseph Napoléon au trône des Deux-Indes. Ainsi se faisait l'histoire; dans ce mémoire antidaté comme s'il avait précédé l'abdication, le ministre exposait les liens intimes qui avaient uni, à toutes les époques, l'Espagne à la France; Louis XIV avait détruit l'œuvre de Charles-Quint, il fallait continuer cette pensée dans l'auguste dynastie que Dieu avait donnée à la France; et tel était le but du traité conclu entre l'Empereur Napoléon, Charles IV et Ferdinand VII [1].

Bientôt on apprit que les princes espagnols de la maison de Bourbon avaient quitté Bayonne pour se rendre aux résidences qui leur étaient destinées; Charles IV vint sous les grands ombrages des bois de Compiègne, palais impérial préparé à la hâte; il y trouva le duc de Laval-Montmorency, désigné pour gouverneur; der-

---

Rapport de M. de Champagny.

« Sire, de tous les États de l'Europe, il n'en est aucun dont le sort soit plus nécessairement lié à celui de la France que l'Espagne. L'Espagne est pour la France ou une amie utile, ou une ennemie dangereuse. Une alliance intime doit unir les deux nations, ou une inimitié implacable les séparer. Malheureusement la jalousie et la défiance qui existent entre deux nations voisines ont fait de cette inimitié l'état le plus habituel des choses. C'est ce qu'attestent les pages sanglantes de l'histoire. La rivalité de Charles V et de François Ier n'était pas moins la rivalité des deux nations que celle de leurs souverains, elle fut continuée sous leurs successeurs. Les troubles de la Ligue furent suscités et fomentés par l'Espagne: elle ne fut pas étrangère aux désordres de la Fronde, et la puissance de Louis XIV ne commença à s'élever que lorsqu'après avoir vaincu l'Espagne, il forma avec la maison alors régnante dans le royaume une alliance qui, dans la suite, fit passer cette couronne sur la tête de son petit-fils. Cet acte de sa prévoyance politique a valu aux deux contrées un siècle de paix, après trois siècles de guerre.

« Mais cet état de choses a cessé avec la cause qui l'avait fait naître. La Révolution française a brisé le lien permanent qui unissait les deux nations. Et ors de la troi-

nier honneur rendu aux Bourbons que de mettre au vieux château de la deuxième race, un descendant des connétables ; le duc de Laval, grand d'Espagne, portait la Toison d'or, et Charles IV pouvait se croire encore à Aranjuez, à l'Escurial ou au Buen-Retiro, au baisemain royal. Les infants, à qui le traité promettait les terres de Navarre, arrachées à la famille de Bouillon, furent provisoirement placés dans le château de Valençay, acquis par M. de Talleyrand ; Ferdinand VII était là tout à fait dans les solitudes du Berry, non loin de Bourges, où avait résidé en d'autres temps un roi de France malheureux aussi. Le séjour de Valençay était-il une épigramme contre M. de Talleyrand ? Napoléon voulait-il associer le ministre aux événements accomplis à Bayonne, et mettre un Périgord pour gardien à Valençay comme un Montmorency à Compiègne ? A grande race royale, il fallait grande race de noblesse. Tant il y a que les journaux publièrent tous les témoignages de la reconnaissance des Bourbons d'Espagne ; non seulement on leur imposait la captivité, mais encore l'obligation de s'en dire heureux et fiers.

sième coalition, lorsque l'Espagne prodiguait à la France les protestations d'amitié, elle promettait secrètement son assistance aux coalisés, comme l'ont fait connaître les pièces communiquées au parlement d'Angleterre. Le ministère anglais se détermina par ce motif à ne rien entreprendre contre l'Amérique espagnole, regardant déjà l'Espagne comme son alliée, et l'Espagne, ainsi que l'Angleterre, présageant la défaite de vos armées. Les événements trompèrent cette attente et l'Espagne resta amie.

« A l'époque de la quatrième coalition, l'Espagne montra plus ouvertement ses dispositions hostiles, et trahit par un acte public le secret de ses engagements avec l'Angleterre. On ne peut oublier cette fameuse proclamation qui précéda de neuf jours la bataille d'Iéna : par laquelle toute l'Espagne était appelée aux armes, lorsque aucun ennemi ne la menaçait, et qui fut suivie de mesures promptement effectuées, puisque l'établissement militaire de ce royaume fut porté de 118,000 hommes à 140,000. Alors le bruit s'était répandu que l'armée de Votre Majesté était cernée, que l'Autriche allait se déclarer impunément. La victoire d'Iéna vint confondre ces projets.

« Le moment est arrivé de donner à la France, du côté des Pyrénées, une sécurité invariable. Il faut que si jamais elle se trouve exposée à de nouveaux dangers,

17*

Ces précautions actives et vigilantes pour tromper l'opinion publique n'empêchaient pas pourtant la vérité de se faire jour; les événements de Bayonne avaient partout retenti, le corps diplomatique en était instruit; un envoyé russe était officiellement à Bayonne; le comte de Strogonoff n'avait point quitté Madrid : des agents secrets de l'Autriche avaient assisté à tous les actes du drame; les ambassadeurs en possédaient les détails, et ils les communiquaient à tous. L'effet de ce guet-apens fut incalculable : Napoléon pouvait accomplir des conquêtes, l'Europe s'en alarmait; mais elle ne pouvait en accuser que la gloire de l'Empereur. Sa conduite machiavélique à Bayonne était en opposition formelle avec le droit des gens; aucun souverain ne pouvait désormais répondre de sa vie et de sa couronne. Bientôt tous les incidents et tous les faits furent commentés; on en exagéra le caractère, on les vit sous un jour déplorable; et, comme il arrive lorsqu'une opposition vive et profonde existe dans un pays, l'opinion s'empara des moindres circonstances pour se fortifier et grandir; on fit circuler des protestations, des actes faux, des manifestes qui jamais n'avaient existé, et une indicible aigreur se répandit dans tous les esprits; on ne parla plus que

---

elle puisse, loin d'avoir à craindre l'Espagne, attendre d'elle des secours, et qu'au besoin les armées espagnoles marchent pour la défendre.

« Dans son état actuel, l'Espagne mal gouvernée sert mal, ou plutôt ne sert point contre la cause commune, contre l'Angleterre. Sa marine est négligée : à peine compte-t-on quelques vaisseaux dans ses ports, et ils sont dans le plus mauvais état; les magasins manquent d'approvisionnements; les ouvriers et les matelots ne sont pas payés; il ne se fait dans ses ports ni radoubs, ni constructions, ni armements. Il règne dans toutes les branches de l'administration le plus horrible désordre; toutes les ressources de la monarchie sont dilapidées; l'État, chargé d'une dette énorme, est sans crédit; les produits de la vente des biens du clergé, destinés à diminuer cette dette, ont une autre destination; enfin, dans la pénurie de ses moyens, l'Espagne, en abandonnant totalement sa marine, s'occupe cependant de l'augmentation de ses troupes de terre. De si grands maux ne peuvent être guéris que par de grands changements, etc. »

(Champagny.)

des violences de Bayonne et des fatales conséquences d'un système qui ne respectait plus rien.

A cette époque se formaient à Paris déjà quelques salons politiques, avec une nuance impérialiste encore, mais qui se permettait un examen plus élevé des actes de l'Empire. Le premier de tous était celui de M. de Talleyrand ; le prince avait reçu des faveurs de Napoléon en se retirant du ministère des relations extérieures : il était vice-grand-électeur, grand-chambellan, créé prince de Bénévent, avec un revenu de 180,000 fr. et une fortune très arrondie par les dernières transactions d'Allemagne. Mais M. de Talleyrand, comme toutes les intelligences politiques, avait un besoin d'activité et d'affaires; il avait subi en murmurant la disgrâce qui l'en éloignait. Il n'aimait pas M. de Champagny, comme caractère, et par-dessus tout, comme son successeur; le nouveau ministre lui était antipathique ; il le critiquait. Avec un tact infini, M. de Talleyrand cherchait à prendre une position de popularité politique; quoiqu'un des premiers partisans du système qui fondait une dynastie napoléonienne en Espagne, il avait eu l'art de se poser comme adversaire des événements de Bayonne. Sa retraite, contemporaine de ces transactions, avait fait croire au vulgaire qu'il s'était retiré des relations extérieures à cause précisément de la résolution prise par Napoléon [1]. M. de Talleyrand propageait fermement cette opinion ; trop habile pour faire une opposition directe, il n'en agissait pas moins dans un sens

---

[1] Aussi Napoléon fit-il immédiatement publier la lettre suivante :
Paris, 14 mai 1808.
« On annonce que les princes de la maison d'Espagne vont incessamment arriver dans nos contrées ; le roi et la reine d'Espagne, la reine d'Etrurie et l'infant don Francisco sont attendus, le 20 de ce mois, au palais de Fontainebleau, où ces augustes personnes séjourneront, à ce qu'on assure, jusqu'à ce que les embellissements qui se font au château de Compiègne soient ache-

défavorable à MM. Maret et Champagny. Si, avec ses amis de confiance, tels que le duc d'Alberg, ou avec quelques-uns de ses agents, tels que MM. de Montron et d'Arbelle, il s'exprimait sur Napoléon en termes aigres et durs, dans son salon on n'entendait qu'une louange profonde et admirative pour l'homme de la destinée et le génie pacificateur; le soir quelquefois, chez les vieilles duchesses, ses anciennes amies, dans la chaleur du whist, M. de Talleyrand se permettait de jolis mots sur quelques-uns des ridicules du palais, sur la vanité importante de M. Maret, sur la diplomatie des gendarmes du général Savary, sur les grandes homélies de M. de Champagny; c'étaient là des mots jetés dans une société d'élite, qui ne compromettaient ni lui, ni ses amis; par sa haute position, M. de Talleyrand était resté en rapport avec le corps diplomatique, se posant toujours comme le partisan de la paix et de la modération auprès du comte de Tolstoy, ou du comte de Metternich. Comme il avait des fonds placés dans toutes les banques, à Hambourg, à Amsterdam, à Londres même, il se trouvait en relation avec les hommes d'État de l'Angleterre, et se préparait dans l'avenir pour une négociation de paix avec les whigs, fondée sur des bases solides et sur l'intervention de la Grande-Bretagne.

Fouché, resté ministre de la police après Tilsitt, survivait à la disgrâce de M. de Talleyrand. Trop important en politique, il devait bientôt céder la place à

---

vés. Ces travaux doivent être terminés pour le premier juin prochain, et rendront ce séjour magnifique. On dit que le prince des Asturies résidera dans la belle terre de Valençay, appartenant au prince de Bénévent, vice-grand-électeur. On ajoute que S. A. S. part demain de Paris pour aller recevoir le prince des Asturies. La princesse de Bénévent est déjà partie pour Valençay. Quant au prince de la Paix, on varie sur le lieu de sa résidence. Un journal dit qu'il habitera le palais de Compiègne avec le roi et la reine d'Espagne; d'autres assurent qu'il résidera à Bordeaux. »

des commis plus dévoués; par conviction, Fouché n'avait jamais cessé d'appartenir à la Révolution, culte de sa première jeunesse; son salon n'était pas d'une convenance aussi parfaite que celui de M. de Talleyrand, on s'observait et il observait, en se raillant, les événements et les hommes. Fouché avait conservé quelques agents intimes qui seuls connaissaient son dernier mot, espèces de porteurs de paroles auprès des consciences faciles de tous les partis, afin de les préparer aux éventualités de l'avenir. On ne pouvait dire que Fouché fît de l'opposition ouverte et qu'il préparât un renversement, mais il n'était pas dévoué à l'Empereur; il aggravait les torts de la politique arbitraire; paraissait-il un acte rigoureux contre les personnes et les institutions? Fouché s'empressait de répéter : « Ce n'est pas moi, mais c'est *lui* qui le veut; je n'ai pas assez de force pour lutter contre ce caractère. » Il se posait comme l'adversaire le plus hardi de toute violence en diplomatie ; dans ses causeries il exagérait plutôt les griefs contre l'Empereur qu'il n'en affaiblissait la portée; il s'était fortement élevé contre les affaires d'Espagne; selon lui, c'était un drame monstrueux; « cet homme-là ne s'arrêterait donc jamais? » Avec ses fidèles, les agents sur lesquels il pouvait compter, Fouché allait plus loin; prévoyant toutes les chances de l'avenir[1], un gouvernement provisoire même, il passait en revue Murat, Bernadotte, Masséna, comme les éléments indispensables d'une révolution qui aurait amené la chute des Bonapartes. Fouché ne prenait pas l'Empereur comme le dernier mot et le seul espoir de la France.

---

[1] Fouché faisait reposer toutes ses combinaisons sur la pensée de la mort de Napoléon; c'était la base et l'éventualité de ses projets.

Ce qu'il faut bien remarquer, c'est que cet esprit d'une opposition déjà fortement marquée, trouvait son écho dans quelques-uns des corps politiques. Certes, le Sénat était bien servile, bien abaissé dans ses actes ; les ministres faisaient à peine une demande, qu'elle était votée, accordée avec enthousiasme; le Sénat donnait des conscrits par masses, sacrifiant une à une toutes les libertés, l'inamovibilité des juges, la protection du jury, détruisant ainsi les idées de 1789 qu'il était chargé de conserver ; et pourtant au sein de cette masse d'hommes, qui courait se prosterner aux pieds de César, il se formait une opposition silencieuse contre son despotisme. A chaque scrutin, l'on comptait dix à douze voix hostiles, et l'Empereur, informé de tout par sa police, connaissait le nom des membres de cette opposition ou plutôt de cette petite église dans la grande société française. Sur cette liste était M. Destutt de Tracy, un des représentants de l'école économique, commentateur de Montesquieu, idéologue dans le sens que Napoléon donnait à ce mot; esprit théorique qui avait rêvé un système de garanties en dehors de la force du gouvernement. M. de Tracy avait posé les conditions politiques des pouvoirs *à priori* dans un pays tout organisé avec ses mœurs et ses habitudes bonnes ou mauvaises. A ses côtés s'asseyait Garat, prosateur académique, pâle copie de M. de Fontanes dans ses harangues à l'Empereur, et néanmoins très opposé à la pensée de son gouvernement, ami de Moreau et protégeant son souvenir militaire. M. Garat, qui avait eu le malheur de lire la sentence de mort au roi Louis XVI, se trouvait dans une position gênée en face de Napoléon qui n'aimait pas les jugeurs de rois. M. Destutt de Tracy était le philosophe, l'économiste, et M. Garat le littérateur.

Cette minorité avait aussi son évêque, M. Grégoire, qui depuis la signature du concordat était en opposition avec l'Empereur, le partisan si ferme des doctrines d'autorité; quoique M. Grégoire eût accepté le titre de comte, il n'en était pas moins resté républicain, avec un ineffable amour des nègres et des juifs; au fond, excellent homme, naïf, instruit, il fallait l'accepter avec ses manies d'une église constitutionnelle. Il y avait plus d'élégance et une plus grande hauteur de vues dans Cabanis, le sensualiste intelligent qui avait expliqué le mécanisme de l'existence humaine par les nerfs et le sang; Cabanis, maladif déjà, n'était point un esprit terre à terre comme l'abbé Grégoire, un érudit sans poésie; il savait orner ses théories des plus riches couleurs et porter l'imagination vers les idées de désespoir et de doute. Cabanis dans le Sénat restait fermement décidé à ne point associer ses principes à ceux d'un despotisme trop outrageant pour cette grande humanité dont il avait rêvé l'émancipation avec Mirabeau son ami. Parmi cette opposition sénatoriale se distinguait le remarquable auteur des *Ruines*, Volney, rêveur poëte qui remuant le monde égyptien et assyrien sous sa baguette d'or, avait plané sur les pyramides en ruines et les temples en poussière; l'érudit qui invoquait les imprécations de Samuel contre les rois, ne devait pas se dévouer corps et âme à la tyrannie impériale; il protestait comme le conventionnel Lambrecht, comme M. Lanjuinais, esprit aigri, crâne aux formes jansénistes. Si jamais l'église constitutionnelle avait triomphé, l'abbé Grégoire en serait devenu le pape et M. Lanjuinais le marguillier.

Cette opposition du Sénat n'était point considérable, l'Empereur la laissait libre, comme un instrument utile pour constater la liberté des délibérations; sous main, M. de Talleyrand la caressait par le moyen de Sieyès, plus taciturne que jamais; elle servit plus tard à la Restauration de 1814. Fouché voyait beaucoup les influents du Sénat, et c'était avec cette petite opposition qu'il se déshabillait un peu pour reprendre ses allures hostiles contre le système de Napoléon. Sans doute, en temps ordinaire, il y avait peu de chances de succès pour une minorité imperceptible et sans action sur les masses; mais à l'aide des mécontentements publics, la minorité pouvait appuyer un mouvement d'opposition d'autant plus redoutable alors que ces mêmes principes prenaient une certaine consistance au sein du Corps législatif.

Les constitutions nouvellement rédigées par le Sénat avaient imposé silence aux corps politiques; la liberté s'était couverte d'un voile de deuil; on n'entendait à la tribune que la parole fleurie de M. Regnault de Saint-Jean-d'Angély ou d'autres conseillers d'État qui, sur l'exposé des projets du gouvernement, appelaient un vote immédiat. Mais le Corps législatif avait un moyen de révéler son opposition : le scrutin servait la faiblesse des uns et le ressentiment des autres. Déjà l'on s'était aperçu qu'en plusieurs circonstances une opposition d'un tiers de voix s'était manifestée dans le Corps législatif contre les projets du pouvoir; on minait secrètement l'action gouvernementale; l'Empereur s'en était inquiété avec quelque raison, parce qu'il voyait bien que la France n'était point étrangère à cet esprit. Le Corps législatif se renouvelant par séries, il était entré dans les dernières élections, des membres qui, tout en observant le serment d'obéissance à l'Empereur, conservaient néanmoins un caractère d'indépendance et de valeur personnelle : tels étaient les économistes, les littérateurs, un grand nombre de propriétaires, fatigués d'impôts et de conscrits, et cette minorité qui comptait de trente à quarante voix dans le Corps législatif [1], correspondant à la petite église du Sénat, la secondait de sa force morale. Or, dans la position mécontente où se trouvaient M. de Talleyrand et Fouché, tous deux devaient étudier attentivement cette opposition qui un jour pourrait sanctionner leurs vœux et leurs espérances ; Fouché savait le nom de tous les opposants, et ses notes étaient précises ; dans l'intimité il leur serrait la main comme pour encourager leur résistance, il échangeait avec eux quelques regrets sur le passé ; tandis que M. de Talleyrand, prenant prétexte de sa dignité de vice-grand-électeur, invitait dans ses salons la plupart des membres inquiets du Sénat et du Corps législatif, et ces politesses souvent répétées étaient l'aveu : « qu'un jour ils pourraient se comprendre et s'appuyer mutuellement pour le cas d'une décadence du pouvoir impérial ; fallait-il rester accablé sous les ruines ? »

Dans un système militaire comme était celui de l'Empire, un parti n'avait rien s'il ne comptait pour lui quelques fractions de l'armée, l'un de ses chefs, ou des généraux mécontents. Depuis le 18 brumaire, plusieurs officiers-généraux compromis étaient à la retraite ; Saint-Domingue n'avait pas tout dévoré ; d'autres étaient arrêtés ; souvent les rapports de la police indiquaient les complots secrets essayés au sein de l'armée, et le lendemain des officiers supérieurs étaient jetés à Vincennes ou à la Force : tels étaient Malet, Guidal, Lahorie, compromis dans des complots qui nécessitaient des répressions immédiates ; ceux-là étaient les intré-

[1] Ce fut par la série de 1807 que l'opposition grandit dans le Corps législatif.

pides, et ceux qu'on appelait les *casse-cous militaires* ; et une remarque qui témoigne de l'esprit de l'armée, c'est que Malet, la véritable intelligence de ce parti, avait toujours combiné ses plans sur l'action d'un sénatus-consulte prononçant la déchéance de Napoléon ; le Sénat était le grand mobile de ses conjurations, trop avancées dans la pensée républicaine pour être parfaitement comprises. Bien avant sa vaste conspiration de 1812, il y eut un complot qu'on appela dans les intimités la *conspiration sénatoriale* [1], et Malet y fut compromis comme un des auteurs les plus hardis. Les hommes de parti savent d'avance quels seront les opinions et les mécontentements qui, au cas d'un succès, aideront leur plan politique. Dans un complot, il y a toujours les complices de la veille, du jour et du lendemain.

A côté de la faction des intrépides et des imprudents, et dans une région supérieure, on pouvait compter des maréchaux, des chefs de corps, fortement républicains ou jaloux du rang immense que prenait Napoléon et sa famille surtout : Brune, Bernadotte et Masséna même, admettaient la supériorité politique de l'Empereur, parce qu'enfin ils l'avaient vu sur le champ de bataille; ils pouvaient s'honorer d'être maréchaux sous un tel empereur, comme ils avaient été généraux de division sous le vainqueur de Lodi et de Castiglione. Mais quand Napoléon fit de sa famille une grande pépinière de rois; lorsque, en dehors de sa personnalité, il voulut fonder des dynasties fédératives pour ses frères, alors ces vaillants hommes de guerre purent se dire blessés de ces préférences. Qu'avaient de si grand

[1] C'est par suite de cette conspiration que le général Malet fut jeté à Vincennes, en 1808.

Jérôme, Joseph et Louis, pour qu'on les saluât du titre de majesté? Et Murat lui-même, si intrépide, n'était-il pas considéré à l'armée comme un sabreur d'avant-garde? et pourtant on le destinait à la royauté de Naples! n'y avait-il pas de quoi soulever une vive et profonde opposition? Ces maréchaux ne se gênaient pas dans leurs expressions de mépris; ils avaient leur franc-parler : Brune venait d'accomplir l'expédition contre la Poméranie suédoise; il avait eu, à l'occasion de la capitulation de Stralsund, une longue conférence avec le roi Gustave-Adolphe [1]; le prince s'était ouvert à Brune, il lui avait parlé des Bourbons, des garanties libérales qu'offrait Louis XVIII, de la France et de Bonaparte, et Brune avait conservé une contenance parfaite et discuté chaque opinion; ses principes républicains avaient percé dans quelques phrases, il ne les avait pas dissimulés au roi, et, chose curieuse à observer, lorsque la convention fut signée pour une suspension d'armes, Brune ne stipula pas au nom des armées *de l'Empereur*, mais au nom de l'armée française, ce qui fut remarqué par Napoléon; il en garda mémoire. Berthier adressa des reproches amers au maréchal et lui écrivit : « qu'un tel exemple ne se trouvait pas dans l'histoire depuis Clovis. »

---

[1] Cette conférence de Brune avec le roi de Suède n'a jamais été donnée textuellement en français; elle fut communiquée au cabinet anglais, en voici le texte :

« General Brune began to speak about the ancient alliance between Sweden and France, and about an union between the two nations.

« The king answered.—Yes, certainly. I wish as much as you, that this alliance might be revived; but the french nation is no longer the same; and those happy times are passed, when a close alliance contributed to the political advantage of the two kingdoms. The present state of affairs prevents it.

« General.—Your Majesty, the french nation is always the same. It has acquired much honour and power. France has made great progress, she has improved her agriculture and her resources; and if in other times Your Majesty had an opportunity of

Bernadotte était dans les mêmes opinions que Brune; l'homme de si vive opposition au 18 brumaire ne s'était point effacé; dans ses proclamations, il faisait quelquefois de l'enthousiasme pour l'Empereur avec sa phrase méridionale; il y développait des idées toutes favorables au système impérial; mais au fond du cœur la haine restait. Quand Bernadotte parlait de Napoléon dans des conversations intimes, il s'exprimait avec les généraux et les officiers de confiance en des termes très durs sur sa personne. Napoléon, à son tour, cherchait à compromettre Bernadotte; toujours de mauvaise humeur contre lui, jamais il ne lui rendait justice dans ses bulletins; c'était guerre entre Gascon et Corse; l'un fin et fanfaron, l'autre rusé et vindicatif, tous deux prêts à se séparer violemment. Rien d'étonnant, dès lors, que l'opposition du Sénat, Fouché et M. de Talleyrand, fussent très empressés d'user de ménagements avec le prince de Ponte-Corvo; ils le voyaient beaucoup dans l'intimité; quand ils avaient une confidence à faire, ils n'y manquaient jamais; ne s'adressaient-ils pas bien? Fouché et Bernadotte étaient toujours d'accord sur le mal qu'on pouvait dire de *cet homme-là*, sur les causes qui pourraient le faire vivre, sur les causes qui pourraient le faire tomber; tous deux s'en-

---

going thither, it would, perhaps, be interesting to Your Majesty to see and know that country.

« King.—I look upon France now as being the scourge of Europe.

« General.—Yes, we have been much engaged in warfare. The emperor has a great character.

« King.—I do not know of any emperor of France.

(General Brune did not attempt to answer this remark.)

« King.—Have you forgot, general, that you have a lawful king?

« General.—I do not even know whether such a one exists.

« King.—How! if he exists? he is exiled, unhappy; but he is your lawful king, and his rights are unquestionably sacred. He only wishes to assemble his united subjects round his standard.

« General.—Where is that standard?

« King.—If no where else, you will always find it with me.

tendaient parfaitement sur la nécessité de prévoir d'avance tous les événements capables de compromettre son autorité ou sa vie.

Les mécontents avaient moins d'abandon à l'égard de Masséna, qui pourtant restait au fond républicain de principes et d'intérêts ; les ennemis de l'Empereur savaient que si Masséna était admirable sur les champs de bataille, il manquait de tête et de courage dans les rapports habituels de la vie. L'homme civil faiblissait ; puis il avait une si grande avidité dans le caractère ! on pouvait toujours le prendre par la rapacité ; Napoléon savait son faible, et il lui livrait un pays à discrétion ; à Masséna les diamants, les châsses de saints, les autels d'or ; l'Italie dépouillée s'en souvenait. Avec ce besoin de richesses, un général se fût difficilement placé dans une situation délicate à l'égard de Napoléon qui le comblait de biens ; au cas d'une réussite du parti républicain, Masséna se serait dévoué à un nouvel ordre d'idées avec enthousiasme. Et qui l'aurait dit ? Murat aussi était une espérance pour les mécontents ; non point qu'on pût le séduire par les principes d'un républicanisme austère, chaste divinité sans ornements, sans aigrette scintillante ; mais souvent Napoléon avait blessé Murat, susceptible et vaniteux. Roi de Naples,

---

« General.— I am told that he has abdicated his rights to the duke of Angouleme.

« King.— I have never heard that mentioned. On the contrary, the king has issued a proclamation ; a pledge of his sentiments towards his people, to which Monsieur and all the princes of the blood have given their consent. Do you know that proclamation ?

« General.— No, Your Majesty (*this was said with many assurances on his honour*).

« King.— The duke of Pienne marechal des camps in the service of the king is here. It is possible that he has brougth this publication with him. I will let him be called, if you wish it.

(When His Majesty, in the countenance of the general, perceived his disquietude and uneasiness at this, he added.

« But perhaps this would cause too much observation.

« General.— If Your Majesty had been in the place of Louis XVI, the Revolution had never happened. »

Murat conservait avec Fouché des correspondances intimes, dans lesquelles on se plaignait mutuellement de l'Empereur. Murat, faut-il le dire! se croyait appelé dans l'avenir à succéder à Napoléon dans le gouvernement de la France.

Au sein même de l'armée active, il y avait une opposition vive et profonde contre Napoléon, surtout dans les officiers des rangs de capitaine à colonel. Si l'on excepte quelques jeunes élèves des écoles militaires, ces braves et dignes officiers regrettaient les idées républicaines, ils avaient sucé le lait de cette forte nourrice, elle les avait pris au berceau, pour ne les quitter qu'à la mort sur le champ de bataille; non point qu'on doive ajouter une foi entière aux récits exagérés, à la légende de la société mystérieuse des *Philadelphes*, sous le colonel Oudet; cette légende exprime plutôt une situation des esprits dans l'armée qu'une association active et conspiratrice [1]; il existait une opposition vigoureuse, un parti républicain, qui voyait avec un sentiment chagrin l'esprit et la direction de l'Empire; on se communiquait ses idées; les officiers supérieurs, les colonels du temps de Sambre-et-Meuse, d'Italie et d'Allemagne, désiraient voir disparaître ces préférences accordées par Napoléon aux jeunes hommes de familles entrant à peine dans la carrière; les vieux capitaines qui avaient conquis les épaulettes d'or, et cette croix attachée à leur poitrine et baptisée par leur sang, devaient éprouver de la douleur lorsque de jeunes pages arrivaient avec la même épaulette, le même grade. Mais tel était l'ascendant de Napoléon, que lorsqu'il paraissait, offi-

---

[1] Plusieurs brochures ont été écrites sur Philadelphes et le général Oudet. Au commencement de la Restauration on se permit bien des romans en histoire.

ciers de fortune, nobles jeunes hommes, tous se groupaient également autour du drapeau pour le saluer et en défendre les aigles. La police militaire, très bien faite, savait trier les bons et les mauvais régiments moins dévoués à l'Empereur; les uns en dehors de la grande armée, se battaient loin de César dont ils n'adoraient pas l'image; qu'importe? ils cueillaient des palmes pour la patrie; la patrie, l'idole de la forte génération.

Cette opposition de l'armée était plus redoutable pour l'Empereur que les caquetages de salon et les mouvements intimes de l'opinion publique, auxquels pourtant il prêtait une attention mécontente; la statue de bronze s'inquiétait des coups d'éventail. Les partis étaient presque usés; la république avait encore quelques partisans secrets, mais ses fils les plus exaltés étaient exilés loin du théâtre des événements politiques; la police les surveillait avec une ténacité fatiguante; elle n'épargnait personne; grand nombre de démocrates ralliés siégeaient dans les conseils, et les incorrigibles étaient dispersés au loin dans les provinces. Barras, le plus hardi de tous, quittait Bruxelles, et pour toute grâce il obtenait de Fouché d'aller résider au midi de l'Empire; il acquit alors le château des Eygalades, douce demeure à deux lieues de Marseille, admirable résidence aux belles cascades de Provence qui coulent sur la montagne; là, vieil épicurien, il vivait entouré de sa meute bruyante, comme à Grosbois; proconsul, directeur, exilé, c'était toujours le gentilhomme aux mœurs faciles du dix-huitième siècle; haineux contre Bonaparte, il était le centre secret de beaucoup de mécontents qui venaient écouter les invectives du directeur blasé contre Bonaparte et Joséphine. Barras avait peu de mesure dans ses mots[1], peu de précautions dans ses souvenirs; le conventionnel Thibaudeau, préfet des Bouches-du-Rhône, son ancien collègue au temps de Robespierre, le ménageait un peu dans ses rapports, et, en exécutant les ordres de l'Empereur, il ne disait pas tout ce qu'on lui rapportait des propos imprudents de Barras. En résumé, à Paris, dans l'armée comme en province, il eût été difficile de trouver un point d'appui pour un mouvement jacobin de quelque importance; les branches de ce grand arbre étaient vivement secouées; la vaste association étendait néanmoins ses rameaux partout, on trouvait debout les témoignages de sa force; les mœurs, les formes jacobines, se rencontraient dans les basses classes de la société; chaque province avait les représentants de cette énergique opinion qui se retrouverait à temps.

Les royalistes n'avaient plus que quelques salons à Paris qui leur restassent fidèles; les nouveaux principes que Napoléon faisait pénétrer dans son gouvernement caressaient leurs idées; le voyant créer une monarchie forte, la plupart y venaient de grand cœur, parce qu'ils avaient toujours besoin d'un gouvernement protecteur; l'aristocratie grandissait sous son impulsion, la propriété se groupait en masse dans les mains des anciens titulaires; les possesseurs de fiefs recouvraient leurs biens, leurs domaines, et quand un gouvernement se trouve reconstruit sur de fortes bases, rarement les classes élevées font de l'opposition. Que pouvaient désirer les royalistes? les idées de Louis XIV; et Napoléon avait reconstruit le Versailles de leurs jeunes années, la cour

---

[1] Il me souvient d'avoir été conduit enfant au château des Eygalades : un de mes parents, ami de Barras, y porta un toast au souverain, ce que je ne comprenais pas très bien alors; pour eux, ce souverain, c'était le peuple.

somptueuse, l'étiquette du palais dans tout ce qu'elle avait de pompes et de cérémonies. Seulement la partie moqueuse des gentilshommes se déclarait contre les parvenus ; on s'était conservé cette consolation après tant de disgrâces : c'était moins de la raillerie contre l'Empereur que contre ces races arrivées de loin ou de bas qui entouraient sa personne. La bonne compagnie faisait la guerre à la mauvaise, quoi d'extraordinaire? et tout cela innocemment, par des mots, par des épigrammes, qui, jetés par quelques bouches de jolies femmes, retentissaient dans le faubourg Saint-Germain et au-dehors.

L'hôtel de madame de Luynes, où brillaient madame de Chevreuse[1] et M. de Narbonne alors à la mode, recevait quelques personnes de la société impérialiste. M. de Narbonne, intermédiaire entre l'ancienne et la nouvelle cour, servait d'introducteur ; il n'avait pas pris de service encore sous Napoléon ; il vivait à Paris dans la meilleure compagnie ; un peu compromis par la Constituante et la Législative, il était un des gentilshommes amis de madame Staël, qui se consolaient de la perte de leur rang par quelques mots, légères piqûres, mais cuisantes pour de si incroyables fortunes. Le duc de Narbonne-Lara, officier distingué déjà sous Louis XV, avait été ministre sous Louis XVI ; à plusieurs reprises M. de Talleyrand avait voulu l'associer à l'Empire, et le duc de Narbonne, jusqu'alors, comme le vicomte Mathieu de Montmorency et le comte de Sabran, restait fidèle à la société de madame de Staël ; plus tard il suivit l'entraînement, et officier d'ordonnance de l'Empe-

---

[1] Madame Junot ne peut se dissimuler que madame de Luynes, tout en la traitant avec une exquise politesse, jeta un petit sourire quand M. de Narbonne la présenta comme gouvernante de Paris ; je suis sûr que madame de Luynes, dans ses vieux souvenirs, prit madame Junot pour madame de Brissac.

reur, il fit campagne à 56 ans. Lui, duc de Narbonne-Lara, reçut le titre de comte de l'Empire d'après le nouveau statut de Napoléon [1], objet de tant de moqueries de la part de madame de Staël. Ce changement si nouveau dans l'esprit des blasons de noblesse, Louis XVIII ne pouvait se l'expliquer; un duc qui devenait comte était pour lui l'impossible.

C'était curieux à voir que cette lutte entre la police de Napoléon et l'esprit de madame de Staël; *Corinne*, à peine imprimée, avait produit une vive et profonde sensation; en vain l'Empereur tout puissant avait-il cherché à obtenir quelques phrases d'éloges dans le livre de madame de Staël, il avait subi un refus obstiné; aussi *Corinne* fut-elle vivement attaquée par tous les journaux qui exprimaient les opinions du gouvernement impérial; le succès de l'œuvre n'en fut que plus étendu; madame de Staël devint le point de mire de la presse européenne. Elle s'était posée à Rome au sein du corps diplomatique; visitant Vienne dans l'hiver de 1807, elle assista à ce carnaval autrichien, si fou toujours, triste un peu cette année, car la

---

[1] Ce fut à cette époque qu'on fixa par un décret les majorats : madame de Staël se moqua des nouveaux nobles et de leur statut. Une multitude d'épigrammes vinrent de Coppet. Au reste il y avait sujet à raillerie. Voici la base de cette nouvelle noblesse.

« 1. Les titulaires des grandes dignités de l'Empire porteront le titre de *prince* et d'*altesse sérénissime.*

« 2. Les fils aînés des grands dignitaires auront de droit le titre de *duc de l'Empire,* lorsque leur père aura institué en leur faveur un majorat produisant 200,000 fr. de revenu. Ce titre et ce majorat seront transmissibles à leur descendance directe et légitime, naturelle ou adoptive, de mâle en mâle, et par ordre de primogéniture.

« 3. Les grands-dignitaires pourront instituer, pour leur fils aîné ou puîné, des majorats auxquels seront attachés des titres de *comte* ou de *baron,* suivant les conditions déterminées ci-après.

« 4. Nos ministres, les sénateurs, nos conseillers d'état à vie, les présidents du Corps législatif, les archevêques, porteront pendant leur vie le titre de *comte.* Il leur sera à cet effet délivré des lettres-patentes scellées de notre grand-sceau.

« 5. Ce titre sera transmissible à la descendance directe et légitime, naturelle ou adoptive, de mâle en mâle, par ordre de primogéniture, de celui qui en aura été revêtu; et pour les archevêques, à celui

monarchie avait tant perdu après Austerlitz! Madame de Staël réveilla les espérances; elle promit de faire connaître l'Allemagne au monde, avec ses poëtes, ses prosateurs; Schiller, Goethe, Wieland, Kotzebüe, l'avaient si puissamment grandie! Elle se lia avec tout ce que la patrie allemande avait d'esprits généreux; pleine d'admiration pour la reine de Prusse et ces princesses fières qui osaient résister à Bonaparte, ce fut à Vienne pour la première fois qu'elle donna à cet Empereur, devant lequel l'Europe s'agenouillait, le titre de *Robespierre à cheval*, mot profond qu'on peut interpréter dans un sens mystique pour expliquer cette grande vie. Robespierre fut le symbole du Comité de salut public, l'expression la plus énergique de la dictature, et Napoléon mit le premier cette révolution à cheval pour lui assurer la domination du monde. La dictature de Robespierre reposa sur la terrible loi du salut public, celle de l'Empereur sur la conquête.

Le voyage de madame de Staël en Allemagne, nouveau triomphe, ne fut point étranger au mouvement qui ébranlait le sol contre la domination française;

---

de leurs neveux qu'ils auront choisi, en se présentant devant le prince archi-chancelier de l'Empire, afin d'obtenir à cet effet nos lettres-patentes, et en outre aux conditions suivantes :

« 6. Le titulaire justifiera, dans les formes que nous nous réservons de déterminer, d'un revenu net de 30,000 fr., en biens de la nature de ceux qui devront entrer dans la formation des majorats. Un tiers desdits biens sera affecté à la dotation du titre mentionné dans l'article 4, et passera avec lui sur toutes les têtes où ce titre se fixera.

« 7. Les titulaires mentionnés en l'article 4 pourront instituer, en faveur de leur fils aîné ou puîné, un majorat auquel sera attaché le titre de *baron*, suivant les conditions déterminées ci-après :

« 8. Les présidents de nos colléges électoraux de département, le premier président et le procureur-général de notre cour de cassation, le premier président et le procureur-général de notre cour des comptes, les premiers présidents et les procureurs-généraux de nos cours d'appel, les évêques, les maires des trente-sept bonnes villes qui ont droit d'assister à notre couronnement, porteront, pendant leur vie, le titre de *baron*, savoir : les présidents des colléges électoraux, lorsqu'ils auront présidé le collége pendant trois sessions; les premiers présidents, procureurs-généraux et maires, lorsqu'ils

dans le bel été de 1808, elle vint habiter Coppet, sur le lac, où elle reçut grande compagnie; on y jouait la comédie, le drame, et chacun s'empressait à plaisir d'y prendre un rôle pour plaire à la châtelaine; Benjamin Constant, époux alors d'une parente du prince de Hardenberg, vivait au milieu de cette société d'élite; issu d'une excellente famille de réfugiés, plein de douceur et de faiblesse de caractère, Benjamin Constant s'était voué à madame de Staël; son récent mariage avait un peu affaibli les liens qui l'unissaient à Corinne; il n'en fut pas moins parmi ses plus chauds amis et ses admirateurs les plus ardents. Là venaient toujours le vicomte Mathieu Montmorency, Schlegel qui expliquant l'Allemagne par la critique la plus élevée, commençait son cours de littérature enthousiaste. M. de Sabran restait fidèle à la société de Coppet, qu'il réjouissait de ses madrigaux si pleins d'esprit; l'historien M. de Sismondi, qui achevait son travail sur les républiques d'Italie; puis quelques anciennes amies de madame de Staël, et parmi toutes madame Récamier, célébrité à la mode sous la fin du Directoire et pendant le Consulat; sa beauté faisait sa puissance, et avec cela une bonté de cœur,

---

auront dix ans d'exercice, et que les uns et les autres auront rempli leurs fonctions à notre satisfaction.

« 9. Les dispositions des articles 5 et 6 seront applicables à ceux qui porteront, pendant leur vie, le titre de *baron*; néanmoins ils ne seront tenus de justifier que d'un revenu de 15,000 fr., dont le tiers sera affecté à la dotation de leur titre, et passera avec lui sur toutes les têtes où ce titre se fixera.

« 10. Les membres de nos colléges électoraux de département qui auront assisté à trois sessions des colléges et qui y auront rempli leurs fonctions à notre satisfaction, pourront se présenter devant l'archi-chancelier de l'Empire, pour demander qu'il nous plaise de leur accorder le titre de *baron*; mais ce titre ne pourra être transmissible à leur descendance directe et légitime, naturelle ou adoptive, de mâle en mâle et par ordre de primogéniture, qu'autant qu'ils justifieront d'un revenu de 15,000 fr. de rente, dont le tiers, lorsqu'ils auront obtenu nos lettres-patentes, demeurera affecté à la dotation de leur titre, et passera avec lui sur toutes les têtes où il se fixera.

« 11. Les membres de la Légion d'Honneur et ceux qui, à l'avenir, obtiendront

un dévouement de caractère et le ton rare de la bonne compagnie, qui souvent remplace l'esprit; madame de Staël disait qu'elle avait trouvé comme Voltaire sa *belle et bonne*. Or, l'Empereur n'aimait pas la banque, et M. Récamier était banquier; il n'aimait pas les femmes qui faisaient parler d'elles, et la renommée célébrait madame Récamier. Elle appartenait à cette société de madame Tallien, que Napoléon avait prise en antipathie; elle s'était placée à la suite de madame de Staël, dans les salons opposants, avec Daunou, Ginguené, Chénier, Benjamin Constant au temps du Tribunat, et après l'exil de la noble châtelaine, madame Récamier avait conservé la supériorité d'une femme gracieuse entourée d'hommages. Son salon fut une sorte de succursale de celui de madame de Staël, une succession rapetissée; on venait voir madame de Staël pour son esprit, madame Récamier pour ses souvenirs de femme et ses manières d'un temps historique : autour de madame de Staël il y avait une société, autour de madame Récamier des coteries; telle est un peu la décadence de toute chose du grand au petit [1].

A Coppet c'était un cliquetis de mots brillants,

---

cette distinction, porteront le titre de *chevalier*.

« 12. Ce titre sera transmissible à la descendance directe et légitime, naturelle ou adoptive de mâle en mâle, par ordre de primogéniture, de celui qui en aura été revêtu, en se présentant devant l'archi-chancelier de l'Empire, afin d'obtenir à cet effet nos lettres-patentes, et en justifiant d'un revenu net de 3,000 fr. au moins.

« 13. Nous nous réservons d'accorder les titres que nous jugerons convenables aux généraux, officiers civils, préfets et militaires, et autres de nos sujets qui se seront distingués par les services rendus à l'État.

« 14. Ceux de nos sujets à qui nous aurons conféré des titres, ne pourront porter d'autres armoiries, ni avoir d'autres livrées que celles qui seront énoncées dans les lettres-patentes de création.

« 15. Défendons à tous nos sujets de s'arroger des titres et qualifications que nous ne leur aurions pas conférés; et aux officiers de l'état civil, notaires et autres, de les leur donner; renouvelant, autant que besoin serait, contre les contrevenants, les lois actuellement en vigueur. »

Napoléon.

[1] Madame Récamier était elle-même sous la surveillance de la police; l'amitié alors était un crime, un motif de suspicion.

d'épigrammes acérées; chaque jour on attendait le réveil de l'oracle, des dissertations littéraires, des compositions lues, des fragments récités; puis des jugements sur l'Europe, sur les hommes d'État des cabinets; tel était le passe-temps au bord du beau lac; madame de Staël contribua, plus qu'on ne croit, à donner un caractère européen à la société d'alors; elle fit connaître les nations et les peuples de l'Italie et de l'Allemagne; cimentant la fraternisation des intelligences, elle prépara le mouvement de 1813, et en ceci l'Empereur vit une forte opposition. L'enthousiasme de la liberté respirait dans les ouvrages de madame de Staël, fille de Necker, sorte de madame Roland pour le Directoire qu'elle avait quelquefois dominé. On doit remarquer le rapprochement qui s'opéra dès lors entre le parti royaliste et les opinions de la Constituante que représentait madame de Staël. Louis XVIII avait tendance pour ces idées; il avait l'instinct que par elles la restauration s'opérerait; et c'est un point d'histoire qu'il ne faut pas omettre. Madame de Staël travaillait avec intelligence à la destruction de Bonaparte; et la reconstruction des idées constitutionnelles était un thème qui plaisait à Louis XVIII. Dès lors on se rapprocha, par des correspondances; le vicomte Mathieu de Montmorency se chargea de communiquer avec le roi; M. de Talleyrand lui-même, toujours en rapport avec madame de Staël, se servit de l'intermédiaire de son salon pour se mettre en rapport avec le grand-aumônier M. de Talleyrand Périgord, son oncle; on jeta les premières bases d'un plan qui pourrait préparer les chances de la maison de Bourbon par la restauration et une charte constitutionnelle fondée sur les principes de 1791; Louis XVIII écrivit bien des billets de sa toute petite écriture à la société de madame de Staël; on discuta, on disserta sur la possibilité d'une restauration libérale par un sénat et le corps législatif : on opposerait ainsi la liberté à la dictature, une constitution anglaise au despotisme, le peuple aux prétoriens, la paix à la guerre, le crédit à la violence, un parlement, une tribune, à des pouvoirs muets, un système européen et commercial, aux décrets de Berlin et de Milan, au blocus continental.

Toutes ces négociations prirent un aliment nouveau à la suite des événements de Bayonne; il y avait là de justes sujets de déclamation. Après Austerlitz et Iéna on cherchait en vain à flétrir la gloire si pure de l'Empereur; l'opposition était difficile; mais ici combien de sujets de plainte! combien de motifs pour justifier l'irritation des esprits! Napoléon sait la portée que peuvent avoir ces mécontentements; aussi revient-il à Paris pour donner plus d'énergie à son gouvernement politique. Rien ne fut plus spontané, plus beau, que son retour de Bayonne à la capitale; quel prestige dans cette puissante physionomie, il avait fait de si grandes choses; les événements de Bayonne étaient à peine connus, les arcs de triomphe marquèrent sa route. Bordeaux même, qui avait tant perdu par le système continental, voulut témoigner toutes ses joies, toutes ses espérances; à Périgueux, à Tours, dans la Vendée même, des gardes d'honneur furent spontanément formées, et les familles les plus riches, les plus dévouées aux Bourbons prirent part à ces fêtes militaires offertes au souverain. Napoléon avait beaucoup fait pour la Vendée; là se levaient des villes où naguère tout était en ruines; des routes s'ouvraient au milieu des campagnes ravagées; la Vendée avait ses presbytères, ses prêtres, ses autels.

Ces bienfaits, elles les devaient à un seul homme ; Napoléon se montra partout digne de lui-même, et ses harangues courtes et significatives, annonçaient des grandeurs ineffables pour la patrie commune.

A Paris, l'Empereur trouva l'opinion plus gâtée; c'était le centre des intrigues, et les partis vivaient dans une sphère mieux instruite de ses desseins et sous l'impression des mécontentements publics. Soit qu'il étudiât sa propre cour, soit qu'il pénétrât l'esprit de l'armée ou du peuple, il vit qu'il fallait se rattacher les opinions et les cœurs par des mesures populaires, par un plus grand éclat jeté sur les services rendus. Un des actes qui avaient le plus blessé ses compagnons de gloire, c'était l'élévation de Murat à la royauté de Naples; le beau-frère de l'Empereur allait prendre un sceptre que les vieux maréchaux méritaient plus que lui ; qu'allait-on faire pour les braves troupes qui avaient accompli tant de merveilleuses choses et pour ces généraux qui avaient servi avec tant de dévouement? les oubliera-t-on après Austerlitz, Iéna et Friedland?

Par la circonscription des nouveaux États, l'Empereur s'était réservé dans l'Istrie, la Dalmatie, l'Illyrie, la disposition de grands fiefs et de revenus allodiaux dont il put créer des majorats pour récompenser les services. Or ce fut au retour de Bayonne que l'empereur Napoléon disposa en faveur de ses généraux de ses titres de duché, de comté ou de baronnie [1]; dès la campagne d'Iéna, il avait créé le vieux Lefebvre duc de Dantzick ; maintenant tous

---

[1] Ces promotions de rois, de princes, de gouverneurs généraux, de ducs, se faisaient par de simples messages; voici des exemples de ce sans-façon impérial :

Sénateurs, nous avons jugé convenable de nommer notre beau-frère, le prince Borghèse, à la dignité de *gouverneur-général*, érigée par le sénatus-consulte organique du 2 du présent mois. Nos peuples des départements au-delà des Alpes recon-

les maréchaux reçurent le titre d'un duché, excepté Brune et Jourdan qui gardèrent l'empreinte républicaine [1]. Moncey fut duc de Conégliano; Masséna, duc de Rivoli; Augereau, duc de Castiglione; Soult, duc de Dalmatie; Mortier, duc de Trévise; Ney, duc d'Elchingen; Davoust, duc d'Auerstadt; Bessières, duc d'Istrie; Victor, duc de Bellune; Kellermann, duc de Valmy. Désormais ces illustres chefs des armées républicaines durent quitter les noms plébéiens, nobles noms qu'ils avaient grandis aux temps héroïques et pauvres de la république; ils furent défigurés par les titres; il fallut une étude du blason pour reconnaître ces fils de la démocratie si glorieux lorsqu'ils combattaient les rois en Italie ou sur le Rhin. Napoléon fit aussi Marmont, son aide-de-camp chéri, duc de Raguse; le grand-écuyer Caulaincourt, duc de Vicence; le général Junot, duc d'Abrantès; le grand-maréchal Duroc,

naîtront dans la création de cette dignité et dans le choix que nous avons fait pour la remplir, notre désir d'être plus immédiatement instruit de tout ce qui peut les intéresser, et le sentiment qui rend toujours présentes à notre pensée les parties même les plus éloignées de notre Empire.

« En notre palais impérial des Tuileries, le 15 février 1808. » Napoléon.

« S. M. I. et R. a conféré à S. A. S. le prince archi-chancelier Cambacérès, le titre de duc de Parme, et celui de duc de Plaisance à S. A. S. le prince archi-trésorier Lebrun. » (Paris, 14 août 1808.)

[1] Les attributs et le costume des nouveaux nobles, immédiatement fixés, excitaient le sourire des anciens gentilshommes : les voici :

« La forme extérieure des écussons et des ornements obligés dont se composeront les armes des nouveaux titulaires, vient d'être arrêtée. En voici la description exacte :

« *Pour les ducs.* — Toque de velours noir, retroussée d'hermine, avec porte-aigrette d'or, surmontée de sept plumes, accompagnées de six lambrequins d'or, le tout entouré d'un manteau d'azur doublé de vair.

« *Pour les comtes.* — Une toque de velours noir, retroussée de contre-hermine avec porte-aigrette d'or, surmontée de cinq plumes, accompagnées de quatre lambrequins, les deux supérieurs en or, les deux autres en argent.

« *Pour les barons.* — Une toque de velours noir, retroussée de contre-vair, avec porte-aigrette en argent, surmontée de trois plumes, accompagnées de deux lambrequins.

« *Pour les chevaliers.* — Une toque de velours noir, retroussée de sinople, avec porte-aigrette d'argent, et aigrette de même métal. »

Ceci tenait un peu au cirque et aux théâtres du boulevard.

duc de Frioul; le général Savary, duc de Rovigo, et le général Arrighi, duc de Padoue. La vanité de Cambacérès dut être satisfaite, car il reçut le titre de duc de Parme, et M. Lebrun subit en souriant d'une raillerie philosophique, celui de duc de Plaisance.

Ces titres de nouvelle noblesse furent donnés à l'infini; une multitude de généraux de division, les archevêques, les sénateurs furent comtes; les généraux de brigade, barons; les noms furent tellement défigurés qu'on n'y reconnaissait plus rien, à ce point que Monge, le fier et austère membre de la Convention aux jours difficiles, se fit nommer le *comte de Peluse*, souvenir de la campagne d'Égypte. A chacun de ces fiefs était attaché une dotation d'argent, l'Empereur en était prodigue; la conquête avait mis dans ses mains de riches domaines privés, il s'en était réservé dans le Hanovre, en Westphalie, à Naples, en Italie, et il donnait ces revenus, ces terres, ces fiefs, aux généraux les plus distingués par leur dévouement; les uns obtinrent jusqu'à 140,000 fr.[1] pris sur les dépouilles des fiefs et des abbayes en Allemagne; sorte de dépouillement du

---

[1] *État des domaines de Hanovre distribués par Napoléon aux généraux et grands fonctionnaires de l'Empire.*

1º Au maréchal Berthier, prince de Neufchâtel, les bailliages de Blumenau, Coldengen, Nelburg, Nicklingen; revenu 140,000

2º Au prince de Ponte-Corvo, Aerzen, Grohude, Luchem, Obsen, Polle, 104,000

3º Au maréchal Mortier, duc de Trévise, partie de Blumenau, Calemberg, Coldengen, 100,000

4º Au grand-maréchal du palais Duroc, duc de Frioul, partie de Ratzebourg et Steinhorts, 85,000

5º Au maréchal Ney, duc d'Elchingen, Lauenbourg, partie de Ratzebourg, 83,000

6º Au maréchal Augereau, duc de Castiglione, Neuhaus, Bremois, Wischlafen ou Kedkingen, 80,000

7º Au maréchal Masséna, duc de Rivoli, partie de Hoga et de Nenbourg, 80,000

8º A M. de Caulaincourt, duc de Vicence, partie de Harbourg et de Winsen sur la Lube, 66,000

9º Au maréchal Davoust, duc d'Auerstadt, partie de Hoga et de Nienbourg, 60,000

10º Au maréchal Soult, duc de Dalmatie, partie de Hoga et de Westen, 53,000

LES NOUVEAUX POSSESSEURS DE FIEFS (1808). 285

clergé, comme au moyen âge quand Charles-Martel donna les terres cléricales aux hommes d'armes. La plupart des maréchaux reçurent un hôtel à Paris, dont l'Empereur faisait presque toujours les frais sur sa cassette; il le donnait avec les manières de bon maître à serviteur fidèle; quand il savait un général mécontent, désintéressé ou pauvre, avide ou avare, il trouvait aussitôt un moyen de le calmer ou de l'attirer. Paris vit reparaître les livrées de toute espèce, les voitures de luxe, les blasons de mille couleurs; et puis dans chaque rue, sur la façade d'un grand hôtel, on voyait inscrit en lettres d'or : *Hôtel de M. le duc de... hôtel du prince de...*, avec une affectation de propriété et de noblesse qui avait besoin de se faire connaître et constater. Napoléon mettait partout ses armes, l'aigle, les abeilles, à Versailles, à Saint-Cloud : et cette lettre N qui entourait tous les monuments où sa main avait passé; ce qui fit dire spirituellement à Louis XVIII : « que Napoléon aurait inscrit volontiers sur son chapeau le vers de La Fontaine : *C'est moi qui suis Guillot, berger de ce troupeau.* »

Les serviteurs imitaient le suzerain; peut-être y avait-

11° Au maréchal Lefebvre, duc de Dantzick, Bergen, Celle, Winsen sur l'Aller,	50,000	
12° Au prince Lebrun, Wilhemsbourg autre partie de Harbourg et de Winsen sur la Lube,	50,000	
13° Au maréchal Lannes, duc de Montebello,	50,000	
14° Au maréchal Bessières,	50,000	
15° Au général Sébastiani,	40,000	
16° Au général Junot, duc d'Abrantès,	35,000	
17° Au général Friant,	30,000	
18° Au général Bisson,	30,000	
19° Aux généraux Victor, Oudinot, Saint-Hilaire, Gardane, Gazan, Caffarelli, Dupas, Lasalle, Klein, Soulès, Dorsenne, Rapp, Hullin, Drouet, Compans, Gudin, Verdier, Bonnier, Lacoste, Morand, Loison, Wattier, Saint-Sulpice, Durosnel, comte Daru, intendant-général; à chacun 25,000		650,000
45° Au maréchal Marmont, duc de Raguse; au comte Maret, ministre et secrétaire d'État; au comte Fouché, ministre de la police; au comte Decrès, ministre de la marine; au comte		

il un motif dans l'ordre moral : quand tel fonctionnaire nouveau ou tel seigneur du régime impérial habitait l'ancien hôtel de Montmorency, de Luynes, de Luxembourg, il avait besoin de faire inscrire sous son péristyle qu'un autre propriétaire était venu après la tempête; la Révolution française, comme une des grandes invasions du viie siècle, avait changé l'état de la propriété en France, et le vieux maître, comme le pasteur dépouillé de Virgile, s'asseyait sur le seuil du manoir de ses pères, un bâton blanc à la main, en poussant le *heu miser!* des lamentables églogues du poëte mantouan.

Régnier, grand-juge ; au comte Mollien, ministre du trésor ; au comte Gaudin, ministre des finances; au comte de Champagny, ministre des relations extérieures ; au général Lemarrois ; au général Clarke, ministre de la guerre ; au comte Cretet, ministre de l'intérieur ; au général comte Bertrand; au maréchal Moncey, duc de Conégliano ; au maréchal Pérignon ; au maréchal Serrurier ; au général Marchant, au comte de Ségur, grand-maître des cérémonies , et au général Dupont, à chacun 20,000 — 360,000

63° Au général Mouton, au général Belliard, au général Savary, au général Lauriston, à chacun 15,000 — 60.000

67° Au général Becker, 12,000

68° Au comte Regnauld de Saint-Jean-d'Angély, ministre d'État, à M. Defermon, à M. Lacuée, au général Grouchy, au général Nansouty, au comte Bigot de Préameneu, ministre des cultes ; à chacun 10,000 — 100,000

CHAPITRE X.

MOUVEMENT INSURRECTIONNEL

DE L'ESPAGNE ET DU PORTUGAL.

Caractère des juntes espagnoles. — Édit de Ferdinand VII pour leur convocation. — Premiers mouvements insurrectionnels. — Tolède. — Saragosse. — Séville. — Système des juntes générales et particulières. — Forces militaires. — Convocation du peuple. — Démocratie et patriotisme des moines. — Organisation de l'insurrection. — Départ de Joseph de Bayonne. — Composition de son ministère. — Première bataille contre le peuple à Médina del Rio-Secco. — Entrée à Madrid. — Marche militaire du général Dupont. — Plan de campagne tracé par le général Savary. — Imprudences et fautes. — Pillage de Cordoue. — Capitulation de Baylen. — Retraite de Joseph sur Vittoria. — Junot à Lisbonne. — Position difficile. — L'amiral Siniavin. — Refus des Russes. — Gouvernement de Junot. — Premiers préparatifs d'une expédition anglaise contre le Portugal. — Ses généraux. — Sir Arthur Wellesley. — Hew Dalrymple. — Débarquement. — Bataille de Vimeiro. — Convention de Cintra. — Effet moral sur les armées.

Mai à Septembre 1808.

L'organisation politique de l'Espagne avait cela de remarquable et de prévoyant, que lorsque le seigneur roi s'absentait, il se formait immédiatement, en vertu des lois fondamentales, des juntes non seulement à Madrid, le point central, mais encore dans toutes les provinces. C'était là un des avantages de ce vaste groupe d'États;

le royaume n'était pas tout à Madrid, et la monarchie s'organisait même en l'absence du monarque. Cette idée venait du temps difficile des Maures; alors les provinces étaient obligées de se défendre elles-mêmes, de saisir le glaive pendant la captivité de leur roi à Cordoue ou à Grenade; ainsi le pouvoir central pouvait disparaître et chaque localité néanmoins prendre les armes pour la patrie. Il y avait vingt nations en Espagne, toutes avec leurs priviléges, leurs coutumes, leurs souvenirs, leurs couvents, leurs pèlerinages, qui se mêlaient à l'affranchissement du sol.

Ferdinand VII encore à Bayonne avait écrit secrètement à des agents chargés de se répandre sur toute la surface de l'Espagne, les fatales résolutions de ces *maudits* Français envers le seigneur roi; captif aux mains de Napoléon, il avait exposé aux fidèles provinces [1] les afflictions de leur seigneur, et celles-ci avaient répondu à cet appel en s'organisant pour défendre leurs *fueros*. Les Français, d'ailleurs, étaient déjà devenus antiphatiques à la nation; accueillis en amis, en alliés, ils s'étaient emparés par ruse de toutes les forteresses, sans rien respecter de ce que vénérait l'Espagne; les couvents se transformaient en casernes, les églises étaient livrées au pillage; les régiments français, comme les sauterelles dont parle l'Écriture, ne laissaient pas un brin d'herbe sur terre, pas un peu de paille à la chaumière. A ce moment le mot *insurrection* fut prononcé; ce mot immense allait aux mœurs des Espagnols; presque toutes leurs vieilles guerres s'étaient manifestées par l'insurrection; fiers Aragonais, nobles Valenciens, Andaloux, habitants de la Sierra-Moréna,

---

[1] Palafox fut en cette circonstance un des agents les plus actifs de Ferdinand VII.

tous avaient souvenir en leurs annales, de ces cris d'armes, tumultueux dans la montagne : « quand le comte dira : le maure vient, toutes les communes doivent obéir à la parole du seigneur; » ainsi parlaient *las partidas*, les *fueros* d'Aragon. On dompte un moment les peuples, mais ils triomphent toujours, car ils ont pour eux les rochers qui les abritent, les haies qui les cachent, les sentiers qui les guident dans la marche; l'insurrection est le grand glaive des multitudes lorsqu'arrive ce jugement solennel qu'elles portent sur les pouvoirs injustes ou usés.

Les lettres secrètes de Ferdinand VII avaient été apportées avec peine à travers les Pyrénées par des messagers particuliers, répandus dans les provinces. Sur la nouvelle que le roi était captif des *maudits* Français, les juntes s'étaient formées à la hâte, à l'imitation de celle de Madrid que don Fernand VII avait organisée à son départ. Cette grande junte, sous la présidence de don Antonio, avait donné l'impulsion à toutes les provinces; dans quelques villes elles se formèrent par le choix libre, spontané du peuple; dans quelques autres, par la volonté des capitaines-généraux; seulement chacune de ces juntes resta séparée et indépendante : le difficile n'était pas de soulever les masses, mais de leur donner un esprit commun; l'Espagne ainsi morcelée, chaque province voulait avoir des gouvernements particuliers sans rapports les uns avec les autres. L'insurrection se manifesta même avant la journée du 2 mai; à Tolède le peuple prit les armes et reconnut sa junte; à Valence, à Saragosse, à Séville, partout un gouvernement populaire s'établit; le roi fut considéré comme captif, les actes venus de Bayonne furent frappés de nullité, comme le fruit de la contrainte et de l'obsession ; le roi des Castilles était aux mains des infidèles, comme au temps du moyen âge.

Au milieu de cette organisation insurrectionnelle de la Péninsule, deux forces entrèrent dans des proportions différentes, l'armée régulière, et le peuple soulevé par masses ; indépendamment du corps de vieilles troupes du marquis de La Romana, que la politique de Napoléon avait jeté sur les côtes de la Baltique, et qu'un coup de hardiesse devait ramener dans la patrie, il y avait encore en Espagne 60,000 hommes, infanterie ou cavalerie, commandés par des capitaines-généraux répartis dans les camps ou dans les garnisons de provinces ; quelques-uns des officiers avaient hésité à prendre la cause du peuple, ils furent destitués ; d'autres furent massacrés dans de vives émotions, comme on en vit en France aux démocratiques époques où il fallait sauver la patrie et donner de l'énergie aux timides. Il y avait des capitaines-généraux d'une grande expérience, Castanos, Cuesta, Palafox, Blake ; puis en sous-ordre Reding, colonel des régiments suisses, le marquis de Coupigny, don Juan-Manuel de la Peyna. L'armée espagnole ne s'était pas d'abord associée à l'insurrection ; mais le peuple est si puissant quand il exprime une volonté ; il y a une énergie si profonde dans la souveraineté des masses, que les soldats pactisaient avec la multitude pour marcher en commun contre l'ennemi de la patrie. Rien ne peut se comparer à l'Espagne alors, si ce n'est le mouvement révolutionnaire de 1792 en France, quand le drapeau fut déployé au bruit sinistre du canon d'alarme.

La seconde force de l'insurrection espagnole vint de la population des campagnes, et de l'organisation démocratique des couvents : paysans et moines s'entendaient pour l'héroïsme ; là se montraient le vieux sang espagnol, l'énergique dévouement à la cause nationale ; c'est du couvent et de la campagne que sortirent ces braves chefs qui sous le nom de *l'Empecinado*, *du Mancho*, *de Mina*, soulevèrent la nation tout entière au nom de l'indépendance. Avec eux marchaient les écoliers d'universités, jeunes hommes aux études grecques et romaines ; ceux-là se groupèrent en compagnies militaires sous le nom de *Cassius* et de *Brutus* ; il se fit un grand soulèvement d'universitaires invoquant les souvenirs de Rome. Dans le dénombrement des Asturiens ou de San Yago, de San Phelipe, de Salamanque, d'Oviedo, de Gironne, se trouvent les compagnies d'étudiants sous le titre de *Cimber*, de *Mutius Scevola* ; ils quittaient le manteau noir pour s'armer de la scopette ou du couteau espagnol ; les lames d'Albaceta s'aiguisèrent sur les pierres de liberté que les juntes placèrent dans chaque ville [1].

Comme dans toutes les insurrections, il y eut un moment de confusion étrange et de guerre civile agitée, on ne se reconnaissait plus ; les armées voulaient marcher sous le commandement et la discipline de leur chef, tandis que les premiers guérillas voulaient rester indépendants sous leur capitaine élu ; quand le paysan avait élevé à sa tête un moine, un berger, un curé, un toréador valeureux, un contrebandier intrépide, il y tenait comme à son roi élu ; il se soumettait avec peine à la discipline d'un général. Les esprits habitués aux formes d'un gouvernement régulier tentèrent d'établir une junte centrale à laquelle ils voulaient soumettre les juntes partielles : efforts impuissants ; les juntes resté-

[1] Les bulletins de Napoléon avouent au moins ce soulèvement et cherchent à jeter du mépris sur la grande insurrection du peuple.

rent ce qu'elles étaient, des pouvoirs à part, des organisations partielles qui refusèrent de reconnaître une autorité supérieure ; l'énergie voulait rester elle-même et ne rien perdre de puissance en se civilisant. Il se présenta alors en Espagne ce qui se vit en France à la révolution de 1793, il y eut des troupes régulières et des volontaires, des capitaines glorieusement improvisés, et des généraux qui transmirent les vieilles traditions de discipline. Tout se produit semblable dans les mouvements populaires ; il y a je ne sais quoi de prodigieux et d'ardent qui éclate dans les mêmes conditions.

Cette vaste insurrection se manifestait en Espagne avant même que le nouveau roi, don Joseph Napoléon, eût passé la Bidassoa ; l'Empereur s'était imaginé que tout se ferait à Bayonne régulièrement comme à son Conseil d'État à Paris ; la junte ridicule qu'il avait réunie autour de lui ne représentait rien, et encore ces grands et ces bourgeois qui la composaient n'avaient pris que des engagements conditionnels, subordonnés à de secrètes protestations[1]. Y avait-il liberté dans une ville étrangère sous la domination de la force ? Don Joseph Napoléon[2], pâle imitateur de Philippe V,

---

[1] Protestations de la Grandesse, 18 juin 1808.

[2] On verra un peu d'ostentation dans la première formule du décret de Joseph en Espagne.

Don Joseph Napoléon, etc.

« Espagnols, en entrant sur le territoire de la nation dont la Providence m'a confié le gouvernement, je dois vous manifester mes sentiments.

« En montant sur le trône, je compte sur des âmes généreuses qui me secondent pour faire recouvrer à cette nation son antique splendeur : la constitution que vous allez jurer d'observer assure l'exercice de notre sainte religion, la liberté civile et politique ; elle établit une représentation nationale, fait revivre vos anciennes cortès mieux organisées ; institue un sénat, qui, devenant le garant de la liberté individuelle, et le soutien du trône dans les circonstances les plus critiques, sera encore l'asile honorable et la récompense des plus éminents services rendus à l'État.

« Les tribunaux, organes de la loi, impassibles comme elle, jugeront librement, et dans l'indépendance de tout autre pouvoir.

« Le mérite et la vertu seront les seuls titres pour obtenir des emplois publics.

« Si mes désirs ne me font pas illusion,

cherchait à pacifier l'Espagne; son esprit conciliant et sans portée avait voulu fondre les ministres de Charles IV et les conseillers de Ferdinand VII dans un commun gouvernement, et ce fut de cette manière qu'il composa son conseil. On vit donc réunis simultanément don Pédro Cevallos [1], si dévoué à Ferdinand VII et son secrétaire d'État; Urquijo, le conseiller intime du prince de la Paix; don José de Azanza, l'ami personnel de Charles IV. Joseph Napoléon confirma les capitaines des gardes qui portaient les beaux noms du duc del Parque, de l'Infantado et de Castel-Franco; on vit parmi ses grands officiers le duc de Hijar, de Castel-Florida et ce Soto-Mayor dont le nom est si retentissant et si espagnol dans sa fierté et sa hauteur castillane. Cette réunion des vieux titres de Castille n'était qu'une auréole mensongère que don Joseph voulait imprimer autour de sa récente couronne; la junte de Bayonne se considérait en pays étranger et captive.

En tous les cas, la grandesse n'était pas l'énergique Espagne; le paysan, c'était la nation, et le peuple voulait se délivrer des *maudits* Français; Joseph Napoléon

---

votre agriculture et votre commerce fleuriront délivrés pour toujours des entraves qui s'opposaient à leur prospérité.

« Voulant régner par les lois, je serai le premier à donner l'exemple du respect qu'on leur doit.

« J'entre au milieu de vous avec la plus grande confiance, entouré d'hommes recommandables qui ne m'ont rien caché de ce qu'ils ont cru utile à vos intérêts.

« D'aveugles passions, des bruits mensongers, les intrigues de l'ennemi commun du continent, qui ne désire que la séparation des Indes et de l'Espagne, ont précipité quelques-uns de vous dans la plus affreuse anarchie : mon cœur se déchire à cet aspect ; mais ce mal, quelque grand qu'il soit, peut cesser en un instant.

« Espagnols ! réunissez-vous tous : environnez mon trône ; faites que les dissensions intérieures ne m'enlèvent pas un temps que je voudrais employer à faire votre bonheur, et ne m'ôtent pas les moyens de l'opérer. Je vous estime assez pour croire que vous ferez vos efforts pour obtenir et mériter cette félicité, qui est le plus cher de mes vœux.

« Vittoria, le 12 juillet 1808. »

Moi le Roi.

[1] S. M. catholique (Joseph) vient de faire les nominations suivantes :

Don Louis Mariano de Urquijo, ministre secrétaire d'État ;

Don Pédro Cevallos, ministre des affaires étrangères ;

n'était pas son roi national. Et pourtant, à l'imitation de son frère l'Empereur, en pénétrant sur le territoire, il faisait des proclamations solennelles, comme si depuis des siècles sa race gouvernait les Espagnes. L'insurrection grondait autour de lui, et don Joseph parlait aux Espagnols un langage pacificateur; était-ce ignorance du caractère de ce peuple et de cette énergie qui se déployait chez les masses indignées? L'Empereur connaissait mal l'Espagne et sa fierté nationale; il confondait les moines espagnols avec le clergé italien doux et assoupli. Toutes les fois que Napoléon, dans ses actes publics, s'exprima sur l'Espagne, sur ces moines, sur ces paysans, fières races qui se sacrifiaient pour la patrie, il le fit avec mépris; il ne croyait pas que ces masses pussent résister à quelques coups de canon de sa garde. L'Empereur, esprit de gouvernement, ne comprenait rien en dehors de la force régulière de l'administration; il croyait aux armées, mais il ne croyait pas au peuple armé; il appelait cela de la *canaille*; il ne savait pas qu'en Espagne le moine, c'est le paysan robuste, le démocrate aux bras nerveux; il avait mal étudié

Don Miguel José de Azanza, ministre des Indes;

L'amiral don José Mazaredo, ministre de la marine;

Le général don Gonzalo Offaril, ministre de la guerre;

Don Gaspard-Melchior de Jovellanos, ministre de l'intérieur;

Le comte de Cabarrus, ministre des finances;

Don Sébastien Pinuela, ministre de la justice;

Le duc del Parque, grand d'Espagne, capitaine des gardes du corps;

Le duc de Saint-Germain, grand d'Espagne, capitaine des gardes du corps;

Le duc de l'Infantado, colonel des gardes espagnoles, colonel des gardes.

Le prince de Castelfranco, colonel des gardes wallones, colonel des gardes.

Le marquis d'Ariza, grand chambellan;

Le duc de Hijar, grand-maître des cérémonies;

Le comte de Fernand-Nunès, grand-veneur;

Le comte de Santa-Colonna, chambellan (tous les quatre grands d'Espagne).

Les chambellans ci-après ont été désignés pour suivre S. M. dans son voyage:

Le comte d'Orgaz, grand d'Espagne,

Le marquis de Santa-Crux,   id.

Le duc d'Ofuna,   id.

Le comte de Castel-Florida,   id.

Le duc de Soto-Mayor,   id.

cette nation qui passa six siècles à se délivrer des Maures.

Don Joseph Napoléon marchait sur Burgos, précédé du beau corps d'armée de Bessières, le seul qui fût composé de régiments d'élite, tandis que Murat, troublé par les récentes instructions transmises par le général Savary, tombait gravement malade; le vote de la junte espagnole avec l'élévation de Joseph l'avaient blessé; il était triste de se voir arracher la couronne d'Espagne, une de ses folles prétentions. Murat menait vie de roi au Buen-Retiro et dans les belles résidences de la *Casa del Campo;* il ne ménageait ni son temps, ni ses plaisirs; chevalier brillant, il se trouvait au milieu d'un peuple au beau sang de Castille et se livrait avec beaucoup d'ostentation aux douceurs de la puissance. L'Empereur, depuis longtemps à Bayonne, savait tout, et, sans lui retirer le commandement, il avait confié des pleins pouvoirs au général Savary, chargé de préparer la police et le gouvernement de Madrid au moment où l'on allait recevoir don Joseph Napoléon. Par ses instructions, le général Savary devait surveiller et rectifier les opérations militaires commandées par Murat, afin d'amener la pacification plus active de l'Espagne; Savary était bien au-dessous d'une tâche de cette importance; quand il s'agissait d'observer et de faire de la police, il y était très apte; personne n'était plus capable que lui de cette besogne d'examen; mais confier à un général secondaire la direction d'un mouvement politique et militaire tout à la fois, c'était une faute. Napoléon préféra souvent le dévouement aux lumières. Que fit alors le général Savary? au lieu de se pénétrer du véritable esprit des populations, il remplit Madrid de pamphlets en l'honneur de la majesté impériale; il fit faire des brochures espagnoles contre la dynastie qui tombait [1], et attaqua Fernand que le peuple adorait. On se moqua dans Madrid de ces brochures, on lui répondit par des placards en langue populaire et castillane; Joseph Napoléon y fut fort mal traité; on lui appliqua plus d'une expression ordurière si fréquente dans les chants des muletiers d'Oviédo et de la Sierra-Morena : « l'Espagne, disait-on, dans un de ces chants populaires, ne pouvait reconnaître un roi qui ne savait pas dire *Carajo* [2]. »

Alors fut récité dans toute la Péninsule le remarquable catéchisme de l'insurrection, écrit dans une forme religieuse et populaire; on entretenait les femmes, les enfants, les vieillards dans les sentiments de cette irritation profonde contre les Français; ces Français étaient pour eux les Maures, les étrangers, les oppresseurs de la patrie [3], les hérétiques, les méchants, les antechrist. « Dites-moi, mon enfant, qui êtes-vous? — Espagnol. — Que veut dire Espagnol ? — Homme de bien. — Combien a-t-il d'obligations à remplir et quelles sont-elles ? — Trois : être chrétien, catholique, apostolique et romain; défendre sa patrie, sa religion, ses lois, et mourir plutôt que de se laisser vaincre. — Qui est votre roi ? —

---

[1] « Il a paru, disait la *Gazette de Madrid*, un écrit qui a fait la plus grande sensation dans cette capitale. Il a pour titre : *El Dictamen que formara la posterida sobre los asuntos de Espagna ; por un Espagnol imparcial*; avec cette épigraphe :

« *Quando en un monarquia carecen de teson los Xefes, el Estado se resiente de tal modo que es inevitable su decadencia.* » (*Empressas politicas de Saavedra. Empr.* 28e).

« *Jugement sur les affaires d'Espagne, tel que le portera la postérité ; par un Espagnol impartial.*

« Lorsque dans une monarchie les chefs manquent d'énergie, l'État s'en ressent tellement que sa décadence est inévitable. »

[2] Voici ces vers, un peu trop licencieux pour être traduits :

En la plaza hai un cartel,
Que nos dice en castellano,
Que Joseph, rey Italiano,
Urida á Madrid su dosel.
Y á leer ese cartel,
Dice una maja á su majo :
Manolo ponlo mas abajo,
Que me cago en esa ley,
Que no queremos aqui rey
Que no sabe decir carajo.

[3] J'ai dit que Napoléon ne connaissait pas l'Espagne. Il existe une instruction envoyée, dit-on, par l'Empereur à Murat. Je la

Fernand VII. — Comment doit-il être obéi? — Avec l'amour que ses vertus et ses malheurs lui ont mérité. — Quel est l'ennemi de notre bonheur? — L'Empereur des Français. — Quel est cet homme? — Un nouveau souverain, infiniment méchant et ambitieux, le principe de tous les maux, le destructeur de tout bien; enfin, c'est un composé de vices et de méchanceté. — Combien a-t-il de natures? — Deux : l'une diabolique, l'autre inhumaine. — Combien y a-t-il d'empereurs? — Il y en a un en trois personnes fausses. — Quelles sont-elles? — Napoléon, Murat et Godoï. — L'une est-elle plus méchante que l'autre? — Non, mon révérend, puisqu'elles sont égales. — De qui procède Napoléon? — De l'enfer et du péché. — Et Murat? — De Napoléon. — Et Godoï? — De l'intrigue des deux autres. — Quels sont les attributs du premier? — L'orgueil, la méchanceté et le despotisme. — Et du second? — La rapine, l'infamie et la cruauté. — Et du troisième? — La trahison, la débauche et l'ignorance. — Que sont les Français? — D'anciens chrétiens et de nouveaux hérétiques. — Qui les a ainsi perdus? — La fausse philosophie et la dépravation de leurs mœurs. — A quoi les Français servent-ils à ce despote? — Les uns à augmenter son orgueil, les autres servent d'instruments à son iniquité, et le reste à exterminer le genre humain. — Ce règne d'iniquités doit-il finir bientôt? — Suivant les sentiments des plus sages

donne, mais dans ma conviction elle est apocryphe et faite après coup. Napoléon méprisait trop l'insurrection espagnole pour s'exprimer ainsi, ses actions seraient au moins le contraire de ses paroles :

« M. le grand-duc de Berg, je crains que vous ne me trompiez sur la situation de l'Espagne et que vous ne vous trompiez vous-même. L'affaire du 20 mars a singulièrement compliqué les événements.

« Ne croyez pas que vous attaquiez une nation désarmée et que vous n'ayez que des troupes à montrer pour soumettre l'Espagne. La révolution du 20 mars prouve qu'il y a de l'énergie chez les Espagnols. Vous avez affaire à un peuple neuf : il aura tout le courage, il aura tout l'enthousiasme que l'on rencontre chez des hommes que n'ont point usés les passions politiques.

politiques, il touche à sa ruine. — D'où présagez-vous cela? — Des dispositions de notre sage mère-patrie. — Quelle est notre patrie? — La réunion ou l'assemblage d'un grand peuple régi par un roi et gouverné par les mêmes lois. — Nos intérêts sont-ils ceux de tout le peuple? — Oui, par l'obligation naturelle où nous nous trouvons tous de nous protéger, de nous entr'aider et de nous défendre réciproquement. — De quelle peine l'Espagnol qui manque à ses justes devoirs est-il passible?—Des peines infamantes, de la peine de mort naturelle comme traître, et de celle de mort civile comme manquant aux lois. —Qu'appelez-vous mort naturelle? — La privation de la vie. — Et mort civile? — La perte de ses biens, et la privation des avantages et des honneurs que la patrie accorde à ses braves et généreux citoyens. — Qui est venu en Espagne? — La seconde personne de la trinité endiablée. — Quels sont ses principaux offices? — Ceux de tromper, voler, assassiner et opprimer. — Quelle doctrine nous enseigne-t-elle? — L'infidélité, la corruption des mœurs et l'irréligion. — Qu'est-ce qui peut nous délivrer d'un tel envoyé? — L'union, la constance et les armes. — Est-ce pécher que de tuer des Français? — Non, c'est au contraire bien mériter de la patrie, si, par ce moyen, on la délivre des insultes, du vol et des tromperies. — Quelle doit être la politique et la conduite des Espagnols? —

« L'aristocratie et le clergé sont les maîtres de l'Espagne; s'ils craignent pour leurs priviléges et pour leur existence, ils feront contre nous des levées en masse qui pourraient éterniser la guerre ; j'ai des partisans; si je me présente en conquérant, je n'en aurai plus.

« Le prince de la Paix est détesté, parce qu'on l'accuse d'avoir livré l'Espagne à la France; voilà le grief qui a servi à l'usurpation de Ferdinand : le parti populaire est le plus faible.

« Le prince des Asturies n'a aucune des qualités qui sont nécessaires au chef d'une nation ; cela n'empêchera pas que, pour nous l'opposer, on n'en fasse un héros. Je ne veux pas qu'on use de violence envers les personnages de cette famille : il n'est

D'observer les maximes de Jésus-Christ et de l'Évangile. — Quelles sont celles de notre adversaire? — Celles de Machiavel. — Sur quoi se fondent-elles? — Sur l'égoïsme et l'amour-propre. — Quel est leur but? — De rapporter tout à son avantage et au préjudice de ses semblables. — Comment met-il ses principes en usage? — En présentant les crimes et les délits pour des vertus. — Quels moyens nos ennemis ont-ils employés pour nous tromper? — La supercherie, la trahison, la bassesse et la perfidie. — Est-ce par de semblables moyens qu'on peut obtenir une couronne qui appartient à un autre? — Non, au contraire, ces tyrans se sont rendus indignes de notre condescendance, et nous devons résister de toutes nos forces à un roi qui veut commencer son règne par des moyens aussi injustes et aussi abominables. — Quel bonheur devons-nous chercher? — Celui qu'ils ne peuvent nous donner. — Quel est-il? — La sûreté de nos droits, le libre exercice de notre sainte religion, le rétablissement d'un gouvernement conforme aux mœurs actuelles de l'Espagne et à nos relations avec l'Europe. — Maintenant nous n'avons donc pas ce gouvernement? — Si, mais désorganisé par l'indolence des autorités supérieures qui nous ont gouvernés. — Qui doit le rétablir? — L'Espagne, à qui seule appartient ce droit exclusif, avec inhibition de tout étranger. — Qui autorise ce droit, ces dispositions? — Fernand VII, que

jamais utile de se rendre odieux et d'enflammer les haines. L'Espagne a plus de cent mille hommes sous les armes. C'est plus qu'il n'en faut pour soutenir avec avantage une guerre intérieure : divisés sur plusieurs points, ils peuvent servir de soulèvement total à la monarchie entière.

« Je vous présente l'ensemble des obstacles qui sont inévitables, il en est d'autres que vous sentirez : l'Angleterre ne laissera pas échapper cette occasion de multiplier nos embarras, elle expédie journellement des avis aux forces qu'elle tient sur les côtes du Portugal et dans la Méditerranée : elle fait des enrôlements de Siciliens et de Portugais.

« La famille n'ayant pas quitté l'Espagne pour aller s'établir aux Indes, il n'y a qu'une

Dieu veuille rendre à notre amour qui sera éternel. Ainsi soit-il. » Cette pieuse et ardente prière pour sauver la nationalité espagnole, cette profession de foi patriotique était lue dans toutes les églises, propagée dans tous les esprits; les chants nationaux appelaient les souvenirs de la délivrance, l'époque de la prise de Cordoue et de Grenade sur les Maures; ou bien remontant plus haut encore, les gardeurs de chèvres, les Navarrais, racontaient comment furent frappés dans la vallée de Roncevaux les preux de Charlemagne; Roland et son cousin Olivier firent en vain entendre le cor des batailles! « Et toi, Bernard de Carpio, tu n'étais qu'un pasteur de Navarre, et pourtant tu brisas la fière armure des chevaliers! »

Elles apparaissaient encore les armées de chevaliers au panache rouge et flottant; Bessières s'avançait pour ouvrir les portes de Madrid à don Joseph Napoléon. Les Français avaient quitté Burgos pour marcher contre la première armée du peuple insurgé réuni à Medina del Rio-Secco à quelques lieues de Valladolid, la plaine aux beaux oliviers. Cuesta et Blacke commandaient l'armée espagnole composée de vieux régiments wallons et des troupes de nouvelles levées; les wallons se battirent bien et ne cédèrent qu'aux charges brillantes de la cavalerie Lassalle. La bataille de Medina del Rio-Secco ouvrit la route de Valladolid à Madrid. Quand Joseph franchit la puerta d'Alcala, l'Espagne était en

révolution qui puisse changer l'état de ce pays : c'est peut-être celui de l'Europe qui y est le moins préparé. Les gens qui voient les vices monstrueux de ce gouvernement et l'anarchie qui a pris la place de l'autorité légale font le plus petit nombre : le plus grand nombre profite de ces vices et de cette anarchie.

« Dans l'intérêt de mon empire, je puis faire beaucoup de bien à l'Espagne. Quels sont les meilleurs moyens à prendre?

« Irai-je à Madrid? Exercerai-je l'acte d'un grand protectorat en prononçant entre le père et le fils? Il me semble difficile de faire régner Charles IV. Son gouvernement et son favori sont tellement dépopularisés qu'ils ne se soutiendraient pas trois mois.

complète insurrection. Dans la principauté des Asturies, le drapeau fut levé le 2 mai, la Galice et les provinces de Santander formèrent leur junte à Oviedo, la ville des vieux chrétiens. Un simple moine souleva tous les paysans de la campagne de Valence, si pleine de canaux, ouvrages des Maures; une junte prit le gouvernement de la province. A Carthagène, à Cuença, on poussa le cri de haine contre les Français; le royaume de Jaen fut envahi par les paysans de la Sierra-Morena; à Séville une junte centrale s'établit : dans chaque ville, dans chaque village des comités se formèrent, comme en France, à l'époque de l'invasion de 1795; Don Jose de Palafox, noble nom, prit le commandement de l'Aragon. La guerre ainsi déclarée tumultueusement, la première hostilité fut la capture immédiate de cinq vaisseaux de ligne, obligés de se rendre à une insurrection éclatante dans le port de Cadix même; la marine de France souffrit ce grave échec. Tout fut armé, et les villes et les citadelles, les couvents, les montagnes, et lorsque lord Byron parcourut l'Espagne en poëte pélerin, des piles de boulets étaient amoncelées dans les défilés de la Sierra-Morena, et Childe-Harold trouva Séville et Cadix, fières cités soulevées en armes contre l'empereur des Gaules.

En face de cette guerre hautainement déclarée, il faut voir maintenant quelles forces pouvaient opposer les di-

---

« Ferdinand est l'ennemi de la France, c'est pour cela qu'on l'a fait roi. Le placer sur le trône sera servir les factions qui depuis vingt-cinq ans veulent l'anéantissement de la France. Une alliance de famille serait un faible lien : la reine Elisabeth et d'autres princesses françaises ont péri misérablement, lorsqu'on a pu les immoler impunément à d'autres vengeances. Je pense qu'il ne faut rien précipiter, qu'il convient de prendre conseil des événements qui vont suivre. Il faudra fortifier les corps d'armée qui se tiendront sur les frontières du Portugal et attendre.

« Je n'approuve pas le parti qu'a pris V. A. I. de s'emparer aussi précipitamment de Madrid, il fallait tenir l'armée à dix lieues de la capitale. Vous n'aviez pas l'assurance

visions françaises entrées en Espagne. Quel était leur personnel, leur moral, leur matériel militaire? quelle espérance restait-il pour une conquête de la Péninsule? L'armée d'invasion opérait en quatre corps; à l'appel du 1er juin le général Dupont compta 28,475 hommes; le maréchal Moncey, 55,200; le général Duhesme, 12,495; enfin le maréchal Bessières avait réuni 20,975 hommes, l'armée formait donc un total de 95,000 hommes bizarrement composés : on comptait six bataillons polonais, huit régiments italiens, trois régiments suisses, la garde de Paris, les fusiliers de la garde qui avaient débuté à Friedland, et le bataillon des marins. Tout le reste était composé de conscrits, conduits par des officiers sortis récemment des écoles militaires et qui n'avaient qu'une connaissance imparfaite de la guerre pratique. Le maréchal Bessières tenait la grande route de Madrid à Vittoria par Valladolid; le général Dupont s'avançait sur l'Andalousie par Tolède et la Sierra Morena; Duhesme avait à combattre dans la Catalogne le peuple, et s'étendait vers l'Aragon; Moncey agissait dans le royaume de Valence soulevé. Comme l'insurrection était partout, il fallait disperser les armées : à vrai dire elles n'étaient plus que des colonnes mobiles, ruisseaux perdus dans un océan de peuple.

Murat, resté malade à Madrid, avait laissé la direc-

---

que le peuple et la magistrature allaient reconnaître Ferdinand sans contestations. Le prince de la Paix doit avoir dans les emplois publics des partisans, il y a d'ailleurs un attachement d'habitude au vieux roi, qui pourrait produire des résultats. Votre entrée à Madrid, en inquiétant les Espagnols, a puissamment servi Ferdinand. J'ai donné ordre à Savary d'aller auprès du vieux roi voir ce qui s'y passe : il se concertera avec V. A. I. J'aviserai ultérieurement au parti qui sera à prendre ; en attendant voici ce que je juge convenable de vous prescrire.

« Vous ne m'engagerez à une entrevue en Espagne avec Ferdinand que si vous jugez la situation des choses telle que je doive le reconnaître comme roi d'Espagne.

tion du gouvernement politique et des troupes d'expédition au général Savary qui arrivait au nom de l'Empereur. Savary était une capacité bien limitée pour des opérations d'une si grande importance. D'après les ordres venus de Madrid, le général Dupont opéra son mouvement sur Tolède, pour débarrasser l'Andalousie des troupes insurgées; son but était de se porter à marches forcées sur Cadix, par la Sierra-Morena : ce mouvement au midi de l'Espagne était une faute au moment où le centre n'était pas encore délivré. L'armée du général Dupont comptait à peine un tiers de bonnes troupes, parmi des masses de conscrits et d'étrangers, sauf le bataillon des marins de la garde, il lui était impossible de composer un corps de réserve capable de donner un vigoureux coup de main dans une affaire sérieuse : rien n'était plus pitoyable que les régiments provisoires formés à la hâte; et avec eux des Suisses incertains, des Italiens, des Polonais, des Allemands.

Le général Dupont ne rencontra aucun obstacle jusqu'au pied de la Sierra-Morena, au-delà même des montagnes il ne vit que quelques insurrections partielles qui interceptèrent plutôt sa marche qu'elles ne purent l'arrêter. Dupont refoula devant lui ces masses d'hommes; les Espagnols furent culbutés jusqu'aux environs de Cordoue, où les flots de peuple et de soldats s'accrurent; une bataille s'engagea; Cordoue, la merveilleuse ville des Maures,

---

Vous userez de bons procédés envers le roi, la reine et le prince Godoï; vous exigerez pour eux et vous leur rendrez les mêmes honneurs qu'autrefois. Vous ferez en sorte que les Espagnols ne puissent pas soupçonner le parti que je prendrai : cela ne sera pas difficile, je n'en sais rien moi-même.

« Vous ferez entendre à la noblesse et au clergé que si la France doit intervenir dans les affaires d'Espagne, leurs privilèges et leurs immunités seront respectés. Vous leur direz que l'Empereur désire le perfectionnement des institutions politiques de l'Espagne, pour la mettre en rapport avec l'état de la civilisation de l'Europe, pour la soustraire au régime des favoris. Vous direz aux magistrats et aux bourgeois des

prise et reprise, fut livrée au pillage des Français ; il s'y passa des horreurs : une *scagna* plaintive se récite encore sur ce passage des Français à Cordoue, et le chant des filles de Cadix et de Séville rappelle les tristes funérailles de la veille de la Saint-Jean : une troupe disciplinée se défend des excès, le mauvais soldat pille et dévaste ; on prit à Cordoue des richesses immenses ; les officiers chargèrent leurs fourgons ; les généraux, comme en Italie, ne respectèrent ni les châsses saintes, ni les bijoux des autels. Jamais armée n'avait présenté une masse aussi considérable de fourgons ; plus de six cents voitures pesamment chargées suivaient l'état-major : elles appelaient la surveillance de presque une division.

Après la prise de Cordoue, l'insurrection s'étendit ; les peuples se levaient devant, derrière, par tous les flancs de l'armée française ; les ordonnances étaient interceptées ; on ne pouvait avoir aucune nouvelle de Madrid, et la guerre au couteau était proclamée dans les saintes et patriotiques harangues. Il faut se représenter la Sierra-Morena au mois de juin, lorsque les eaux du Guadalquivir bouillonnent comme un bain d'été ; puis cette armée d'Allemands, d'Italiens, de Polonais, de conscrits, mourant de soif, avec deux onces de pain pour ration chaque jour. Les nouvelles de l'insurrection étaient terribles ; l'ennemi était sans pitié ; on avait trouvé des aides-de-camp

---

villes, aux gens éclairés, que l'Espagne a besoin de recréer la machine de son gouvernement, et qu'il lui faut des lois qui garantissent les citoyens de l'arbitraire et des usurpations de la féodalité, des institutions qui raniment l'industrie, l'agriculture et les arts ; vous leur peindrez l'état de tranquillité et d'aisance dont jouit la France, malgré les guerres où elle s'est toujours engagée ; la splendeur de la religion, qui doit son établissement au concordat que j'ai signé avec le pape. Vous leur démontrerez les avantages qu'ils peuvent tirer d'une régénération politique. L'ordre et la paix dans l'intérieur, la considération et la puissance à l'extérieur : tel doit être l'esprit de vos discours et de vos écrits. Ne brusquez aucune démarche, je puis atten-

hachés en morceaux; les malades, les blessés, étaient impitoyablement massacrés; des officiers rôtis à petit feu, d'autres empalés; quelles affreuses nouvelles! le moral de l'armée était perdu. Dupont n'avait plus avec lui les troupes de Friedland; ces vigoureux enfants de la victoire restaient en Allemagne; son armée de conscrits était sans énergie; il s'empressa de signaler à Madrid sa fatale position; et comme il ne pouvait plus tenir Cordoue, il résolut de revenir sur Baylen et Andujar, afin de retrouver appui au pied de la Sierra-Morena. Les dépêches de Dupont parvinrent au général Savary; il les reçut au moment où, inquiet sur le sort de la capitale, il la faisait fortifier contre une irruption inévitable de toutes ces bandes qui le cernaient comme d'un réseau de fer : Moncey lui-même, entouré de guérillas et d'armées, opérait sa retraite de Valence. Savary pouvait disposer d'une seule division, celle du général Vedel, alors à Tolède; les communications entre Madrid et Baylen étant interrompues, il fallait au plus vite les rétablir en portant une masse considérable de troupes sur la grande route de la Sierra-Morena pour empêcher surtout que Dupont, attaqué de face par les armées régulières du camp de Saint-Roch sous Castaños, ne fût pressé sur ses flancs et ses derrières par l'insurrection : concentrer les masses sur Madrid, rappeler

dre à Bayonne, je puis paser les Pyrénées, et, me fortifiant vers le Portugal, aller conduire la guerre de ce côté.

« Je songerai à vos intérêts particuliers, n'y songez pas vous-même... Le Portugal restera à ma disposition... Qu'aucun projet personnel ne vous occupe et ne dirige votre conduite : cela me nuirait et vous nuirait encore plus qu'à moi.

« Vous allez trop vite dans vos instructions du 14; la marche que vous prescrivez au général Dupont est trop rapide, à cause de l'événement du 19 mars; il y a des changements à faire; vous donnerez de nouvelles dispositions, vous recevrez des instructions de mon ministre des affaires étrangères.

« J'ordonne que la discipline soit main-

tous les corps détachés ; telles devaient être les manœuvres pour rétablir les communications.

Le général Savary n'osa prendre sur lui ce mouvement rétrograde ; Napoléon n'aimait pas qu'on reculât devant l'ennemi, et cet ordre eût sauvé l'armée de Dupont. Une faute en stratégie est d'avoir sur tous les points des corps détachés sans liens de communication, ce qui change une armée en colonnes mobiles. Savary ne disposa que de la division Vedel, en bataille à Tolède ; cette division, de 4,000 hommes environ, devait hâter sa marche pour appuyer Dupont ; la chaleur était si forte, les privations si grandes, qu'elle apporta de la mollesse dans son mouvement, tandis que Dupont avec ses régiments italiens, suisses, si bizarrement composés, était obligé de tenir face aux troupes régulières du général Castaños, deux fois plus nombreuses, et de soutenir l'insurrection qui grondait violente autour de lui. La quantité immense de fourgons emplis à Cordoue et regorgeant de pillage, embarrassait les mouvements ; la garde du butin employait une division ; les officiers y veillaient plus qu'à leurs soldats, inquiets, découragés, sous vingt-huit degrés de chaleur.

Qui peut dire ce qu'une insurrection a d'effrayant pour une armée ? quand le peuple gronde comme un ouragan, les soldats frémissent devant lui : le géant a mille bras, mille têtes, mille voix qui retentissent. Le général Dupont ne conserva pas la fermeté qu'il mon-

---

tenue de la manière la plus sévère : point de grâce pour les plus petites fautes ; l'on aura pour l'habitant les plus grands égards ; l'on respectera principalement les églises et les couvents.

« L'armée évitera toute rencontre, soit avec des corps de l'armée espagnole, soit avec des détachements : il ne faut pas que, d'aucun côté, il soit brûlé une amorce.

« Laissez Solano dépasser Badajoz, faites-le observer ; donnez vous-même l'indication des marches de mon armée, pour la tenir toujours à une distance de plusieurs lieues des corps espagnols : si la guerre s'allumait, tout serait perdu.

« C'est à la politique et aux négociations

tra si grande à Friedland; sans arrêter sa retraite à Baylen, il devait mettre la Sierra-Morena entre lui et l'ennemi, et pour cela sacrifier ses bagages, ses fourgons, son or; il fallait sauver l'armée. Les généraux Dupont, Vedel, devaient évacuer l'Andalousie pour atteindre le point central, Madrid; on était toujours sûr de faire une trouée; 25,000 hommes ne doivent jamais mettre bas les armes en rase campagne; il y eut donc faute, découragement, ou peut-être un sentiment plus sordide dans l'âme du général Dupont!

La situation de l'armée était effrayante, n'avait-on pas à craindre quelque chose de plus affreux qu'un siège à travers les murailles? Le soldat était réduit à trois onces de pain par jour, on manquait d'eau, de viande, et à vingt lieues autour de la campagne, les paysans armés de scopettes faisaient une guerre à mort aux Français. La faim et la soif sont de terribles adversaires; le général Dupont a écrit : « qu'il n'aurait pu se frayer un passage à travers la Sierra-Morena; ses instructions, d'ailleurs, ne l'autorisaient pas à cette retraite moins que sûre et sans subsistance; l'ordre reçu de Madrid portait seulement qu'il eût à se concentrer d'Andujar à Baylen pour surveiller et empêcher le soulèvement de la Manche. » On doit répondre au général Dupont : « que lorsque le salut de l'armée tient à une démarche, il faut l'accomplir, même sans ordre et sans instruction. » Le général Dupont pouvait-

---

qu'il appartient de décider des destinées de l'Espagne. Je vous recommande d'éviter des explications avec Solano, comme avec les autres généraux et les gouverneurs espagnols.

« Vous m'enverrez deux estafettes par jour; en cas d'événements majeurs, vous m'expédierez des officiers d'ordonnance : vous me renverrez sur-le-champ le chambellan de Tournon qui vous portera cette dépêche; vous lui remettrez un rapport détaillé.

« Sur ce, etc. »

Napoléon.

il douter de l'approche de Castaños et des troupes du camp de Saint-Roch et devait-il les attendre? Elles parurent bientôt ces troupes; l'attaque fut rapide, les Espagnols passèrent le Guadalquivir, les bataillons français de l'avant-garde du général Vedel furent rejetés sur la Caroline; cet officier eut au moins l'instinct de garder les communications avec Madrid. Toute la tactique devait se concentrer dans cette pensée.

C'était le 17 juillet; sous le soleil de l'Andalousie, partout la campagne desséchée, les rochers de la Sierra-Morena rougeâtres et dépouillés de verdure; le camp de Dupont offrait une confusion de mille langues; on y parlait polonais, allemand, italien et français, sorte de Babel armée : des masses de fourgons entouraient le camp; les officiers y veillaient attentifs; le général s'en inquiétait beaucoup. A chaque moment des combats à outrance; Baylen fut le théâtre d'une bataille régulière; les Espagnols se firent hacher jusqu'à la mort; il y eut encore parmi les Français des traits de bravoure admirables; partout se manifestait un grand découragement et presque de l'insubordination. Le cœur commençait à manquer à toute cette armée; que faire, au milieu de cette nuée de guérillas! la désertion se mettait parmi les régiments étrangers; les Suisses passèrent aux Espagnols et reprirent leur rang dans la brigade Redding. La nuit du 18 juillet fut terrible, et après une longue délibération prise dans le conseil de l'armée, il fut arrêté qu'on entrerait en pourparlers réguliers avec le général Castaños. Ces pourparlers eurent une origine singulière; les instructions secrètes du général Dupont portaient : « Qu'il eût à détacher autant que possible les troupes espagnoles pour les amener au serment à don Joseph Napoléon; » à cet effet il devait s'entendre avec

CAPITULATION DE BAYLEN (22 JUILLET 1808). 509

les capitaines-généraux, et Castaños était compté parmi les plus anciens et les plus sûrs [1]. Une correspondance commença donc entre les généraux français et les officiers insurgés; et une circonstance qui n'est pas assez remarquée, c'est que Castaños n'était pas entièrement éloigné d'une soumission à Joseph. Il fut entraîné par l'insurrection; et qui pouvait y résister?

Castaños suivit l'impulsion nationale; il devait capituler avec Joseph et il obtint la capitulation de Dupont; changement étrange de fortune! Par une circonstance curieuse, il se trouvait dans le camp deux officiers qui pouvaient juger et apprécier la nécessité de la capitulation; le premier était Marescot, général du génie d'une grande science, et revêtu de la confiance de l'Empereur; il avait eu l'occasion d'être en rapport avec le général Castaños lors de la campagne de Dugommier en 1795, et après la paix, Marescot put donner au général espagnol les témoignages d'une haute estime. Avec le général Marescot, se trouvait également un officier d'ordonnance de l'Empereur, M. de Villoutray, et comme rien ne se faisait alors que sous les auspices de la majesté impériale, le général Dupont crut essentiel de donner à la capitulation [2] l'assentiment de ces deux officiers de

---

[1] Le général Dupont avait encore ces instructions sur Castanos en original.

[2] Le texte exact de la capitulation de Baylen est peu connu; il est écrit en français. On remarquera avec un sourire de pitié que dans cette capitulation aucun des titres du général Dupont n'est oublié.

« Leurs excellences le comte de Casa-Tilly et le général Castanos, commandant en chef l'armée d'Espagne en Andalousie, voulant donner une preuve de leur haute estime à S. E. M. le général Dupont, grand-aigle de la Légion d'Honneur, commandant en chef le corps d'observation de la Gironde, ainsi qu'à l'armée sous ses ordres, pour la belle et glorieuse défense qu'ils ont faite contre une armée infiniment supérieure en nombre, et qui l'enveloppait de toutes parts, sur la demande de M. le général Chabert, commandant de la Légion d'Honneur, et chargé des pleins pouvoirs de S. E. le général en chef de l'armée française, en présence de S. E. M. le général Marescot, grand-aigle de la Légion d'Honneur et premier inspecteur du génie, sont convenus des articles suivants :

confiance en leur faisant juger sa propre situation; ils furent chargés de négocier auprès du général Castaños. On ne parla pas d'abord d'une capitulation, mais seulement d'une convention particulière, dans laquelle il serait convenu : que le général Castaños laisserait le libre passage par l'Andalousie aux troupes françaises, s'engageant à évacuer la province comme on quittait une ville, une place forte, avec les honneurs de la guerre.

Deux circonstances changèrent la tendance particulière de cette négociation; la défection d'abord des régiments suisses, qui vinrent grossir les rangs de Castaños; puis l'influence des Anglais attisant alors l'insurrection dans toutes les parties de l'Espagne. Le général Castaños ne fut plus maître des faits et de la transaction, les insurgés ne voulaient pas que l'armée française en fût quitte à si bon marché; on savait combien elle était démoralisée, pourquoi ne point en profiter? Après des difficultés inouïes, la fatale capitulation de Baylen fut signée; Castaños eut accordé de plus larges conditions, mais les insurgés le dominaient sans lui laisser la liberté d'être généreux. La capitulation portait un préambule très

« Article 1er. Les troupes françaises sous les ordres de S. E. M. le général Dupont sont prisonnières de guerre, la division Vedel exceptée.

« Art. 2. La division de M. le général Vedel et les autres troupes qui ne sont pas dans la position de celles comprises dans l'article 1er, évacueront l'Andalousie.

« Les troupes comprises dans l'article précédent conserveront généralement tous leurs bagages, et, pour éviter tout sujet de trouble pendant la marche, elles remettront leur artillerie, train et autres armes à l'armée espagnole, qui s'engage à les leur rendre au moment de l'embarquement.

« Art. 4. Les troupes comprises dans l'article 1er du traité, sortiront de leur camp avec les honneurs de la guerre, chaque bataillon ayant deux canons en tête, les soldats armés de leurs fusils qui seront déposés à quatre cents toises du camp.

« Art. 5. Les troupes de M. le général Vedel et autres, ne devant pas déposer les armes, les placeront en faisceaux sur leur front de bandière, elles y laisseront aussi leur artillerie et leur train ; il en sera dressé procès-verbal par des officiers des deux armées, et le tout leur sera remis ainsi qu'il est convenu dans l'article 3.

« Art. 6. toutes les troupes françaises en Andalousie se rendront à San-Lucar et à Rota par journées d'étape, qui ne pourront excéder quatre lieues de poste, avec les séjours nécessaires, pour être embar-

solennel, au milieu des circonstances si tristement choisies : « Le général comte de Casa-Tilly et le général Castaños, commandant en chef l'armée d'Espagne en Andalousie, donnaient une preuve de leur haute estime au général Dupont, grand aigle de la Légion d'Honneur (lorsque l'aigle était si abaissée, pourquoi étaler l'aigle!) pour la belle et glorieuse défense que l'armée et lui avaient faite contre une armée infiniment supérieure en nombre et qui l'enveloppait de toutes parts. Cette capitulation était conclue, disait-on, sur la demande du général Chabert et en présence du général Marescot. On y stipulait que toutes les troupes sous les ordres de S. E. le général Dupont (aucun titre n'était oublié) seraient prisonnières de guerre, la division Vedel exceptée; celle-ci devait évacuer l'Andalousie; on devait remettre momentanément les armes et l'artillerie aux Espagnols qui devaient les rendre au moment où les Français seraient embarqués à San-Lucar et à la Rota pour se rendre au port de Rochefort; les officiers conservaient leurs épées, les soldats leurs sacs; de plus,

quées sur des vaisseaux avec équipages espagnols, et transportées en France au port de Rochefort.

« Art. 7. Les troupes françaises seront embarquées selon leur arrivée, et l'armée espagnole assure leur traversée contre toute expédition hostile.

« Art. 8. MM. les officiers-généraux, supérieurs et autres, conserveront leurs armes, et les soldats leurs sacs.

« Art. 9. Les logements, vivres et fourrages pendant la marche et la traversée seront fournis à MM. les officiers généraux et autres ayants droit, ainsi qu'à la troupe, dans la proportion de leur grade, et sur le pied des troupes espagnoles en temps de guerre.

« Art. 10. Les chevaux de MM. Les officiers généraux, supérieurs et d'état-major, dans la proportion de leur grade, seront transportés en France, et nourris sur le pied de guerre.

« Art. 11. MM. les officiers généraux conserveront chacun une voiture et un fourgon ; MM. les officiers supérieurs et d'état-major une voiture seulement, sans être soumis à aucun examen.

« Art. 12. Sont exceptées de l'article précédent les voitures prises en Andalousie, et dont l'examen sera fait par M. le général Chabert.

« Art. 13. Pour éviter la difficulté d'embarquer les chevaux des corps de cavalerie et d'artillerie compris dans l'article 2, lesdits chevaux seront laissés en Espagne d'après l'estimation de deux commissaires

les officiers-généraux gardaient une voiture et un fourgon, les officiers supérieurs, la voiture seulement, sans examen (remarquez bien, une voiture ou un fourgon). Les chevaux d'artillerie, laissés à l'Espagne, seraient payés d'après l'estimation; puis on rendrait les vases sacrés pris à Cordoue (on avouait ce vol); les commissaires espagnols pourvoiraient à tout ce qui était nécessaire pendant la route, et la convention serait immédiatement envoyée à l'approbation du général Savary. »

Ainsi fut le texte réel de la convention de Baylen ou d'Andujar jusque ici mal connu; en examinant ces clauses écrites, on voit qu'elles diffèrent peu des conditions stipulées dans la plupart des capitulations militaires; elle était calquée sur le modèle du traité conclu pour l'évacuation de l'Égypte, ou de Malte; elle ne se distinguait que par les réserves sur les fourgons et les bagages. Que stipulait-on, en effet, dans cette convention de Baylen : « Que l'armée serait transportée en France; on lui rendait ses armes au lieu de l'embarquement, elle évacuait l'Andalousie, mais par mer; on ne voulait pas qu'elle pût combattre de nouveau contre les Espagnols; on

français et espagnols, et acquittés par le commissaire espagnol.

« Art. 14. Les blessés et les malades de l'armée française laissés dans les hôpitaux seront traités avec le plus grand soin, et seront transportés en France sous bonne et sûre escorte, aussitôt leur guérison.

« Art. 15. Comme dans plusieurs endroits, et notamment à l'assaut de Cordoue, plusieurs soldats, malgré les ordres de MM. les officiers-généraux et les soins de MM. les officiers, se sont portés à des excès qui sont une suite inévitable des villes prises d'assaut, MM. les officiers généraux et autres officiers prendront toutes les mesures nécessaires pour découvrir les vases sacrés qui peuvent avoir été enlevés, et les rendre s'ils existent.

« Art. 16. Tous les employés civils attachés à l'armée française ne sont pas considérés comme prisonniers de guerre, et jouiront cependant, durant leur transport en France, de tous les avantages de la troupe, dans la proportion de leur grade.

« Art. 17. Les troupes françaises commenceront à évacuer l'Andalousie le 23 juillet à quatre heures du matin; pour éviter la grande chaleur, la marche des troupes s'effectuera de nuit, et se conformera aux journées d'étapes qui seront réglées par MM. les officiers d'état-major français et espagnols, en évitant le passage des villes de Cordoue et de Séville.

« Art. 20. La présente capitulation sera portée de suite à S. E. M. le duc de Rovigo, commandant en chef les troupes françai-

se servit de l'expression des prisonniers de guerre, afin de placer l'armée française sous la protection du droit des gens, à travers les guérillas insurgés ; à Cadix on convenait de la transporter en France ; là elle serait libre sans pouvoir combattre l'Espagne. Seulement des articles déplorables constataient l'esprit de ce traité ; et, par exemple, on stipulait que les fourgons ne seraient pas visités par les Espagnols ; n'était-ce pas là une trop grande préoccupation du général Dupont et de son état-major ? Chacun emportait son butin, lorsque plus d'un officier perdait son honneur.

La faute des négociateurs fut de croire que la convention serait exécutée ; il y eut de la part des généraux une ignorance complète des caractères d'une insurrection, mouvement tumultueux qui ne respecte rien : comment croire que les habitants de Cordoue, pillés à quelques jours de distance, laisseraient passer une armée prisonnière et chargée de leurs dépouilles ? Comment croire qu'une armée qui venait de commettre des excès serait protégée par les Espagnols, si portés eux-mêmes aux excès ? Quand le cheval traîne ses entrailles béantes dans l'arène, lorsque le toréador est

---

ses en Espagne, par un officier français qui devra être escorté par des troupes de ligne espagnoles.

Articles supplémentaires.

« Art. 1er. Il sera fourni deux charrettes par bataillon pour servir au transport des effets de MM. les officiers.

« Art. 2. MM. les officiers de cavalerie conserveront leurs chevaux pour la route seulement, et les laisseront à Rota, lieu d'embarquement, au commissaire espagnol, qui sera chargé de les recevoir : la gendarmerie formant la garde de S. E. M. le général Dupont, jouira de la même faculté.

« Art. 3. Les malades qui sont dans la Manche, ainsi que ceux qui pourraient se trouver en Andalousie, seront conduits dans les hôpitaux d'Andujar et autres qui paraîtront plus convenables à la convalescence : à mesure de guérison, ils seront conduits à Rota, où ils seront embarqués pour être transportés en France sous la même garantie mentionnée dans l'article 14 de la capitulation.

« Art. 4. Leurs excellences M. le comte de Tilly et M. le général Castanos, commandant en chef l'armée d'Espagne en Andalousie, promettent d'employer leurs bons offices pour que M. le général Exelmans, M. le colonel Lagrange et M. le lieutenant-colonel Rozetti, prisonniers de guerre à Valence, soient mis en liberté et transpor-

brisé par la corne du taureau vaillant, l'Espagnol applaudit; il n'épargne pas les vaincus. Pouvait-on s'autoriser de l'exemple de l'évacuation d'Égypte? le général Menou négociait avec un pouvoir régulier; il donnait sa parole aux Anglais et la recevait d'eux; c'était une convention de guerre. Rien de semblable dans la capitulation conclue par le général Dupont; c'était un acte signé sans doute par le général Castaños, chef des forces militaires, mais le général était-il maître du peuple? S'il commandait la guerre au canon, au fusil, la guerre au couteau était en dehors de lui.

La convention de Baylen ne fut pas exécutée par les insurgés[1]; ils n'eurent aucun respect des prisonniers, insultés, frappés, pendant la route sur les bords du Guadalquivir; on les dirigeait sur San-Lucar et la Rota; quel lamentable spectacle que ces masses de soldats français, pâles, l'œil morne, le front humilié, traversant la nuit les villages de l'Andalousie, depuis Baylen jusqu'à Cadix; le peuple les arracha aux soldats de Castaños; il fallait les embarquer, et les Anglais laisseraient-ils passer en France une masse aussi considérable de troupes sans s'en emparer, comme d'une bonne prise. Si une flotte espagnole les transportait en France, l'Angleterre les attaquerait de vive force; aucun général anglais n'était intervenu dans la convention, il n'avait rien à respecter; l'amiral anglais considérerait les Français comme pri-

---

tés en France sous la même garantie mentionnée dans l'article précédent.

« Fait à Andujar, le 22 juillet 1808. »

Signé, le comte de Tilly; le général Castanos *commandant en chef l'armée d'Espagne en Andalousie*; le général Marescot, *comme témoin*, et le général Chabert, *chargé de pleins pouvoirs*.

[1] Quand le général Dupont réclama l'exécution du traité à Cadix, le gouverneur lui écrivit la lettre suivante :

Cadix, le 10 août 1808.

« Monsieur le général Dupont,

« Ni la capitulation, ni l'approbation de la junte, ni un ordre exprès de notre souverain chéri, ne peuvent rendre possible ce qui ne l'est pas; il n'y a point de bâtiments, ni de moyens de s'en procurer pour le transport de votre armée. Quelle plus

sonniers de guerre. Je le répète : la haine des habitants de Cordoue, la colère des juntes, ne permirent pas l'exécution de la convention; lorsque le général Dupont en demanda l'exécution à Cadix, on lui répondit, en se raillant : « qu'il n'y avait pas de bâtiments pour le transport de tous ces hommes; » cette armée flétrie de douleur et de honte, eut dès lors les pontons pour patrie.

Ainsi disparut la division Dupont. Pourtant le général en chef était un brave de la vieille armée et sa conduite était sans excuse ! y aurait-il dans les événements malheureux un découragement qui affaiblit les âmes les mieux trempées, celle de Marescot même ! Qu'on se représente ces divisions de conscrits, poursuivis, harassés par des guérillas intrépides; rien ne terrifie l'armée comme une guerre à coups de faux, c'est une lèpre qu'elle a sur le corps. Puis quand les soldats meurent de faim, sans l'espoir d'être secourus, sous les feux du soleil, trempés de sueur, quel désespoir ne saisit pas les âmes; un moment de faiblesse arrive; ils ont le fol espoir d'être transportés, avec armes et bagages, en France; et ce fut la préoccupation de ces soldats qui n'en pouvaient plus sous leurs souffrances. La pensée qui dicta la convention de Baylen, j'ose le croire, fut plutôt faiblesse que trahison, découragement que perfidie : des conscrits ne valent pas les vieux prétoriens; l'armée d'Espagne ne comptait pas 5,000 vétérans des vieilles armées. Hélas! j'ai besoin de chercher des motifs et

---

grande preuve que celle de retenir ici très dispendieusement les prisonniers, pour n'avoir point de quoi les transporter sur d'autres points hors du continent.

« Lorsque le général Castanos promit d'obtenir des Anglais des passeports pour le passage de votre armée, il ne put s'obliger à autre chose qu'à les demander avec instance, et c'est ce qu'il a fait. Mais comment V. E. put-elle croire que la nation britannique accéderait à la laisser passer, certaine qu'elle allait lui faire la guerre sur un autre point, ou peut-être sur le même.

« Le caractère national ne permet d'en user avec les Français que d'après cette

des excuses à la fatale conduite d'un général si glorieusement sabré à la bataille de Friedland.

Dupont a capitulé! Ce bruit retentit comme la voix de la délivrance parmi les Espagnols. On apprit cette triste nouvelle à Madrid où Joseph venait à peine d'arriver; 22,000 hommes captifs laissaient une vaste trouée aux insurrections de l'Andalousie, de la Manche et de la Vieille-Castille. Le général Savary cherchait en vain à fortifier Madrid avec des palissades; en supposant la disposition pleine et entière du corps de Bessières, le seul solide dans toute cette campagne et composé de vieilles et bonnes troupes, 20,000 hommes étaient-ils suffisants pour donner la main à Moncey refoulé du royaume de Valence, et à Duhesme dans la Catalogne, aux prises avec les montagnards et les vaillants miquelets? La position de don Joseph Napoléon était ainsi menacée à Madrid; déjà le conseil de Castille mettait de l'hésitation dans le serment; les hommes qui, sous l'influence de la force militaire, avaient suivi la fortune de Joseph, revenaient à leur roi légitime, Fernand VII, le prince chéri du peuple; le général Savary avoua qu'il n'avait pas les moyens de défendre Madrid, une fois la ligne d'opération débordée; la terreur augmenta; il n'était plus possible de protéger la ville et les provinces méridionales de l'Espagne; nulle sécurité pour

loi, et non d'après celle des représailles. V. E. m'oblige de lui exprimer des vérités qui doivent lui être amères. Quel droit a-t-elle d'exiger l'exécution impossible d'une capitulation avec une armée qui est entrée en Espagne sous le voile de l'alliance intime et de l'union, qui a emprisonné notre roi et sa famille royale, saccagé ses palais, assassiné et volé ses sujets, détruit ses campagnes et arraché sa couronne? Si V. E. ne veut s'attirer de plus en plus la juste indignation des peuples que je travaille tant à réprimer, qu'elle cesse de semblables et d'aussi intolérables réclamations, et qu'elle cherche, par sa conduite et sa résignation, à affaiblir la vive sensation des horreurs qu'elle a commises récemment à Cordoue. Quel stimulant pour la populace de savoir qu'un seul soldat était porteur de 2180 liv. tournois!

Signé, Morla,
Lieutenant-général gouverneur de Cadix.

les Français s'ils ne jetaient un immense espace entre eux et l'insurrection. La résolution fut prise de se retirer sur l'Ebre; le soir rien ne fut dit : on donna des ordres pour que le départ se fît dans la nuit, et le cortége royal se déploya silencieusement dans le Prado. L'armée abandonna successivement Madrid, les Castilles, Burgos, pour placer le siége du gouvernement dans Vittoria; Vittoria, c'était presque la France, on touchait la frontière; des renforts pouvaient venir en quelques journées de marche : on préviendrait Napoléon par des dépêches immédiates; de nouvelles armées seraient dirigées sur la Péninsule, il fallait dompter l'Espagne par de grandes forces. La retraite se fit avec ordre, le corps de Bessières, troupe solide, protégea le mouvement rétrograde de la cour de don Joseph; cour, hélas ! bien amoindrie, car la plupart des grands, fortement poussés par le peuple, avaient adopté la cause nationale; la majorité resta fidèle à la patrie, un petit nombre suivit le frère de Napoléon; ils furent désormais désignés sous le nom de *Joséphinos*, titre odieux qui devint pour les Castillans comme le synonyme de trahison et d'infamie. La cour de Joseph fut reportée à trente lieues des frontières de France.

Le mouvement rétrograde des Français sur l'Ebre ne rendait plus tenable la position déjà si difficile de Junot dans le Portugal; la démoralisation de son armée avait été remarquée et ses soldats arrivaient à Lisbonne bande par bande, homme par homme, à peine vêtus. Junot, aidé des généraux Travot, Delaborde, Loison et Kellermann, avait réorganisé avec une fermeté remarquable toutes les parties de l'administration militaire et civile; on doit rendre justice à ces généraux; ce fut une sorte de phénomène qu'un corps de 24,000 hommes qui dompte tout un peuple, et avec cela il fallait exécuter les ordres impératifs de Napoléon [1], lever des contributions, frapper les divers états : l'esprit de l'insurrection espagnole avait franchi les frontières ; les sympathies étaient les mêmes, l'amour du pays brûlait les âmes, et les guérillas s'organisaient dans toutes les parties du Portugal. Junot ne trouvait que mollesse et inaction, mauvais vouloir parmi les autorités portugaises ; il avait demandé l'appui des équipages de l'amiral russe Siniavin, qui pouvait disposer de 5,000 matelots et tourner ses canons sur la ville ; en vain Junot invoqua l'alliance de Tilsitt, et quoique l'amiral Siniavin se montrât très empressé en dévouement, il témoigna néanmoins l'impossibilité de seconder le général Junot, n'ayant pas d'instructions précises de son gouvernement sur le but de sa mission en Portugal ; sa flotte resta pavoisée au port de Lisbonne dans une sorte de neutralité.

L'énergie des troupes françaises aurait peut-être servi

---

[1] En voici un exemple dans ce décret :
« Napoléon, etc.

« 1. Il sera imposé sur le Portugal une contribution de guerre de 100 millions de pesetas (200 millions de francs), laquelle sera levée sur toutes les propriétés et domaines appartenant aux particuliers.

« 2. Le général en chef de notre armée répartira cette contribution par province et ville, selon les facultés de chacune.

« 3. Tous les biens appartenant à la reine de Portugal, au prince régent et à tous les princes apanagés, seront mis sous le séquestre ; seront également séquestrés les biens de tous les grands du royaume qui ont accompagné le prince dans sa fuite, à moins qu'ils ne soient de retour en Portugal avant le 15 février prochain. »

Napoléon.

« Tous les biens tant mobiliers qu'immobiliers, de quelque qualité qu'ils soient, qui appartiennent à des individus sujets du roi d'Angleterre, et qui se trouvent en Portugal, doivent être confisqués. Toutes les marchandises anglaises de quelque nature qu'elles soient, doivent être confisquées. Il est expressément ordonné à chaque individu, de quelque rang qu'il soit, de remettre dans l'espace de trois jours au bureau de M. de Goy, tous les objets et marchandises qui appartiennent à des sujets anglais. Dans l'intérieur du Portugal, ces objets doivent être remis au maire du lieu. Quiconque n'aura pas exactement délivré les objets qui sont entre ses mains, paiera le dixième de la valeur des objets qui seront trouvés chez lui, et sera de plus puni corporellement. L'administrateur-général des finances et le conseil de régence sont chargés de l'exécution de la présente ordonnance. » *Signé* Junot.

à réprimer les guérillas, et ces 24,000 hommes sous Junot auraient fait des miracles; mais on apprit alors qu'une armée anglaise était débarquée à Porto et dans l'embouchure du Tage; sur quel point allait-elle opérer? Dès le printemps de 1808 des forces considérables s'étaient réunies à Cork, l'Europe en ignorait encore la destination: lord Castlereagh en avait fait un mystère; le bruit courait qu'elles seraient dirigées vers les colonies espagnoles, lorsque sir Arthur Wellesley reçut le 14 juin un ordre du duc d'York, commandant en chef l'armée britannique [1], pour lui annoncer qu'il eût à prendre le commandement d'un corps d'armée destiné pour le Portugal.

Le Portugal, le Portugal! tel fut le sens de toutes les dépêches; sir Arthur Wellesley, qui venait d'être promu au grade de lieutenant général à son retour de l'expédition de Copenhague, devait avoir sous ses ordres les majors-généraux Spencer, Hill, Ferguson. Ce corps d'armée, composé de quinze bataillons avec quelques escadrons de cavalerie et d'artillerie, devait se réunir à un autre corps parti de Gibraltar sous le commandement du général Hew Dalrymple, gouverneur de l'impénétrable forteresse, et qui prenait le commandement en chef par

---

[1] Voici l'ordre au duc de Wellington:
His Royal highness the commander in chief to lieut.-general the hon. Sir A. Wellesley. K. B.
Horse-Guards, 14th june, 1808.
« Sir, His Majesty having been graciously pleased to appoint you to the command of a detachment of his army, to be employed upon a particular service. I have to desire that you will be pleased to take the earliest opportunity to assume the command of this force, and carry into effect such instructions as you may receive from His Majesty's Ministers.

« And the staff appointed to this force is composed as follows: major general Spencer, major-general Hill, major-general Ferguson, Brigadier-general Nightingall, Brigadier-general Fane, brigadier-général Catlin Craufurd.

« On all subjects relating to your command you will be pleased to correspond with me, and you will regularly communicate to me all military transactions.

« His Majesty has further been pleased to direct, that lieutenant-general sir Hew Dalrymple shall have the chief command thereof, and that lieutenant-general sir

ancienneté de grade; les forces qui s'embarquaient sous les ordres de sir Arthur Wellesley s'élevaient à 9,500 hommes qui joints au corps de sir John Moore et du major général Spencer, réunis en outre au renfort de sir Hew Dalrymple et à la réserve de Stewards, portaient l'armée anglaise, destinée à agir dans le Portugal, de 35 à 40,000 hommes.

Le 15 juillet, un débarquement des troupes britanniques eut lieu à Oporto, et sir Arthur Wellesley en donna avis au vicomte Castlereagh, secrétaire d'état de la guerre[1]. Au commencement d'août, l'armée anglaise en pleine campagne opérait contre le général Junot, qui eut ainsi désormais à se défendre tout à la fois, contre l'insurrection des provinces et un corps d'élite remarquable sous la conduite de sir Arthur Wellesley et du major-général Spencer. Le plan des Anglais eut pour point d'opérations les côtes et la mer; ils s'avancèrent vers Coimbre en manœuvrant avec cette discipline attentive qui constitue les corps d'élite; le général Delaborde eut le premier l'honneur de croiser le fer avec les troupes régulières, combat incertain qui signala qu'on avait à sa face de dignes soldats.

Harry Burrard be second in command, when the of staff army will consist as follows, viz:

« Lieutenant-general sir Hew Dalrymple, commander of the forces.

« Lieutenant-general sir Harry Burrard, second in command.

« Lieutenants-generals sir John Moore, the Hon. John Hope, Mackenzie Fraser, lord Paget, sir Arthur Wellesley.

« Majors-generals J. Murray, lord W. Bentinck, Hon. Edward Paget, Spencer, Hill, Ferguson.

« Brigadiers-generals Acland, Nightingall, R. Stewart, the Hon. C. Stewart, H. Fane, R. Anstruther, Catlin Craufurd.

« Brigadier-general H. Clinton, 1st foot guards, acting adjutant-general.

« Lieutenant-colonel Murray, 3d foot guards, acting quarter Master general.

« Bt. lieutenant-colonel Torrens, 89th foot, Military secretary.

« His Majesty has further been pleased to command that the following should be the outline of the dislocation of the troops, subject to the discretion of the general commanding.

« The reserve, under the command of lieutenant-general sir John Moore and major-general the Hon. »

Edward Paget.

[1] C'est à lord Castlereagh que sir Arthur Wellesley annonça la convention de Cintra.

« My dear Lord, a convention, signed by

BATAILLE DE VIMÉIRO (22 AOUT 1808).

Les Anglais ne s'éloignaient pas de la mer, pour attendre les renforts d'artillerie et de troupes nouvelles ; le plan de sir Arthur Wellesley était de tellement envelopper les Français sous la double enceinte de l'insurrection et d'une armée régulière qu'ils fussent contraints de mettre bas les armes.

La position de Junot devenait de plus en plus mauvaise ; sans appui, en effet, sur l'Espagne, isolé dans un pays insurgé, elle était à peu près semblable à celle de Dupont en Andalousie : amènerait-elle le même résultat ? Le général Travot commandait à Lisbonne, d'immenses précautions furent prises pour défendre la cité si vivement menacée ; on arma la tour de Belem, les canons braqués menacèrent la rade ; Junot, impatient de combattre, avait quitté Lisbonne pour se porter avec sa réserve au secours des généraux Delaborde et Loison, si vivement pressés par les Anglais. A Vimeiro, toutes les dispositions furent prises pour une bataille, car il fallait un engagement décisif pour sortir d'une crise militaire ; sir Arthur Vellesley avait adopté une bonne position retranchée, et attendait Junot, imprudent et courageux officier, responsable de ses soldats aux yeux de l'Empereur. L'armée française comptait alors 19,200 hommes parfaitement commandés par des généraux tels que

---

general Kellermann and colonel Murray, for the evacuation of Portugal by the french troops, was brought here yesterday morning ; but it was not ratified by the general, in consequence of his finding some fault with it. It was altered, but not as I thought as it ought to have been, and was returned to Junot yesterday afternoon. In the mean time, the army has halted in its position ; with the only difference, that we have a corps in Torres Vedras, instead of three miles from that town. In short, in ten days after the action of the 21st, we are not farther advanced ; or, indeed, as I believe, so far advanced as we should and ought to have been on the night of the 21st.

« I assure you, my dear Lord, matters are not prospering here ; and I feel an earnest desire to quit the army. I have been too successful with this army ever to serve with it in a subordinate situation, with satisfaction to the person who shall command it, and of course not to myself. However I shall do whatever the government may Wish.

« Believe om, etc. »

Arthur Wellesley.

Kellermann, Loison, Delaborde; l'artillerie était sous les ordres du général Taviel, et sous lui brillaient deux jeunes officiers, d'Abouville et Foy, dont la renommée est depuis devenue retentissante.

A Vimeiro, la journée fut chaude, l'honneur brilla pour tous; mais la victoire ne fut point à Junot déployant sa plus grande intrépidité; les troupes faiblirent parce qu'elles désespéraient d'elles-mêmes; la gauche des Français fut entamée; un feu à mitraille laboura ses rangs. La réserve chargea, mais impuissante; la cavalerie voulut protéger la retraite. A deux heures toute l'armée française fut brisée par des forces bien supérieures; les efforts du général Kellermann, si intrépide au moment décisif, comme à Marengo, ne purent préserver Junot d'un mouvement rétrograde devenu difficile même sur Lisbonne. En stratégie, quand l'insurrection gronde, tout est perdu après le premier échec; on n'a plus la ressource du peuple, la possibilité des secours et de faciles communications; on est comme une colonie d'étrangers proscrits au milieu du peuple qui bouillonne et vous brise dans sa fureur. Le soir de la bataille de Vimeiro, un conseil de guerre se réunit pour savoir quels étaient les moyens à prendre. Fallait-il se rendre aux Anglais, livrer une seconde bataille ou retourner à Lisbonne? Livrer une bataille c'était s'exposer à une imminente défaite, les forces anglaises s'accroissaient avec une indicible rapidité? Y avait-il moyen de retraite? Si l'on retournait à Lisbonne, comment tenir une si grande capitale avec des forces si inférieures. L'avis du conseil fut qu'il fallait traiter par une capitulation, comme Dupont en Andalousie, et le général Kellermann se chargea de porter des propositions aux Anglais; on prit pour prétexte un échange de prisonniers et de blessés; Kellermann, reçu avec distinction par sir Arthur Wellesley et les officiers de l'état-major de l'armée anglaise, convint des bases d'une convention aussi célèbre que celle de Baylen [1]. « L'armée française évacuerait le Portugal et les places fortes; on la transporterait par mer en France avec ses armes, ses munitions et ses bagages, aux frais de l'escadre britannique; enfin les Français établis en Portugal pourraient suivre l'armée avec leur fortune. » Aucun autre engagement n'était pris.

A les examiner dans leurs résultats, ces bases différaient peu de la convention conclue à Baylen par le général Dupont; elles étaient jetées dans le même moule que l'évacuation de l'Égypte par Menou sous le Consulat. Seulement la convention de Cintra était conclue avec un pouvoir régulier et des chefs responsables; sir Hew Dalrymple et sir Arthur Wellesley pouvaient garantir son exécution; les malheureux Français ne seraient pas entassés sur des pontons ou dans des îles désertes; la

---

[1] Le texte de la convention de Cintra est un monument fort curieux; je l'ai traduit sur l'original anglais.

Convention entre l'armée française et anglaise pour l'évacuation du Portugal.

« 1. Les places et forts occupés par l'armée française dans le royaume de Portugal seront remis à l'armée anglaise.

« 2. L'armée française se retirera avec armes et bagages; elle ne sera point prisonnière de guerre, et, rendue en France, elle sera libre de combattre.

« 3. Le gouvernement anglais lui fournira des transports, pour être embarquée et conduite dans un des ports de l'Ouest, entre Rochefort et Lorient inclusivement.

« 4. L'armée française emportera toute l'artillerie du calibre français attelée, et les caissons garnis de soixante coups par pièce.

« 5. L'armée française emportera tout son matériel, et tout ce qui s'appelle propriété d'armée; c'est-à-dire son trésor, ses caissons d'équipage et d'ambulance. On vendra à son profit tout ce que le général en chef ne jugera pas à propos d'embarquer.

« 6. La cavalerie embarquera ses chevaux, ainsi que les officiers-généraux et autres de tout rang. Il sera, d'ailleurs, accordé à l'armée toute facilité pour disposer des chevaux qui ne seraient pas embarqués.

« 7. Pour la facilité de l'embarquement, il aura lieu en trois divisions, dont la dernière sera particulièrement composée des garnisons des places, de la cavalerie, de l'artillerie, des malades, des équipages.

« 8. Les garnisons d'Elvas et des forts de Peniche et Palmela seront embarquées à Lisbonne; celle d'Almeida à Oporto, ou au port le plus voisin.

« 9. Tous les malades et les blessés qui ne pourraient pas être embarqués avec l'armée seront confiés à l'armée anglaise, et, pendant leur séjour dans ce pays, soignés

parole donnée serait tenue. D'après les articles de Baylen, Dupont et ses régiments devaient être rendus à Rochefort avec armes et bagages; d'après les articles de Cintra, Junot dut être conduit entre Rochefort et Lorient, en conservant aussi armes et bagages : ni l'un ni l'autre ne contractent l'obligation de ne plus servir; ils consentent à évacuer le Portugal et l'Espagne, voilà tout. La différence vint de l'exécution et non point de la pensée et des termes; les Anglais tinrent la foi donnée, les insurgés la violèrent, et c'est ce que Dupont aurait dû prévoir. Junot fut débarqué à La Rochelle avec son armée, tandis que les soldats de Dupont, insultés par les Espagnols, indignement traités par le gouverneur de Cadix, furent conduits dans l'île de Cabrera ou dans les pontons de marine. Triste histoire que celle des prisonniers de l'île de Cabrera; que de souffrances! que de tortures pour de jeunes hommes jetés sous les feux du soleil dans une île à pic de rochers sans végétation! ils vécurent là pour-

---

aux frais du gouvernement anglais, sous la condition que ses dépenses lui seront remboursées à l'évacuation finale.

« 10. Du moment que les transports auront débarqué les troupes dans les ports de France convenus, ou dans tout autre port de France où le mauvais temps les forcerait de relâcher et d'aborder, il leur sera accordé toutes les facilités pour retourner en Angleterre sans délai, sans pouvoir être inquiétés par aucun bâtiment de guerre dans leur retour.

« 11. L'armée française se concentrera à Lisbonne, et dans un rayon de deux lieues environ de circonférence de cette capitale. L'armée anglaise pourra en approcher à trois lieues, de manière qu'il y ait une lieue d'intervalle entre les deux armées.

« 12. Les forts Saint-Julien, Bugio et Cascaës, seront occupés par les troupes anglaises après l'échange des ratifications. La ville de Lisbonne, le château, les forts et batteries, jusqu'au Lazareth ou Trafaria d'une part, et jusqu'au fort Saint-Joseph de l'autre inclusivement; le port, ainsi que tous les bâtiments armés de tout genre qui s'y trouvent, avec leurs gréement et munitions, seront remis à l'embarquement de la seconde division.

« La remise des forts d'Elvas, Almeida, Peniche, Palmela, aura lieu dès que les garnisons en seront relevées par les troupes anglaises.

« 13. Il sera nommé de part et d'autre des commissaires pour régler et arrêter tous ces détails d'exécution.

« 14. S'il y avait quelque article douteux, il serait expliqué en faveur de l'armée française.

« 15. A dater de la ratification de la présente convention, tous arrérages de contributions ne seront point perçus, et tout séquestre apposé sur les propriétés mobilières et immobilières sera levé et la

tant les nobles et malheureux enfants de la France!

L'impression morale des deux conventions de Cintra et de Baylen fut la même; on vit en Andalousie comme dans le Portugal de longues files de prisonniers qui marchaient tête baissée devant les armées espagnole ou anglaise; les aigles étaient flétries; l'opinion que l'armée française était invincible n'allait-elle pas s'effacer dans l'esprit des peuples? 22,000 hommes passaient à Baylen sous les Fourches-Caudines; en Portugal, 18,000 demandaient la protection du pavillon britannique : quel effet fatal tout cela ne devait-il pas avoir? et la faute était-elle tout entière aux généraux? les armées qu'on leur avait données étaient mauvaises, composées de conscrits, d'étrangers et de régiments provisoires: Dupont était un vieux général de l'armée républicaine; qui pouvait lui contester le courage? à Friedland il s'était couvert de gloire; à Baylen l'énergie morale lui manqua, il fut mal dirigé par Murat et Savary; et, comme

libre disposition remise aux propriétaires.

« 16. Tous les sujets français, ou des puissances amies et alliées de la France, domiciliés dans le royaume de Portugal, ou s'y trouvant occasionnellement, seront protégés dans leurs propriétés de toute nature.

« 17. Nul Portugais ne pourra être recherché pour la conduite politique qu'il aura tenue pendant l'occupation du Portugal par l'armée française; et tous ceux qui ont continué à exercer des emplois, ou qui en ont reçu du gouvernement français, sont mis sous la sauvegarde spéciale de l'armée anglaise.

« 18. Les troupes espagnoles détenues à bord des vaisseaux en rade seront emmenées en France, ou remises à M. le général en chef de l'armée anglaise, à son choix.

« 19. Les prisonniers de tout grade, faits par les deux armées depuis l'ouverture des hostilités, seront échangés de suite.

« 20. Il sera fourni des otages de grade inférieur de la part des armées françaises, pour la garantie réciproque de cette convention. Celui de l'armée de terre anglaise sera rendu après l'exécution des articles qui la regardent; celui de l'armée navale, après le débarquement total des troupes dans les ports de France. Il en sera de même pour l'armée française.

« 21. Le général en chef de l'armée française aura la faculté d'envoyer un officier en France, pour y porter une expédition du traité. L'escadre anglaise lui fournira un aviso ou autre bâtiment léger, pour le débarquer à Rochefort ou à Bordeaux.

« 22. M. l'amiral anglais sera invité de fournir des vaisseaux de guerre ou frégates, pour le transport de S. Exc. le général en chef de l'armée française, et des officiers généraux, supérieurs et premières autorités de l'armée.

beaucoup des généraux employés en Espagne après le siége de Cordoue, il songea plutôt à ses fourgons qu'à son armée. Cordoue la mauresque, avec ses palais et ses jardins délicieux, avait été dépouillée, et, par un terrible talion, ceux qui avaient pillé les églises furent obligés d'ouvrir leurs sacs pour faire voir qu'ils n'étaient pas des voleurs, humiliation dont il n'y avait pas d'exemple dans l'histoire.

En Portugal, Junot fit tout ce qu'il put; mais il n'avait ni la capacité ni les forces suffisantes pour résister à une armée anglaise qui le débordait de tous côtés, et à une violente insurrection qui ébranlait les masses. Baylen et Cintra furent les deux événements les plus graves de cette époque; ils brisèrent le prestige de victoire qui environnait les Français; ils affaiblirent le sentiment moral de leur supériorité militaire; l'ennemi prit plus de confiance en lui-même. Sous ce double point de vue, les événements de l'Espagne et du Portugal attachèrent un crêpe de douleur aux drapeaux si glorieux où brillaient les aigles de l'Empire.

« Fait et arrêté double entre nous soussignés, munis de pouvoirs. »

A Lisbonne, le 30 août 1808.

Articles additionnels à la convention du 30 août 1808.

« Art. 1er. Les non combattants de l'armée pris, soit par les troupes anglaises, soit par les troupes portugaises, dans toute l'étendue du Portugal, seront rendus sans échange ainsi qu'il est d'usage.

« 2. L'armée vivra de ses magasins jusqu'au jour de l'embarquement, et les garnisons jusqu'au jour de la remise des places. Le reste des magasins sera délivré dans les formes accoutumées à l'armée anglaise, qui, dès ce moment, se charge de la subsistance des hommes et des chevaux jusqu'à leur débarquement en France, à la condition d'être remboursée, par le gouvernement français, de la dépense qui excéderait l'estimation qui sera faite contradictoirement des susdits magasins. L'approvisionnement des bâtiments armés sera pris en compte par l'armée anglaise, de même que celui des places de guerre, ainsi qu'il est statué pour les susdites places.

« 3. Aussitôt après l'échange des ratifications, M. le général en chef de l'armée anglaise fera toutes les dispositions nécessaires pour rétablir la libre circulation des subsistances nécessaires à la capitale.

« Fait et arrêté double entre nous soussignés, munis de pouvoirs.

« A Lisbonne, le 30 août 1808. »

CHAPITRE XI.

L'EUROPE APRÈS LES ÉVÉNEMENTS D'ESPAGNE.

Impression produite en Angleterre par l'insurrection espagnole. — Esprit de liberté et de délivrance. — Brochure de Dumouriez sur la guerre des *guérillas*. — Pensée d'organisation d'une régence. — Le duc d'Orléans. — Mission du chevalier de Proval. — Système des juntes opposées à la régence. — Idée sicilienne. — L'Allemagne à l'aspect de l'Espagne. — Sociétés secrètes. — Association pour la vertu. — Arndt. — Stein. — Stadion. — Embarquement de La Romana. — Préparatifs de l'Autriche. — Premier échange de notes avec Napoléon sur les armements. — Le cabinet de Vienne. — Parti espagnol pour l'archiduc Charles. — Offre de régence. — Secours aux insurgés. — La Russie. Effet produit par l'insurrection espagnole. — Accroissement du parti d'opposition contre la paix de Tilsitt. — Situation d'Alexandre.

Juillet à Septembre 1808.

Les événements de Bayonne, l'insurrection espagnole, les capitulations de Baylen et de Cintra, avaient produit sur l'Europe un effet profond et universellement senti; les gouvernements et les peuples s'en étaient simultanément émus; les rois avaient vu par quel triste machiavélisme l'Empereur des Français brisait la couronne d'Espagne sur le front de Charles IV et de Ferdinand VII. Rien n'avait été respecté; était-ce là le sort réservé aux vieilles dynasties? La maison d'Espagne sans doute n'inspirait pas une grande considération, elle avait agi si faiblement durant la période révolutionnaire, en s'alliant à la Convention, au Directoire, au Consulat et à l'Empire! elle subissait les conséquences de sa faiblesse [1]. Néanmoins, n'était-ce pas un fatal exemple que de voir une royauté souveraine misérablement trompée par un guet-apens dont l'histoire n'avait pas d'exemple? On pouvait se défendre de la conquête par les armes; qui pouvait résister à une perfidie si profondément calculée?

A ce moment une impression d'espérance et de courage se manifesta parmi les peuples : les Espagnols donnaient un grand exemple; dans l'abaissement de toutes les nations, ils se levaient en masse contre les oppresseurs. Lorsque, l'Europe fléchissant la tête, toutes les nations agenouillées subissaient les lois de l'Empereur des Français, il se trouvait un peuple assez fier, assez puissant, pour s'armer comme un seul homme contre une domination odieuse. Le grand mot d'*insurrection*, une fois prononcé, retentit partout, et des sympathies profondes furent acquises aux Espagnols, à cette nation qui se levait ville par ville, province par province, aux cris de religion, liberté, patrie. Enfin, pour

---

[1] Un agent de la Prusse donne au baron de Hardenberg les notions suivantes sur le mouvement espagnol et le caractère de ce peuple qui occupait si vivement l'Europe :
« Votre Excellence désire connaître le caractère du peuple espagnol; j'obéis à ses ordres, en remarquant combien il est difficile de saisir exactement les traits d'hommes qui offrent un constant mélange de la férocité africaine et de la noblesse chevaleresque; qui touchent par leurs souvenirs aux idées du moyen âge; qui, plus guerriers que militaires aujourd'hui, n'ont conservé de leur gloire passée que cette présomption que donne la force, sans la puissance que la science perfectionnée a imprimée aux armées européennes; peuple chez lequel les arts n'égalent point le génie, quoique ceux-là aient depuis quelques années fait de sensibles progrès. Ces progrès sont dus principalement aux sociétés patriotiques dont la Biscaye a donné le premier exemple, suivi bientôt par Valence, Madrid et d'autres villes ou provinces. On en compte déjà plus de quatre-vingts et le nombre s'en accroît chaque jour; leur objet est de favoriser le perfectionnement de l'agriculture, de l'industrie et des arts, d'introduire des méthodes utiles, de fonder des prix pour toutes les inventions favorables au bien du pays, de procurer enfin des secours à tous ceux qui le méritent par leur zèle et leurs travaux. Le gouvernement, les grands, le clergé les aident et les protégent, et leur espoir est de faire remonter la patrie au rang dont elle est descendue. Il était brillant jadis dans la carrière héroïque, la littérature et les beaux-

dernier retentissement, cette énergie avait produit ce que l'Europe armée n'avait pu obtenir encore, la capitulation des troupes de l'Empereur des Français, jusqu'alors invincibles : la convention de Baylen n'était-elle pas le résultat et le fruit de l'insurrection? elle avait fait passer sous les Fourches-Caudines les aigles impériales. Quoi d'étonnant qu'après les actes de Cintra et de Baylen, les insurgés espagnols aient excité la plus vive sollicitude en Europe? toutes les correspondances des ambassadeurs témoignent que c'est sur ce terrain que se place la question politique et militaire : ce réveil du peuple qui va remuer le monde, cette puissance démocratique peut devenir l'instrument de délivrance. Il faut lire les dépêches écrites sur la catastrophe de Bayonne et les événements de la première campagne d'Espagne, pour se faire une juste et ferme idée de l'impression qu'ils produisirent sur le continent; elles expliquent les événements postérieurs.

En Angleterre, ce fut un cri de joie; on avait trouvé enfin la partie faible du colosse, il n'était pas invulné-

---

arts. Vélasquez, Murillo, Ribeira, ont par leurs chefs-d'œuvre égalé ce que l'Italie offrait de plus remarquable. Mariana est, sans contredit, le premier des historiens modernes. L'imprimerie royale n'est plus surpassée par l'Italien Bodoni, et les cartes topographiques de Carlos l'emportent sur la plupart de celles des autres nations européennes. L'Espagnol est enfin un peuple bien au-dessus de ce qu'on le croit, mais bien inférieur à ce qu'il se croit lui-même : livré avec toute l'exaltation de l'amour à sa religion, il est aveuglément dévoué à ceux qui la lui enseignent, et qui, dans les monastères principalement, offrent l'élite de la population. Dans le catholicisme qu'il professe avec une crédulité sans exemple, mais propre à élever son âme alors même qu'elle abaisse son esprit par de minutieuses pratiques, il se regarde comme la seule nation strictement orthodoxe et ne voit que des hérétiques, qu'il hait, parmi ses coreligionnaires étrangers. Ce sentiment de répulsion pour ce qui n'est pas espagnol est profondément enraciné dans son âme; et il en résulte chez ce peuple une fierté dédaigneuse qu'on retrouve jusque dans les mendiants, très nombreux dans la Péninsule, et qui n'y contractent cependant pas cette abjection généralement remarquable ailleurs. L'Espagnol est capable, non de cet esprit public qui calcule, mais de ce patriotisme qui dévoue soi et les siens, avec la violence qui caractérise cette vertu purement antique et nécessairement barbare. Il est encore ce qu'il fut jadis; car depuis que la faculté de passer librement d'un État dans un autre avec leurs familles

rable. L'expédition de Copenhague, avec ses succès de quelques mille pièces d'artillerie, n'était rien comparativement aux résultats obtenus d'un double échec de l'armée française; c'était une sorte de revanche de la capitulation d'Ulm : 40,000 hommes environ avaient mis bas les armes à Cintra ou à Baylen; rien ne pouvait se comparer à ces événements accomplis, à ces revers éprouvés. Aussi M. Canning en exprime-t-il sa joie dans le parlement; le ministère de lord Castlereagh se fortifie, l'assentiment de la nation vient à lui; l'Angleterre a obtenu le résultat désiré; elle a cherché un champ de bataille au milieu des insurrections, à Naples, en Italie; maintenant le voilà tout trouvé; elle a une nation derrière elle, un peuple qui, la baïonnette au bout du fusil, la scopette et le poignard à la main, va soutenir son indépendance; les plus belles villes d'Espagne sont insurgées, les Français en pleine retraite sur l'Ebre; sir Arthur Wellesley, Moore, Dalrymple, vont soutenir une expédition anglo-portugaise et espagnole. Au milieu des événements militaires, le commerce

et leur fortune, faculté accordée aux sectateurs de la réformation évangélique par la paix de Westphalie, eut fait incliner toutes les nations européennes vers l'uniformité d'opinions et de mœurs, cause destructive de la distinction des nationalités; l'Espagne conserva seule sa physionomie originelle; elle est demeurée semblable à elle seule; elle y attache son orgueil et son bonheur. Ceux qui méprisent l'Espagne sont donc loin de la connaître; ceux qui la plaignent ne la jugent pas mieux. L'on n'est jamais pauvre avec peu de besoins, et l'Espagnol est sobre; on ne souffre pas de son existence sociale quand on en jouit avec vanité. Là on ne se repaît pas des mots, trompeurs en d'autres contrées, de liberté et d'égalité; l'une vit en Espagne de la modération des désirs, l'autre voit s'ouvrir devant elle une large voie, en dépit des inégalités de rang et de fortune, car on trouve là des commis à la table de leurs chefs, des domestiques aussi libres que respectueux devant leurs maîtres. Tous les états sont réunis dans les mêmes loges au théâtre, et l'*alcalde* déguenillé commande aux grands dans son village. Ces alcaldes, chargés de la police, sont nommés soit au sort, soit par l'équitable conseil de Castille, par le conseil de la province, ou par le seigneur du lieu, sur trois candidats présentés. L'Espagne jouit ainsi du genre de liberté et d'égalité le plus solide, celui qui résulte de l'absence d'ambition et de la possession des franchises municipales. Enfin les opinions modernes sur la nature des gouvernements

britannique n'est point oublié, l'Espagne ouvre ses ports ; les juntes des Asturies et de l'Andalousie se mettent en rapport avec le cabinet de Londres ; une activité merveilleuse règne partout ; les colonies sont déjà indépendantes, l'Espagne secoue le système continental ; quels mobiles pour vivifier les branches diverses de son industrie ! l'Angleterre grandit dans la guerre ; elle prend sa vie dans la mort industrielle des autres peuples.

Comme les ennemis de Napoléon se réjouissent de ce qui se passe dans la Péninsule ! les hommes qui ont conçu de la jalousie pour son système militaire s'agitent d'une activité haineuse. Parmi les généraux républicains qui n'avaient point adhéré à sa dictature militaire, il s'en trouvait un surtout qui avait marqué aux premiers temps de la révolution française avec une certaine distinction : le vieux Dumouriez n'était point mort ; partout où les cabinets s'étaient déclarés contre Napoléon, Dumouriez avait porté ses idées, ses plans de résistance ; vétéran des conquêtes de la Belgique, il travaillait alors pour la cause européenne ; partant de l'idée que Napoléon était

---

n'ont pas plus pénétré ici dans les masses populaires qu'en Italie et en Allemagne. On n'en remarque quelques traces que dans les hautes classes sociales, et, ce qui étonne beaucoup le voyageur étranger, dans le clergé, surtout chez les moines qui en forment l'élite, et parmi lesquels sont choisis les évêques. Une ardente charité, une piété sincère s'unissent assez généralement chez ceux-ci à des opinions philosophiques de la plus haute portée. Enfin, ce qu'il faut exposer encore, pour donner une idée juste de la stabilité du peuple espagnol comme nation, et de l'union qui s'y voit entre les différentes classes de la société, c'est-à-dire de sa véritable et fondamentale constitution, c'est que, sur une population de 10,409,879 individus, il se trouve 872,000 familles vouées à l'agriculture, dont 360,000 en qualité de propriétaires, et 512,000 en qualité de fermiers ; ce qui offre, comme intimement attaché au sol, plus de la moitié de la population générale, sans compter 10,216 moines richement dotés, 43,149 moines mendiants, ainsi que d'opulents évêques dont les revenus sont réellement le patrimoine du pauvre. Cette population générale est répartie, indépendamment des grandes cités, dans 25,463 villages, bourgs ou villes, dont 12,071 sont indépendants de toute suprématie féodale, et le reste partagé entre 9,466 seigneurs laïques et 3,926 chefs ecclésiastiques. Elle est soumise à un clergé auquel la religion donne une influence très supérieure à celle qui résulte de la sou-

le plus violent oppresseur des peuples [1], Dumouriez en avait conclu qu'il pouvait s'associer à toutes les coalitions pour renverser son ennemi.

Cette école prenait de la consistance parmi les républicains d'une grande énergie; il fallait en finir par une insurrection européenne; tous cherchaient à briser ce despotisme de l'Empereur par les moyens les plus extraordinaires; le caractère actif de Dumouriez donnait tête baissée dans le soulèvement de l'Europe : on le disait lié à quelques intrigues pour une restauration constitutionnelle; tant il y a que sa haine contre Napoléon était poussée jusqu'à la fureur; en 1805 on l'avait vu en Allemagne, en 1807 avec Gustave-Adolphe tentant une résistance contre les Français. Dès que Dumouriez vit un principe de force et d'énergie dans le peuple espagnol, il voulut seconder cette levée de boucliers; il chercha dans l'insurrection des provinces de la Péninsule un dur levier contre le système impérial. Comme il avait des idées étendues sur l'art de la guerre, Dumouriez écrivit une dissertation sur les moyens de donner à l'insurrection espagnole un

mission féodale, de la richesse des nobles, du pouvoir des alcaldes et de l'autorité administrative. Sous ce régime, l'Espagnol se sent libre, croyant n'obéir qu'à Dieu, ce qui ennoblit son obéissance. Des formes religieusement conservées régissent le pays, depuis le centre, où tout aboutit, jusqu'aux provinces dont les priviléges s'opposent à toute innovation. Aussi, quelque étendue que soit la puissance d'un seul, elle est constamment balancée par tant de droits ou d'usages consacrés, par tant de formes respectées, que son action n'est nullement oppressive, ni contestée. Enfin ce peuple, stationnaire et positif, soumis avec fierté, indépendant avec respect et étranger encore dans sa masse la plus nombreuse aux idées qui agitent l'Europe, idolâtrant son culte, ses prêtres, ses rois et la patrie, estimant ses magistrats, si simples dans leurs mœurs, si intègres dans des emplois faiblement rétribués; peu jaloux d'une noblesse qui ne pèse point sur lui, valeureux, irascible, plein de confiance en lui-même, s'exagérant sa force et haïssant l'étranger, est impossible à subjuguer par les armes et à séduire par l'idée du mieux; car ce mieux, voulût-il y croire, il le refuserait d'une main ennemie. J'ai dit à V. E. ce que je sais, ce que je pense; les événements qui marchent lui en apprendront sans doute davantage. »

[1] Voyez l'ouvrage de Dumouriez sous ce titre : *Jugement sur Bonaparte adressé par un militaire à la nation française et à l'Europe* (Paris, 10 avril 1807).

caractère universel et terrible contre les armées impériales; il publia un traité sur les *guérillas*[1], c'est-à-dire sur ces troupes d'hommes armés qui, évitant les batailles régulières, attaqueraient rapidement, à l'improviste, ainsi que les Mamelucks et les Cosaques du Nord, les détachements isolés; terribles adversaires dans les campagnes difficiles. Ce livre fit une grande impression en Espagne; on le traduisit pour l'usage du soldat; il fut une des causes actives de la direction que prit la défense de la Péninsule.

Lorsque Dumouriez offrait de passer en Espagne pour prendre un commandement militaire, le gouvernement anglais agrandissait la guerre de la Péninsule, considérée comme la cause active, inévitable, de la chute de Napoléon. Lord Castlereagh développa au parlement son système militaire : un surcroît de forces lui paraissait indispensable pour expulser les Français de l'Espagne; tout le peuple était en armes depuis Vittoria jusqu'à Cadix, il fallait multiplier les envois de canons[2], de munitions de guerre. Les tours de Londres se dégarnirent : plus de 200,000 fusils furent jetés sur les côtes; les habits, les fournimcnts, les munitions, tout fut donné avec une profusion témoignant l'importance que mettait l'Angleterre à se saisir de ce champ de bataille. Des ordres furent envoyés pour imprimer une direction meilleure au

---

[1] Ce livre stratégique de Dumouriez a été traduit en espagnol comme un manuel sous ce titre : *Partidas de Guerillas*, Séville, 1808.

[2] *État des secours envoyés par l'Angleterre dans la Péninsule, en argent, armes et équipements, jusqu'au commencement de* 1809.

En argent, francs,	76,000,000
Pièces de canon,	98
Gargousses et boulets,	31,000
Obusiers,	38
Charges des obusiers,	7,200
Caronades,	80
Charges,	4,000
Fusils,	200,177
Carabines,	220
Sabres,	61,300
Piques,	79,000
Cartouches,	23,477,000
Balles de plomb,	600,000

mouvement militaire. Les discussions qu'amena la convention de Cintra aidèrent même lord Castlereagh à grandir le pouvoir de sir Arthur Wellesley, le chef capable de cette campagne et momentanément rappelé en Angleterre. M. Canning crut indispensable de donner une plus grande unité au système des juntes et des municipalités en régularisant le caractère énergique de l'insurrection espagnole. L'esprit de l'Espagne était unanime, la haine contre Joseph et les Français pénétrait tous les cœurs; seulement il y avait à craindre qu'avec un si grand nombre de juntes, lorsque chaque ville, chaque municipalité voulait avoir un système à elle, il en naquît des morcellements et des divisions qui pouvaient servir l'ennemi commun; il était urgent de donner une impulsion vigoureuse en grandissant les pouvoirs de la junte centrale de Cadix ou de Séville.

L'Angleterre pensa même un moment à l'idée d'une création de régence. Tous les princes d'Espagne étaient captifs; les Bourbons de la branche aînée se souciaient peu de se placer à la tête d'une insurrection; ils avaient trop les yeux fixés sur la France, et dès ce moment l'attention du cabinet anglais se porta sur un prince habile que depuis longtemps les écrits de Dumouriez signalaient comme un principe et une espérance pour les monarchistes dans le sens des idées de 1791 ; je veux parler de

Barils de poudre,	15,400	Manteaux,	50,000
Gibernes,	240,000	Habits complets,	92,000
Accoutrements d'infanterie,	39,000	Chemises,	85,000
Tentes,	40,000	Pièces de toile de coton,	22,000
Équipages de campagne,	10,000	Paires de souliers,	82,000
Aunes de toile,	113,000	Semelles de souliers,	15,000
Id. de drap,	125,000	Cantines,	50,000
Id. de cotonnade,	82,000	Havresacs,	24,000
Pièces de drap,	4,000	Chapeaux et bonnets,	16,000
Pièces de serge,	6,400	Pièces de toile à draps,	700

M. le duc d'Orléans. Ce prince, après ses longs voyages au nord de l'Europe et dans l'Amérique, avait habité l'Angleterre; il s'y était lié avec les membres principaux du parti whig, avec la société de lord Grey et du prince de Galles; on reconnaissait à M. le duc d'Orléans une sagacité extrême dans l'esprit, une habitude d'examiner et de juger les événements, une certaine façon de comparer les faits et de manier les hommes et les partis; ce prince était Bourbon, et le peuple espagnol avait conservé toujours un grand respect pour cette dynastie.

On espérait donc qu'un prince aussi habile que le duc d'Orléans pourrait donner une impulsion forte à une cause éminemment nationale. S. A. S. avait quitté l'Angleterre depuis deux ans pour chercher, avec un frère qu'il aimait tendrement, le comte de Beaujolais, un climat plus doux, une vie plus heureuse. C'étaient trois tendres frères que les fils de la noble héritière des Penthièvre: mélancolique histoire à raconter que leur jeune vie; que de grâce dans ce duc de Montpensier enlevé par la mort, succombant sous une maladie de poitrine à vingt ans! et ce comte de Beaujolais, si enjoué, si aimable, l'espiègle des prisons, le lutin de la tour Saint-Jean de Marseille, si sensible et si doux quand il avait à consoler le vieux duc de Bourbon, presque républicain par peur[1]! Montpensier était mort à Londres, et les sombres voûtes de Westminster avaient recueilli ses cendres; Beaujolais portait aussi avec lui une maladie de poitrine, contractée peut-être, hélas! au milieu de tant de souffrances; il y succomba à Malte, et son frère, tristement ému, se réfugiait en Sicile, dernier abri de la maison de Bourbon. Ce n'était

---

[1] Rien de plus naïf et de plus spirituel que le mémoire du jeune duc de Montpensier sur la captivité du fort Saint-Jean.

point une idée nouvelle de la branche d'Orléans que la constitution d'une régence en Espagne ; sous Philippe V déjà, avant la mort de Louis XIV, M. le duc d'Orléans avait voulu se faire un parti dans la Péninsule [1], et l'on sait quelles furent les négociations de l'abbé Dubois et les causes qui lui gagnèrent la confiance du régent. En général une grande position ne naît que de grands services ; l'abbé Dubois ne monta si considérablement dans sa haute situation d'affaires que parce qu'il avait aidé l'ambition du prince qui le créa premier ministre et lui donna les secrets de sa vie politique.

Le duc d'Orléans avait donc dans sa famille des souvenirs de l'Espagne ; il ne les avait jamais oubliés, et lorsque l'Angleterre songeait à un prince sicilien pour lui confier la régence d'Espagne, S. A. S. avait envoyé à Séville un homme entièrement dans sa confiance, le chevalier de Proval, habile négociateur, qui, chargé de pleins pouvoirs, s'était abouché avec les principaux chefs de l'insurrection ; le prince voulait faire une guerre régulière et nationale à l'homme qui alors opprimait l'Europe de son glaive, et ici le duc d'Orléans restait fidèle à ses principes ; les patriotes regardaient Napoléon comme la main qui abaissait les nationalités et la liberté ; dès lors, le prince, qui était resté fidèle aux principes de Dumouriez et de 1794, pouvait se poser comme l'ennemi de l'Empereur, le symbole de la dictature militaire ; le duc d'Orléans se présentait, d'ailleurs, comme Bourbon, et, en l'absence des princes d'Espagne, la régence devait lui appartenir. Jusque-là l'insurrection, trop désordonnée pour adopter un chef, voulait conserver son carac-

---

[1] Voyez mon livre : *Philippe d'Orléans, régent de France* ; je donne toutes les pièces de la mission de l'abbé Dubois.

tère espagnol sans prendre parti pour aucune des maisons souveraines de l'Europe. Les juntes populaires de Séville et de Cadix, dès que le drapeau fut levé, envoyèrent des agents dans toutes les cours de l'Europe; les ambassades, qui conservaient hautement le cœur espagnol, offrirent de servir la patrie; les consuls, les agents diplomatiques demandèrent le secours des cabinets auprès desquels ils résidaient.

Si l'Angleterre favorisait l'idée d'une régence, même pour le duc d'Orléans ou pour un prince sicilien, l'Autriche pensait à de plus vastes projets; puisque la maison de Bourbon était brisée en Espagne, pourquoi ne songerait-on pas à reconstruire l'empire de Charles-Quint, la fusion intime de l'Autriche avec la monarchie espagnole par l'avénement d'un prince de la maison de Habsbourg? N'était-ce pas renouveler contre Napoléon la guerre engagée contre Philippe V? Les armées anglaises et hanovriennes n'avaient-elles pas déjà combattu contre les soldats français dans la guerre de succession? Ce qui s'était produit pendant le xvie et le xviiie siècle, pourquoi ne point l'essayer encore? L'armée de Napoléon envahissait l'Espagne, comme autrefois les soldats de Louis XIV; Murat avait l'orgueil de se comparer au duc de Vendôme, Savary au duc de Berwick[1]; si donc le peuple appelait un archiduc à la couronne, il rétablirait, par un mouvement naturel, l'œuvre antique de la grande monarchie. Les Bourbons régnaient en Espagne par droit de conquête; l'archiduc Charles, prince ardemment catholique, viendrait y rappeler les rois de Castille, les fils de Ferdinand et d'Isabelle. Une négociation s'ouvrit ainsi concurremment avec les pro-

---

[1] Voyez mon livre sur *Louis XIV* et ses relations diplomatiquess.

positions faites au duc d'Orléans, afin d'assurer la couronne espagnole au frère de l'empereur d'Autriche, le digne et brave archiduc Charles.

Si les cabinets suivaient comme une affaire de famille l'insurrection qui éclatait en Espagne, les peuples, inquiets de leur indépendance, saluaient avec enthousiasme l'énergique protestation de la nation espagnole. En Allemagne, surtout, le retentissement fut profond et universel ; quelle leçon et quel exemple donnait l'Espagne ! Quelle belle manière de résister aux oppresseurs ! un peuple entier en armes, avec deux seules paroles : *Patria* et *Fernando* ! l'Allemagne resterait-elle en arrière et n'avait-elle pas aussi des oppresseurs ? Puisque les gouvernements s'oubliaient, les nations devaient penser elles-mêmes à leur indépendance et à leur liberté. La Prusse était occupée presque tout entière par l'armée française, qui vivait à discrétion dans les cités ; sous prétexte de la levée des contributions de guerre, l'administration des provinces était aux mains des Français ; on l'avait confiée à des auditeurs, sous la direction de M. Daru ; ces jeunes hommes, tels que MM. Mounier et de Tournon, cherchaient à apporter des formes polies, à adoucir les exigences qui accablaient les populations allemandes ; l'impôt était si dur, les tendances de l'Empereur si despotiques ! l'étranger n'était-il pas au sein de la population nationale ? un drapeau odieux flottait sur les forteresses de Spandau, de Kœnigsberg, de Magdebourg, et pouvait-on voir sans rougir l'humiliation de la patrie ? Il y avait répandu sur la Prusse comme un crêpe de douleur ; l'Allemagne éplorée faisait entendre ses gémissements ; on soupirait après la délivrance.

Hélas ! il n'y avait plus d'armée ; il restait un peuple

au cœur froissé, plein d'une agitation sourde contre l'oppresseur : un travail intellectuel remarquable partait du sein des universités; la presse l'aidait de toute sa puissance. Parmi les journalistes, il faut compter Kotzebüe, que l'Empereur faisait attaquer avec une si grande violence; Kotzebüe fut le premier qui jeta les idées de *Teutonia* et de *Germania*, mots sacrés qui retentirent plus tard avec tant de patriotisme. Le professeur Arndt, le plus hardi de tous, osa proposer, au nom de la patrie, une insurrection générale pour la liberté et la vertu. Mordant et spirituel écrivain, il peignit dans son ingénieux pamphlet de *la Cigogne et sa famille* la situation de l'empereur Napoléon en face de la Confédération du Rhin [1]; l'idée de nationalité fut partout proclamée. Il existait autrefois des antipathies entre les différentes fractions de l'Allemagne; au milieu de ces mystères d'initiation, toutes ne durent plus former qu'une famille, noble et sainte union dont la patriotique histoire, récitée par les professeurs, devint si populaire, et qu'il faut lire dans les pamphlets du temps. A Berlin même, au sein des universités, il se fit des cours en allemand, langue à peine connue des officiers français ; ces cours, tout en restant dans la mesure philosophique de l'intelligence, maintenaient l'esprit de patrie dans ce qui portait une âme héroïque et dévouée. La jeune génération se portait en

---

[1] Arndt (Ernest-Maurice). Son ouvrage intitulé *l'Esprit du temps*, publié en 1806, fit un grand effet ; il proposait aux Allemands menacés une insurrection nationale. Comme Arndt avait lieu de craindre le ressentiment de Napoléon, il se retira précipitamment en Suède, continuant d'entretenir des correspondances avec la *Société unie pour la propagation de la vertu*, dont il était le chef, et qui agit si puissamment sur l'esprit public. Arndt avait été professeur de philosophie à Griefswald, en Poméranie. Il a publié : un *Discours sur la liberté des anciennes républiques* (1800); *Voyage en Allemagne, en Italie et en France* (1800-1803); *la Germanie et l'Europe* (1803); *la Cigogne et sa famille* (satire sous la forme d'une tragédie en trois actes, contre Napoléon (1808); *Voyage en Suède* (1806).

foule aux leçons de ces professeurs enthousiastes qui les premiers firent vibrer la haine profonde dans les cœurs. *Germania*, *Teutonia*, symboles chéris comme la fiancée de leurs jours d'espérance, devinrent alors le principe de toute l'énergie des universités.

Ce qui s'exprimait comme de nuageuses théories dans la chaire devint tout bas une mystérieuse association pour affranchir matériellement la patrie allemande du joug des Français. Toute la Prusse, même pendant l'occupation, fut couverte de sociétés secrètes qui empruntèrent aux annales germaniques du moyen âge les signes et les symboles précurseurs de la délivrance. L'association de la Vertu, *Tugend-Bund*, naquit au milieu des maux et de l'affliction de la Prusse. Stein, nom patriotique en Allemagne et dont la mémoire est chère, Stein donna partout une vive et forte impulsion; il écrivait au prince de Wittgenstein : « L'exaspération augmente tous les jours en Allemagne; il faut la nourrir et chercher à travailler les hommes. Je voudrais bien qu'on pût entretenir des liaisons dans la Hesse et dans la Westphalie, et qu'on se préparât à de certains événements; qu'on cherchât à maintenir des rapports avec des hommes d'énergie et bien intentionnés, et que l'on pût mettre ces gens-là en contact avec d'autres. Dans le cas où V. A. pourrait me donner des renseignements, je la prie de vouloir bien me renvoyer M. Koppe ou un autre homme de confiance. Les affaires de l'Espagne font une impression très vive; elles prouvent ce que depuis longtemps on aurait dû entrevoir; il serait très utile d'en répandre les nouvelles d'une manière prudente. On considère ici la guerre avec l'Autriche comme inévitable. Cette lutte décidera du sort de l'Europe, et par conséquent du nôtre. Quel est le succès que

V. A. en attend? Les projets que l'on avait au printemps de 1807 pourraient aujourd'hui se réaliser. » Stein mérita par ces patriotiques paroles toute la colère de Napoléon ; il fut proscrit par un décret solennel [1].

L'esprit rêveur des Allemands semblait renouveler les annales secrètes du vieux temps ; tout fut ténébreux, et le but et les moyens ; le mot *Teutonia* devint un symbole de délivrance. En vain le gouvernement français cherchait-il à dissoudre par des mesures sévères les premiers mouvements de cet esprit national, il était partout ; seulement l'heure de l'affranchissement n'avait pas encore sonné. Napoléon, plein de colère contre le patriotisme et la liberté, dictait aux journaux allemands des paroles de mépris. « On ne peut s'empêcher, disait-il, de remarquer qu'une certaine espèce de petits écrivains redouble d'activité, de turbulence et de calomnies. Quelques-uns ont même porté l'impudence jusqu'à parler peu convenablement des têtes couronnées. Il y a lieu de croire qu'on leur répondra autrement que par des articles de journal. On cite un conseiller de guerre, nommé Cœln, qui, dans un appel patriotique adressé aux Silésiens, disait : « Descendez vos cloches et fon-« dez-les en canons ; prenez l'or et l'argent de vos ar-« moires, et envoyez-les à la monnaie. » Il ne manque à cette tirade que d'inviter les prêtres et les moines à quitter leur état, à se croiser et à devenir de dignes émules de ceux qui soufflent le feu de la révolte en Es-

---

[1] On a publié à la tête de l'armée l'ordre suivant :

« 1° Le nommé Stein, cherchant à exciter des troubles en Allemagne, est déclaré ennemi de la France et de la Confédération du Rhin.

« 2° Les biens que ledit Stein possède-rait, soit en France, soit dans les pays de la Confédération du Rhin, seront séquestrés. Ledit Stein sera saisi de sa personne partout où il pourra être atteint par nos troupes, ou celles de nos alliés. »

Napoléon.

pagne. On ne peut s'empêcher de former le vœu de voir l'autorité sévir contre de tels brouillons. »

Bientôt les associations pour la vertu passèrent dans l'armée prussienne, si abattue après Iéna ; les officiers appartenaient presque tous à des familles allemandes qui soupiraient après un mouvement national. La reine favorisait cet esprit secret; le baron de Hardenberg en était le diplomate, Blücher et Gneisenau les plus fermes adeptes : Blücher, le vieux patriote ; Gneiseneau, l'ardent admirateur de la liberté [1]. Le *Tugend-Bund* eut donc des ramifications dans les régiments parmi les officiers et les sous-officiers ; ses deux chefs les plus actifs furent toujours le colonel Schill, qui préparait sa levée de boucliers avec ses hussards, si redoutables aux Westphaliens; puis le duc de Brunswick-OEls, dépouillé, voyageant en Allemagne de cité en cité sous la protection mystérieuse des sociétés secrètes. Ces deux chefs de partisans n'attendaient que le signal ; il y avait de la fermentation partout ; les bandes que les journaux français appelaient du nom de *brigands* n'étaient autre chose que de patriotiques et jeunes

---

[1] M. de Hardenberg, qui avait été initié dans les sociétés secrètes, en raconte l'origine avec quelques détails :

« Dès que Napoléon eut subjugué les princes par l'ambition, les courtisans par la cupidité, les agitateurs par de vaniteuses espérances, et que tout cela eut abouti à l'humiliation des rois et à la ruine des peuples, tout ce qu'il y avait de puissance dans l'illuminisme et de noblesse dans les amis de la vertu fit explosion; nous en avons déjà vu les effets dans des insurrections partielles, sans unité, sans liens. Il fallait donc régler ces mouvements subits et inconsidérés, les calmer même jusqu'au temps favorable à leurs succès. Voilà ce que pensèrent et exécutèrent deux hommes supérieurs, Stein et Stadion : celui-ci avec la prudence qui le caractérisait et qui eût voulu laisser s'user son ennemi, celui-là avec une verve de haine qui ambitionnait de le frapper dans sa force. Stein y travailla donc sans relâche, et c'est pour cela qu'il avait cherché à satisfaire les intérêts, les passions et les vanités de l'ordre intermédiaire ; c'est pour cela aussi qu'il ne cessa de réchauffer le patriotisme de toutes les classes sociales. Mais il fallait un centre d'union qui n'éveillât pas un ennemi soupçonneux. L'illuminisme était déshonoré ; la franc-maçonnerie avait l'inconvénient d'offrir nombre d'individus étrangers à la ligue teutonique, suspects et peut-être nuisibles ; cependant, faute de mieux,

hommes, qui, sous le commandement de chefs valeureux, préludaient à l'indépendance de l'Allemagne. En temps de violence, tous ceux-là sont traités de brigands qui ne subissent pas le joug du parti vainqueur.

Dans cette noble action des esprits, il était important de fondre les populations du midi et du nord de l'Allemagne en affaiblissant les antiphaties des Prussiens et des Autrichiens; c'est à quoi travaillaient les hommes d'État d'une certaine portée politique, les écrivains d'intelligence et de nationalité, tels que Stadion, Stein et Gentz, qui remplissaient alors la Germanie de brochures et d'écrits d'une remarquable valeur. Ce qui avait fait manquer les événements militaires de 1805, c'était précisément la haine des Autrichiens et des Prussiens; cette séparation de l'Allemagne du nord et de l'Allemagne méridionale, admirablement exploitée par la diplomatie française. L'empereur Napoléon avait morcelé les peuples ; l'acte de la Confédération n'avait pour objet que de briser les liens intimes qui unissaient l'ancienne association germanique ; l'œuvre de Stein et de M. de Stadion fut de travailler les multitudes en dehors des gouvernements,

on la choisit d'abord, car il fallait un noyau, et elle le procurait. Le fougueux Blücher fut un des premiers adeptes, son influence sur l'armée l'en rendait un membre précieux ; le général Gneisenau, officier des plus distingués, et le ministre de la guerre Scharnhorst s'y affilièrent ; le prince de Wittengstein, malgré sa timide prudence, en fit également partie ; l'exalté docteur Jahn, avec son aspect cynique et son éloquence agreste, lui faisait des partisans dans ses courses vagabondes à travers la forêt de Thuringe, les montagnes escarpées et les recoins les plus obscurs de ces contrées ; le major Schill ne fut pas des derniers à s'y réunir. Mais comme le roi craignait de compromettre lui et son peuple, que la cour était partagée entre des créatures de Napoléon, des conseillers timides et les partisans zélés du *Tugend-Bund*, que ceux-ci avaient à redouter et les premiers, et même certains fidèles serviteurs du monarque, tels que M. de Schuckmann, qui s'effrayait de tout ce qui pouvait nuire à une sage temporisation ; enfin, comme, dans le premier choix des initiés, l'on n'avait pas été assez sévère, il fallut recourir à une organisation modelée sur celle des sociétés secrètes d'Irlande en 1791. Le *Tugend-Bund* eut alors un comité central et des comités provinciaux. Ces derniers n'avaient entre eux aucuns rapports ; ils ne reconnaissaient, dans leur sphère d'activité au-dessous d'eux, que des associations par-

et de préparer les armées à ce point que si les cabinets étaient assez faibles pour ne pas suivre l'impulsion donnée, les nations pussent agir toutes seules ; et c'est ce qui explique comment les sociétés secrètes s'organisèrent en Bavière, en Wurtemberg, en Saxe, contre la domination de l'Empereur, quoique les gouvernements fussent ses alliés : circonstance qui ne doit pas être oubliée ; elle expliquera les événements soudains, les défections rapides qui marquent la campagne de 1813. L'Allemagne s'y préparait depuis quatre ans.

Dès la capitulation de Baylen, l'Autriche n'hésite plus dans ses armements ; elle sait qu'en prenant une attitude hostile à la France, elle va se placer à la tête du mouvement national en Allemagne ; elle sortira donc de cette lutte plus puissante d'opinion, plus forte de principes ; elle attire vers elle tous les écrivains, tous les hommes de guerre, tous les diplomates hostiles à l'Empereur des Français ; elle accueille le colonel Pozzo di Borgo, capacité active, l'ennemi personnel de Bonaparte ; Pozzo après le traité de Tilsitt a momentanément quitté le service de Russie parce que l'alliance du Czar avec le Corse d'Ajaccio ne permet plus la *vendetta* ; les levées se poursuivent avec vigueur ; il s'agit de relever la nationalité allemande ; la cause de la patrie est en jeu, et nul citoyen ne peut l'oublier. Aussi Napoléon s'en alarme ; l'ambassadeur Andréossy écrit des dépêches très inquiétantes ; par trahison il s'est procuré les états militaires de l'Autriche ; les napoléons d'or ont

ticulières, et au-dessus que le comité central. La noblesse immédiate, dont la Confédération du Rhin avait anéanti le pouvoir, et tout ce qui existait de petite démocratie, ennemie invétérée de Napoléon, s'y jetèrent, ainsi que la faction anglaise, recrutée des négociants irrités du décret de Berlin. Les jeunes gens s'y portèrent avec toute l'ardeur de leur âge et s'exaltèrent dans la discussion des questions les plus épineuses sur le droit politique des nations, et en particulier sur celui d'Allemagne. »

gagné à Vienne l'intendant-général de l'armée Fasbender[1]; on ne peut plus douter des grands armements; l'habile espion, Charles Schulmeister, annonce de toutes parts la guerre immédiate. Napoléon s'en plaint une fois encore à M. de Metternich, et on lui répond qu'il ne s'agit pas de l'Occident, mais de l'Orient[2], et que la question turque demande un déploiement de forces considérables; M. de Metternich ajoute : « Que son cabinet veut le maintien de la paix; on arme par simple mesure de précaution. » L'Autriche se tient prête à profiter des éventualités; des agents dans le Tyrol préparent le soulèvement des braves montagnards; Baylen et Cintra retentissent, lorsqu'on reçoit encore des Espagnols un bel exemple pour apprendre à servir la patrie.

On se rappelle avec quelle résignation le marquis de La Romana avait conduit les troupes castillanes à travers les provinces de la France; ces divisions fières et braves avaient assisté avec les Français au siège de Stralsund contre le roi Gustave-Adolphe. Après la campagne, les Espagnols furent confinés dans l'île de Fionie, dans la Zélande et le Holstein, sous le ciel brumeux; ils formaient une partie du corps d'armée sous les ordres du maréchal Bernadotte, qui opérait contre la Suède. Lorsque le drapeau tricolore flottait ainsi sur les étendards

---

[1] Voici une preuve assez curieuse de cette trahison au sein de l'armée autrichienne.

« Fasbender était un traître; il communiquait tous les plans et les ordres qu'il recevait à l'ambassadeur français, qui se rendait de nuit, travesti en domestique, dans la maison. Un grenadier révéla le secret à l'archiduc Charles; celui-ci voulut en avoir la preuve matérielle, il se cacha, et lorsqu'il vit que l'ambassadeur venait et était prêt à entrer dans la maison, il se montra tout à coup, et lui dit seulement : « Bonne nuit, M. l'ambassadeur. » Andréossy stupéfait retourna chez lui. Alors on cerna la maison de Fasbender, on fit mettre les scellés sur ses papiers et il fut gardé à vue. Le jour suivant on le fit étrangler dans sa chambre même. L'ambassadeur partit à l'instant, craignant d'être assassiné par le peuple de Vienne. » (Correspondance particulière du baron de Hardenberg.)

[2] Je donnerai plus tard cette correspondance.

espagnols, le maréchal Bernadotte se hâta de communiquer au marquis de La Romana un mémoire rédigé dans le cabinet de l'Empereur pour expliquer aux divisions castillanes les événements de Bayonne et l'abdication des vieux souverains. Le maréchal envoyait au marquis de La Romana une formule de serment : « à don José Napoléon, roi des Espagnes et des Indes. » La situation où se trouvaient les Espagnols, tout entourés de Français, força le marquis de La Romana à souscrire à ce serment, en ayant soin d'ajouter : « Qu'il obéirait au gouvernement de Madrid et à la volonté nationale, » car La Romana était surtout patriote. Le maréchal Bernadotte, par des négociations nouvelles, obtenait enfin une formule d'obéissance pure et simple [1], quand le marquis de La Romana reçut un émissaire de la junte insurrectionnelle de Séville. Déjà le général, instruit des événements de Bayonne, savait la captivité de Ferdinand VII par la voie du clergé catholique en Allemagne ; un officier patriote de Séville, don José Labo, vint sur l'escadre anglaise pour lui annoncer l'héroïque résolution de la patrie et le soulèvement contre les Français. Dès ce moment le marquis de La Romana se décida, par tous les moyens que lui offrait la fortune, à aller rejoindre la noble nation qui montrait au monde

[1] *Lettre du marquis de La Romana au roi Joseph Napoléon.*

« La division espagnole dans le Danemarck, que j'ai l'honneur de commander, s'empresse de témoigner à Votre Majesté par mon organe, sa grande satisfaction de savoir qu'un frère du grand Napoléon, du héros incomparable qu'a produit le siècle, a été reconnu roi d'Espagne. Son émotion a été plus vive en apprenant que c'était Votre Majesté, dont il suffit de prononcer le nom pour désigner la réunion de toutes les vertus ; que c'était, dis-je, Votre Majesté qui allait monter sur le trône. Que Votre Majesté me permette de lui adresser, au nom de toute la division, l'hommage de notre entière soumission et de notre inviolable dévouement envers sa personne. C'est l'expression de nos cœurs, et particulièrement de celui qui se dit, de Votre Majesté, le très humble et fidèle sujet. »

Le marquis de La Romana.
Au quartier-général de Nyebourg, en Fionie, le 14 juin 1808.

STRATAGÈME DU MARQUIS DE LA ROMANA (1808). 547

l'exemple de tout ce que peut un peuple fier et valeureux contre les oppresseurs.

Dans les eaux de l'île de Zélande se trouvait l'escadre anglaise du vice-amiral Keats : la facilité de communiquer avec la mer sous ces brumes pouvant aider une évasion, La Romana fit connaître à l'amiral sa résolution invariable de se joindre aux patriotes espagnols. Le secret le plus profond fut gardé, comme il se tient en Espagne dans les nuits de l'Alhambra ou du Prado ; la division de La Romana se composait de 10,000 hommes de vieilles troupes, sans comprendre quelques bataillons qui se trouvaient séparés [1] ; l'amiral Keats se hâta d'apprêter des bâtiments de transport et les mit à la disposition de l'armée espagnole. Dans une chaude nuit de juillet, tandis que la division donnait un bal en l'honneur de don José Napoléon, le seigneur-roi, au milieu des lustres et des bougies, les officiers se retirèrent silencieusement ; les régiments étaient en ligne sur le rivage ; rien n'avait transpiré, nul ne savait ce qui se passait au moment d'un bal et d'une agitation bruyante. A un signal donné, l'embarquement commença ; chaque compagnie défila sur les bâtiments de transport, et à cinq heures du matin l'armée espagnole était à la disposition des Anglais : 10,000 hommes de bonnes troupes, et le marquis de La Romana, pouvaient

---

[1] « Ces corps, qui étaient prisonniers de guerre dans l'arsenal de Copenhague, étaient composés de six bataillons des régiments des Asturies et de Guadalaxara, au nombre de près de 4,000 hommes ; cantonnés à Roeskilde, et dans les environs, et placés sous les ordres du général français Fririon, chargé de les exercer, ils avaient refusé obstinément de prêter serment de fidélité à Joseph, s'étaient mis en pleine insurrection, et avaient même massacré un adjudant français ; on parvint cependant à calmer leur irritation et à les désarmer. Outre leurs sentiments de fidélité pour le souverain légitime, qui les empêchaient de prêter serment à l'usurpateur de son trône, ils étaient singulièrement choqués que l'ordre de prêter le serment leur fût parvenu par l'intermédiaire d'un officier français, et non par celui du marquis de La Romana, leur général en chef. »

(Note du prince de Hardenberg.)

servir encore la patrie. Ainsi Castanos faisait mettre bas les armes à Dupont ; Junot s'embarquait sur une flotte anglaise après Cintra, et un corps tout entier d'Espagnols quittait l'aigle impériale pour servir la patrie [1].

On ne peut dire quel enthousiasme salua cette belle résolution du marquis de La Romana parmi les populations allemandes ; tous les héroïques exemples venaient donc d'Espagne ! Ces peuples avaient voulu, et par la seule action de la volonté, ils avaient secoué le joug qu'imposait Napoléon ! L'Allemagne ne pouvait-elle pas imiter cet exemple ? était-elle donc si dégénérée ? L'Europe venait d'apprendre un double secret pour arracher la puissance à Napoléon ; résister avec constance et faire une guerre de masses ; cette leçon donnerait de nobles imitateurs à l'Espagne dans les sociétés secrètes, parmi les amis de la vertu. La Confédération du Rhin avait aussi des contingents sous les armes ; et des régiments badois, saxons, bavarois, n'étaient-ils pas en Espagne ? Le système de Napoléon était de déplacer les peuples et les armées, de porter au nord ce

---

[1] Le dépit perce dans la publication suivante, que fit faire Napoléon contre le marquis de La Romana :

« La nation danoise apprendra avec l'étonnement le plus vif et l'indignation la plus juste que les troupes espagnoles qu'elle avait reçues avec une hospitalité si cordiale et de qui elle était en droit d'attendre du secours, viennent de démentir la réputation de loyauté et de fidélité qui les avait précédées, de trahir leurs devoirs envers leurs frères d'armes les Français, et de compromettre les intérêts et la sûreté du Danemarck, en formant une liaison hostile avec l'ennemi commun, et en lui ouvrant les ports des provinces confiées à leur garde. Cette trahison a été projetée, conduite et exécutée par le chef de ces troupes, le marquis de La Romana. De la manière la plus rusé et en invoquant des ordres supposés du prince de Ponte-Corvo, il a su se mettre en possession exclusive de la forteresse de Niebourg, et livrer cette place si importante pour la sûreté de la France aux Anglais, toujours prêts à profiter des trahisons, des surprises, et à se montrer partout où ils sont sûrs de ne pas trouver de résistance.

« Bientôt il parut que l'intention des Espagnols était de s'embarquer sous la protection des bâtiments de guerre anglais, qu'ils avaient appelés, et de quitter le Danemarck. Cet embarquement a effectivement eu lieu à Niebourg et à Svenborg, où ils se sont emparés de tous les bâtiments de transport. Avant de quitter Niebourg, ils ont encloué les canons, et détruit ce qu'ils ont trouvé de munitions et attirail de guerre. »

qui était au midi, et au midi ce qui était au nord, afin que dans ce brisement de toute nationalité la résistance des peuples ne trouvât plus d'appui. Dès ce moment l'Angleterre prit pour système d'offrir de l'argent et des moyens pour attirer à elle, par la désertion, toutes les troupes auxiliaires qui n'appartiendraient pas à la France; elle paralysa plus d'une fois les moyens de Napoléon; ces hommes venaient grossir les légions allemandes ou italiennes au service de l'Angleterre. En Prusse surtout ces idées fermentaient; il fut publié à cette époque des livres d'une remarquable hardiesse; la police française fut bien trompée si elle n'aperçut pas les terribles démonstrations qui se firent sur l'Allemagne transformée en volcan politique [1]. On ne pouvait en retarder l'explosion.

Dès que l'insurrection éclata en Espagne, il fut presque partout convenu que les cabinets lui prêteraient appui et protection; l'Autriche admit un agent secret de la junte de Séville; si elle ne put donner aucun secours effectif, elle déclara : « qu'elle ne reconnaîtrait pas Joseph Napoléon pour roi des Espagnes en l'absence du monarque légitime Ferdinand VII. » M. de Stadion ne disimula même pas : « que son dessein étant de faire la guerre très prochainement, l'Allemagne espérait le concours et l'appui des forces espagnoles. » Un autre agent de la junte fut envoyé auprès du roi Frédéric-Guillaume, mais la Prusse était-elle encore quelque chose dans le mouvement européen? Pouvait-on la compter comme auxiliaire quand

---

[1] Voici en quels termes étaient habituellement proscrits les livres qui préparaient la nationalité allemande.

« S. M. le roi de Wurtemberg vient de prohiber dans ses États la fameuse *Théorie des esprits*, de Jung Stilling, comme un ouvrage dangereux de toutes manières. Les exemplaires en circulation ont été recherchés et saisis, et il est dit, dans la déclaration du roi, que les contrevenants seront rigoureusement punis. »

le roi était presque captif et la reine dans une forteresse [1]?
Il y a pourtant progrès quand une cause trouve sympathie parmi les peuples, et on peut dire que jamais mouvement insurrectionnel ne fut plus moralement protégé que le soulèvement espagnol; cabinets et nations voyaient bien que ce noble héroïsme de l'Espagne leur profiterait à tous contre le pouvoir conquérant de Napoléon; la dictature éprouvait un échec, et c'était le premier. Dans l'abaissement universel une résistance est fortement et hautement appréciée.

En Russie même, le soulèvement de l'Espagne fit une impression profonde; le traité de Tilsitt n'avait engagé en quelque sorte que la personne d'Alexandre; tout ce qui était grand, puissant en Russie, à Saint-Pétersbourg, à Moscou : clergé, noblesse, était resté en dehors des transactions conclues par le Czar, et c'est bien ce que le général Savary avait rapporté à l'Empereur au retour de sa mission. Il y avait à Saint-Pétersbourg un consul-général d'Espagne tout-à-fait dévoué à Ferdinand VII et à la cause nationale, M. de Zéa, capable et modéré; les juntes députèrent vers lui afin qu'il eût à pressentir la Russie sur l'éventualité d'une guerre ou d'une insurrection victorieuse. On était alors trop rapproché de Tilsitt pour qu'Alexandre osât en violer ouvertement les conditions : les deux empereurs avaient stipulé dans les conférences du Niémen : « que Napoléon

---

[1] Le roi Frédéric était alors forcé de traiter de brigands et de proscrits ses plus fidèles sujets.

« Un ordre de la police du royaume nous informe qu'il y a dans la Nouvelle-Marche et dans la Poméranie, en-deçà de Colberg, une bande de brigands de 120 à 150 hommes, ayant à leur tête un dragon du régiment de S. A. R. le prince Guillaume, nommé Holler, pillant les voyageurs et commettant d'autres crimes de ce genre. En conséquence, tous les voyageurs et les habitants sont invités à se tenir sur leurs gardes, à surveiller tous les gens sans aveu qui parcourent le pays, et à signaler ceux qu'ils reconnaîtraient pour tels aux autorités compétentes. » (Il s'agissait des affiliés de la *Société de la Vertu.*)

agirait librement dans la Péninsule, tandis qu'Alexandre s'assurerait la Finlande contre Gustave-Adolphe, » possession injuste, conquête en dehors du droit des gens. Les insurgés ne trouvèrent pas un protecteur personnel dans le Czar; il répondit par des paroles équivoques et le souvenir de ses engagements personnels; Alexandre avait besoin qu'on le laissât accomplir sa campagne de Finlande et qu'on abandonnât à la Russie la Moldavie et la Valachie; ces deux intérêts étaient si pressants qu'il ne pouvait pas les délaisser pour une question aussi éloignée que l'insurrection espagnole. Alexandre ne voulait point alors se séparer de Napoléon [1].

Si les envoyés des juntes furent privés de la protection personnelle du Czar, ils furent parfaitement accueillis dans les hautes sociétés de Saint-Pétersbourg, chez l'impératrice-mère, si dessinée contre Napoléon; on peignit sous les plus poétiques couleurs la résistance des Espagnols; on promit appui secret à l'insurrection, et des collectes furent publiquement faites à Saint-Pétersbourg dans les salons de l'aristocratie pour soutenir cette nation qui donnait un si bel exemple à l'Europe; il ne fut plus question que de l'Espagne dans toutes les transactions des cabinets, le monde eut les yeux sur elle. Singulière destinée que celle de l'Espagne; haute ou abaissée, cette nation depuis Charles-Quint a occupé toujours l'Europe; c'est d'elle que sont venus les exemples d'énergie, les périls, les dangers, les difficultés dans les transactions; le caractère exceptionnel de ce peuple le place à part dans le mouvement des idées : il heurte la mollesse des autres nations, il les réveille et les excite.

---

[1] Les dépêches de M. de Caulaincourt indiquent à peine ce mouvement d'opinion; elles sont en général mal informées.

D'ailleurs, la fortune de Napoléon avait soulevé tant de jalousies et de haines! quand un homme porte la tête si haut, le monde entier le contemple avec enthousiasme ou avec effroi; si ses actes sont grands, ils le grandissent encore; si ce sont des fautes ou des imprudences, des attentats ou des crimes, ils le compromettent et le perdent. Un homme immense ne peut être impunément ni faible ni petit.

CHAPITRE XII.

ENTREVUE D'ERFURTH,

IMPRESSION PRODUITE SUR LES CABINETS.

Situation de M. de Caulaincourt à Saint-Pétersbourg. — Souvenir du duc d'Enghien. — Influence d'Alexandre. — Démoralisation de M. de Caulaincourt. — La famille impériale de Russie. — Le parti français. — Motifs de l'entrevue d'Erfurth pour Alexandre, pour Napoléon. — Départ de Saint-Pétersbourg. — Faste et coquetterie de l'Empereur Napoléon. — Cours plénières. — Abaissement des royautés allemandes. — La Prusse. — L'Autriche. — Mission du baron de Goltz, — du baron de Vincent. — Arrivée à Erfurth. — Fêtes et plaisirs. — Questions d'affaires. — La Finlande. — La Turquie. — Reconnaissance des faits accomplis. — Véritable sens des conférences d'Erfurth. — Rapports officiels. — Ouverture faite à l'Angleterre. — Le comte de Romanzoff à Paris. — Négociations avec M. Canning. — Relations secrètes de la Russie avec l'Angleterre. — Position nouvelle de M. de Caulaincourt à Saint-Pétersbourg. — Arrivée du prince de Kourakin, ambassadeur russe, à Paris.

Septembre et Octobre 1808.

M. de Caulaincourt avait remplacé le général Savary dans l'ambassade de Saint-Pétersbourg, si importante après Tilsitt. L'esprit de M. de Caulaincourt était plus étendu que celui de son prédécesseur, accueilli avec tant de répugnances; il avait moins d'habitude de police, moins de tact pour les intrigues secondaires, une certaine manière plus large de voir les événements; les formes élégantes de sa vie, sa naissance distinguée pouvaient lui ouvrir les plus hauts salons de Saint-Pétersbourg, et ce n'était point une chose inutile à sa mission; en Russie, l'aristocratie a ses droits, et un gentilhomme bien élevé devait trouver un accès plus facile dans les salons qui se rattachaient à la cour.

Toutefois il se trouvait dans la vie de M. de Caulaincourt une circonstance fatale qui lui enlevait ce caractère ferme et moral qui constitue la puissance d'un ambassadeur. Il faut le dire, l'exécution du duc d'Enghien lui pesait comme un remords; qu'il fût ou non complice, l'histoire, un jour, le décidera; mais le nom de M. de Caulaincourt se trouvait mêlé à l'arrestation de la victime du coup d'État de Vincennes; ce lugubre épisode attristait douloureusement la vie entière de M. de Caulaincourt, et le frappait dans sa force et sa considération politique. L'Angleterre n'avait pas manqué de jeter dans ses pamphlets, répandus sur l'Europe, le souvenir de cette catastrophe pour affaiblir d'avance la puissance morale que M. de Caulaincourt pouvait acquérir en Russie; on le désigna publiquement comme complice ou instrument de cet attentat, et le cabinet de Saint-Pétersbourg, connaissant toute la faiblesse de M. de Caulaincourt, exploitait cette fatalité qui l'affligeait si profondément. Ce qu'il y eut de plus malheureux encore, c'est que l'ambassadeur crut nécessaire de se justifier auprès de l'empereur Alexandre et de demander en quelque sorte une attestation de son innocence à un souverain étranger. Cette démarche dépassait les bornes de la faiblesse : que devenait l'ascendant d'un ambassadeur qui avait besoin, pour ainsi dire, d'un certificat de bonne conduite émané du cabinet auprès duquel il était accrédité? n'était-ce pas se mettre absolument sous sa dépendance? Et puis quel outrage à Napoléon que de se justifier d'un coup d'État que le Consul avait commandé lui-même ! Ainsi M. de Caulaincourt, en se protégeant, jetait l'odieux à la face de son souverain; il se rendait tout à fait incapable d'examen et de critique à l'égard de la cour de Saint-Pétersbourg; il tuait sa dignité et sa force politique[1].

A chaque ligne la correspondance de l'ambassadeur s'en ressent; on peut dire qu'elle repose entière sur des données fausses. M. de Caulaincourt est dans une situation admirative devant l'empereur Alexandre, il ne voit que lui, il est sous le charme de son amitié attentive; le Czar est l'objet de son culte; tout lui échappe dans le mouvement des esprits, au milieu même des salons; M. de Caulaincourt croit à l'alliance intime, aux témoignages polis de la cour; il se contente des expressions extérieures que l'empereur Alexandre lui prodigue; il est de toutes les fêtes, on se radoucit en sa faveur des préventions de l'étiquette; le Czar lui parle avec abandon de l'Empereur des Français; on multiplie les témoignages de confiance et de sincérité. M. de Caulaincourt

---

[1] On avait ainsi procédé à Saint-Pétersbourg contre le général Savary; on l'avait abaissé moralement; voici ce qu'il raconte : « Je pris le parti de rire et d'employer tout mon esprit à aider aux plaisanteries que l'on cherchait à me faire. On a tant d'avantage sur les imposteurs lorsque l'on se sent honnête homme, que je me retirais toujours victorieux de ces sortes d'explications. Je me rappelle qu'un jour je dînais chez l'empereur de Russie, il n'y avait jamais moins de douze ou quinze personnes; l'impératrice régnante me fit l'honneur de m'adresser la parole, en me disant : « Général, de quel pays êtes-vous?—Madame, je suis de la Champagne.— Mais votre famille est-elle française? Oui, madame, elle est aussi de la Champagne, de Sedan, qui est le pays où l'on fait les beaux draps. — Je vous croyais étranger, on m'avait dit que vous étiez Suisse.—Madame, je vois ce que V. M. veut dire; je sais qu'on l'a écrit, j'ai lu tout cela, et je la prie de ne pas arrêter son opinion sur de pareilles productions. » L'impératrice vit que je l'avais devinée, et la conversation en resta là. Le hasard avait fait que le même jour j'avais lu ce qui me concernait dans les pamphlets dont je viens de parler. L'impératrice de Russie avait voulu probablement s'assurer s'ils avaient dit la vérité, et elle avait un jugement trop sain pour ne pas mettre la justice du côté où elle devait être. » (Notes du général Savary.)

plein d'illusion vit dans un monde qui lui a jeté le souvenir du duc d'Enghien pour le dominer. Est-ce là e but de la mission de M. de Caulaincourt? N'a-t-il pas d'autres résultats à obtenir, et comment va-t-on interpréter l'alliance? Alexandre secondera-t-il Napoléon sur tous les points de l'Europe, et M. de Caulaincourt a-t-il assez d'ascendant pour surveiller la Russie dans ses desseins sur la Valachie et la Moldavie, toujours occupées par ses armées? Les révolutions se succèdent à Constantinople, le Czar a les yeux sur la Turquie; la conquête de la Finlande est tout à fait accomplie, les Russes sont maîtres de la Baltique. Voilà des résultats, et M. de Caulaincourt s'en inquiète à peine; et, par une maladresse indicible, lorsque tant de points sérieux doivent fixer son attention, M. de Caulaincourt, sous les inspirations d'une intelligence bornée, M. Maret, adresse des observations déplacées sur la Pologne et le grand-duché de Varsovie; il mécontente ainsi tout à la fois l'Autriche et le cabinet de Saint-Pétersbourg, si profondément intéressés dans toutes les difficultés qui touchent à la Pologne [1].

---

[1] Napoléon commence à reconnaître la fausse position de M. de Caulaincourt. Voici ce que raconte le général Savary :

« L'Empereur venait de recevoir un courrier de St-Pétersbourg: quelques nuages s'étaient déjà élevés; sans me dire en quoi consistait la difficulté, il se plaignit de la manière dont on menait ses affaires en Russie; il disait : « Caulaincourt m'a créé là des embarras, au lieu de m'en éviter. Je ne sais où il a été engager une explication sur la Pologne, et se laisser présenter une proposition par laquelle je m'engagerais à ne jamais la rétablir; cette idée-là porte son ridicule avec elle. Comment ! j'irais entreprendre de rétablir la Pologne, lorsque j'ai la guerre en Espagne, pour laquelle je suis obligé de retirer mon armée d'Allemagne? C'est par trop absurde. Et si je ne puis songer à la Pologne, pourquoi m'en faire une question? Je ne suis pas le destin, je ne puis prédire ce qui arrivera. Est-ce parce que je suis embarrassé que l'on soulève cette question? c'était au contraire le moment de l'éloigner; il y a là quelque chose que je ne puis expliquer. Au reste, l'on me parle d'une entrevue dans laquelle je pourrais régler nos affaires : j'aime encore mieux l'accepter que de m'exposer à les voir gâter; au moins cela aura l'avantage d'en imposer par un grand spectacle, et de me donner le temps d'en finir avec cette Espagne. » (Il n'y a dans ce récit qu'une seule inexactitude : c'est Napoléon qui demanda l'entrevue.)

Au reste, la question de personnes n'a pas fait un pas, les antipathies restent les mêmes à St-Pétersbourg. La famille impériale du Czar composait alors un brillant et noble cortége [1]; sa mère, Sophie-Dorothée-Fédorowna de Wurtemberg, la veuve de Paul Ier, conservant toute la fierté allemande, avait gémi la première sur l'abaissement de sa patrie native; quoique le Wurtemberg eût été élevé à la royauté, elle n'en gardait pas moins, comme toutes les princesses germaniques, une dignité de race qui ne pouvait admettre les parvenus, même couverts de la glorieuse pourpre de Napoléon; Alexandre avait une religieuse déférence pour sa mère, qui gouvernait son palais; la grave, la fière Dorothée Fédorowna n'avait point encore cinquante ans, et cependant sa majesté de mère rayonnait à son front comme dans les médailles de Rome antique ou dans les bas-reliefs de l'école grecque; elle ne vit jamais la convenance dans des alliances d'origines disparates, et princesse hautaine, elle rougissait dans la pensée de se voir un jour assise à côté de madame Lætitia Ramolinio, la mère de l'empereur Napoléon, du héros qui venait de presser la main à son fils Alexandre sur le Niémen; Dorothée Fédorowna, antipathique au système français, demeurait, comme toutes les princesses de Bavière, de Bade, de Wurtemberg, dans une situation de noble dédain pour les Bonaparte, froideur altière que partageait tout le vieux parti russe.

La femme d'Alexandre, Louise-Marie-Élisabeth

---

[1] La famille impériale de Russie était ainsi composée :

Louise-Marie-Auguste-Élisabeth Alexiewna de Bade, née le 24 janvier 1779, épouse de l'empereur Alexandre.

Constantin-Paulowitz, né le 8 mai 1779, frère du Czar, marié le 26 février 1796 à Julie-Henriette-Ulrique-Anne-Fédorowna de Saxe-Cobourg, née le 23 septembre 1781.

Nicolas-Paulowitz, frère du Czar, né le 2 juillet 1796.

Michaël-Paulowitz, frère du Czar, né le 8 février 1798.

Alexiewna, née princesse de Bade, était allemande dans toute la puissance des souvenirs ; douce et résignée avec l'empereur son mari, elle avait néanmoins son opinion personnelle et son influence de cour, et plus d'une fois le général Savary avait subi ces sourires moqueurs, ces questions railleuses, qui indiquaient ses dédains pour toutes les fortunes nouvelles que la Révolution avait jetées au monde. Autour du Czar se groupait Constantin Paulowitz, son puîné de deux ans seulement, et qui avait uni sa vie à une princesse de Saxe-Cobourg, si rapprochée de l'Angleterre ; Constantin avait conservé ce caractère primitif de la nationalité russe qui distingue la grande famille des Romanoff ; enthousiaste avec passion, il était ébloui par la fortune de Napoléon ; soumis à son frère aîné avec une respectueuse déférence ainsi que l'église grecque l'enseigne, il le suivait comme un père : Alexandre était pour Constantin plus qu'un homme ; deux autres Czarewitch, enfants encore, formaient la pléiade de cette noble race ; Nicolas, qui portait le nom du grand saint protecteur de la Russie, avait douze ans alors, avec une belle physionomie, ce front haut qui annonce de puissantes destinées ; et Michaël, son frère, de deux ans moins âgé, et qui recevait une éducation des plus attentives, comme les familles russes savent en donner à leurs fils, espérance de leur maison.

L'intérieur du palais de Saint-Pétersbourg était sans faste, mais plein d'une dignité élégante ; on y avait la

---

Marie-Paulowna, sœur du Czar, née le 15 février 1786, mariée le 3 août 1804 à Charles-Frédéric prince héréditaire de Saxe-Weimar.

Catherine Paulowna, sœur du Czar, née le 21 mai 1788.

Anne Paulowna, sœur du Czar, née le 18 janvier 1795.

Sophie-Dorothée-Auguste-Marie-Fédorowna, princesse royale de Wurtemberg, née le 25 octobre 1759, veuve de l'empereur Paul Ier.

politesse et la grandeur de Catherine et la simplicité des princes d'Allemagne; l'impératrice-mère exerçait sur tous une majesté de respect que nul n'osait braver: Alexandre, avec son regard d'ange, était devant elle comme un enfant timide; quand elle parlait, sa voix retentissait comme la parole de Dieu même; la mère du Czar était la mère de la patrie, dans le cœur russe, car elle était si bienfaisante! Tout le vieux parti moscovite l'entourait; puis ces jeunes femmes allemandes restaient sous son autorité et maintenaient l'esprit haineux et méfiant contre les Français; si Alexandre et Constantin, hommes de guerre et de batailles, pouvaient admirer le génie de Napoléon, les femmes ne voyaient en lui que l'inflexible conquérant qui avait abattu leurs maisons originaires. Toute cette cour se nourrissait de biographies anglaises, de calomnies que la presse britannique prodiguait; elle était en correspondance avec la malheureuse reine Louise de Prusse, partageant ses humiliations et ses douleurs. Ces femmes n'avaient pas vu les miracles du grand Empereur; elles n'avaient pas assisté aux champs de bataille d'Austerlitz et de Friedland, où d'un seul éclair de ses yeux Napoléon opérait des prodiges; elles s'en tenaient donc à ces préventions, à ces nuances délicates que les hommes aperçoivent à peine, presque toujours absorbés par les idées de domination politique. Il suffisait de toucher cette cour de Russie pour désespérer d'une alliance sincère, et de famille surtout, entre elle et Napoléon.

M. de Caulaincourt n'avait rien vu de tout cela; enivré des politesses d'Alexandre, sa correspondance est d'une grande médiocrité. Au mois de juillet déjà, il reçut des instructions de son souverain pour demander personnellement au Czar si une entrevue d'empereur à empereur ne serait pas utile pour régler divers points alors en contestation entre la Russie et la France; Napoléon croyait qu'on pourrait dans cette entrevue résoudre les questions indécises ou qui avaient changé de face depuis l'entrevue de Tilsitt[1]; bien des choses s'étaient accomplies; ce qu'on ne pouvait traiter que difficilement par correspondance, on le réaliserait par un échange de paroles de souverain à souverain.

Napoléon avait ici plusieurs buts; les derniers événements d'Espagne, la capitulation de Baylen, la convention de Cintra, lui faisaient entrevoir la nécessité de mettre fin, par une grande marche militaire de ses vieilles troupes, à l'insurrection de la Péninsule; il fallait accomplir au Midi ses vastes plans, et dans ce but l'Empereur voulait apprécier par lui-même le degré de confiance que l'alliance russe pouvait inspirer. Alexandre lui prêterait-il la main en contenant la soumission de l'Allemagne? Quand donc l'Empereur sollicita une entrevue personnelle, c'est qu'il y trouvait son intérêt; il voulait aussi relever l'opinion publique en France, en lui laissant croire qu'enfin son système de paix s'asseyait; les affaires d'Espagne l'avaient fatalement compromis, il serait bon de constater aux yeux du peuple que l'Empereur avait un magnanime allié, un point d'appui en Europe qui rendrait à tout jamais impossibles

---

[1] « Il n'est pas douteux que de part et d'autre l'entrevue de Tilsitt ne fût considérée que comme une trêve. Le général Jomini écrivit le lendemain de Tilsitt : « Nous venons de faire avaler un verre d'opium à l'empereur Alexandre, et pendant qu'il dormira nous allons nous occuper ailleurs.» De son côté, l'empereur Alexandre s'était tiré le moins mal qu'il avait pu d'une position fâcheuse, et il se promettait bien aussi de gagner du temps, d'endormir son rival et d'attendre des circonstances plus favorables. Des écrivains russes, et notamment l'aide-de-camp d'Alexandre, M. de Boutourlin (dans les prolégomènes de son *Histoire de la campagne de* 1812), déclarent nettement que ce traité de Tilsitt était trop onéreux à la Russie pour qu'elle pût le considérer autrement que comme un moyen de gagner du temps. » (Notes du comte de Hardenberg.)

les coalitions. Les instructions de M. de Caulaincourt étaient très instantes ; Napoléon voulant commencer sa campagne d'Espagne sur la fin d'octobre, il fallait qu'une entrevue se préparât pour le mois de septembre au plus tard ; c'était la plus sérieuse affaire du temps.

L'ambassadeur s'en ouvrit franchement au Czar lui-même qui ne fit aucune difficulté pour se rendre dans une ville tierce et s'entendre personnellement avec l'empereur Napoléon, son puissant ami. Le parti français à Saint-Pétersbourg, les Romanzoff, les Kourakin insistèrent pour que cette entrevue fût immédiate ; et ici l'habileté du cabinet russe se déploya dans toute sa force pour arriver à un résultat ; il voyait qu'il y avait dans la démarche de Napoléon un puéril sentiment d'amour-propre, et on était aise de l'exploiter au profit des questions positives ; les Russes venaient d'accomplir la conquête de la Finlande, on la ferait reconnaître par l'empereur Napoléon ; comme ce prince avait besoin de l'alliance d'Alexandre, on la lui ferait acheter par la possession complète de la Moldavie et de la Valachie ; enfin, ce qui tenait au cœur du Czar, c'était d'obtenir que l'Allemagne serait évacuée dans l'automne. La Russie voyait avec une certaine méfiance cette occupation qui s'étendait encore jusqu'à la Vistule ; les Français, maîtres de toute l'Allemagne, en disposaient au profit de leur système ; la Prusse restait administrée en département. Comme préliminaires de l'entrevue, on exigea qu'une convention fût signée avec Frédéric-Guillaume pour l'évacuation de la Prusse qu'on avait jusque-là refusée ; le cabinet de Saint-Pétersbourg pourrait ainsi obtenir des résultats désirables dans une conversation de souverains ; en vain on répétait à Alexandre de se méfier de l'Empereur des Français qui venait de tendre un si fatal guet-apens à la maison d'Espagne; le Czar déclara qu'il viendrait aux conférences avec quelques aides-de-camp; il se fiait à la loyauté de Napoléon; l'affaire d'Espagne était trop mal connue pour dominer aussi complétement l'esprit du Czar, brave de sa personne.

Il s'agissait de fixer un lieu pour l'entrevue solennelle; se ferait-elle sur le Niémen comme à Tilsitt? y aurait-il encore le brillant radeau à la face des deux armées? Alexandre déclara : « qu'il ne tenait pas absolument à ce que Napoléon vînt si loin ; il était aise de revoir ses parents d'Allemagne : que l'on choisit dès lors une des villes paisibles entre Dresde et Francfort, Erfurth, Iéna, Leipsick, Weimar, et qu'il s'y rendrait pour presser la main à son allié fidèle, sans étiquette, sans ostentation. » Les empereurs de Russie ont toujours aimé ces grands voyages; comme ils ont de vastes terres à parcourir, ils ont prédilection pour ces enjambées de plusieurs mille lieues en quelques jours; Erfurth fut donc choisie pour cette entrevue, Erfurth, ville si gracieuse, où l'esprit des études se mêle aux distractions et aux plaisirs des cités de la Saxe et de la Bohême. Lorsque cette dépêche arriva, Napoléon manifesta une vive joie; il croyait exercer une sorte de prestige sur l'empereur Alexandre, et le dominer absolument dans ses admirables causeries: l'opinion publique en France recevrait une heureuse influence; les scènes de Bayonne seraient oubliées, on ne songerait plus à sa conduite avec la dynastie des Bourbons, lorsqu'on verrait le chef de la famille Romanoff, le puissant empereur de Russie, tendre la main au souverain des Français. L'alliance pourrait s'appuyer sur une union de famille; on le laissait croire, car à cette époque déjà Napoléon songeait au divorce, à briser le lien usé et pesant qui l'unissait à Joséphine de Beauharnais. Ceux qui connaissaient la Russie ne se faisaient pas ces mêmes illusions, et le général Savary, quel que fût son esprit un peu étroit et sa manière de voir circonscrite aux aperçus de police, ne dissimula pas qu'il croyait très difficile d'amener le cabinet de Saint-Pétersbourg à une alliance intime avec Napoléon.

Le 15 septembre, d'après les ordres de l'Empereur, le général Duroc, grand-maréchal du palais, chargea M. de Canouville de préparer à Erfurth les logements destinés aux souverains [1]; Erfurth n'est point une ville grandiose, mais une de ces cités propres et coquettes comme on en voit tant en Allemagne. Le palais du gouvernement fut réservé pour Napoléon; on envoya les tapisseries des Gobelins, des porcelaines de Sèvres, pour orner les appartements des souverains; quelques régiments d'élite durent former la garde d'Erfurth : on désigna ceux-là qui s'étaient le plus dignement montrés dans les campagnes récentes. L'Empereur, qui avait un goût décidé pour la tragédie classique, voulant traiter le Czar comme Louis XIV savait distraire les souverains, ordre fut donné à la Comédie-Française de suivre Napoléon comme un bagage de plaisirs; quand une si grande scène

---

[1] Liste des grands personnages qui se rendirent à Erfurth :
Le roi de Bavière.
— de Wurtemberg.
— de Saxe.
— de Westphalie et la reine.
Le prince Primat.
Le grand-duc de Bade et la duchesse.
— de Hesse-Darmstadt.
Le duc de Weimar.
Le prince héréditaire de Weimar.
Le duc de Saxe-Gotha.
Le prince Léopold de Cobourg.
Le duc d'Oldenbourg.
Le prince de Mecklembourg-Strélitz.
— de Mecklembourg-Schwerin.
Le prince Guillaume de Prusse.
— d'Anhalt-Dessau.
Les princes de Reuss, Schleitz, Gera, Eberdsdorff.
Le prince de Laleyen.
— de Waldek.
Le duc Guillaume de Bavière.
Le prince de Schaumbourg.
— de Bernbourg.
— de Hohenzollern-Sigmaringen.
— de Rudolstadt.
— d'Isembourg.
La princesse de la Tour et Taxis (Prusse).
La duchesse d'Hildburghausen (Prusse).
Le baron de Vincent (Autriche).
Le duc de Mondragone.

allait s'ouvrir, quand un drame si solennel allait se dénouer, on voulait rappeler les récits de l'histoire; que pouvait être la fable à côté d'une réalité et d'un spectacle comme celui d'Erfurth? Napoléon et Alexandre en présence! Lannes, qui s'était tant distingué à Friedland, dut aller recevoir sur la Vistule l'empereur de Russie; et Oudinot, si brillant dans cette grande journée, fut nommé gouverneur d'Erfurth pendant la résidence des Empereurs [1].

Napoléon voulut avoir autour de lui sa cour plénière, et il convoqua à Erfurth les rois et les princes d'Allemagne; en traversant rapidement ces contrées pour se rendre à l'entrevue, l'Empereur avait reçu, comme à son lever, les membres de la Confédération du Rhin, accourus à son commandement; le roi de Saxe, le premier, arriva de sa résidence à Erfurth; les autres princes y vinrent successivement sur une simple lettre du maréchal Duroc, véritables vassaux convoqués par le comte féodal pour

---

Le duc de Birkenfeld.
Le comte de Gœrliz, grand-écuyer de Wurtemberg.
Le comte de Taube, premier ministre de Wurtemberg.
Le comte de Dille, aide-de-camp du roi de Wurtemberg.
Le prince de Salm-Dick, aide-de-camp du roi de Wurtemberg.
Le prince de Hohenlohe-Kirhhberg, aide-de-camp du roi de Wurtemberg.
La comtesse de Truxès (Westphalie).
Le comte et la comtesse de Bochols, *id.*
Le prince de Salm-Salm.
Le comte de Montgelas (Bavière).
— de Reuss.
— de Wurtemberg.
Et une infinité d'autres princes, leurs ministres et leurs officiers.

[1] Suite de l'Empereur des Français :
Le maréchal Berthier.
Le grand-maréchal Duroc.
Le grand-chambellan Talleyrand.
Le ministre secrétaire d'État, Maret.
Le ministre des relations extérieures, Champagny.
Le général Nansouty, premier écuyer.
M. de Rémusat, premier chambellan.
Le général Savary, aide-de-camp de S. M.
Le général Lauriston, aide-de-camp de Sa Majesté.
M. de Canouville, maréchal-des-logis du palais.
M. Eugène de Montesquiou, chambellan.
M. Cavaletti, écuyer de S. M.
M. Meneval, secrétaire du cabinet.
M. Fain, secrétaire du cabinet.
M. Yvan, chirurgien de S. M.
Huit pages et un menin.
M. de Bausset, préfet du palais.
M. le général Caulaincourt.
M. Daru, intendant de la liste civile.

NAPOLÉON A ERFURTH (SEPTEMBRE 1808).

faire foi et hommage à leur suzerain, comme on le lit aux Assises de Jérusalem. Par une belle journée de septembre, Erfurth vit une multitude avide de contempler l'homme de la destinée, les cloches à pleine volée, les coups de canon annoncèrent la présence de l'empereur des Français; aucun honneur ne fut rendu au roi de Saxe ni aux princes allemands, tant ils s'effaçaient devant cette grande destinée! Les soldats n'avaient pas revu leur Empereur depuis l'entrevue de Tilsitt, et ils le saluèrent de mille voix retentissantes; le roi de Saxe reçut Napoléon au bas de l'escalier du palais comme le serviteur le devait au maître; il ne restait plus aux vieux monarques que de tenir l'étrier, comme le connétable le devait à bon droit d'après la loi féodale. Napoléon fut magnifique dans la revue de ses troupes, quand sur un cheval ardent il parcourait leurs rangs pressés; il trouva là les grenadiers de sa garde, un régiment de hussards, un corps d'infanterie et le beau 6ᵉ de cuirassiers; partout des cris d'enthousiasme éclatèrent; entre les soldats et Napoléon, c'était un pacte à mort.

L'empereur Alexandre avait quitté Saint-Pétersbourg à marches rapides et précipitées, se faisant suivre par ses aides-de-camp généraux [1], le comte de Tolstoy,

---

[1] Suite de l'empereur Alexandre :

Le comte de Tolstoy, grand-maréchal du palais.
Le prince de Galitzin, secrétaire de S. M.
Le comte Speranki.
Le prince Wolkonski.
Le prince Gagarin.
Le prince Trubetzkoi.
Le comte Schouwaloff.
Le comte Oggeroski.
} aides-de-camp-généraux de Sa Majesté.
Le comte Oraklscheff, colonel, aide-de-camp.
Le général Kitroff, aide-de-camp du grand-duc Constantin.
M. Alkoukieff.
M. Balabin, colonel des chevaliers-gardes.
M. Apraxin, aide-de-camp du ministre de la guerre.
Le prince Dolgorouski, officier aux gardes.
Le comte de Romanzoff, ministre des affaires étrangères.
Le comte Ozauski, chambellan, attaché aux affaires étrangères.
MM. Gervais, Sculpoff et Creidmann, conseillers d'État attachés aux affaires étrangères.
M. le général comte de Tolstoy, ambassadeur de Russie en France.

son maréchal du palais, et le prince de Galitzin, son secrétaire; le comte de Romanzoff, ministre des affaires étrangères, accompagnait aussi le Czar avec un bureau tout entier des relations extérieures, car on allait traiter affaires à Erfurth. Sur le Niémen, Alexandre fut reçu par le maréchal Lannes; toujours plein de grâce, le Czar voulut que le maréchal voyageât dans sa propre voiture, et il mit tant de délicatesse dans ses attentions que lorsque, pendant la nuit, le maréchal accablé de fatigue dormait d'un profond sommeil, Alexandre couvrait de son manteau le noble enfant de la victoire.

On voyagea donc à marches rapides; aux environs de Weimar, la voiture d'Alexandre fut brusquement arrêtée par un homme à cheval; cet homme c'était Napoléon qui venait au-devant de son allié pour le féliciter des bons résultats de leur union intime : les deux princes s'embrassèrent avec tendresse et entrèrent à Erfurth aux vives acclamations du peuple [1]. L'aspect fut tout cordial, sans faste, et comme s'ils avaient vécu de longues années ensemble; Napoléon fit les honneurs de sa cour avec une galanterie et une grâce parfaites. A cette cour étaient accourus en foule les vassaux d'Allemagne; les rois de Saxe, de Bavière, de

M. le comte de Nesselrode, secrétaire d'ambassade.

M. Bouhagin, secrétaire d'ambassade.

M. de Labenski, consul de Russie en France.

M. le général Kanikoff, ministre de Russie en Saxe.

M. Schoodes, secrétaire de légation.

M. de Bethmann, consul de Russie à Francfort.

[1] Le journal de l'entrevue d'Erfurth fut rédigé sous les yeux du grand-maréchal du palais pour servir aux grandes annales de l'Empire. J'en donne un extrait :

« 28 septembre. — Le lever de l'empereur Napoléon eut lieu à neuf heures, selon l'usage. Les officiers de la maison de l'empereur Alexandre furent présentés à S. M., ceux de la cour de France à l'empereur Alexandre. Les deux empereurs déjeunèrent chez eux, se visitèrent réciproquement pendant la matinée, et restèrent plusieurs heures ensemble. L'empereur Alexandre se rendit au palais impérial à six heures. Le roi de Saxe, le duc de Weimar, dînèrent avec LL. MM. et le grand-duc Constantin. Elles se rendirent ensuite au théâtre, où la tragédie de *Cinna* fut représentée. Après le

Wurtemberg, tous empressés de rendre hommage et de prêter foi; on compta jusqu'à vingt-sept princes de la Confédération avec leurs femmes, leurs fils, leurs ministres et leur noblesse. La suite de Napoléon était nombreuse; indépendamment de Berthier et de Duroc, les compagnons fidèles, Napoléon avait auprès de lui encore M. de Talleyrand; il était aise de le tenir sous la main pour traiter les affaires difficiles, parce que son esprit était souple, et que sa longue expérience des hommes et des choses lui rendait facile d'obtenir un résultat. Sa présence dut blesser les prétentions de M. de Champagny et surtout de M. Maret, le secrétaire d'État, qui n'aimait pas les hommes politiques d'une certaine hauteur. M. de Caulaincourt avait précédé les empereurs à Erfurth, ainsi que M. Daru, pour régler les affaires pécuniaires de la Prusse; M. Daru excitait une vive et profonde répugnance dans toute l'Allemagne, dépouillée au profit du fisc. MM. Fain et Meneval, les secrétaires de cabinet, suivaient l'Empereur qui avait toujours besoin de plumes discrètes pour dicter les instructions; le cabinet intime lui était indispensable. A Erfurth, on vit aussi des pages, et ce qui devait étonner le plus fortement encore les vétérans de la

spectacle, LL. MM. allèrent au palais de Russie, où elles restèrent ensemble jusqu'à minuit.

« 29. — Le roi de Saxe, le prince de Mecklembourg-Schewerin, le prince de Neufchâtel et le comte de Romanzoff dînèrent avec LL. MM. Elles se rendirent ensuite, dans le même carrosse, au théâtre pour voir jouer *Andromaque*. A la représentation de *Cinna*, la loge de LL. MM. était située au centre des premières, en face de la scène. L'Empereur Napoléon crut s'apercevoir qu'à cette distance l'empereur Alexandre n'entendait pas assez bien, à cause de la faiblesse de son ouïe. D'après les ordres qu'il donna à M. le comte de Rémusat, son premier chambellan et surintendant du Théâtre-Français, il fut élevé une estrade sur l'emplacement occupé par l'orchestre. Des fauteuils y furent placés, au milieu, pour les deux empereurs, et des chaises garnies à droite et à gauche pour le roi de Saxe et les autres souverains.

« 30. — Après dîner, LL. MM. allèrent au théâtre, où l'on représenta *Britannicus*; elles se retirèrent au palais de Russie. Ce jour-là arrivèrent à Erfurth le prince Guillaume de Prusse, le duc Guillaume de

révolution française, c'est qu'avec ces pages il y avait même un *menin*. Qui pouvait douter qu'on marchait en pleine monarchie à la Louis XIV?

Il y eut des plaisirs et des affaires dans cette entrevue des empereurs; il fallait distraire ces souverains et ces princes, leur donner des fêtes et des délassements; l'Empereur Napoléon étant chez lui, comme il le disait, devait désennuyer le Czar, c'était son devoir et son rôle, il n'y manqua point. On se levait le matin sans se visiter, puis la toilette et le déjeuner toujours séparés; il fallait laisser ces moments à l'individualisme de chaque souverain, aux affaires ou aux distractions particulières; après déjeuner, dans de longues promenades, on causait affaires publiques pendant une ou deux heures, puis on faisait manœuvrer les troupes; le dîner était toujours servi chez Napoléon; Alexandre et les rois y assistaient; on y créa des distinctions qui durent un peu blesser la fierté allemande. Les deux empereurs eurent seuls des fauteuils, les simples rois des chaises, et les princes des tabourets; n'était-ce pas là le parvenu qui voulait dire: « Voyez, je suis votre maître, et ne l'oubliez pas. » Après le dîner, le spectacle, et c'est dans cet objet de distraction que la Comédie française fut

---

Bavière, le prince Léopold de Cobourg, et M. le baron de Vincent, envoyé d'Autriche.

« 1er octobre. — Tous les princes de la Confédération, qui continuaient à se rendre à Erfurth, furent admis au lever de S. M., et, chacun à leur tour, admis à la table de LL. MM. M. le baron de Vincent eut une audience de l'Empereur; elle dura quatre heures et demie. Le maréchal duc de Montebello dîna avec LL. MM., qui se rendirent après dîner au théâtre, où *Zaïre* fut représentée.

« 2. — L'Empereur Napoléon reçut pendant son déjeuner M. de Gœthe. Après leur dîner, LL. MM. allèrent au théâtre voir représenter *Mithridate*.

« 3. — LL. MM. montèrent à cheval à trois heures. Après midi, ils furent voir manœuvrer le 1er régiment de hussards. Le soir, *OEdipe* fut représenté devant elles. Dans la première scène d'*OEdipe*, *Philoctète* dit à *Dimas*, son ami et son confident:

L'amitié d'un grand homme est un bienfait des dieux.

A ce vers, l'on vit l'empereur Alexandre se tourner vers Napoléon, et lui présenter la main avec toute la grâce possible, et

appelée à Erfurth : on y joua les puissantes œuvres de Racine et de Corneille ; quelquefois Voltaire eut les honneurs de la soirée. Talma se vantait d'une parole de l'Empereur souvent citée : « Je vous ferai jouer devant un parterre de rois. » En vérité il y avait dans ce propos une portée fatale et inouïe : un parterre de rois ! l'Empereur avait donc changé les rois en multitude ? dans quel degré d'abaissement n'avait-il pas entraîné ces royautés improvisées ? quel prestige leur restait, ainsi jetées au parterre dans la grande scène d'un congrès ? Les rois n'étaient pour lui qu'une foule humiliée, avec le sceptre en main et la couronne en tête devant sa statue impériale ; quel rayon brillait encore au front des monarques quand un acteur pouvait dire : « Des rois forment mon parterre ? » Toute distinction était donc effacée ! Si Napoléon releva le pouvoir matériel et lui donna l'énergie de la dictature, il abaissa le moral de la royauté ; des souverains il ne fit que ses préfets ; il les transforma en parterre devant des mimes.

Au reste, tout fut préparé et conduit avec une sorte d'habileté dans ces représentations ; Napoléon choisit ses pièces, les indiquant à Talma chaque matin à son lever : dans *Andromaque*, Hector fut le guerrier fougueux dont

---

ayant l'air de lui dire : *Je compte sur la vôtre*. Le roi de Wurtemberg arriva pendant le spectacle.

« 4. — L'Empereur Napoléon travailla avec ses ministres et reçut ensuite la régence du pays d'Erfurth. Le roi de Wurtemberg vint à midi faire sa visite à S. M., qui alla au-devant de lui, et le reconduisit ensuite jusqu'à la porte d'entrée du deuxième salon. L'Empereur donna le grand cordon de la Légion d'Honneur à M. le comte de Romanzoff. M. le duc de Montebello et M. le comte de Champagny furent autorisés par l'Empereur Napoléon à accepter et à porter le grand cordon de Saint-André de Russie. A quatre heures, les deux empereurs montèrent à cheval et allèrent passer en revue le 17e régiment d'infanterie légère, et lui firent exécuter plusieurs manœuvres. Les rois de Wurtemberg, de Saxe, etc., dînèrent avec LL. MM. (les rois et les princes souverains dînaient tous les jours avec les deux empereurs). Le soir, *Iphigénie en Aulide* fut représentée. Pendant le spectacle, le roi et la reine de Westphalie arrivèrent à Erfurth. L'empereur Napoléon fit différentes promotions soit dans les grades, soit dans la Légion

la crinière flottante apparaissait au loin, quand son javelot brillait sous les murs d'Ilion ; dans *Cinna*, Auguste pardonnait aux partis après la guerre civile ; dans *Britannicus*, ce furent les belles scènes de Néron, la médaille antique et romaine ; *Zaïre* montra Orosmane amoureux, et on l'était à Erfurth ; *Mithridate*, le fougueux roi qui menaça Rome, son ennemie implacable ; *OEdipe*, grande expression de la fatalité antique, divinité que l'Empereur salua toujours ; Hippolyte de *Phèdre* fut le fils sacrifié à l'amour jaloux d'une femme ; puis *Rodogune* du vieux Corneille ; *Mahomet*, qui fonda les institutions d'un peuple et conduisit les générations par le fanatisme, exemple oriental que plus d'une fois Napoléon invoqua pour exciter les dévouements des siens

A la représentation de tous ces drames, on faisait des allusions à l'Empereur, on y cherchait un sens, une explication politique, et l'on a cité souvent ce vers, auquel Alexandre applaudit : « L'amitié d'un grand homme est un bienfait des dieux. » On vit un geste incertain de l'empereur Alexandre, et comme on le savait un peu sourd, le soir on alla chez M. de Talleyrand pour savoir si le geste d'admiration était vrai. M. de Talleyrand répondit : « qu'il avait bien remarqué quelque chose ; il était allé

d'honneur au 1er régiment de hussards. M. de Juniac, son colonel, fut nommé chevalier de la Couronne de fer.

« 5. — Le roi de Bavière et le prince Primat arrivèrent dans la matinée et vinrent faire visite à l'empereur Napoléon, ainsi que le roi et la reine de Westphalie ; peu d'heures après, S. M. leur rendit leur visite. *Phèdre* fut représentée..La soirée se termina au palais de Russie, les deux empereurs restèrent seuls deux heures.

« 6. — LL. MM. ayant accepté l'invitation qui leur avait été faite par le duc régnant de Weimar, montèrent dans le même carrosse et partirent à midi. Elles arrivèrent à une heure dans la forêt d'Etiersburg où le duc de Weimar avait fait construire un pavillon de chasse élégamment décoré et divisé par des colonnes à jour en trois pièces ; celle du centre, plus élevée que les deux autres, fut réservée pour les souverains. L'arrivée des deux monarques fut annoncée par les fanfares des orchestres placés auprès de ces pavillons. Le duc de Weimar et le prince héréditaire son fils reçurent LL. MM. à la descente de leur carrosse. Elles trouvèrent à l'entrée du salon le roi de Bavière, le roi de Wurtemberg,

aux enquêtes pour s'informer dans quel sens le geste avait été fait; il ne paraissait pas douteux qu'Alexandre ne l'eût appliqué à Napoléon, » on mettait alors beaucoup d'importance à cimenter l'union des deux souverains! Ce qu'il faut remarquer dans ces représentations scéniques, ce fut l'ordre que Napoléon donna de jouer *la Mort de César;* était-ce pour constater que, sûr de son armée et de son Sénat, il pouvait tout affronter, le poignard des patriciens, les complots de ses gardes? était-ce un triste souvenir jeté à la face d'Alexandre, en mémoire des scènes du palais de Mikaëloff? on ne sait; tant il y a que Napoléon resta impassible à ces déclamations contre la tyrannie qui brillent dans *la Mort de César.* Seulement, quand le poignard atteignit le cœur du dictateur et qu'un voile fut jeté sur sa face, Napoléon prit du tabac avec une affectation d'indifférence; il se croyait donc bien fort contre la fortune! Talma mit une chaleur toute républicaine dans ce beau rôle; l'acteur chéri du Comité de salut public, l'ami de David, se retrouva tout entier lorsqu'il dit à la face des souverains : « Qu'il portait en son cœur la liberté gravée et les rois en horreur. » Et c'était devant un parterre royal qu'il jetait ces paroles de haine et de mépris!

Souvent des idées démocratiques prenaient Napoléon

le roi de Saxe, le prince Primat, le duc d'Oldenbourg, le prince Guillaume de Prusse, et les princes de Mecklembourg, qui s'y étaient rendus séparément. Les deux empereurs étaient accompagnés des grands officiers de leur maison. LL. MM., après avoir accepté quelques rafraîchissements, s'amusèrent à tirer de leur pavillon, pendant près de deux heures, sur des cerfs et sur des chevreuils, qui, resserrés dans des toiles, étaient obligés de passer à quelques pas d'elles. Il fut tué pendant ces deux heures cinquante-sept cerfs ou chevreuils.

LL. MM. se rendirent ensuite au palais de Weimar, où elles furent reçues par la duchesse régnante, suivie de toute sa cour. Après le dîner, LL. MM. allèrent au théâtre, où elles virent représenter la *Mort de César* par les comédiens du Théâtre-Français, qui avaient reçu l'ordre de se rendre à Weimar. Après le spectacle, LL. MM. retournèrent au palais du duc, et la soirée se termina par un bal, qui fut ouvert par l'empereur Alexandre et la reine de Westphalie. Pendant le bal, l'empereur Napoléon s'entretint longtemps avec M. Wieland et M. de

à l'âme; il se voyait entouré de tant de souverains abaissés que, plus d'une fois, il dut se souvenir de ces jours où, simple officier, il conservait sa fierté de commandement. On cita de lui un mot qui fit grand bruit dans le corps diplomatique; il était alors à table avec les rois; on discutait sur la bulle d'Or, cette charte pourprée qui datait du moyen âge de l'Allemagne; on en demandait l'époque précise, et le prince Primat en cita une inexacte, Napoléon le reprit, et, comme il avait une bonne mémoire des faits, il cita l'année précise de la bulle d'Or; on loua ce génie puissant qui, au milieu des grands intérêts, retenait une date comme un bénédictin érudit; et alors Napoléon, reprenant la parole avec une insouciance indicible, s'écria : *Quand j'étais sous-lieutenant!* A ce mot, qui rappelait la grandeur des uns et l'abaissement des autres, à ce souvenir du sous-lieutenant qui brisait comme la foudre tant de têtes de rois; à ce mot, toutes les bouches se turent, on attendit la fin de la phrase, et Napoléon, reprenant avec hardiesse, s'écria encore : « Quand j'avais l'honneur d'être sous-lieutenant en garnison à Grenoble, je demeurais à côté d'un libraire; je lus sa bibliothèque à plusieurs reprises, rien d'étonnant que les dates me soient restées, car j'en ai la mémoire. » Napoléon savait

---

Gœthe. LL. MM. se retirèrent à minuit dans leurs appartements.

« 7. — Après leur lever, LL. MM. firent une visite à la duchesse de Weimar. Les deux empereurs montèrent en carrosse à neuf heures et demie pour se rendre sur le *Mont-Napoléon*, près d'Iéna; ils déjeunèrent sous une tente que le duc de Weimar avait fait dresser sur la place même où l'empereur avait bivouaqué la veille de cette célèbre bataille. Un pavillon de mille pieds carrés et décoré des plans de la bataille d'Iéna était élevé sur le *Windknollen*, point le plus élevé du *Mont-Napoléon*. Ce fut sous ce pavillon que LL. MM. reçurent une députation de la ville et de l'université d'Iéna; l'empereur Napoléon fit distribuer beaucoup de gratifications aux habitants d'Iéna, et accorda 300,000 fr. pour réparer les désastres que la guerre avait causés. LL. MM. montèrent ensuite à cheval et parcoururent les positions que les deux armées avaient occupées la veille et le jour de la bataille d'Iéna, et se rendirent ensuite dans la plaine d'Apolda où une enceinte avait été préparée pour la chasse à tir. Les deux

la portée de ces mots : lorsqu'il commandait *la Mort de César*, il voulait dire à Alexandre et aux autres rois qu'il n'avait plus à craindre de Brutus; le parti républicain le suivait comme un esclave autour de son char, et quand il rappelait son grade de sous-lieutenant, c'est qu'il voulait montrer aux rois de l'Europe la prodigieuse carrière qu'il avait accomplie; enfant du peuple, il était leur égal, et il avait la droite même sur l'Empereur de Russie; il buvait à la même coupe, et se couvrait devant les monarques, qui l'écoutaient la tête nue et abaissée.

Spectacles, chasses féodales, fêtes et pompes, tels furent les passe-temps de la cour plénière d'Erfurth; comme partout, il y eut des légendes de femmes, et les actrices de la Comédie-Française furent privilégiées auprès des souverains. L'Empereur ne négligea rien pour distraire son hôte; il fut gai, spirituel comme toujours, quand il le voulait; il s'abandonna plus d'une fois à ses conversations fortes et antiques qui remuaient le monde. Le duc de Weimar lui donna le spectacle d'une chasse aux flambeaux dans les forêts qui environnent Iéna, Apolda et Auerstadt, glorieux souvenirs de ses armes. Les distractions se multiplièrent, car il fallait mener les plaisirs et les affaires en même temps, ainsi qu'aux époques de Louis XIV et de la gentilhommerie.

empereurs montèrent en voiture et revinrent à Erfurth vers les cinq heures du soir. Le grand-duc héréditaire de Bade et la princesse Stéphanie, son épouse, arrivèrent dans la soirée à Erfurth; il n'y eut point de représentation au théâtre, les acteurs ayant à peine eu le temps de revenir de Weimar.

« 8. — Le prince et la princesse de Bade firent les visites d'usage. L'Empereur Napoléon autorisa M. de Bausset, préfet du palais, à accepter et à porter la grande décoration de l'ordre royal du Mérite civil de Wurtemberg. LL. MM. montèrent à cheval à quatre heures et allèrent visiter la citadelle et les fortifications d'Erfurth. L'Empereur Napoléon fit plusieurs promotions dans le 6e régiment de cuirassiers. Le soir, *Rodogune* fut représentée. La duchesse d'Hildbourghausen arriva le soir, et le prince Guillaume de Prusse prit congé de LL. MM. La soirée se termina au palais de Russie, comme de coutume.

« 9. — LL. MM. restèrent séparément dans leurs palais jusqu'à trois heures, elles montèrent alors à cheval et allèrent voir

Les affaires en effet étaient le but de l'entrevue des deux souverains, et rien de neuf ne fut dit à Erfurth qui ne l'eût été déjà à Tilsitt. Il ne s'agissait plus que de savoir si l'exécution avait été conforme aux bases des traités conclus sur le Niémen. Tout était dit pour la Finlande, au pouvoir des troupes russes, c'était un événement accompli : Abo, la ville des glaces, saluait l'aigle russe; sa domination était assurée sur ces contrées. Alexandre demanda que la France ne se mêlât en aucune façon de la question polonaise, si éloignée de ses intérêts : le duché de Varsovie seul faisait partie de la Saxe, une route militaire en assurait les communications; on ne prenait rien de la Gallicie. Quant à la Moldavie et à la Valachie, Napoléon admettait l'occupation russe; le traité de Tilsitt était ici modifié. Il fut convenu pour l'Allemagne que l'armée française cesserait de l'occuper; on s'inquiétait à Saint-Pétersbourg de voir les avant-postes français sur le Niémen, et Napoléon les retirait. Les desseins d'Alexandre étant accomplis, il ne dissimula pas à son noble allié sa situation embarrassée à l'égard de sa famille, vif obstacle à l'intimité des alliances, et, sous le prétexte de satisfaire la Russie inquiète, le Czar demanda de nouvelles concessions : « Croyez-le bien, dit-il, pour que je puisse me dire votre ami longtemps, il faut

manœuvrer le 6ᵉ régiment de cuirassiers. Après le dîner, le roi et la reine de Westphalie et le prince Primat prirent congé de LL. MM. pour retourner dans leurs états. On représenta la tragédie de *Mahomet*. Après le spectacle, les deux empereurs eurent un entretien au palais de Russie qui dura trois heures.

« 10. — M. de Bigi, commandant d'armes de la place d'Erfurth, fut décoré de la croix de la Légion d'Honneur. *Rhadamiste* fut donnée au théâtre. La soirée finit au palais de Russie.

« 11. — Le prince héréditaire de Hesse-Hombourg et le prince de Waldek arrivèrent à Erfurth. A quatre heures, LL. MM. se promenèrent à cheval et firent le tour de la ville, elles rentrèrent ensemble au palais Napoléon. L'Empereur Napoléon envoya deux beaux nécessaires en vermeil à l'empereur Alexandre. Les comédiens représentèrent le *Cid* devant LL. MM., qui ne se séparèrent qu'à une heure après minuit.

« 12. — Par un décret de ce jour, l'Empereur accorda la Légion d'Honneur à MM. de Gœthe, Wieland, Stark, médecin-

que je prouve que l'intérêt de la Russie le demande. » Napoléon sourit, et accorda ce que le Czar exigeait. Toujours préoccupé de son idée de refouler les Turcs en Asie, il ne dissimula pas que l'empire de Constantinople appartiendrait à la Russie tôt ou tard ; quant à la France, par Raguse, elle s'étendrait vers la Macédoine et l'Épire, et on serait ainsi frontière sans intermédiaires. En échange, Alexandre reconnaissait tous les faits accomplis au Midi, et, par conséquent, les événements de Bayonne, les transactions qui en étaient la suite, et l'avénement de Joseph Bonaparte à la couronne d'Espagne. « Vous avez, dit Napoléon à Alexandre, votre système fédératif au Nord, vous gouvernez mille peuples divers ; moi, je vous demande le même système fédératif pour le Midi. La Prusse et l'Autriche nous servent d'intermédiaires ; Dieu sait si elles dureront longtemps ; il faut qu'elles entrent dans l'un des deux systèmes qui, par la suite, gouverneront le monde, l'Orient et l'Occident : aujourd'hui, tout tend à se centraliser, nous en revenons aux formidables empires de l'antiquité. » Alexandre entrait parfaitement dans toutes ces idées, que la belle imagination de l'Empereur colorait en artiste, et il serrait la main à celui qui était l'objet de son juste enthousiasme et de son culte depuis Tilsitt.

---

major à Iéna, et Wogel, bourgmestre d'Iéna. Le soir, *Manlius* fut représenté ; la soirée au palais de Russie se prolongea jusqu'à minuit trois quarts.

« 13. — L'Empereur reçut dans son cabinet les lettres de recréance que lui présenta M. le comte de Tolstoy, ambassadeur de Russie, rappelé de ce poste pour être employé à l'armée. Au sortir de l'audience, il reçut la grande décoration de la Légion d'Honneur. Les ordres pour le prochain départ de LL. MM. furent donnés. De riches et magnifiques présents furent distribués de la part des deux empereurs, aux ministres, grands officiers et officiers de leur suite. L'empereur Alexandre fit remettre de très beaux présents à tous les comédiens ordinaires du Théâtre-Français. Le duc de Vicence reçut le grand cordon de l'ordre de Saint-André, et les princes de Neufchâtel et de Bénévent la plaque de cet ordre en diamants. L'Empereur Napoléon fit présent au comte de Tolstoy, grand-maréchal du palais, des belles tentures des Gobelins et des porcelaines de Sèvres qui avaient été envoyées à Erfurth par le garde-meuble de la cou-

L'Autriche et la Prusse, presque toujours le sujet des conversations intimes d'Alexandre et de Napoléon, n'avaient pas vu sans quelque sollicitude la réunion des deux grands souverains à Erfurth ; elles redoutaient le sort des États intermédiaires. La Prusse savait bien qu'elle avait un protecteur dans l'empereur Alexandre, ami sincère et fidèle ; mais en politique, il ne faut pas trop se fier à ces amitiés quand elles heurtent les intérêts ; la cause de la Prusse pouvait être abandonnée par la Russie. Toutefois, sous l'influence d'Alexandre, le malheureux descendant de Frédéric avait conclu un traité pour l'évacuation de ses États ; les conditions en étaient bien dures ; Napoléon abandonnait enfin le gouvernement de la Prusse à son roi, gardant comme dépôt les trois grandes places, jusqu'à ce que la contribution de guerre fût acquittée ; et pour contenir l'armée prussienne, on la réduisait à un effectif de 40,000 hommes. Ce traité, si abaissé, rendait une sorte d'indépendance à la Prusse, le peuple n'aurait plus à sa face l'armée française : le roi et la malheureuse reine avaient vu l'empereur Alexandre à Saint-Pétersbourg et à Kœnigsberg pour solliciter de nouveau son appui auprès de Napoléon ; ils refusèrent avec un sentiment de dignité remarquable de se rendre à Erfurth ; la reine,

ronne. *Bajazet* fut la dernière tragédie représentée devant LL. MM., qui se retirèrent ensuite au palais de Russie, où elles restèrent ensemble jusqu'à une heure du matin.

« 14. — L'Empereur Napoléon, après son lever, donna audience à M. le baron de Vincent, et lui remit une lettre en réponse à celle de l'empereur d'Autriche. A onze heures., l'empereur Alexandre se rendit chez S. M. qui le reçut et le reconduisit avec toutes les cérémonies observées jusqu'à ce jour. Le grand-duc Constantin, en prenant congé de l'Empereur Napoléon, reçut de lui une épée dont la poignée en or était d'un travail admirable. S. M. se rendit avec toute sa suite au palais de Russie. Les deux souverains montèrent en voiture, et se séparèrent au même endroit où avait eu lieu leur première entrevue sur la route de Weimar, après s'être embrassés. L'empereur Alexandre resta deux jours à Weimar, et retourna dans ses états accompagné par le duc de Vicence. L'Empereur Napoléon partit le même jour, voyagea incognito, et arriva à Saint-Cloud le 18 octobre. »

trop profondément humiliée, ne voulait pas subir, pour la seconde fois, les sarcasmes et les refus moqueurs de Napoléon; la raillerie l'aurait tuée; Alexandre les comprit bien. Le cabinet prussien se contenta d'envoyer à Erfurth le baron de Goltz pour suivre le dernier mot des conférences secrètes à l'égard de la maison de Brandebourg.

L'Autriche, qui se trouvait dans des rapports un peu froids avec Napoléon, envoya néanmoins à Erfurth le général baron de Vincent, diplomate distingué, déjà présent à l'entrevue des empereurs à Tilsitt. Le général de Vincent, personnellement estimé de l'Empereur Napoléon, devait examiner de près ce qui serait discuté à Erfurth, dans l'entrevue des deux souverains. Le comte de Metternich avait demandé à venir offrir ses hommages aux deux monarques; on craignit sa perspicacité; et les études spéciales qu'il avait faites sur la politique de Napoléon lui donnaient une grande supériorité pour pénétrer des secrets qu'on voulait dérober. Le baron de Vincent arriva avec une lettre autographe de l'empereur d'Autriche[1] loyalement écrite et ne permettant pas de soupçonner le désir d'une rupture, au moins

---

[1] Les lettres de cabinet échangées entre l'empereur François II et Napoléon sont fort curieuses, les voici :
Lettre de l'empereur d'Autriche à l'empereur Napoléon.
Presbourg, 18 septembre 1808.
« Monsieur mon frère, mon ambassadeur à Paris m'apprend que V. M. I. et R. se rend à Erfurth, où elle se rencontrera avec l'empereur Alexandre. Je saisis avec empressement l'occasion qui la rapproche de ma frontière, pour lui renouveler le témoignage de l'amitié et de la haute estime que je lui ai vouée, et j'envoie auprès d'elle mon lieutenant-général le baron de Vincent, pour vous porter, monsieur mon frère, l'assurance de mes sentiments invariables. Je me flatte que Votre Majesté n'a n'a jamais cessé d'en être convaincue, et que si de fausses représentations qu'on avait répandues sur des institutions intérieures organiques que j'ai établies dans ma monarchie, lui ont laissé pendant un moment des doutes sur la persévérance de mes intentions, les explications que le comte de Metternich a présentées à ce sujet à son ministre, les auront entièrement dissipés. Le baron de Vincent se trouve à même de confirmer à Votre Majesté ces détails, et d'y ajouter tous les éclaircissements qu'elle pourra désirer; je la prie de lui accorder la même bienveillance avec laquelle elle a bien voulu le recevoir à Paris et à Varsovie. Les nouvelles marques

immédiate. François II prenait l'occasion de l'entrevue d'Erfurth pour envoyer le baron de Vincent, afin de complimenter son auguste allié : « de fausses interprétations seules avaient pu faire douter des intentions pacifiques de l'Autriche ; les levées d'hommes dans la monarchie étaient entièrement justifiées par les explications que le comte de Metternich avait données à Paris, et que le baron de Vincent devait confirmer à Erfurth ; la paix était le désir, le vœu ardent de François II. »

Napoléon fit attendre quelques jours la réponse à cette lettre ; il jeta des phrases un peu dures, des avis peu convenables : « il ne soupçonnait pas les intentions droites de François II ; il lui rappelait que lui, Napoléon, avait été le maître de démembrer la monarchie autrichienne ; ce qu'elle était, elle le devait à sa volonté, à sa munificence ; les comptes étaient soldés. A son tour, François II devait éviter toute démarche qui pourrait compromettre la paix. L'intention de l'Empereur était de retirer l'armée française d'Allemagne ; 100,000 hommes allaient à Boulogne pour renouveler ses projets de descente en Angleterre, il se consacrerait désormais à

qu'elle lui en donnera me seront un gage non équivoque de l'entière réciprocité de ses sentiments, et elles mettront le sceau à cette entière confiance qui ne laissera rien à ajouter à la satisfaction mutuelle.

« Veuillez agréer l'assurance de l'inaltérable attachement, et de la haute considération avec laquelle je suis,

« Monsieur mon frère,

« De Votre Majesté Impériale et Royale

« Le bon frère et ami. »

François.

Réponse de l'empereur Napoléon à l'empereur d'Autriche.

Erfurth, le 14 octobre 1808.

« Monsieur mon frère, je remercie V. M. I. et R. de la lettre qu'elle a bien voulu m'écrire et que M. le baron de Vincent m'a remise. Je n'ai jamais douté des intentions droites de V. M., mais je n'en ai pas moins craint un moment de voir les hostilités se renouveler entre nous. Il est à Vienne une faction qui affecte la peur pour précipiter votre cabinet dans des mesures violentes qui seraient l'origine de malheurs plus grands que ceux qui ont précédé. J'ai été le maître de démembrer la monarchie de V. M., ou du moins de la laisser moins puissante. Je ne l'ai pas voulu. Ce qu'elle est, elle l'est de mon vœu. C'est la plus évidente preuve que nos comptes sont soldés, et que je ne veux rien d'elle. Je suis toujours prêt à garantir l'intégrité de sa monarchie. Je ne ferai jamais rien contre les

la guerre maritime; ainsi toute inquiétude devait cesser à Vienne; si on avait quelques explications à demander, Napoléon serait toujours empressé de les donner, afin que nulle difficulté ne troublât l'harmonie des deux grands peuples. »

On dut remarquer dans cette lettre un ton de protection et de supériorité qui montrait à l'Autriche qu'elle n'était plus qu'une puissance de second ordre, destinée à entrer tôt ou tard dans la Confédération germanique; la Prusse, et l'Autriche, exceptions momentanées aux grands desseins de Napoléon, rentreraient dans le système fédératif. Le baron de Vincent remarqua la manière gracieuse dont il fut reçu par Alexandre, et la différence de forme entre le Czar et Bonaparte; il ne sortit de la bouche d'Alexandre ni paroles amères ni sentiments de récriminations contre François II; il eut même un extérieur d'abandon sympathique qui ne permit plus de douter du bon vouloir de l'empereur de Russie pour protéger les États allemands contre les exigences trop impératives de l'Empereur des Français. Napoléon avait voulu séparer l'Autriche, la Prusse et la

principaux intérêts de ses États. Mais Votre Majesté ne doit pas remettre en discussion ce que quinze ans de guerre ont terminé. Elle doit défendre toute proclamation ou démarche provoquant la guerre. La dernière levée en masse aurait produit la guerre si j'avais pu craindre que cette levée et ces préparatifs fussent combinés avec la Russie. Je viens de licencier les camps de la Confédération. 100,000 hommes de mes troupes vont à Boulogne pour renouveler mes projets sur l'Angleterre. Que Votre Majesté s'abstienne de tout armement qui puisse me donner de l'inquiétude et faire une diversion en faveur de l'Angleterre. J'ai dû croire, lorsque j'ai eu le bonheur de voir Votre Majesté, et que j'ai conclu le traité de Presbourg, que nos affaires étaient terminées pour toujours, et que je pourrais me livrer à la guerre maritime sans être inquiété ni distrait. Que Votre Majesté se méfie de ceux qui, lui parlant des dangers de sa monarchie, troublent ainsi son bonheur, celui de sa famille et de ses peuples. Ceux-là seuls sont dangereux; ceux-là seuls appellent les dangers qu'ils feignent de craindre. Avec une conduite franche, droite et simple, Votre Majesté rendra ses peuples heureux, jouira elle-même du bonheur dont elle doit sentir le besoin après tant de troubles, et sera sûre d'avoir en moi un homme décidé à ne jamais rien faire contre ses principaux intérêts. Ses démarches montrent de la con-

Russie, pour briser la coalition; et cette coalition se reformait par le sentiment moral. L'alliance entre la France et la Russie, tout instantanée, n'était sympathique ni d'intérêt, ni de personnes; Alexandre faisait des concessions parce qu'il avait besoin d'un moyen de réaliser ses projets; mais, en dehors de cette pensée matérielle, il savait trop bien l'opinion réelle de la noblesse russe pour jamais se jeter complétement dans les bras de Napoléon.

Dans tous les témoignages extérieurs, l'alliance paraissait intime, et ce fut à Erfurth qu'on résolut de faire une démarche simultanée auprès de l'Angleterre pour l'amener à traiter de la paix sur des bases une fois admises. Napoléon aimait à donner ce gage à la France; il tenait à constater, en mettant sa signature auprès de celle du Czar dans une lettre commune : « qu'ils marchaient dans la plus ferme alliance, que rien ne pourrait les en séparer. » Par là il espérait que les cours d'Allemagne prendraient le change sur le véritable esprit de l'alliance russe et française, et que, voyant les deux

fiance, elles en inspireront. La meilleure politique aujourd'hui c'est la simplicité et la vérité. Qu'elle me confie ses inquiétudes, lorsqu'on parviendra à lui en donner, je les dissiperai sur le champ. Que Votre Majesté me permette un dernier mot, qu'elle écoute son opinion, son sentiment, il est bien supérieur à celui de ses conseils.

« Je prie Votre Majesté de lire ma lettre dans un bon sens, et de n'y voir rien qui ne soit pour le bien et la tranquillité de l'Europe et de Votre Majesté. » Napoléon.

Après avoir reçu la lettre de l'empereur d'Autriche, Napoléon écrivit aux rois de Bavière, de Saxe, de Westphalie, de Wurtemberg, au grand-duc de Bade et au prince Primat pour contremander les armements.

Erfurth, le 12 octobre 1808.

« Monsieur mon frère, les assurances données par la cour de Vienne que les milices étaient renvoyées chez elles, et ne seraient plus rassemblées, qu'aucun armement ne donnerait plus d'inquiétude pour les frontières de la Confédération, la lettre ci-jointe que je reçois de l'empereur d'Autriche, les protestations réitérées que m'a faites M. le baron de Vincent, et plus que cela, le commencement de l'exécution qui a déjà lieu en ce moment en Autriche de différentes promesses qui ont été faites, me portent à écrire à Votre Majesté que je crois que la tranquillité des États de la Confédération n'est d'aucune manière menacée, et que Votre Majesté est maîtresse de lever ses camps et de remettre ses troupes dans leurs quartiers de la manière qu'elle est accoutumée de le faire. Je pense qu'il est convenable que son ministre à Vienne re-

empires si parfaitement unis, nul ne tenterait de se soustraire à sa diplomatie, même au cas d'une guerre méridionale. La lettre adressée au roi d'Angleterre exposait les bases sur lesquelles l'alliance était posée à Erfurth. On demandait « un traité dans lequel toutes les questions générales seraient résolues ; il fallait faire cesser l'état d'agitation des peuples et des cabinets ; la paix était dans l'intérêt des nations ; les deux empereurs invitaient donc le roi de la Grande-Bretagne à écouter la voix de l'humanité pour faire cesser les maux de la guerre en Europe[1]. »

Cette lettre fort vague, et qui fut signée par Alexandre parce qu'elle ne précisait aucun fait, est digne d'attention ; elle ne fut qu'une forme ; le Czar eût refusé toute manifestation plus précise. Il est même constant qu'à cette époque, sous prétexte de régler quelques articles sur la flotte de l'amiral Siniavin, un officier russe fort distingué fut chargé de se rendre à Londres pour expliquer le sens de l'alliance d'Erfurth, et encourager l'Angleterre dans sa lutte. La Russie, donnait aux conventions conclues avec Napoléon, un sens limité pour le temps et l'espace ; elle déclarait confidentiellement : « que l'Angleterre, pas plus que les peuples du conti-

---

çoive pour instruction de tenir ce langage : que les camps seront réformés, et que les troupes de la Confédération et du protecteur seront remises en situation hostile toutes les fois que l'Autriche ferait des armements extraordinaires et inusités, que nous voulons enfin tranquillité et sûreté.

« Sur ce, etc. »
Napoléon.

[1] *Lettre de Napoléon et d'Alexandre au roi d'Angleterre.*
Erfurth, le 12 octobre 1808.

« Sire, les circonstances actuelles de l'Europe nous ont réunis à Erfurth. Notre première pensée est de céder aux vœux et aux besoins de tous les peuples, et de chercher, par une prompte pacification avec V. M., ce remède le plus efficace aux malheurs qui pèsent sur toutes les nations. Nous en faisons connaître notre sincère désir à V. M. par cette présente lettre. La guerre longue et sanglante qui a déchiré le continent est terminée sans qu'elle puisse se renouveler. Beaucoup de changements ont eu lieu en Europe, beaucoup d'États ont été bouleversés. La cause en est dans l'état d'agitation et de malheurs où la cessation du commerce maritime a placé les grands peuples. De plus grands changements encore peuvent avoir lieu, et tous

nent, n'aurait à redouter les conséquences d'un tel rapprochement ; il était pour la paix, et ne serait jamais pour la guerre : espérance et patience furent les deux mots jetés en l'Europe. Les rois et les grandes aristocraties étaient en parfaite intelligence ; le temps viendrait d'une nouvelle coalition : il suffisait de l'attendre [1] ; le concours des peuples opprimés par le système de conquête ne manquerait pas.

Les dernières journées d'Erfurth furent employées aux fêtes, aux pompes du royal congrès. Napoléon se montra beaucoup à son armée et au peuple ; il voulait laisser en Allemagne une empreinte de sa grandeur ; il désirait que les hommes éminents vinssent à lui. Deux littératures brillaient alors en Germanie : l'une qui remuait les peuples avec les idées de Schiller, de Stein, d'Ardnt, de Gentz ; l'autre, grande aussi, mais sans indépendance, représentée par Gœthe et Wieland. Dans Wieland dominait le vieillard avide de repos voulant finir paisiblement sa carrière ; il craignait le mouvement de la guerre ; il avait à préserver sa douce vie à Weimar, à Erfurth, à l'abri de toute agitation. Wieland sollicita l'honneur d'être présenté à Napoléon, l'oppresseur gi-

---

contraires à la politique de la nation anglaise : la paix est donc à la fois dans l'intérêt des peuples du continent, comme dans l'intérêt des peuples de la Grande-Bretagne. Nous nous réunissons pour prier V. M. d'écouter la voix de l'humanité, en faisant taire celle des passions ; de chercher, avec l'intention d'y parvenir, à concilier tous les intérêts, et par là à garantir toutes les puissances qui existent, et assurer le bonheur de l'Europe et de cette génération à la tête de laquelle la Providence nous a placés. »
Napoléon, Alexandre.

[1] « Un officier, littérateur célèbre, fut employé par Alexandre ou par ceux que l'on pouvait penser être ses plus intimes conseillers, à communiquer au ministère anglais l'expression de la secrète satisfaction qu'éprouvait cet empereur de l'habileté qu'avait déployée la Grande-Bretagne en devançant et prévenant les projets de la France, par son attaque contre Copenhague. Les ministres anglais furent invités par le même officier à communiquer franchement avec le Czar, comme avec un prince qui, bien qu'obligé de céder aux circonstances, n'en était pas moins attaché plus que jamais à la cause de l'indépendance européenne. »

gantesque de sa patrie : on se rencontra chez la duchesse de Weimar [1]. L'Empereur, grand et habile, fut simple, parce qu'il avait à parler à un homme simple lui-même ; il ne dit qu'une phrase significative : discutant de haut le caractère de César, il ne vit en lui qu'une faute : « lorsqu'il apprit que ses ennemis voulaient le frapper, il devait les prévenir en les frappant eux-mêmes. » On parla de Racine, de Corneille, des Romains et des Grecs; pas un mot de politique, de vagues compliments, mais rien pour la patrie allemande, rien qui pût rehausser le cœur ; Napoléon combla Wieland de politesses et lui donna l'étoile de la Légion d'Honneur : c'était une prime accordée à son silence, une sorte de manière de demander un éloge, et Wieland n'y manqua pas.

Gœthe, également vieillard, représentait la génération qui s'en allait au sépulcre ; expressions du siècle de l'Allemagne paisible, lui et Wieland étaient en arrière de cette effervescence qui agitait les peuples au nom de *Teutonia* et de *Germania*. Gœthe bornait son rôle de poëte à remuer les vieux temps de l'Allemagne féodale ; il demandait la paix, le repos; son égoïsme sen-

---

[1] Voici ce que Wieland rapporte de son entrevue avec Napoléon :

« J'étais à peine depuis quelques minutes dans la salle, que Napoléon la traversa pour venir à nous; la duchesse me présenta à lui avec le cérémonial accoutumé : il m'adressa quelques éloges d'un ton affable et en me regardant fixement. Bien peu d'hommes m'ont paru, comme lui, posséder le don de lire au premier coup d'œil dans la pensée d'un autre homme. Il devina à l'instant que, malgré ma célébrité, j'étais simple dans mes manières et sans prétentions ; et comme il paraissait vouloir faire sur moi une impression favorable, il avait pris, dès en m'abordant, le ton le plus propre à atteindre son but. Je n'ai jamais vu d'homme plus calme, plus simple, plus doux et moins prétentieux en apparence ; rien en lui n'indiquait le sentiment de la puissance d'un grand monarque ; il me parla comme une ancienne connaissance parlerait à son égal, et ce qui est plus extraordinaire de sa part, il causa exclusivement avec moi pendant une heure et demie, à la grande surprise de toute l'assemblée. Enfin, vers minuit, je commençai à sentir qu'il était inconvenant de le tenir aussi longtemps, et je pris la liberté de demander à Sa Majesté la permission de me retirer. « Allez donc, me dit-il d'un ton amical, bonsoir. »

« Voici les traits les plus remarquables de notre conversation : la tragédie qu'on

sualiste lui eût fait tout sacrifier, et chantre des temps passés, les humiliations de la patrie le touchaient peu ; pourvu qu'on lui laissât ses opulents vergers, le pied de l'étranger pouvait souiller les cités et les peuples ; il ne fit ni ballades ni chants nationaux, achevant sa vie paisible dans les études des sciences et dans la pratique des affaires d'état ; il eut aussi la Légion d'Honneur, tandis que les écrivains de l'Allemagne étaient proscrits et exilés.

Bientôt tout fut paisible à Erfurth, les souverains se séparèrent avec des témoignages d'amitié plus ou moins réels ; un peu d'inquiétude assombrit plus d'une fois le front des deux empereurs, leur position était gênante ; ils se quittèrent avec plaisir; ils en avaient assez d'une situation souvent embarrassée, et même Napoléon ne put s'empêcher d'exprimer ses craintes dans ses intimités avec le général Savary : pouvait-il compter sur l'alliance russe ? Le comte de Romanzoff dut suivre à Paris les négociations simultanées qu'on engageait vis à vis de l'Angleterre ; partisan du système français, il fut comblé de politesses ; l'Empereur meubla richement son hôtel, lui donna des laquais ; il ajouta même aux poli-

---

venait de représenter nous ayant amenés à parler de Jules César, Napoléon dit que c'était un des plus grands hommes de l'histoire. « Et il en eût été en effet le plus grand, ajouta-t-il, sans la sottise qu'il commit. » J'allais lui demander de quelle faute il voulait parler, lorsque paraissant lire ma question dans mes yeux, il continua : « César connaissant les hommes qui voulaient se débarrasser de lui, il aurait dû se débarrasser d'eux d'abord. » Si Napoléon eût pu voir ce qui se passait alors dans mon âme, il y aurait lu qu'on ne l'accuserait jamais d'une pareille sottise.

« De César, la conversation tourna sur les Romains ; il loua avec chaleur leur système politique et militaire. Les Grecs, au contraire, ne paraissaient pas jouir de son estime. « Les éternels démêlés de leurs petites républiques, dit-il, n'étaient pas propres à donner naissance à rien de grand ; au lieu que les Romains se sont toujours attachés à de grandes choses, et c'est ainsi qu'ils ont créé ce colosse qui traversa le monde. » Je plaidai en faveur des arts et de la littérature des Grecs ; il les traita avec mépris, et dit qu'ils ne servaient chez eux qu'à alimenter les dissensions. Il préférait Ossian à Homère. Il n'aimait que la poésie sublime, les écrivains pathétiques et vigoureux, et par-dessus tout les poëtes tragiques. Il parlait de l'Arioste dans les mêmes termes que le cardinal Hippolyte d'Este, ignorant sans doute

tesses dont il avait accablé le comte de Tolstoy : c'était de l'engouement, et le comte de Romanzoff s'en trouva flatté ; il l'avoue dans la correspondance avec sa cour.

Les légations russe et française attendaient la réponse de l'Angleterre ; elle vint non point dans une lettre de souverain à souverain, mais dans une note officielle et politique de M. Canning [1]. Le roi y déclarait, par l'organe constitutionnel et responsable de ses ministres : « que désirant la paix autant que la France et la Russie, il était prêt à entrer dans une négociation sérieuse ; si le continent était troublé, ce n'était pas la faute de l'Angleterre ; elle avait fait tout son possible pour l'empêcher. » Le cabinet ne dissimula pas que parmi les puissances que la France avait tourmentées par son incessante ambition, il s'en trouvait quelques-unes désormais dans le système de l'alliance anglaise, et qu'elle ne pouvait abandonner : telles étaient l'Espagne, le Portugal et la Sicile. M. Canning concluait qu'aucunes bases ne seraient admises par l'Angleterre dans un traité définitif, avant de reconnaître d'abord qu'à l'égard de l'Espagne, il s'agissait de traiter non point avec Joseph

---

que c'était me donner un soufflet. Il semblait n'avoir aucun goût pour tout ce qui est gai, et malgré l'aménité flatteuse de ses manières, une observation me frappa souvent, il paraissait de bronze. « Cependant Napoléon m'avait mis tellement à l'aise, que je lui demandai comment il se faisait que le culte public, qu'il avait restauré en France, ne fût pas devenu plus philosophique, et plus en harmonie avec l'esprit du temps. « Mon cher Wieland, me répondit-il, la religion n'est pas faite pour les philosophes, ils ne croient ni en moi ni en mes prêtres ; quant à ceux qui croient, on ne saurait leur donner ou leur laisser trop de merveilles. Si je devais faire une religion pour les philosophes, elle serait tout opposée à celle des gens crédules. » La conversation continua ainsi pendant quelque temps, et Napoléon poussa le scepticisme au point de douter que Jésus-Christ eût jamais existé. Le scepticisme n'est que trop ordinaire, et je n'y trouvai rien d'étonnant, si ce n'est la franchise avec laquelle il s'exprimait. »

[1] *Note diplomatique de M. Canning.*

« Le roi a constamment déclaré qu'il désirait la paix, et qu'il était prêt à entrer en négociation pour une paix générale... Si l'état du continent est un état d'agitation et de misère, si plusieurs États ont été renversés, si d'autres encore sont menacés de l'être, c'est une consolation pour le roi de penser qu'aucune partie de ces convul-

Bonaparte, mais avec Ferdinand VII. Cette note si ferme était inspirée par la position de M. Canning, puis encore par les communications confidentielles de la Russie qui ne cessaient de répéter : « qu'on n'eût point à s'inquiéter de l'alliance de l'empereur Alexandre avec Napoléon. »

Ainsi les conférences d'Erfurth n'avaient rien posé de définitif; on restait dans les mêmes termes qu'aux époques antérieures. M. de Caulaincourt continua son ambassade à Saint-Pétersbourg, comblé de politesses, sans avoir jamais la confiance du cabinet russe; les épanchements ne furent pas pour lui ; comme sa position personnelle était toujours embarrassée, on l'exploita avec habileté; on en abusa même; tandis que l'empereur Alexandre députait à Paris le prince Kourakin, un des partisans de l'alliance française, diplomate seulement fastueux. Le Czar se réservait de conduire la diplomatie active par ses propres aides-de-camp, qui bientôt inondèrent Paris, livré aux fêtes par le retour de son souverain.

sions qu'on a déjà éprouvées ou dont on est menacé pour l'avenir, ne peut en aucun point lui être imputée. En s'engageant dans la guerre actuelle, Sa Majesté a eu pour objet immédiat la sûreté nationale... Mais, dans le cours d'une guerre commencée pour sa propre défense, de nouvelles obligations ont été imposées à Sa Majesté en faveur des puissances que les agressions d'un ennemi commun ont forcées de faire cause commune avec elle, ou qui ont sollicité l'assistance et l'appui de Sa Majesté pour le recouvrement de l'indépendance nationale. Les intérêts de la couronne de Portugal, et ceux de S. M. Sicilienne sont confiés à l'amitié du roi. Sa Majesté tient au roi de Suède par les liens de la plus étroite alliance, et par des stipulations qui unissent leurs conseils pour la paix comme pour la guerre. S. M. n'est encore liée à l'Espagne par aucun acte formel; mais elle a contracté avec cette nation des engagements non moins sacrés, et qui, dans l'opinion de S. M., la lient autant que les traités les plus solennels. Sa Majesté suppose donc qu'en lui proposant des négociations pour la paix générale, ces relations subsistant entre elle et la monarchie espagnole ont été clairement prises en considération, et qu'on a entendu que le gouvernement agissant au nom de Ferdinand VII serait partie dans les négociations dans lesquelles Sa Majesté est invitée à entrer. — Canning.

CHAPITRE XIII.

CAMPAGNE DE NAPOLÉON EN ESPAGNE.

Energie de l'insurrection espagnole. — Prise d'armes populaire. — Les juntes. — Les armées. — Corps de Blacke. — Castaños. — Les Aragonais de Palafox. — Les Catalans. — Armée anglaise en Espagne. — Moore et Baird. — Situation de l'armée de Joseph sur l'Èbre. — Le siége de Saragosse. — Napoléon à Paris. — Proclamations et menaces contre l'Espagne et l'Angleterre. — Levées d'hommes. — Conscription. — Entrée en campagne. — Plan de Napoléon. — Combat d'Espinosa. — Le maréchal Victor. — Combat de Tudela. — Lannes. — Les défilés de Somo-Sierra. — Marche sur Madrid. — Le peuple. — Capitulation. — Napoléon à Chanmartin. — Lugubre impression qu'il éprouve dans cette campagne. — Ses craintes. — Il marche au milieu de sa garde. — Passage de la Sierra de Guadarrania. — Mouvement offensif contre les Anglais. — Marche sur la Corogne. — Le maréchal Soult. — Embarquement des Anglais. — Tristesse de Napoléon. — Son départ précipité.

Août 1808 à Février 1809.

Baylen et Cintra, triste mémoire pour les armées françaises! fatal souvenir des Fourches-Caudines! Ces capitulations excitèrent au plus haut point l'insurrection espagnole. On s'imagine facilement l'énergie d'un peuple alors qu'il a vaincu les troupes régulières; sa fierté se rehausse de tout l'abaissement de ses oppresseurs : « enfin on avait dompté ces fiers hommes qui voulaient dominer la patrie! » Le caractère espagnol est essentiellement vaniteux; chaque paysan dans son individualisme se croit une race à part, un peuple privilégié, avec sa valeur d'origine, son hérédité pompeuse; c'est en Espagne que l'homme a le sentiment de lui-même, sa fierté fanfaronne s'exprime dans sa parole et dans ses gestes. Qu'on se représente donc ce peuple tout entier levé aux vives impressions d'une victoire récente: jamais rien de semblable ne s'était produit en histoire; au premier signal toute la nation fut en armes; deux mois s'étaient à peine écoulés depuis la captivité de Fernand VII, et les juntes purent disposer d'une force de 180,000 hommes; les armes et les munitions manquèrent, les hommes jamais; les proclamations des juntes vinrent parler de la patrie et du seigneur captif de l'étranger.

Au milieu d'une insurrection tumultueuse, les armées régulières durent néanmoins se former; à mesure que l'incendie se propageait sur toutes les Espagnes, des troupes d'hommes prenaient les armes au bruit des prédications patriotiques, et s'organisaient en *guérillas*, d'après le conseil de Dumouriez; ces troupes étaient excellentes pour couper les renforts et empêcher toute communication. A côté de ces auxiliaires hardis [1], trois corps d'armée furent formés : le premier sous les ordres du général Blacke, officier irlandais au service d'Espagne, excellent sujet de l'école de Séville, d'une certaine énergie de caractère, mais comprenant mal la portée du mouvement qu'il soutenait. Blacke devait opérer sur

---

[1] L'exagération des rapports espagnols rend difficile la juste appréciation de leur développement militaire. Ils portent leur armée, en octobre 1808, à 230,000 hommes, dont 80,000 paysans armés, sur leur première ligne de défense, et 34,400 sur la seconde; total 237,403 hommes. Cependant il est certain qu'après en avoir défalqué les paysans, les Espagnols ne mirent pas en campagne plus de 103,150 h. et en y joignant en troupes anglaises, 46,719 plus deux régiments envoyés à Lisbonne, 1,622 c'était un total de 151,419 h. dont plus des deux tiers étaient à peine organisés, et qui allaient avoir à lutter contre les armées de Napoléon.

l'Ebre à la face de Vittoria, et avait remplacé Cuesta après la défaite de Medina del Rio-Secco. Castaños, qui commandait le second corps, s'appuyant sur Madrid par son arrière-garde, développait ses ailes pour soutenir Blacke et engloutir les débris de l'armée française concentrée près de Vittoria. Enfin don José Palafox réunissait les Aragonais et les Catalans sous une commune bannière.

Palafox, beau nom historique qui restera comme l'expression du patriotisme espagnol; issu d'une des plus anciennes familles de Catalogne, dans ce pays de liberté qui imposait ses fueros à ses rois, don José Palafox était fort jeune quand le peuple, d'un commun avis, l'éleva au titre de capitaine-général de l'Aragon; petit de taille, l'œil vif, les cheveux noirs et flottants, il se plaçait à vingt-huit ans à peine à une grande hauteur; l'insurrection le déclara chef et commandant de toutes les forces aragonaises; il mérita ce noble titre, car don José fit d'héroïques actions[1] : Aragonais, Catalans, formaient les troupes les plus solides, les plus fermes de toute l'armée espagnole. Qui pouvait s'égaler aux contrebandiers, aux miquelets de Catalogne, d'Aragon, ou aux paysans de Navarre, habitués dès l'enfance à se jouer avec les escopettes, les *cuchillo* aux bonnes lames d'Albaceta? rien de comparable à l'énergie de ces quatre nationalités de Biscaye, des Asturies, de Navarre et d'Aragon; c'étaient des hommes fortement trempés; Charlemagne les avait trouvés tels aux poétiques époques; Napoléon put voir qu'ils n'étaient pas changés; c'étaient

---

[1] Voici comment Napoléon, dans un bulletin, traitait l'héroïsme de Palafox :

« Palafox est dangereusement malade. Cet homme était l'objet du mépris de toute l'armée ennemie, qui l'accusait de présomption et de lâcheté. On ne l'a jamais vu dans les postes où il y avait quelques dangers. » (Extrait du 23e Bulletin de l'armée d'Espagne.) C'était affreux de traiter ainsi l'héroïsme.

encore les bons tireurs d'arc de Roncevalles, qui brisèrent les fortes cuirasses de Roland et de ses paladins!

Comme auxiliaires à cette grande insurrection, les Anglais devaient fournir un corps de 40,000 hommes qui, du Portugal, opérerait en Espagne pour se rendre sur l'Ebre; ces masses réunies devaient marcher de concert contre Joseph Napoléon et les Français concentrés à Vittoria. La capitulation de Cintra rendait disponible toute l'armée anglaise sur le continent; cette capitulation, objet de vives plaintes en Angleterre, avait donné lieu à une enquête par le parlement; sir Arthur Wellesley et sir Hew Dalrymple furent mandés à Londres. Ce fut une faute, car sir Arthur était le seul général de valeur stratégique capable de conduire une expédition en Espagne[1]; le commandement tomba dans les mains de sir John Moore, officier timide dans le déploiement de ses vastes moyens, et pouvait-il d'ailleurs se mesurer avec le génie militaire de Napoléon? Un corps débarqué à la Corogne, sous le général David Baird, devait le soutenir dans la Galice; l'Angleterre commençait une guerre régulière contre les Français, comme autrefois dans la Guyenne ou le Limousin sous le Prince Noir. Ce déploiement de forces eût été formidable, si des dissensions n'avaient pas existé entre les généraux anglais et les insurgés; les Espagnols, vieux catholiques, regardaient les Anglais comme des hérétiques maudits de Dieu; eux si patients, si sobres, voyaient avec dédain des hommes mangeant la viande presque crue et se faisant suivre par des troupeaux de bœufs; et cette armée anglaise enivrée d'eau-de-vie devait exciter l'indigna-

---

[1] Dispatches of the Duke of Wellington.

tion du paysan qui touche à peine le noble vin de Val de Peñas conservé dans les peaux de boucs de la Manche; un peu de lard et des lentilles formaient la nourriture du paysan espagnol, heureux comme Sancho aux noces de Gamache. Des répugnances invincibles séparaient donc les Anglais des Espagnols, et ce qui s'était produit dans la guerre de succession au xviie siècle favorisait ici la division entre les deux drapeaux que la défense territoriale voulait unir en vain[1].

Ces causes seules empêchèrent le développement des premières opérations militaires de la campagne contre les Français concentrés sur l'Èbre; si, après la capitulation de Baylen et de Cintra, les Espagnols et les Anglais unis s'étaient portés à marches forcées et par masses sur Vittoria, Joseph aurait abandonné sa position, compromise par l'insurrection espagnole; les Français auraient été jetés au-delà des Pyrénées par un mouvement du peuple, secondé des armées anglo-espagnole; on ne marcha pas, et Joseph put demeurer à Vittoria dans le dessein d'organiser de nouvelles divisions; peu d'Espagnols l'avaient suivi, car ces hommes étaient flétris du nom de traîtres et de *Josephinos*, signe de proscription au milieu des Espagnes. Les corps qui composaient l'armée de Joseph étaient considérablement affaiblis, et, au commencement de septembre, on ne comptait pas plus de 40,000 Français depuis Figueiras jusqu'au port du Passage, ligne véritablement trop étendue. Le maréchal Moncey gardait la gauche, et son quartier-général était à Tafalla; le maréchal Ney formait le centre en face de l'Èbre; le maréchal Bessières était à cheval sur la grande route de Madrid à Miranda-de-Ebro; une

---

[1] Voir mon livre *Philippe d'Orléans, régent de France*, tome I.

division d'avant-garde protégeait les défilés de Pancorvo. Un mouvement en avant des Espagnols pouvait tourner la position prise par le maréchal Bessières; mais de nouvelles troupes françaises passaient les Pyrénées; le vieux corps d'armée du maréchal Lefebvre ne se composait pas de conscrits à peine exercés comme l'armée de Junot et de Dupont; Lefebvre conduisait trois fortes divisions, sous les généraux Leval, Sébastiani et Vilatte; tous appartenaient aux camps d'Allemagne, vétérans qui allaient saluer pour la première fois les terres d'Espagne, souvenir des campagnes d'Italie.

Ces premiers renforts, qui annonçaient les approches de la grande armée, étaient bien nécessaires dans la position difficile où se trouvait Joseph sur l'Èbre, entouré de tous côtés par les levées en masse de la population; l'insurrection gagnait les Pyrénées; la Biscaye était en armes, et, dans la Navarre, les ordres étaient partis pour lever le siége de Saragosse. Terrible et sublime épisode de la guerre de la Péninsule que ce siége de Saragosse! la vieille capitale de l'Aragon, la clef de l'Èbre, est placée au centre des deux routes de Madrid à Barcelone, et de Madrid à Jaca, dans la montagne célèbre par la défaite de Roncevaux; Saragosse, pleine de patriotisme comme tout l'Aragon, avait pris les armes et proclamé son capitaine-général Palafox, que l'insurrection avait élevé au commandement suprême de l'armée aragonaise. Napoléon, encore à Bayonne, avait ordonné l'investissement et le siége de cette cité, point central de la situation de ses armées. Saragosse, ville ouverte, devait faire peu de résistance, et l'Empereur ne calculait pas que partout où il y avait d'immenses couvents, le patriotisme remplaçait les murailles crénelées. Saragosse était bâtie à la manière antique du temps des Maures : des rues étroites, des maisons en pierre dure, des monastères, véritables citadelles; les murailles cimentées avec ce dur mastic que l'Espagne devait aux Romains; et ne comptait-on pas la sublime résolution des habitants de s'ensevelir sous les décombres? Les Aragonais sont un des fiers peuples de l'Espagne; patriotes de cœur, dans leurs assemblées ils proclamaient les *fueros* de leurs provinces; Catalans, Aragonais, étaient de la même souche. Depuis les Maures, partout où vous trouviez les moines, l'esprit espagnol s'était conservé jusqu'à la dernière exaltation[1]; là où il n'y avait plus de Frayles, fils de paysans, la liberté était perdue, et les cœurs ramollis : c'est que la nationalité espagnole avait pour origine l'expulsion des Sarrasins, et que les mécréants avaient succombé sous une croisade catholique.

Les sons de la trompette, le bruit de l'artillerie et des canons, annoncèrent à cette population glorieuse l'approche des Français; une brave division conduite par le général Lefebvre-Desnouettes s'approchait des murs de Saragosse; le soir les cavaliers purent abreuver leurs chevaux aux eaux de l'Èbre; deux régiments de Polonais se déployèrent le lendemain pour faire leur jonction avec Verdier, vieux général de l'armée d'Italie; Sara-

---

[1] Voici ce que raconte sur l'héroïsme des moines un officier de l'armée de Napoléon; je laisse l'empreinte philosophique de son langage :

« Le plus grand nombre des ministres de la religion, armés d'un fusil et du signe de la rédemption des hommes, guidaient des détachements et rivalisaient de courage et de fureur avec les autres combattants. Jago Sass, curé de l'une des paroisses de la ville, se fit particulièrement remarquer. C'est lui que Palafox choisissait toujours pour les entreprises les plus difficiles et les plus hasardeuses. Ce prêtre guerrier, à la tête de dix hommes dévoués, effectua de la manière la plus complète l'introduction d'un convoi de poudre venu de Lerida. Il fut nommé à la fois capitaine dans l'armée et chapelain du général en chef, en récompense des services qu'il avait rendus comme prêtre et comme soldat. »

gosse ne s'émut point à l'aspect de ces panaches flottants; un feu meurtrier de bombes s'ouvrit, la ville fut remplie d'obus qui touchaient ses murailles et incendiaient ses magasins; et qu'importe de tels sacrifices aux nobles cœurs? Palafox releva le courage des habitants; l'exaltation fut au comble; on vit alors sur les batteries cette fille du peuple, cette belle *Augustina*[1], la vierge de Saragosse; son *cortejo* (amant) était mort sur une pièce de canon; elle s'avance, se place au milieu de la batterie; les Espagnols hésitaient à charger, elle arrache la mèche des mains d'un canonnier, et met le feu à une pièce de 24, et avec cette expression énergique des femmes espagnoles elle jura de ne quitter la pièce qu'avec la vie; on la voyait plus tard, la fille de Saragosse, au Prado de Séville, la poitrine couverte des médailles d'honneur de la junte; elle devint l'objet des patriotiques chants d'Andalousie[2].

Parlerai-je de la noble *condesa* de Burita, héroïque dame aussi de Saragosse, héritière des riches maisons de l'Aragon? Jusqu'alors la *condesa* n'avait entendu que le son de la guitare, les chants d'amour, les *romanceros* de Castille et de Navarre sous ses jalousies et ses draperies de soie rose; elle n'avait tenu

---

[1] Le récit des officiers témoins oculaires ne laisse point de doute sur l'héroïsme des femmes à Saragosse :

« Dans la journée du 2 juillet, une jeune femme de la classe du peuple, nommée Augustina, qui était venue apporter des provisions aux canonniers et aux soldats espagnols au moment le plus critique, les voyant hésiter à recommencer le feu, s'élança au milieu des morts et des blessés, arrachant une mèche des mains d'un canonnier expirant, mit le feu à une pièce de 24, et, sautant ensuite sur ce canon, elle jura solennellement de ne le quitter qu'avec la vie. Entraînés par l'exemple d'une telle intrépidité, les Espagnols recommencèrent sur les Français le feu le plus violent.

« La comtesse Burita, appartenant à une des familles les plus distinguées de l'Aragon, avait formé une compagnie de femmes. On vit cette dame, belle, jeune et délicate, remplir dès lors avec la plus rare intrépidité, au milieu du feu le plus terrible des bombes, d'obus et de mousqueterie, les devoirs qu'elle s'était imposés. Sa conduite fut imitée par toutes ses compagnes. »

[2] Augustina était morte lors de mon passage en Andalousie : mais on chantait des *seagna* ou complaintes sur elle

en main qu'un éventail, et ses pieds gracieux n'avaient foulé que les épais tapis de Guadalaxara et les arabesques de ses jardins, souvenir des Maures; la *condesa* Burita prit les armes au bruit des clairons; la légende dit qu'elle avait formé une compagnie de femmes destinées à soigner les blessés, au milieu des éclats de bombes et du feu de la mousqueterie. On vit là aussi se déployer le patriotisme des moines; il y eut de sublimes prédications pour la défense de la cité; le sentiment moral et religieux faisait patiemment supporter les souffrances matérielles; Palafox était partout, il fut grand, héroïque et saint quand il prononça des paroles retentissantes en Espagne comme les chants de la délivrance. Le général Verdier lui envoie une capitulation, et Palafox sur un monceau de morts, quand la ville est prise à moitié, écrit ces solennelles paroles : *Guerra a cuchillo (guerre au couteau)*. Tout était ruine autour de ce héros de vingt-huit ans, le *Portillo* à peine réparé, le *Carmen*, le *Corso*, le couvent de *Santa-Gracia* livré aux flammes; *guerre au couteau!* et l'Èbre était rempli de cadavres! Ce siége durait depuis plus de deux mois lorsque Joseph Bonaparte, vivement pressé dans sa position sur l'Èbre, ordonna aux deux divisions Verdier et Lefebvre-Desnouettes de se concentrer sur Vittoria, menacée par l'insurrection et les armées régulières de Blacke et de Castaños; et Saragosse fut cette fois sauvée[1]!

Pendant que ces mouvements militaires s'opéraient en Espagne avec des vicissitudes diverses, l'empereur Napoléon arrivait à Paris de l'entrevue d'Erfurth; il résolut de reprendre vigoureusement la campagne perdue par Murat et Joseph. L'évacuation de l'Allemagne et de

---

[1] Tous ces souvenirs existaient encore à Saragosse quand je la visitai en 1833. Beaucoup de ruines témoignent des ravages de la bombe.

la Prusse, réalisée à Erfurth, avait mis à sa disposition la belle armée d'Austerlitz, d'Iéna et de Friedland. Cette armée repassait le Rhin, et au lieu de repos, elle recevait l'ordre de se rendre à marches forcées dans la Péninsule, afin d'entreprendre une campagne nouvelle. Des rives du Niémen, Napoléon lui montrait du doigt les Colonnes d'Hercule ; dans une de ces proclamations toujours marquées à l'antique, l'Empereur, même avant le départ pour Erfurth, dut annoncer à ses braves soldats les nouveaux travaux qu'ils allaient accomplir [1] :

« Ils étaient grands, et rien ne paraissait au-dessus de leurs forces et de leur courage; les légions de Rome avaient bien entrepris d'autres expéditions lointaines : la même année, elles avaient combattu en Syrie, dans la Bretagne, en Asie et en Angleterre. Napoléon comptait donc sur un nouvel effort de courage et de dévouement; lui-même se mettrait à leur tête pour diriger les opérations militaires. »

L'Empereur savait que ce langage était compris du soldat; sa première préoccupation en arrivant aux Tuileries fut de donner une nouvelle force à ses armées, et des auxiliaires à ses soldats; les dernières guerres

---

[1] *Harangue de l'Empereur, à la revue du 18 septembre 1808.*

« Soldats, après avoir triomphé sur les bords du Danube et de la Vistule, vous avez traversé l'Allemagne à marches forcées; je vous fais aujourd'hui traverser la France sans vous donner un moment de repos.

« Soldats, j'ai besoin de vous. La présence hideuse du léopard souille les continents d'Espagne et de Portugal. Qu'à votre aspect, il fuie épouvanté; portons nos aigles triomphantes jusques aux Colonnes d'Hercule : là aussi nous avons des outrages à venger.

« Soldats, vous avez surpassé la renommée des armées modernes ; mais avez-vous égalé la gloire des armées de Rome, qui dans une même campagne triomphèrent sur le Rhin et sur l'Euphrate, en Illyrie et sur le Tage ?

« Une longue paix, une prospérité durable seront le fruit de vos travaux. Un vrai Français ne peut, ne doit pas prendre de repos jusqu'à ce que les mers soient ouvertes et affranchies.

« Soldats, tout ce que vous avez fait, tout ce que vous ferez encore pour le bonheur du peuple français et pour ma gloire, sera éternellement gravé dans mon cœur. »

avaient fait des vides affreux dans les rangs, il les remplaça par des conscriptions anticipées; ses orateurs demandèrent au Sénat 160,000 hommes, masse plus considérable que celle qu'il avait déjà appelée : ici il recourut encore à ce système d'appel au drapeau des classes antérieures; elles remplissaient les cadres de jeunes hommes aux tempéraments faibles, aux bras débiles, incapables de longues marches; on finissait l'année 1808 et l'on appelait la classe de 1810! adolescents qui accomplissaient à peine leur dix-huitième année [1]; de là ces nombreux malades encombrant les hôpitaux, ces ruines de corps d'armée, ces découragements qui avaient amené les conventions de Baylen et de Cintra. Pour remplir les cadres d'élite, Napoléon eut besoin de recourir à un moyen exceptionnel : ce fut de faire d'autres appels sur les classes anciennes à partir de 1805 : on avait par là des hommes forts de vingt à vingt-cinq ans, générations robustes qui pouvaient remplir les vides de la mort dans les régiments d'élite, aux rangs même de la garde impériale, quand les soldats avaient passé leur temps d'épreuves héroïques.

[1] *Extrait des registres du Sénat conservateur.*
« 1. Il est mis à la disposition du gouvernement 80,000 conscrits, qui seront inscrits ainsi qu'il suit entre les différentes classes ci-après désignées, savoir :
Sur celle de 1806. 20,000
Sur celle de 1807. 20,000
Sur celle de 1808. 20,000
Sur celle de 1809. 20,000
« 2. Ces 80,000 conscrits pourront être de suite mis en activité.
« 3. Les conscrits des classes des années 1806, 1807, 1808 et 1809, mariés avant l'époque de la publication du présent sénatus-consulte, ne concourront point à la formation du contingent de ces 80,000 hommes.

Il en sera de même de tous les conscrits des quatre classes qui auront été réformés légalement.
« 4. Les conscrits des années 8, 9, 10, 11, 12, 13 et 14 qui ont satisfait à la conscription, et n'ont pas été appelés à faire partie de l'armée sont libérés. Il ne sera levé sur ces classes aucun nouveau contingent.
« 5. Il est également mis à la disposition du gouvernement 80,000 conscrits sur la classe de 1810.
« 6. Ces 80,000 conscrits seront destinés à former des corps pour la défense des côtes, et ne pourront être levés qu'après le 1er février prochain, à moins qu'avant cette époque de nouvelles puissances ne se mettent en état de guerre contre la France.

Cet abus de la conscription affaiblissait les ressorts de ce moyen puissant de recruter les armées que le Directoire avait légué au Consulat sur la proposition de Jourdan. La conscription devint dès lors un mot odieux, elle sortait de toutes les limites; si elle agrandissait démesurément la force actuelle de l'Empereur [1], elle dévorait ses ressources d'avenir. Napoléon agissait en joueur aventureux; il jetait toutes ses cartes d'un seul coup; abusant de son action vigoureuse, il rendait impuissante cette vaste machine de guerre.

Et pourtant en face du Corps législatif assemblé, l'empereur se posa dans toute la force morale que lui donnait l'entrevue d'Erfurth; l'opinion, alarmée des capitulations de Baylen et de Cintra, avait besoin d'être vivement remuée. Napoléon dut faire des phrases théâtrales pour effacer ces impressions du passé; « il marchait, disait-il, en Espagne contre les ennemis éternels du continent, ces Anglais, qui venaient enfin s'essayer en Portugal avec les armées françaises : l'Empereur s'en félicitait avec orgueil; bientôt ses aigles paraîtraient au-delà des Pyrénées, et le léopard effrayé fuirait à leur approche. Les drapeaux de France flotteraient sur les tours de Lis-

---

« Dans ce dernier cas, le gouvernement aura la faculté d'appeler sur le champ ces 80,000 conscrits.

« Le présent sénatus-consulte sera transmis par un message à S. M. I. et R.

Signé, Cambacérès, *archi-chancelier de l'Empire, président.*

[1] L'Empereur se servait même du clergé comme auxiliaire de la conscription; il faisait écrire aux vicaires-généraux :

« Messieurs les vicaires-généraux,

« L'intention de S. M. l'Empereur et Roi est que le message adressé par elle au Sénat, le 4 septembre courant, soit lu au prône de toutes les églises de l'Empire. Vous voudrez bien faire parvenir ce message à MM. les curés et desservants, en leur indiquant ce que, dans cette circonstance, ils doivent faire.

« Ils auront à remplir l'honorable mission de transmettre directement, et au nom même de Sa Majesté, à leurs paroissiens, les sentiments d'affection qu'elle leur témoigne. Ils les verront se pénétrer d'une nouvelle ardeur lorsqu'il leur sera connu que celui qui, par son génie, tenant dans ses mains les destins d'un aussi grand nombre de peuples, peut seul poser les bases d'une paix durable, fait un appel en déclarant que le but est d'y parvenir. Ceux vers lesquels cette voix se dirige se soumettront avec respect aux décrets de la

bonne. L'empereur de Russie et moi, continuait Napoléon, nous sommes d'accord sur les destinées du continent, en voulant assurer une paix maritime grande et pleine de sécurité. » En attendant, le prince demandait des levées d'hommes et d'argent; les contributions imposées en Allemagne allaient servir à organiser les armées qui marchaient contre l'Espagne, ramas d'insurgés qui osaient résister aux volontés suprêmes du grand Empereur[1].

Toutes ces harangues un peu déclamatoires étaient répétées dans le Corps législatif et le Sénat; les journaux soumis à la police multipliaient les articles contre l'Angleterre; Barrère, l'écrivain habituel contre la perfide Albion, finissait ses articles du *Moniteur* par le *delenda Carthago*, vulgarité classique à l'ordre du jour; il était de bon goût de parler du tyran des mers, et de féliciter l'Europe de ce que les Anglais se présentaient sur le continent afin que l'Empereur pût leur donner une terrible leçon. Ces diatribes plus violentes que jamais contre la cour de Londres étaient motivées par le mauvais résultat des négociations ouvertes avec M. Canning à la suite de l'entrevue d'Er-

---

Providence, en même temps qu'ils seront animés de ce noble courage qui caractérise la première des nations.

« L'intérêt actuel de la patrie, la nécessité d'assurer pour l'avenir le bonheur et la sécurité de chaque famille, la gloire de servir sous le plus grand des héros, l'amour qu'il nous inspire par l'exemple qu'il donne, lorsque pour le bonheur du peuple il se sacrifie lui-même depuis si longtemps, de manière à ne connaître ni dangers ni le moindre repos, tout ce qui peut émouvoir l'âme et provoquer un dévouement spontané se réunit dans cette grande circonstance. C'est alors que les ministres des autels doivent adresser au ciel leurs prières et leurs vœux, pour que le Dieu des armées soutienne par sa protection le courage de ceux que la défense de la patrie éloigne de leurs foyers, et pour qu'il couronne leurs généreux efforts.

« Agréez, Messieurs les vicaires-généraux, l'assurance de ma considération distinguée. »

Le ministre des cultes, comte de l'Empire,
Bigot de Préameneu.

[1] *Discours de Napoléon à l'ouverture du Corps législatif*, le 25 octobre 1808.

« Messieurs les députés des départements au Corps législatif,

« Les codes qui fixent les principes de la propriété et de la liberté civile, qui sont

furth. On avait insisté pour avoir une réponse définitive, et à toutes les notes de M. de Champagny, le cabinet britannique répondait : « qu'on ne pourrait traiter en aucun cas avec la France qu'à la condition d'admettre dans les négociations Ferdinand VII comme roi des Espagnes, la maison de Sicile comme souveraine de Naples, Jean VI régent du Portugal, et de rétablir sur le continent un équilibre et un balancement de forces capable de maintenir et de perpétuer un bon système de paix universelle ». Ces prétentions si opposées à la pensée fédérative adoptée par la France, agitaient tristement l'Empereur : « Quoi! il avait dit que la maison de Bragance avait cessé de régner à Lisbonne; il donnait à son frère la royauté des Espagnes; il venait de déférer à Murat la couronne de Naples et de Sicile; et l'Angleterre voulait écarter dans une négociation ces faits accomplis! était-ce là chose possible? » Avec un génie impétueux comme le sien, mieux valait la guerre : là seulement il respirait à l'aise.

La campagne commença. Lorsque l'Empereur vit pour la seconde fois les murs de Bayonne, le 4 novembre, la situation de l'armée était celle-ci : Moncey opérait sur l'Èbre, à gauche, et donnait la main au maréchal Ney qui s'appuyait lui-même sur Bessières, en avant de Vit-

---

l'objet de vos travaux, obtiennent l'opinion de l'Europe. Mes peuples en éprouvent déjà les plus salutaires effets.

« Les dernières lois ont posé les bases de notre système de finances. C'est un monument de la puissance et de la grandeur de la France. Nous pourrons désormais subvenir aux dépenses que nécessiterait même une nouvelle coalition générale de l'Europe, par nos seules recettes annuelles. Nous ne serons jamais contraints d'avoir recours aux mesures désastreuses du papier monnaie, des emprunts et des arriérés.

« J'ai fait cette année plus de mille lieues dans mon Empire. Le système de travaux que j'ai arrêté pour l'amélioration du territoire se poursuit avec activité.

« La vue de cette grande famille française, naguère déchirée par les opinions et les haines intestines, aujourd'hui prospère, tranquille et unie, a sensiblement ému mon âme. J'ai senti que pour être heureux, il me fallait d'abord l'assurance que la France fût heureuse.

« Le traité de paix de Presbourg, celui de Tilsitt, l'attaque de Copenhague, l'attentat

toria; le maréchal Lefebvre avec ses vieilles troupes était placé sur les hauteurs de Pancorvo; le maréchal Victor avec trois divisions d'élite marchait de Vittoria sur Orduna. Dès l'arrivée de l'Empereur tout prit un aspect nouveau, l'ordre, la subordination, l'autorité se rétablirent; à sa voix, 80,000 hommes opéraient en Espagne, bonnes troupes jointes aux 50,000 conscrits incorporés dans les régiments de marche. Le maréchal Soult reçut le commandement du 1er corps, que jusqu'alors avait conduit Bessières; comme on avait une belle cavalerie, arme nécessaire pour sabrer les insurrections, Napoléon jugea que Bessières serait mieux placé à la tête de cette arme qu'il connaissait si bien. L'aile droite fut formée par les corps des maréchaux Lefebvre et Victor; le centre dut marcher en toute hâte sur Madrid sous la direction du maréchal Soult, en attendant l'Empereur qui se placerait à sa tête avec la garde. Ainsi, sur la ligne depuis le golfe de Gascogne jusqu'à l'Aragon, vers Tudela, se concentrait cette belle armée d'élite, l'honneur du pays de France. Noble Espagne, quel obstacle pourras-tu lui opposer?

Les généraux espagnols Blacke, Castaños, et le général anglais Moore, avaient commis une faute considérable dans cette campagne : c'était la lenteur de

---

de l'Angleterre contre toutes les nations maritimes, les différentes révolutions de Constantinople, les affaires de Portugal et d'Espagne, ont diversement influé sur les affaires du monde.

« La Russie et le Danemarck se sont unis à moi contre l'Angleterre.

« Les États-Unis d'Amérique ont préféré renoncer au commerce et à la mer, plutôt que d'en reconnaître l'esclavage. Une partie de mon armée marche contre celles que l'Angleterre a formées ou débarquées dans les Espagnes. C'est un bienfait particulier de cette Providence qui a constamment protégé nos armes, que les passions aient assez aveuglé les conseils anglais pour qu'ils renoncent à la protection des mers, et présentent enfin leur armée sur le continent.

« Je pars dans peu de jours pour me mettre moi-même à la tête de mon armée, et, avec l'aide de Dieu, couronner dans Madrid le roi d'Espagne, et planter mes aigles sur les forts de Lisbonne.

« Je ne puis que me louer des sentiments des princes de la Confédération du Rhin.

leurs mouvements. La convention de Baylen datait du mois de juillet, celle de Cintra d'août; comment laisser quatre mois s'accomplir avant de refouler les Français sur les Pyrénées? En agissant de concert avec le général Palafox, les Anglais, les Espagnols et les Portugais pouvaient mettre en ligne 120,000 hommes, dont 80,000 de troupes régulières, et ils n'avaient devant eux que 40,000 hommes retranchés à Vittoria et tenant une ligne de vingt lieues; si donc ils avaient agi avec fermeté, ils pouvaient rejeter Joseph Bonaparte sur le territoire français et menacer les envahisseurs. Mais les Espagnols étaient si mous! ils marchaient d'une manière si compassée! les juntes n'étaient pas d'accord; les Anglais excitant des méfiances, le général Moore craignait de s'aventurer dans un pays inconnu, en opposition de mœurs, d'habitudes et de principes religieux. Toutes ces circonstances commandèrent de la lenteur dans les opérations : quatre mois, c'était immense pour Napoléon; il les avait mis à profit, et lorsque l'armée anglo-espagnole s'ébranla enfin, l'Empereur était arrivé à Bayonne et pouvait prendre l'offensive d'une manière sérieuse et décidée.

A cette nouvelle répandue : « Napoléon est au camp »,

« La Suisse sent tous les jours davantage les bienfaits de l'acte de médiation.

« Les peuples d'Italie ne me donnent que des sujets de contentement.

« L'empereur de Russie et moi, nous nous sommes vus à Erfurth. Notre première pensée a été une pensée de paix. Nous avons même résolu de faire quelques sacrifices pour faire jouir plus tôt, s'il se peut, les cent millions d'hommes que nous représentons, de tous les bienfaits du commerce maritime. Nous sommes d'accord et invariablement unis pour la paix comme pour la guerre.

« MM. les députés des départements au Corps législatif, j'ai ordonné à mes ministres des finances et du trésor public de mettre sous vos yeux les comptes des recettes et des dépenses de cette année. Vous y verrez avec satisfaction que je n'ai besoin d'exhausser le tarif d'aucune imposition. Mes peuples n'éprouveront aucune nouvelle charge.

« Les orateurs de mon conseil d'État vous présenteront différents projets de lois, et entre autres tous ceux relatifs au code criminel.

« Je compte constamment sur toute votre assistance. »

un mouvement général de retraite fut ordonné sur toute la ligne ennemie ; Castaños et Blacke s'entendirent pour couvrir Madrid ; là ils seraient secondés par toute l'insurrection de l'Andalousie ; l'important était d'éloigner l'Empereur de ses frontières, de mettre entre lui et la France tout un peuple armé, et de couper enfin ses communications avec les Pyrénées. Le plan de Napoléon se révèle dès ce moment : séparer les deux armées de Blacke et de Castaños, les battre en détail avant qu'elles puissent se réunir pour couvrir Madrid, et, après les avoir abîmées, marcher sur l'armée anglaise, la refouler vers la mer et lui faire mettre bas les armes, comme au duc d'York en Hollande au temps de la Convention. Telle fut sa pensée militaire, et il l'exécuta avec sa vigueur habituelle : de Vittoria, Napoléon porta tout d'un coup son quartier-général à Miranda-de-Ebro, petite ville active et à cheval sur la grande route : il donne ordre de marcher sur Burgos[1] ; les maréchaux Victor et Lefebvre durent se porter immédiatement sur la droite pour observer l'armée de Blacke ; Napoléon se réservait l'attaque du centre sur Burgos, défendue par l'armée d'Estramadure. Enfin vers la gauche, les maréchaux Ney et Moncey devaient presser les corps d'armée de Castaños et de Palafox, et les anéantir.

L'armée anglaise n'étant point sur sa ligne d'opération ; l'Empereur n'y songe pas encore ; il a besoin d'abord de refouler les premiers obstacles ; il s'était réservé pour lui le corps du maréchal Soult, la cavalerie de Bessières et la garde, le centre de l'armée. Voici Napoléon à Burgos,

---

[1] C'est de Burgos que Napoléon publia une amnistie comme dictateur de l'Espagne.

En notre camp impérial de Burgos, le 12 novembre 1808.

« Considérant que les troubles d'Espagne ont été principalement l'effet des complots tramés par plusieurs individus, et que le plus grand nombre de ceux qui y ont pris part ont été égarés ou trompés ;

« Voulant pardonner à ceux-ci, et leur

après quelques combats où les vieilles troupes de France conservèrent leur bonne réputation. Burgos se présentait aux yeux des Français, non point comme cette grande cité qui fait la gloire de l'Espagne, avec sa place de Charles III et ses portiques; les habitants avaient abandonné leur cathédrale, Burgos fut silencieuse comme le tombeau de ses comtes de marbre couchés sur les dalles de ses chapelles. Sa position devint le centre du mouvement militaire; on pouvait se porter de droite et de gauche pour soutenir les ailes de l'armée, tant de belles et vastes routes aboutissent à Burgos! Ces ailes étaient alors engagées en face des généraux espagnols, Blacke, Castaños et Palafox. Napoléon n'avait plus à craindre l'armée d'Estramadure; quelques paysans rassemblés avaient voulu s'opposer à la marche victorieuse des Français; les guérillas fuyaient au loin.

Le véritable mouvement militaire s'opérait donc par l'aile droite sous le maréchal Victor cherchant à rencontrer le corps de Blacke sur la Sierrade-Occa entre Espinosa et Reynosa. La position était difficile à emporter : dans ces montagnes, nids de vautours, les Espagnols couronnaient les rochers, et leurs bataillons pressés touchaient les nuages. Victor les fit attaquer par une marche de front, tandis que des régiments d'infanterie légère les tournaient par la droite. Les Espagnols se défendirent avec ténacité, tout ce

accorder l'oubli des crimes qu'ils ont commis envers nous, notre nation et le roi notre frère;

« Voulant en même temps signaler ceux qui, après avoir juré fidélité au roi, ont violé leur serment; qui après avoir accepté des places, ne se sont servis de l'autorité qui leur avait été confiée que pour trahir les intérêts de leur souverain, et qui au lieu d'employer leur influence pour éclairer les citoyens, n'en ont fait usage que pour les égarer;

« Voulant enfin que la punition des grands coupables serve d'exemple dans la postérité à tous ceux qui, placés par la Providence à la tête des nations, au lieu de diriger le peuple avec sagesse et prudence, le pervertissent, l'entraînent dans le désordre des agitations populaires, et le précipitent dans les malheurs de la guerre;

qui était troupes de ligne vendit chèrement ses armes ; il resta peu d'hommes des régiments de *Zamora* et de la *Principessa*. Ce fut ici une bataille régulière ; les Espagnols la perdirent, mais en soutenant l'honneur et la réputation de leur vaillance ; ils opérèrent leur retraite du côté de Santander en s'appuyant sur la mer, tandis que les Anglais et le marquis de La Romana s'avançaient pour faire leur jonction. L'armée française pouvait dès lors manœuvrer sur sa droite et sur son centre ; elle n'avait plus d'obstacles.

A sa gauche, restaient Castaños et Palafox, c'est-à-dire les armées d'Andalousie et d'Aragon ; il fallait les disperser avant de marcher en avant de Burgos : telle fut la tâche du maréchal Lannes, arrivé depuis quelques jours de Naples ; Napoléon lui avait confié le commandement en chef des corps de Moncey et de Ney. Ce fut encore un combat considérable que celui de Tudela, où les divisions de Moncey se distinguèrent avec la brillante ardeur de leur vieille gloire. Castaños, obligé à la retraite, ne fut point entamé ni poursuivi ; on attribua la facilité que trouva le général espagnol à se déployer sur une seconde ligne, à la jalousie du maréchal Ney, qui vit avec dépit que Lannes lui fût préféré dans le commandement du corps d'armée : déjà commençait ce système d'envie de commandement et de supériorité qui

---

« 1. Les ducs de l'Infantado, de Hijan, de Medina-Cœli, de Ossuna ; le marquis de Santa-Cruz ; les comtes de Fernand-Nunez et d'Altamira ; le prince de Castel-Franco, Pierre Cevallos, ex-ministre d'État, et l'évêque de Santander, sont déclarés ennemis de la France et de l'Espagne, et traîtres aux deux couronnes. Comme tels, ils seront saisis en leur personne, traduits à une commission militaire et *passés par les armes*. Leurs biens meubles et immeubles seront confisqués en Espagne, en France, dans le royaume de Naples, dans les États du pape, dans le royaume de Hollande, et dans tous les pays occupés par l'armée française, pour répondre des frais de la guerre.

« 2. Toutes ventes et toutes dispositions soit entre vifs, soit testamentaires, faites par eux ou leur fondé de procuration, postérieurement à la date du présent décret, sont déclarées nulles et de nulle valeur.

fit tant de tort à la campagne d'Espagne; les opérations en furent plus d'une fois retardées, et les ordres de l'Empereur méconnus. Sur le champ de bataille la dictature était indispensable.

Cependant les combats d'Espinosa et de Tudela, la retraite de Castaños et de Blacke, la fuite des corps rassemblés sous le nom d'armée d'Estramadure, avaient laissé pleinement ouvertes les deux routes de Madrid par Aranda-de Duero et Valladolid. Napoléon ordonna de précipiter la marche, afin de frapper vivement les esprits par son entrée dans la capitale des Espagnes quelques jours à peine après son départ de Paris; il aimait ces coups de théâtre. On ne trouvait d'obstacles sur la route que quelques guérillas qui venaient s'essayer avec la cavalerie légère, comme les Arabes du désert contre les divisions d'Égypte. A Fresnillo de la Fuente on rencontra quelques soldats d'arrière-garde, et à mesure que l'on s'avançait vers les gorges de Somo-Sierra, la haute montagne qui sépare la Vieille-Castille, on aperçut un corps espagnol retranché sur le sommet de cette Sierra majestueuse; le défilé était protégé par une batterie de dix-huit canons, et de tout côté des tirailleurs entretenaient un feu nourri à travers ces rocs noirs et ces masses de granit. Il fallait enlever cette position. Napoléon au pied de la Sierra, sa lorgnette braquée, essaya d'abord quelques régiments d'infanterie, ils furent la-

« 3. Nous accordons, tant en notre nom qu'au nom de notre frère le roi d'Espagne, pardon général et amnistie pleine et entière à tous Espagnols qui, dans le délai d'un mois après notre entrée à Madrid, auront mis bas les armes et renoncé à toute alliance, adhésion et communication avec l'Angleterre, et se seront ralliés autour de la constitution et du trône.

« 4. Ne sont exceptés dudit pardon et de ladite amnistie ni les membres des juntes centrales et insurrectionnelles, ni les généraux et officiers qui ont porté les armes, pourvu néanmoins que les uns et les autres se conforment aux dispositions établies par l'article précédent. »

Signé, Napoléon.

Ce décret est un acte de guerre plutôt qu'une amnistie : quel principe! quelle justice!

PASSAGE DE SOMO-SIERRA (30 NOVEMBRE 1808). 407

bourés par la mitraille; puis jetant les yeux sur les escadrons polonais de sa garde, il dit à cette jeune et impétueuse cavalerie : « Allons, enlevez-moi cela vite, au galop, sans vous arrêter, ventre à terre », et cette élite de la noblesse de Varsovie, sans s'arrêter au danger, sans rien voir, sans rien entendre, se précipita la bride de son cheval abattue; les balles sifflaient à travers ces lances aiguës et ces petites bannières flottantes, la mitraille sillonnait leurs rangs; arrêtés un moment, ils furent secondés par d'autres escadrons, et la batterie est enlevée. Merveilleux fait d'armes de cette glorieuse armée! combat de géants dans les fastes de la cavalerie; c'était noble à voir que des rochers inaccessibles franchis au pas de course par de jeunes hommes aux brillants uniformes, aux aigrettes scintillantes; cette merveille pouvait être comparée aux traits les plus fabuleux de la chevalerie au moyen âge. L'Empereur avait parlé, son œil d'aigle avait signalé ces rochers immenses; sa parole retentissante, son geste impétueux, faisaient des martyrs au milieu de cette armée de héros.

Par la Somo-Sierra la route de Madrid fut ouverte; le corps du maréchal Ney fit sa jonction à Guadalaxara avec l'armée du centre que commandait l'Empereur en personne, arrivé en toute hâte avec la cavalerie de sa garde au village de Saint-Augustin, à trois lieues de Madrid [1]; de là il put voir les mille clochers de la ville si

---

[1] Tous les actes de Napoléon datés de Madrid doivent l'être de Saint-Augustin ou de Chanmartin. Il n'entra point à Madrid.
Proclamation de Napoléon.
« Espagnols, vous avez été égarés par des hommes perfides. Ils vous ont engagés dans une lutte insensée, et vous ont fait courir aux armes. Est-il quelqu'un parmi vous qui, réfléchissant un moment sur tout ce qui s'est passé, ne soit aussitôt convaincu que vous ayez été le jouet des perpétuels ennemis du continent, qui se réjouissaient en voyant répandre le sang espagnol et le sang français? Quel pouvait être le résultat du succès même de quelques campagnes? Une guerre de terre sans fin et une longue incertitude sur le sort de vos propriétés et de votre existence.

brillante, les monastères, les palais et les arbres du Prado. C'était le 2 décembre, anniversaire du couronnement et de la bataille d'Austerlitz; au soleil levant les soldats rappelèrent les grands souvenirs dans les fastes militaires. Madrid était là en vue de tous; une sourde agitation y régnait, le sentiment d'une héroïque résistance s'était manifesté, et qu'importait pour ce peuple les palais, les maisons élégantes? dès l'instant qu'il avait pris les armes, il s'était résigné à tout; la vie n'était pour lui qu'un holocauste à offrir à la patrie; Saragosse avait laissé d'héroïques empreintes sur le peuple espagnol! Les parlementaires de l'Empereur furent reçus à coups de fusil, on barricada les rues, les canons furent mis en batterie; avec les rideaux blancs et rouges qui formaient abri sur les balcons des rues d'Alcala et de San-Geronimo, on fit des sacs remplis de terre pour amortir l'artillerie; les bombes, les obus n'effrayèrent pas même les faibles femmes. Le Buen-Retiro vit des brèches à ses murailles blanches, ses arbres furent brisés par les boulets. L'armée française assiégea Madrid comme Saragosse; il y eut un combat de maisons; les larges

Dans peu de mois vous avez été livrés à toutes les angoisses des factions populaires. La défaite de vos armées a été l'affaire de quelques marches : je suis entré dans Madrid : les droits de la guerre m'autorisaient à donner un grand exemple, et à laver dans le sang les outrages faits à moi et à ma nation; je n'ai écouté que la clémence.

« Quelques hommes, auteurs de tous vos maux, seront seuls frappés. Je chasserai bientôt de la péninsule cette armée anglaise qui a été envoyée en Espagne, non pour vous secourir, mais pour vous inspirer une fausse confiance et vous égarer.

« Je vous avais dit, dans ma proclamation du 3 juin, que je voulais être votre régénérateur. Aux droits qui m'ont été cédés par les princes de la dernière dynastie, vous avez voulu que j'ajoutasse le droit de conquête. Cela ne changera rien à mes dispositions. Je veux même louer ce qu'il peut y avoir eu de généreux dans vos efforts; je veux reconnaître que l'on vous a caché vos vrais intérêts, qu'on vous a dissimulé le véritable état des choses. Espagnols, votre destinée est entre vos mains. Rejetez les poisons que les Anglais ont répandus parmi vous; que votre roi soit certain de votre amour et de votre confiance, et vous serez plus puissants, plus heureux, que vous n'avez jamais été. Tout ce qui s'opposait à votre prospérité et à votre grandeur, je l'ai détruit; les entraves qui pesaient sur le peuple, je les ai brisées;

dalles des rues d'Alcala et d'Atocha furent couvertes de sang et de mitrailles; on fit le siége des palais, et la belle demeure des Medina del Cœli fut prise d'assaut, ses habitants passés au fil de l'épée; des généraux furent tués et blessés, Bruyère reçut une balle au cœur; l'héroïsme de ce peuple se montra tout entier.

Ce ne fut qu'après la retraite des armées régulières et des paysans que Madrid se rendit[1]; le marquis de Castellar signa une capitulation, et une partie de l'armée française vint camper dans le Prado et occupa les rues principales. Napoléon n'entra point dans la capitale où devait régner son frère; son camp fut à Chanmartin, sous la tente, au milieu de sa garde. Depuis le commencement de cette campagne on lui voit prendre des précautions extraordinaires pour sa sûreté; il ne marche plus seul en tête de sa ligne; l'aspect de cette population lui fait peur; ce ne sont plus les excellentes races d'Allemagne qui le reçoivent comme un être supérieur; ce ne sont pas non plus les peuples d'Italie, enthousiastes, faibles et abaissés; c'est ici une nature fière et sombre; il y a des poignards partout, les enfants épellent le nom de Napoléon pour le maudire et le renier comme l'An-

---

une constitution libérale vous donne, au lieu d'une monarchie absolue, une monarchie tempérée et constitutionnelle. Il dépend de vous que cette constitution soit encore votre loi.

« Mais si tous mes efforts sont inutiles, et si vous ne répondez pas à ma confiance, il ne me restera qu'à vous traiter en provinces conquises, et à placer mon frère sur un autre trône. Je mettrai alors la couronne d'Espagne sur ma tête, et je saurai la faire respecter des méchants; car Dieu m'a donné la force et la volonté nécessaire pour surmonter tous les obstacles. »
   Napoléon.

[1] Berthier avait envoyé une sommation au marquis de Castellar, commandant de Madrid, conçue en ces termes :

« Les circonstances de la guerre ayant conduit l'armée française aux portes de Madrid, et toutes les dispositions étant faites pour s'emparer de la ville de vive force, je crois convenable, et conforme à l'usage de toutes les nations, de vous sommer, M. le général, de ne pas exposer une ville aussi importante à toutes les horreurs d'un assaut, et de ne pas rendre tant d'habitants paisibles victimes des maux de la guerre. Voulant ne rien épargner pour vous éclairer sur votre véritable situation, je vous envoie la présente sommation par un de vos officiers fait prisonnier, et qui

téchrist; ce sont des peuples fortement trempés : alors seulement son imagination commence à les comprendre, il craint qu'on ne l'atteigne au cœur dans un défilé; il marche au milieu de sa garde qui l'entoure de ses rangs pressés; il est là parmi ses grenadiers au front sillonné par les batailles, qui le suivent avec l'œil attentif d'une mère inquiète; les chasseurs de sa garde, les vieux guides du Consulat, pressent autour de lui leur masse de chevaux.

Napoléon reste donc à Chanmartin; c'est là qu'il travaille non seulement à la pacification de l'Espagne, mais encore à se donner une popularité retentissante[1]; il se trompe dans ces mesures; il ne connaît pas l'esprit de ce peuple : il procède comme un philosophe du XVIIIe siècle en face de cette multitude que la religion anime et fortifie; lui, qui voit tout, n'aperçoit pas pourtant les mobiles qui font agir les Espagnols. Un décret supprime en grande partie les ordres religieux et les frayles; cependant ils sont à la tête de l'insurrection, sa force, sa

a été à portée de voir les moyens qu'a l'armée pour réduire la ville. »

Alexandre, prince de Neufchâtel.

Le 2 décembre, minuit.

Le 3, à neuf heures du matin, le même parlementaire rapporta au quartier-général français la réponse suivante :

« Monseigneur, avant de répondre catégoriquement à V. A. je ne puis me dispenser de consulter les autorités constituées de cette ville, et de connaître les dispositions du peuple en lui donnant avis des circonstances présentes. A ces fins, je prie V. A. de m'accorder cette journée de suspension, pour m'acquitter de ces obligations, vous promettant que demain de bonne heure, ou même cette nuit, j'enverrai ma réponse à V. A. par un officier-général.

« Je prie V. A. S., etc. »

Signé, le marquis de Castellar.

[1] Napoléon comme toujours rendit une multitude de décrets pour l'organisation de l'Espagne; ils sont curieux; je rappelle que datés de Madrid ils doivent l'être réellement de Chanmartin.

En notre camp impérial de Madrid, le 4 décembre 1808.

Ier DÉCRET.

« Napoléon, etc., etc.

« Considérant que les religieux des divers ordres monastiques en Espagne sont trop multipliés;

« Que si un certain nombre est utile pour aider les ministres des autels dans l'administration des sacrements, l'existence d'un nombre trop considérable est nuisible à la prospérité de l'État;

« 1. Le nombre des couvents actuellement existants en Espagne sera réduit au tiers. Cette réduction s'opérera en réunis-

puissance nationale. Napoléon abolit l'Inquisition, qui par le fait n'existait plus qu'en souvenir; il veut se donner le paysan par la suppression de la dîme, comme si le paysan n'était pas intimement lié aux moines, comme si le moine n'était pas paysan. Napoléon fut plus habile lorsqu'il proclama l'abolition des droits féodaux, la liberté de l'industrie, cherchant à se donner la classe des laboureurs et des marchands; en résumé, il ne connaît pas ce peuple qui sacrifie tout à une idée, il ne sait pas que le xviii° siècle n'a point agi sur l'Espagne; le Castillan est ce qu'il était sous les rois catholiques, sans se modifier; le couvent a la toute puissance; nul ne peut le blesser : cette race de moines a besoin de défendre son pays, elle n'est pas usée!

A Chanmartin, Napoléon reçoit la députation de quelques corps de métiers de Madrid; il n'y a là aucun fier Espagnol à l'âme mâle; ce sont tous de lâches citoyens qui viennent offrir à un souverain détesté une patrie qui les renie et les désavoue. Les exécutions militaires ordonnées par Napoléon ont effrayé les habitants, tous les nobles

---

sant les religieux de plusieurs couvents du même ordre dans une seule maison.

« 2. A dater de la publication du présent décret, aucune admission au noviciat, aucune profession religieuse ne seront permises jusqu'à ce que le nombre des religieux de l'un ou de l'autre sexe ait été réduit au tiers du nombre desdits religieux existants.

« En conséquence, et dans un délai de quinze jours, tous les novices sortiront des couvents dans lesquels ils avaient été admis.

« 3. Tous les ecclésiastiques réguliers qui voudront renoncer à la vie commune, et vivre en ecclésiastiques séculiers, seront libres de sortir de leurs maisons.

« 4. Les religieux qui renonceront à la vie commune, conformément à l'article précédent, seront admis à jouir d'une pension dont la quotité sera fixée à raison de leur âge, et qui ne pourra être moindre de 3,000 réaux ni excéder le *maximum* de 4,000 réaux.

« 5. Sur le montant des biens des couvents qui se trouveront supprimés en exécution de l'article 1er du présent décret, sera d'abord prélevée la somme nécessaire pour augmenter la portion congrue des cures, de manière que le *minimum* du traitement des curés soit élevé à 2,400 réaux.

« 6. Les biens des couvents supprimés qui se trouveraient disponibles après le prélèvement ordonné par l'article ci-dessus, seront réunis au domaine de l'Espagne et employés, savoir :

« 1° La moitié desdits biens à garantir

cœurs ont fui la ville, il ne reste plus que quelques bourgeois ; les corps d'états de la rue de la Montera, les orfévres, les juifs convertis, les Italiens de la puerta del Sol, avec quelques indignes alcaldes, viennent s'agenouiller et prêter serment à don Joseph Bonaparte, roi des Espagnes, celui que les chants populaires vouent à l'exécration des races. L'Empereur garde quelques grands en otage : il s'est emparé du duc de Saint-Simon, d'origine française, le descendant de ce conteur de petites choses sous le règne de Louis XIV. Le duc de Saint-Simon, émigré français, possède la grandesse de race ; il a défendu le roi d'Espagne et a tiré son épée pour la protection de Madrid. Napoléon le fait condamner à mort ; en vertu de quel droit ? on l'ignore : par la législation, sans doute, des jours de la terreur contre les émigrés. Le duc de Saint-Simon doit la vie aux larmes de sa fille qui s'agenouille devant Napoléon, et à l'instance des généraux, ses aides-de-camp, gens de cœur et d'entrailles ; de toutes parts on lui répète qu'il a besoin de la clémence, et l'Empereur pardonne.

les *vales* et autres effets de la dette publique ;

« 2° L'autre moitié à rembourser aux provinces et aux villes les dépenses occasionnées par la nourriture des armées françaises et des armées insurrectionnelles, et indemniser les villes et les campagnes des dégâts, des pertes de maisons et de toutes autres pertes occasionnées par la guerre.

« Le présent décret etc. »

Signé, Napoléon.

2ᵉ DÉCRET.

« 1. Le tribunal de l'Inquisition est aboli, comme attentatoire à l'autorité et à la souveraineté civile.

« 2. Les biens appartenant à l'Inquisition seront mis sous le séquestre, et réunis au domaine d'Espagne pour servir de garantie aux *vales* et à tous autres effets de la dette publique. »

3ᵉ DÉCRET.

« 1. A dater de la publication du présent décret, les droits féodaux sont abolis en Espagne.

« 2. Toute redevance personnelle, tous droits exclusifs de pêche, de madrague ou autres droits de même nature sur les côtes, fleuves et rivières, toutes banalités de fours, moulins, hôtelleries, sont supprimés. Il sera permis à chacun, en se conformant aux lois, de donner un libre essor à son industrie. »

4ᵉ DÉCRET.

« Considérant qu'un des établissements qui s'opposent le plus à la prospérité de l'Espagne est celui des barrières existantes entre les provinces ;

Dans la harangue qu'il adresse aux habitants de Madrid, à l'imitation de Louis XIV, Napoléon promet son appui aux citoyens humiliés, et les menace de son courroux s'ils remuent; ses yeux sont pleins de feu; il lance une vive diatribe contre les patriotes espagnols : « il agrée les vœux de la députation de Madrid, il aurait voulu éviter bien des maux à une population égarée; à qui la faute? il a aboli l'Inquisition, les droits du seigneur, les couvents; il n'y aura plus qu'une justice émanée du roi : Saragosse, Valence, Séville seront soumises, aucun obstacle n'arrêtera ses volontés. » Il ne dissimule pas que jusque-là rien ne montre qu'on puisse établir une Espagne indépendante et faire d'elle une nation; les Bourbons ne peuvent plus régner en Europe; toute puissance influencée par l'Angleterre doit périr; il pourrait gouverner l'Espagne, s'il voulait, par des vice-rois, ce serait son droit et sa volonté; mais si les 30,000 véritables citoyens que contient Madrid veulent demander son frère don Joseph pour roi, s'ils jurent de lui être fidèles, alors Napoléon les reconnaîtra comme nation sous l'influence

---

« 1. A dater du 1er janvier prochain, les barrières existantes de provinces à provinces seront supprimées.

« Les douanes seront transportées et établies aux frontières. »

5e DÉCRET.

« Considérant que le conseil de Castille a montré dans l'exercice de toutes ses fonctions autant de fausseté que de faiblesse.

« Qu'après avoir publié dans tout le royaume la renonciaton du roi Charles IV et des princes D. Fernando, D. Carlos, D. Francisco et D. Antonio à la couronne d'Espagne, et après avoir reconnu et proclamé nos légitimes droits au trône, il a eu la bassesse de déclarer, aux yeux de l'Europe et de la postérité, qu'il n'avait souscrit ces divers actes qu'avec des restrictions intérieures et perfides.

« 1. Les membres du conseil de Castille sont destitués comme lâches et indignes d'être magistrats d'une nation brave et généreuse.

« 2. Les présidents et procureurs du roi seront arrêtés et retenus comme otages. Les autres membres dudit conseil seront tenus de rester à Madrid dans leur domicile, sous peine d'être poursuivis et punis comme traîtres. Sont exceptés néanmoins de la présente disposition ceux des membres dudit conseil qui n'auraient pas signé la délibération du 11 août 1808, aussi déshonorante pour la dignité du magistrat que pour le caractère de l'homme. »

d'un sceptre de famille[1]. » La députation de Madrid écoute ses paroles avec inquiétude; des protestations éclatent de toutes parts, on se soumettra, on restera fidèle au roi Joseph; mais que sont ces protestations dans la bouche d'étrangers, de juifs, de commerçants qui n'ont de l'Espagne que le costume? Les nobles enfants de la Péninsule sont dans Saragosse ou dans les défilés de la Sierra-Moréna; les canons suspendus sur le nid des aigles et des faucons, annoncent la ferme résistance des véritables Castillans, Aragonais et Navarrais.

Napoléon avait annoncé au Corps législatif et à la députation de Madrid : « qu'il rejetterait les Anglais de la Péninsule, » et cette pensée le préoccupe alors plus que les opérations régulières de toute l'armée espagnole. La position des Anglais dans la Péninsule était critique; deux corps opéraient simultanément; l'armée de Portugal, depuis la capitulation de Cintra, sous John Moore, avait pu agir librement et se porter sur Salamanque, tandis que le général David Baird, débarqué récemment à la Corogne avec 15,000 hommes, prenait position dans la Galice; le plan de John Moore était de se porter par Talavera sur l'Escurial et de couper la grande route de Valladolid à Madrid. La marche rapide de Napoléon avait

---

[1] Voici le texte de la réponse de Napoléon à la députation de Madrid :

« J'agrée les sentiments de la ville de Madrid. Je regrette le mal qu'elle a essuyé, et je tiens à bonheur particulier d'avoir pu, dans ces circonstances, la sauver et lui épargner de plus grands maux.

« Je me suis empressé de prendre des mesures qui tranquillisent toutes les classes de citoyens, sachant combien l'incertitude est pénible pour tous les peuples et pour tous les hommes.

« J'ai conservé les ordres religieux en restreignant le nombre des moines. Il n'est pas un homme sensé qui ne jugeât qu'ils étaient trop nombreux. Ceux qui sont appelés par une vocation qui vient de Dieu resteront dans leurs couvents. Quant à ceux dont la vocation était peu solide et déterminée par des considérations mondaines, j'ai assuré leur existence dans l'ordre des ecclésiastiques séculiers. Du surplus des biens du couvent, j'ai pourvu aux besoins des curés, de cette classe la plus intéressante et la plus utile parmi le clergé.

« J'ai aboli ce tribunal contre lequel le

détruit toutes ces combinaisons ; John Moore, n'osant pas s'aventurer contre les forces redoutables de l'Empereur, ordonna une retraite générale par Salamanque. La résistance de Madrid lui avait donné plus d'assurance ; il marcha sur Valladolid pour faire une diversion favorable à la résistance des habitants et couper les communications en se posant à cheval sur la route de France. Napoléon aperçut cette manœuvre avec son instinct militaire, et il ordonna une marche en avant contre l'armée anglaise : le maréchal Lefebvre dut la tourner par Badajoz au moyen d'un long circuit ; il lui coupait la route de Lisbonne ; le maréchal Soult dut soutenir le mouvement par la Corogne, et lui, l'Empereur, marchant de face contre l'armée anglaise, se dirigea vers Valladolid.

D'immenses renforts arrivaient à l'armée française, le 5e corps, sous le maréchal Mortier, entrait par Bayonne ; les deux belles divisions Suchet et Gazan marchaient sur la Galice ; enfin on voyait arriver, par le plus étrange jeu de la fortune, le corps de Junot qui avait naguère capitulé à Cintra : il avait quitté le Portugal en août, il y revenait en novembre. Les 30,000 hommes de l'armée anglaise étaient donc entourés de

---

siècle et l'Europe réclamaient. Les prêtres doivent guider les consciences, mais ne doivent exercer aucune juridiction extérieure et corporelle sur les citoyens.

« J'ai satisfait à ce que je devais à moi et à ma nation ; la part de la vengeance est faite, elle est tombée sur l'un des principaux coupables ; le pardon est entier et absolu pour tous les autres.

« J'ai supprimé des droits usurpés par les seigneurs dans le temps de guerres civiles, où les rois ont trop souvent été obligés d'abandonner leurs droits pour acheter leur tranquillité et le repos des peuples.

« J'ai supprimé les droits féodaux, et chacun pourra établir les hôtelleries, des fours, des madragues, des pêcheries et donner un libre essor à son industrie, en observant seulement les lois et les règlements de la police.

« Comme il n'y a qu'un Dieu, il ne doit y avoir dans un état qu'une justice. Toutes les justices particulières avaient été usurpées et étaient contraires aux droits de la nation, je les ai détruites.

80,000 hommes d'élite, sans possibilité de se défendre. John Moore se décida de nouveau à une retraite précipitée sur la Corogne; dans le danger de cette position, les Anglais prirent la route de Bénévente; les divisions réunies s'avancèrent les rangs pressés sur Astorga.

Napoléon résolut de quitter Chanmartin; c'était la veille de Noël, par un froid vif, comme il arrive à Madrid quand souffle le vent des montagnes aux pics de neige. Pour atteindre les Anglais, Napoléon, marchant sur Valladolid, dut traverser la haute chaîne de la Sierra de Guadarrania, aussi élancée que les glaciers des Pyrénées; il laissa l'Escurial à gauche avec ses sombres bâtiments, ses vastes cours de San-Lorenzo en forme de gril; la Sierra était blanche comme les hautes Alpes; un ouragan de neige éclatait, le vent froid coupait le visage basané des grenadiers et des chasseurs de la garde, l'orage était tellement impétueux que les paysans assuraient qu'il y avait danger d'être enlevé en passant sur la crête de la Sierra; la nuit était sombre et Napoléon impatient de joindre l'armée anglaise : une journée de marche était tout, il fallait la gagner; l'Empereur ordonna aux chasseurs de sa garde de se grouper en masses, pour faire tête de colonne; en tenant la bride de leurs chevaux à la main sur le verglas; ils

« Les armées anglaises, je les chasserai de la Péninsule.

« Saragosse, Valence, Séville, seront soumises ou par la persuasion ou par la force des armes.

« Il n'est aucun obstacle capable de retarder longtemps l'exécution de mes volontés.

« Mais ce qui est au-dessus de mon pouvoir, c'est de constituer les Espagnols en corps de nation, sous les ordres du roi, s'ils continuaient à être imbus des principes de scission et de haine envers la France que les partisans des Anglais et les ennemis du continent ont répandus au sein de l'Espagne. Je ne puis établir une nation, un roi et l'indépendance des Espagnols, si ce roi n'est pas sûr de leur affection et de leur fidélité.

« Les Bourbons ne peuvent plus régner en Europe. Les divisions dans la famille royale avaient été fomentées par les Anglais. Ce n'était pas le roi Charles et le favori que le duc de l'Infantado, instrument de l'Angleterre, comme le prouvent les

marchaient ainsi en rangs très pressés, de manière à arrêter par la masse de leurs escadrons les ravages et la force du vent; lui était à pied, s'appuyant sur le bras du général Savary; il avait confiance dans ce dévouement, il se croyait sûr avec lui. Napoléon était sombre, on n'allait pas à son gré; pourtant la Sierra de Guadarrania fut traversée, comme le Saint-Bernard avant Marengo, dans une seule nuit.

Le lendemain, plein d'impatience, on se mit à la poursuite des Anglais. De temps à autre atteignant leur arrière-garde, on se battait bravement avec des succès divers. Dans une de ces rencontres, le général Auguste Colbert reçut une balle au front, et tomba raide, en disant quelques paroles glorieuses pour la France; il mourait jeune avec une blessure à la face : c'était beau ! Ce fut une campagne disputée à travers les montagnes; on s'engageait avec ardeur, on recevait la mort avec un égal sang-froid; le général Lefebvre-Desnouettes, ayant imprudemment engagé les chasseurs de la garde, resta prisonnier avec un escadron de cette admirable troupe qui servait l'Empereur depuis l'Italie; Napoléon en éprouva une triste impression. Jugez ! un guidon de la garde aux mains des Anglais ! A Benavente, un officier d'ordonnance arrive en toute hâte; il annonce qu'un courrier venu de Paris court après l'Empereur. Sur

papiers récemment trouvés dans sa maison, voulait renverser du trône : c'était la prépondérance de l'Angleterre qu'on voulait établir en Espagne; projet insensé, dont le résultat aurait été une guerre de terre sans fin, et qui aurait fait couler des flots de sang. Aucune puissance ne peut exister sur le continent influencée par l'Angleterre. S'il en est qui le désirent, leur désir est insensé, et produira tôt ou tard eur ruine.

« Il me serait facile, et je serais obligé de gouverner l'Espagne, en y établissant autant de vice-rois qu'il y a de provinces. Cependant je ne me refuse point de céder mes droits de conquête au roi; et à l'établir dans Madrid, lorsque les 30,000 citoyens que renferme cette capitale, ecclésiastiques, nobles, négocians, hommes de loi, auront manifesté leurs sentiments et leur fidélité, donné l'exemple aux provin-

cet avis on arrête la marche, un feu de bivouac s'établit sur le chemin ; la neige était toujours très froide, très épaisse, et les flammes pouvaient à peine réchauffer les gardes qui entouraient l'Empereur. Le courrier arrive, il apporte une large valise ; Berthier l'ouvre sur-le-champ, et remet à son souverain les lettres qui lui étaient destinées. Le visage de Napoléon devient triste, son front s'assombrit ; il monte sur-le-champ à cheval, et prend sa course au galop, sans dire une parole, du côté d'Astorga. Que se prépare-t-il dans cette vaste pensée ! quel dessein se grave sur ce front marqué aux grandes destinées ! nul ne le sait ! qui oserait pénétrer cet homme qui court, ainsi que le destin, fauchant les diadèmes et le sceptre des empires. En moins de quatre heures le trajet fut fait ; et là passant en revue successivement les corps qui arrivaient en pleine marche, il fait appeler le maréchal Soult, et lui donne le commandement de l'armée : « Je resterai un jour ou deux à Astorga, autant peut-être à Benavente, où j'attendrai de vos nouvelles ; après, je me fixerai à Valladolid, puis de là en France. »

En effet, toute sa pensée fut de se rapprocher de la patrie ; à Valladolid il apprit le rembarquement de l'ar-

ces, éclairé le peuple et fait connaître à la nation que son existence et son bonheur dépendent d'un roi et d'une constitution libérale, favorable aux peuples et contraire seulement à l'égoïsme et aux passions orgueilleuses des grands.

« Si tels sont les sentiments des habitants de la ville de Madrid, que ses 30.000 concitoyens se rassemblent dans les églises, qu'ils prêtent devant le Saint-Sacrement un serment qui sorte non seulement de la bouche, mais du cœur, et qui soit sans restriction jésuitique ; qu'ils jurent amour, appui et fidélité au roi, alors je me dessaisirai du droit de conquête, je placerai le roi sur le trône, et je me ferai une douce tâche de me conduire envers les Espagnols en allié fidèle. La génération présente pourra varier dans ses opinions, trop de passions ont été mises en jeu ; mais vos neveux me béniront comme votre régénérateur ; ils placeront au nombre des jours mémorables ceux où j'ai paru parmi vous, et de ces jours datera la prospérité de l'Espagne. »

mée anglaise, la mort du général John Moore, tué d'une balle ; il écrivit quelques dépêches, reçut des députations, annonça que l'Espagne était pacifiée, car il voulait dire à son Sénat, au Corps législatif, qu'il avait tenu sa promesse : les Anglais étaient refoulés du continent, don Joseph Napoléon rétabli dans le Buen-Retiro et ses armées victorieuses. Quand donc son frère Joseph entrait à Madrid, il déclara qu'il quittait l'Espagne. Quelles nouvelles étaient donc venues de Paris ? Quelles causes jetaient son âme dans de si tristes préoccupations ? Était-ce encore une de ces crises d'intérieur que les partis mécontents, les intérêts froissés, les ambitions déçues lui suscitaient sans cesse, ou bien une nouvelle guerre au nord va-t-elle l'appeler sur de nouveaux champs de bataille ? le repos serait-il donc impossible à ce génie des tempêtes ! avait-il besoin incessamment de se jouer avec les flots soulevés !

CHAPITRE XIV.

ESPRIT DU GOUVERNEMENT

AVANT LA GUERRE DE 1809.

Inquiétudes sur la vie de Napoléon. — Caractère des fonctionnaires publics. — Les dévoués. — Les mécontents. — Éventualités pour un successeur à l'Empire. — Murat à Paris. — L'Impératrice Joséphine. — Le prince Eugène. — Fouché. — M. de Talleyrand. — Accroissement de l'opposition dans le Corps législatif. — Rapport adressé à l'Empereur sur les intrigues de Paris. — Véritable sens de sa note de Valladolid. — Classement des institutions. — Organisation de l'Université. — Agrandissement du système militaire. — Augmentation de la garde impériale. — Régiments de nouvelle levée. — Pénurie d'officiers. — Républicains appelés dans les régiments. — Commandements donnés à Bernadotte, Masséna et Macdonald. — Police militaire de Napoléon. — Berthier et Davoust en Allemagne.

Novembre 1808 à Février 1809.

L'esprit public ne s'était point amélioré à Paris depuis le départ de Napoléon pour l'Espagne; on ne doutait point de ses succès; il y avait même dans le prestige de ce nom de l'Empereur une puissance indicible; toutes les fois qu'il paraissait à la tête de ses armées, la victoire aux ailes éployées suivait ses drapeaux; la fortune, sa fidèle compagne, était tout entière à lui; son génie militaire, son activité infatigable, la renommée éclatante de son nom, tout semblait présager une courte et belle campagne; ainsi, quand on le vit partir pour la Péninsule, nul ne put douter qu'il ne portât ses tentes au pied des vastes églises et des sombres monastères de l'Escurial ou du palais de Mafra, non loin de Lisbonne, dans les solitudes embaumées de Cintra et de Torres-Vedras.

Mais un caractère particulier semblait se rattacher à cette campagne : le peuple espagnol était en pleine insurrection ; son esprit sombre et enthousiaste, sa fierté nationale, faisaient contraste avec les populations pacifiques et patientes du nord de l'Europe. Lorsque l'insurrection grondait si puissante, n'était-il pas à craindre qu'un bras ne se levât pour atteindre le cœur de Napoléon ? Au milieu de tant d'autres fanatismes ne pourrait-il pas rencontrer le fanatisme de l'assassinat ? Les Jacques Clément, les Charlotte Corday ne manquaient pas à l'Espagne au jour de la délivrance, et les récits qui arrivaient à chaque moment de la Péninsule pouvaient justifier les craintes des fidèles et les espérances des ennemis de l'Empereur des Français [1]. Dans ce moment plus que jamais, toutes les combinaisons se rattachent à la possibilité de la mort de l'Empereur ; on la discute, on en apprécie les éventualités : qu'arrivera-t-il au cas où la fortune ennemie enlèverait le fondateur de la nouvelle dynastie ? Dans les événements de la guerre ne pouvait-il pas aussi éclater un de ces tourbillons qui, enveloppant le nouveau Romulus, le placerait parmi les dieux ? Napoléon mort, que deviendrait la couronne, et la couronne était-elle une nécessité ? La République, immense idole, ne ferait-elle plus battre de nobles cœurs ? Ainsi raisonnait un parti puissant à Paris, et les hommes mêmes qui s'étaient ralliés à la constitution impériale ; l'ordre successorial était fixé, mais on n'y ajoutait aucune foi ;

---

[1] La police militaire veillait attentivement sur Napoléon. Voyez les rapports du général Savary.

nul ne pensait que Joseph succéderait à Napoléon, et que l'ordre de primogéniture serait à jamais respecté ; on ne place pas un fardeau aussi lourd dans des mains débiles. De là, mille projets, mille conjectures, qui toutes circulaient parmi les intimes dans la fatale éventualité d'une mort violente.

Il est certain qu'à cette époque on cherchait à se rattacher Murat [1], le prince Eugène, pour les faire servir de pivot au cas où Napoléon cesserait d'exister. Murat, tête folle et présomptueuse, fut plus d'une fois le jouet des ennemis de l'Empereur; il revenait fort mécontent d'Espagne, et quoique Napoléon lui eût conféré la royauté de Naples, il se croyait trompé dans les espérances de sa vie, et surtout blessé dans sa prétention de grand capitaine et d'homme de génie. Murat avait reçu de vives remontrances sur sa conduite en Espagne; à Madrid, imprudent jusqu'à l'excès, il était accusé d'être le premier auteur de l'insurrection du 2 mai qui sonna la guerre civile; l'Empereur l'avait fermement tancé; Murat en gardait mémoire; pourquoi n'avait-on pas tenu la promesse et l'engagement de le

---

[1] Voici ce que dit le général Savary sur cette intrigue qui entourait Murat : Savary était l'âme de la police personnelle.

« C'est le cas de dire ici qu'avant de partir de Paris l'Empereur avait eu plus d'un motif pour faire partir le grand-duc de Berg. Je partageais l'opinion de ceux qui lui supposaient le projet de succéder à l'Empereur; son esprit avait assez de complaisance pour se laisser aller à cette illusion, et des intrigants en France n'auraient pas demandé mieux que de voir à la tête du gouvernement un homme qui aurait eu continuellement besoin d'eux, et dont ils auraient tiré tel parti que bon leur eût semblé. Je ne crois pas que le grand-duc de Berg se fût jamais prêté à quelque tentative sur la personne de l'Empereur ; mais comme les machinateurs d'intrigues avaient mis en principe que l'Empereur succomberait ou à la guerre ou par un assassinat, chaque fois qu'on le voyait partir pour l'armée, on tenait prêt quelque projet, qui était toujours désappointé par son heureux retour. Lorsqu'il partit pour l'Espagne cela fut bien pis ; ces mêmes hommes parlaient qu'il y serait assassiné avant d'avoir fait dix lieues ; et comme ils savaient que l'habitude de l'Empereur était d'être à cheval et partout, ils se plaisaient à n'entrevoir aucun moyen pour lui d'éviter un malheureux sort. En conséquence, ils mirent les fers au feu de plus belle. Voilà pourtant comme l'Empereur était servi par des hommes dont le

faire roi d'Espagne? à quel titre Joseph serait-il préféré? Le territoire de Naples paraissait trop petit à Murat pour sa capacité royale; il se croyait appelé à de plus hautes destinées : l'Escurial, Aranjuez, Saint-Ildefonse, le Tage, le Manzanarès, le Guadalquivir, tel était son rêve; et à son retour à Paris, des ressentiments lui restaient au cœur. On l'entoura, non point que le parti qui le prenait comme point de mire voulût le garder pour dernier terme de ses espérances; il savait la nullité de Murat; mais on était aise d'avoir sous sa main le beau-frère de l'Empereur, un des lieutenants les plus aventureux de ses armées; on aurait nommé Murat chef d'une régence ou d'un gouvernement provisoire dont le Sénat aurait été le pivot; puis l'avenir aurait décidé le sort de la France, république, empire ou royauté [1].

Un second parti entourait le prince Eugène et l'impératrice Joséphine, non point qu'on s'imaginât d'ébranler la fidélité de ce jeune prince que l'Empereur avait couvert de son adoption, ou de cette femme légère et résignée; mais des idées de divorce circulaient dans les cercles intimes, et faisaient pâlir un front déjà plissé par les ans;

devoir était de rassurer l'opinion et de l'éclairer, au lieu de la laisser errer en lui donnant eux-mêmes l'exemple d'une vacillation qui ne put jamais s'arrêter. Chaque fois qu'ils voyaient l'Empereur revenir heureusement, ils ne trouvaient d'autres moyens de se tirer du mauvais pas où ils s'étaient mis qu'en se dénonçant réciproquement.

« L'Empereur me demanda si j'étais dans l'habitude de recevoir des lettres de Paris. Je lui répondis que non, hormis celles de ma famille, qui ne me parlait jamais d'affaires. C'est dans cet entretien qu'il me dit qu'on le servait mal; qu'il fallait qu'il fît tout, et qu'au lieu de lui faciliter la besogne, il ne rencontrait que des gens qui avaient pris l'habitude de le traverser. Il ajouta : « C'est ainsi que ces gens-là entretiennent les espérances des étrangers, et me préparent sans cesse de nouveaux embarras en leur laissant entrevoir la possibilité d'une désunion en France. Mais qu'y faire? ce sont des hommes qu'il faut user tels qu'ils sont. »

(Notes du général Savary.)

[1] Ces intrigues se révèlent partout. On lit dans les mémoires attribués à Fouché :

« Tout à coup, laissant les Anglais et abandonnant cette guerre à ses lieutenants, l'Empereur nous revint d'une manière subite et inattendue ; soit, comme ses entours me l'ont assuré, qu'il ait été frappé de l'avis qu'une bande de fanatiques espagnols

Fouché, avec une habileté peu commune, avait répandu ces idées afin de pressentir tout à la fois l'Empereur sur un divorce, et d'inspirer des sentiments aigres et désespérés à Joséphine. Cette femme, qui avait dominé toute une période de la vie de Napoléon, devait voir avec chagrin l'ascendant lui échapper sur cette âme ; une rivale peut-être allait s'asseoir sur ce trône que la main de son époux lui avait donné ; une nouvelle impératrice ceindrait le diadème d'or avec la fierté d'une épouse heureuse. Certes Joséphine ne conspirait pas contre Napoléon, pas plus qu'Eugène son fils bien-aimé ; mais il était facile de lui démontrer « qu'en supposant la mort de l'Empereur, la couronne devait venir de plein droit à son enfant ou à ceux d'Hortense sous une régence. » Les Beauharnais avaient aussi leur ambition ; dans cette époque fabuleuse, pourquoi ne formeraient-ils pas une race comme les Bonaparte ? Hortense, Joséphine et Eugène composaient comme une pléiade autour de Napoléon ; ils recevaient de lui une étincelle vivifiante, et si la guerre venait briser cette existence merveilleuse, pourquoi Eugène ne serait-il pas appelé à la couronne impériale de France ? ou bien on la donnerait sous une régence sénatoriale au second fils d'Hortense, le noble frère de cet enfant tant aimé que la main de Dieu venait de plonger aux sombres voûtes de Saint-Denis.

Ces intrigues se continuaient sourdement, secondées sous main par les salons de M. de Talleyrand et de Fou-

---

s'était organisée pour l'assassiner (j'y avais cru, et j'avais donné, de mon côté, le même avis); soit qu'il fût encore dominé par l'idée fixe de l'existence d'une coalition, dans Paris, contre son autorité. Je croirais assez à l'un et à l'autre motifs réunis, mais qui furent masqués par l'annonce de l'urgence de ce retour subit, d'après les préparatifs de l'Autriche. Napoléon eut encore trois ou quatre mois devant lui, et il savait tout aussi bien que moi que si l'Autriche remuait, elle n'était pas encore prête. »

ché, qui se posaient dans un système de résistance timide et incertaine ; leur idée dominante était alors la paix, c'était le mot de M. de Talleyrand, sûr par ce moyen de trouver des sympathies populaires au milieu des corps politiques ; la paix, depuis si longtemps exilée, réveillait dans tous les cœurs une espérance et une joie. Tant de sacrifices étaient demandés ! Le Sénat avait voté cette année 160,000 conscrits indépendamment de la levée habituelle ; le Corps législatif avait été obligé de chercher des ressources dans le budget pour porter à 204,000,000 le département de la guerre, et à 154,000,000 l'administration de ce même département ; ces chiffres étaient effrayants et en dehors de toutes proportions avec les ressources de l'État [1]. Il avait donc fallu de nouveaux moyens pour agrandir les recettes ; le monopole des sels existait dans toute son étendue ; on vota cette année le monopole des tabacs ; les contributions indirectes durent s'appliquer à toutes choses, même aux jeux de cartes ; les droits-réunis furent poussés jusqu'à leur

---

[1] Voici le budget de 1808 tel qu'il fut arrêté par le Corps législatif :

	Dette publique.		74,000,000
	Pensions civiles.	5,000,000	32,000,000
	Pensions ecclésiastiques.	27,000,000	
	Liste civile, y compris 3,000,000 aux princes.		28,000,000
	Grand-juge.		22,000,000
	Relations extérieures.		9,000,000
Intérieur.	Service ordinaire.	16,017,000	52,000,000
	Id. des travaux publics et des ponts et chaussées.	35,983,000	
	Finances.		21,900,000
	Trésor public.		8,000,000
	Guerre.		201,649,000
	Administration de la guerre.		134,880,000
	Marine.		110,000,000
	Cultes.		14,000,000
	Police générale.		1,055,000
	Frais de négociations.		8,000,000
	Fonds de réserve.		6,316,000
		Total.	722,800,000

dernière limite, et ces ressources paraissaient indispensables pour grandir de 150,000 hommes les cadres de l'armée active, les habiller, les préparer à une prochaine campagne. Lorsque tant de sacrifices étaient demandés, les partisans de la paix devaient trouver appui dans les classes souffrantes, et c'est sur ce terrain que M. de Talleyrand et Fouché se plaçaient : le continent les occupait peu; ils croyaient que tous les traités entre puissances ne seraient qu'une trêve tant qu'on ne serait pas amené à la conclusion définitive d'une convention qui rapprocherait les deux grands états en lutte, la France et l'Angleterre. Avec quelle tristesse ne voyaient-ils pas l'animosité que prenaient les relations diplomatiques entre les deux gouvernements! c'était de la fureur, et ces ressentiments devaient à tout jamais perpétuer la guerre générale; il n'y avait donc plus de repos pour le vaste Empire!

L'opposition dans le Corps législatif prenait chaque jour plus de consistance; tout en admirant l'Empereur comme il méritait de l'être, on se demandait s'il était indispensable à sa gloire de sacrifier les hommes, les libertés et le pays; quarante boules noires dans un dernier scrutin constatèrent les mécontentements de ce corps appelé à défendre les intérêts des contribuables. Napoléon l'apprit avec inquiétude : voulant un peu relever l'énergie patriotique de ces pacifiques représentants, il leur envoya les drapeaux espagnols qu'il avait conquis dans sa première marche en Estramadure, noble voile pour couvrir les plaies publiques[1]. Le Corps législatif les reçut avec

---

[1] Lettre adressée par Napoléon au président du Corps législatif.

« Monsieur le président du Corps législatif, mes troupes ayant, au combat de Burgos, pris douze drapeaux de l'armée d'Estramadure, parmi lesquels se trouvent ceux des gardes wallones et espagnoles, j'ai voulu profiter de cette circonstance, et

reconnaissance; son président jeta de pompeux éloges sur la personne du héros à qui la France devait de si merveilleuses choses, et ce fut à l'impératrice, son organe, que ce témoignage national fut adressé pour le communiquer à Napoléon lui-même; et Joséphine, soit par étourderie, soit pour s'environner de quelque popularité, remercia le Corps législatif avec d'autant plus de bonheur, « que ce Corps représentait la nation française. » Cet hommage inattendu à la souveraineté du peuple, qui l'avait inspiré? Joséphine faisait-elle une avance au parti des mécontents dans le dessein dont j'ai parlé? Menacée du divorce, voulait-elle se faire un appui dans le pays? Devait-elle cette phrase à Fouché, alors dans son intimité entière; ou bien à ses souvenirs et à ses habitudes de l'époque de Barras? Comment se fit-il que cette phrase ne fut pas revue par le ministre de la police?

Tant il y a que Napoléon en comprit le sens mystérieux; à ses yeux elle s'expliquait : on grandissait le Sénat, on faisait du Corps législatif un pouvoir représentant le peuple, pour en conclure que le Sénat et le Corps législatif pouvaient renverser le monarque; c'était une porte ouverte à toutes les espérances, une menace à l'autorité. Aussi, de son camp de Valladolid, entouré de récentes victoires, Napoléon lança une note pleine de colère et de dépit contre l'inconcevable démarche de Joséphine. Il écrivit à tout le monde: à Cambacérès, à Fouché, à Murat même : qu'est-ce que tout cela signifiait? que voulaient dire

donner une marque de ma considération aux députés des départements au Corps législatif, en leur envoyant ces drapeaux, pris dans la même quinzaine où j'ai présidé à l'ouverture de leur session Que les députés des départements et les colléges électoraux dont ils font partie y voient le désir que j'ai de leur donner une preuve de mon estime. Cette lettre n'étant à autre fin, je prie Dieu qu'il vous ait, Monsieur le président du Corps législatif, en sa sainte et digne garde.

« En mon camp impérial de Burgos, le 12 novembre 1808. »

Signé, Napoléon.

ces intrigues, ces espérances? spéculait-on sur sa succession? le croyait-on mort déjà sous le poignard? « En vérité c'était aller trop vite; bientôt dans sa capitale il saurait reconnaître ses amis et ses ennemis. » La note dictée par l'Empereur, et qu'il envoya pour être insérée publiquement, était fière et décidée; il disait : « qu'on avait prêté à l'impératrice des paroles qu'elle n'avait pas pu prononcer; ces paroles rejetaient le pays dans ces temps d'agitation et d'anarchie dont le 18 brumaire nous avait heureusement préservés. Les constitutions avaient fixé les pouvoirs de chaque corps : l'Empereur était le représentant de la nation; après lui venait le Sénat, le conseil d'État, puis en dernière ligne le Corps législatif; choisi par les colléges électoraux, ce conseil ne pouvait avoir la prétention de représenter le peuple[1]. » Cette note exprimait toute la pensée dictatoriale de Napoléon : en dehors de lui tout n'était plus que conseil; rien n'émanait de la souveraineté nationale.

C'est au bruit de cette note impérative que Napoléon revint à Paris; il voulait faire cesser ces négociations obscures, ces trames qui se suivaient toujours pendant son absence. Croyait-on le lion mort? Son front était rembruni; aucune joie ne colorait son regard, ses yeux lançaient la foudre. Si ses proches, ses ministres, conspiraient contre lui, quelle garantie, quelle sécurité, quand

---

[1] « Ce serait, dit Napoléon dans cette note, une prétention chimérique et même criminelle, que de vouloir représenter la nation avant l'Empereur. Le Corps législatif, improprement appelé de ce nom, devait être appelé conseil législatif, puisqu'il n'a pas la faculté de faire des lois, n'en ayant pas la proposition. Le conseil législatif est donc la réunion des mandataires des colléges électoraux; on les appelle députés des départements, parce qu'ils sont nommés par les départements. Dans l'ordre de notre hiérarchie constitutionnelle, le premier représentant de la nation est l'Empereur avec ses ministres, organes de ses décisions; la seconde autorité représentante est le Sénat; la troisième, le conseil d'État, qui a de véritables attributions législatives; le conseil législatif a le quatrième rang. Tout rentrerait dans le désordre, si d'autres idées constitutionnelles venaient pervertir les idées de nos constitutions monarchiques. »

C'était la dictature.

la guerre l'appelait au dehors pour la défense du territoire? Il ne pouvait donc pas même répondre de l'intérieur? Dès ce moment, il sépara les fidèles d'avec les incertains, les hommes qui étaient à lui et ceux qui avaient pour souvenir la République. MM. de Champagny, Clarke, Maret, Savary, furent des consciences entièrement dans sa dévotion ; il pouvait en disposer à son gré. Au contraire, il s'aperçut que M. de Talleyrand et Fouché ne lui appartenaient pas, et qu'esprits trop indépendants, ils donneraient l'obéissance tant que la fortune lui sourirait ; qu'ils n'iraient pas au-delà.

L'archi-chancelier Cambacérès tenait un terme moyen, un milieu entre les dévouements absolus et les intrigues; par pusillanimité, il se tournerait vers les vainqueurs. Lebrun, vieillard déjà, se retirait entièrement des affaires; toutefois il gardait trop d'indépendance pour ne pas s'associer à un système qui aurait pour but un gouvernement plus régulier et moins conquérant. Napoléon aperçut dans le Sénat de l'abaissement, une souplesse pour obéir à ses volontés ; mais plus le ressort était pressé, plus il ferait explosion lorsqu'un mobile extérieur agirait sur lui pour le délivrer de sa responsabilité, car il n'y a pas d'accusateurs et de juges plus terribles que les complices ; le Sénat voudrait faire oublier sa bassesse par une indépendance violente et désordonnée, il passerait de la servilité à la sédition [1]. Le conseil d'É-

---

[1] A cette époque Napoléon s'adresse souvent au Sénat. Il veut le surveiller et assurer sa complicité à son gouvernement.
Message de l'Empereur au Sénat.
« Sénateurs, mon ministre des relations extérieures mettra sous vos yeux les différents traités relatifs à l'Espagne, et les constitutions acceptées par la junte espagnole.

« Mon ministre de la guerre vous fera connaître les besoins et la situation de mes armées dans les différentes parties du monde.

« Je suis résolu à pousser les affaires d'Espagne avec la plus grande activité, et à détruire les armées que l'Angleterre a débarquées dans ce pays.

« La sécurité future de mes peuples, la

tat était entièrement sous la main de l'Empereur ; il pouvait en disposer à son gré ; c'étaient des hommes forts, appelés à seconder les actes de son gouvernement. Presque tous les présidents de sections lui étaient dévoués, et, à leur tête, Regnauld de Saint-Jean-d'Angély que Napoléon considérait comme une conscience à lui ; c'était l'homme qui savait le mieux, dans des phrases de rhétorique, exposer tous les sophismes de l'Empereur pour justifier ses mesures. M. de Champagny, Clarke et Regnauld de Saint-Jean-d'Angély étaient les orateurs qui développaient les motifs de ses mesures.

Les apologies débitées par M. Champagny sur les affaires étrangères sont souvent remarquables par l'art pompeux de déguiser les faits qui touchent aux rapports avec l'Europe. M. de Champagny était l'homme qui prouvait le mieux que « Napoléon était le souverain le plus pacifique, le plus ennemi de la guerre ; » à l'entendre, tous les torts étaient du côté de l'Europe ; l'Empire s'était accru démesurément avec les dépouilles des vieilles souverainetés ; il touchait de Hambourg aux bouches du Cattaro, et on aurait dit que l'Europe l'avait voulu. « L'Empereur était sans ambition, la paix était son vœu. » S'il fallait justifier les mesures contre l'Angleterre, M. de Champagny était encore plus remarquable ; il avait un vocabulaire bien choisi contre l'ennemie des mers, la perfide Albion : « Carthage devait être abattue,

---

prospérité du commerce et la paix maritime sont également attachées à ces importantes opérations.

« Mon alliance avec l'empereur de Russie ne laisse à l'Angleterre aucun espoir dans ses projets. Je crois à la paix du continent ; mais je ne veux ni ne dois dépendre des faux calculs et des erreurs des autres cours, et puisque mes voisins augmentent leurs armées, il est de mon devoir d'augmenter les miennes.

« L'empire de Constantinople est en proie aux plus affreux bouleversements ; le sultan Sélim, le meilleur empereur qu'aient eu depuis longtemps les Ottomans, vient de mourir de la main de ses propres neveux. Cette catastrophe m'a été sensible.

« J'impose avec confiance de nouveaux

ses manufactures ruinées; elle n'avait pas pour quatre jours d'existence, la banqueroute la menaçait »; et lorsque l'Angleterre empruntait 10,000,000 de liv. sterl. à 4 pour 100, M. de Champagny écrivait avec un sérieux remarquable que « le crédit de l'Angleterre était perdu », et Napoléon n'aurait pas pu obtenir un crédit de 50,000,000 à 8 pour 100.

Le général Clarke renchérissait sur les phrases de M. de Champagny : tous ses rapports sur les mouvements militaires, rédigés avec plus de sécheresse de style, offraient une candide admiration devant César ; tout ce que l'Empereur avait fait était merveilleux ; il n'y avait rien qui ne fût miracle ; ses rapports pour demander la levée des conscrits se résumaient en deux pensées : « D'abord l'Empereur n'avait pas besoin de troupes, l'armée était sur un bon pied, les ennemis vaincus ; puis il concluait qu'il fallait l'augmenter par une conscription, toujours pour maintenir le système de paix. » M. Regnauld de Saint-Jean-d'Angély était chargé comme orateur du gouvernement des exposés devant le Sénat, appelé à voter des masses d'hommes ; il fallait l'entendre dire avec sa parole fleurie « que la conscription était un grand bienfait de l'humanité ; la France devait remercier l'Empereur de ce qu'il lui demandait 160,000 hommes ; la conscription augmentait la population, et lorsque les campagnes privées de bras pleuraient comme une veuve

---

sacrifices à mes peuples, ils sont nécessaires pour leur en épargner de plus considérables, et pour nous conduire au grand résultat de la paix générale, qui doit seule être regardée comme le moment du repos.

« Français, je n'ai dans mes projets qu'un but, votre bonheur et la sécurité de vos enfants ; et si je vous connais bien, vous vous hâterez de répondre au nouvel appel qu'exige l'intérêt de la patrie. Vous m'avez dit si souvent que vous m'aimiez, je reconnaîtrai la vérité de vos sentiments à l'empressement que vous mettrez à seconder des projets si intimement liés à vos plus chers intérêts, à l'honneur de l'Empire et à ma gloire. »

Signé, Napoléon.

désolée, le ministre racontait les bienfaits du système de l'Empereur. A la lecture de ces harangues on se croit transporté aux panégyriques de ces rhéteurs adressant des éloges à Tibère, à Domitien, à Caracalla.

Au milieu de ces inquiétudes d'intérieur, l'infatigable activité de Napoléon s'occupait déjà de la possibilité d'une campagne d'Autriche; s'il devait encore quitter sa capitale après un séjour de quelques mois à peine, comment laisserait-il Paris livré à de si récentes intrigues? dans quelles mains serait le gouvernement? L'esprit du peuple était à lui, l'enthousiasme vient à la gloire; la démocratie ne demande pas les commodités de la vie, la mollesse et les lits soyeux; elle couche sur la terre dure, pourvu qu'elle ait un ciel pur et rayonnant au-dessus d'elle, une étoile comme celle de l'Empereur, issu du peuple, fils égaré dans les voies d'aristocratie et de royauté, mais que la République avait néanmoins conçu dans ses vastes flancs, au jour de l'immense accouchement de ses enfants gigantesques. L'administration de Paris se divisait toujours en deux préfectures : la police était encore aux mains de M. Dubois, esprit sans portée, mais ennemi de Fouché et pouvant le surveiller; l'Empereur n'aimait pas les destitutions, qui font vaciller l'autorité, et il conservait M. Dubois au milieu d'un mouvement aussi vaste que celui de la police d'une capitale. Il avait plus de foi dans la finesse de M. Réal, et surtout dans sa police personnelle, chargée de contrôler celle de Fouché. Au reste, M. Dubois était sans opinions, et si l'on avait à craindre son incapacité, on n'avait pas à redouter ses intrigues. La préfecture de la Seine, confiée à M. Frochot, restait en dehors de toute action de gouvernement. M. Frochot ne plaisait pas considérablement à l'Empereur, qui aimait les hommes monarchiques même à idées absolues, il le gardait préfet sans l'aimer; il ne lui fallait à Paris qu'un homme honorable, et M. Frochot méritait sa confiance; il se faisait l'exécuteur des ordres de l'Empereur auprès du conseil municipal pour l'embellissement de la capitale, l'objet de la plus vive sollicitude de Napoléon : Paris doit devenir la vaste cité; il la découpe et l'agrandit dans son imagination orientale, comme une ville babylonienne; il voudrait des rues immenses, des cirques, des temples, des jardins suspendus, des pyramides éternelles. Tous les plans tracés par l'Empereur à cette époque sont marqués de ce caractère; il est aventureux, gigantesque pour l'administration comme pour la guerre; le défaut vient ici à côté des avantages; les moyens et le temps d'exécution manquent; la société n'est pas dans les proportions de son génie dévorant. De là, tant d'entreprises qui demeurent sans exécution; ses plans exigeraient une longue paix, et n'est-il pas l'homme de la guerre?

On voit naître et se développer à ce moment l'exclusive partialité de l'Empereur pour les hommes qu'il regarde comme dévoués à sa personne et à son pouvoir; il les choisit au conseil d'État, dans les préfectures, partout où se manifeste un dévouement; quelques-uns de ses ministres lui déplaisent, il craint Fouché; encore un peu de temps et il le brisera, comme il a renvoyé M. de Talleyrand; il n'aime pas les têtes qui pensent sans lui. Il y a des hommes pour lesquels il s'est pris d'engouement, car ils répondent parfaitement à sa pensée : M. Regnauld de Saint-Jean-d'Angély lui plaît parce qu'il le sait monarchique, que chez lui l'obéissance est prompte, et que nul ne colore mieux la dictature sous l'éclat de sa phrase académique. M. de Montalivet n'est encore que directeur des ponts-et-chaussées ; c'est un de ces esprits polis et faciles qui conviennent à une administration à la Louis XIV. M. de Fontanes se pose comme l'ennemi des doctrines révolutionnaires ; il adore la fortune de Napoléon, avec tout l'éclat d'un grand style. L'Empereur a pris goût également pour ce jeune homme de vingt-huit ans qui a débuté dans le monde par son *Traité de morale et de politique;* M. Molé, maître des requêtes, nommé à la préfecture de Dijon, est suivi de l'œil par Napoléon qui lui destine une position plus élevée ; il aime les traditions de la magistrature, les goûts d'administration, et, avec cela, une certaine dignité de soi qui se distingue même dans le dévouement.

Le soin qui absorbe l'Empereur c'est de fortifier son organisation militaire ; il en a besoin, car la guerre va gronder, ses vieux régiments sont en Espagne, et que va-t-il faire pour improviser une armée nouvelle sur l'Inn et le Danube ? Toute la pensée gouvernementale de Napoléon se dirige en entier vers les batailles ; il a bien créé une société administrative, il aime à se proclamer le fondateur d'un grand empire dont les bases reposent sur des constitutions et un Code émané du pouvoir civil; mais lui, l'homme des camps, né de la guerre au sein d'un vaste mouvement belliqueux, il doit se préoccuper des institutions qui portent l'esprit de la génération vers la conquête ; c'est sur cette base que se fonde l'Université ; il n'en déguise pas le but. Avec le culte de l'Empereur ce que l'on enseigne à la jeunesse, c'est qu'elle doit mourir pour le prince [1] : à cette époque un enfant est jeté au

---

[1] L'organisation de l'Université est du 17 mars 1808. M. de Fontanes fut plus tard nommé grand-maître.

Titre 1er. — *Organisation générale de l'Université.*

« 1. L'enseignement public, dans tout

lycée; nulle éducation privée n'est permise; l'Université est chargée de façonner la pensée de l'écolier; on l'élève au bruit du tambour, il fait l'exercice comme un soldat; le lycée est un véritable régiment; on y voit des fusils, des grades; les études ne servent qu'à agrandir la vocation; du lycée on jette un jeune homme dans une école spéciale, à Saint-Cyr, à l'école Polytechnique, à Saumur; ou bien on le consacre aux travaux du génie: son devoir est d'aller au plus vite sur le champ de bataille; l'État ne reconnaît pas d'autres titres, on ne peut avoir aucune place si on n'a pas satisfait aux lois de la conscription; le service est une condition essentielle de la vie publique.

Tout prend dans la société une allure de bottes et d'éperons; l'Empire est aux prétoriens; le monde est absorbé par l'aspect des uniformes; il n'y a de succès dans les salons que pour eux; la bourgeoisie est abaissée. Tout ce qui ne porte pas les armes est à peine considéré dans cette cour des Tuileries ou dans les salons; la banque, le commerce, la justice, tout cela est subordonné à l'épée : de là ce ton brusque qui domine partout, cette manière de coups de sabre qui change les mœurs de la société. L'armée campe en France comme sur un territoire étranger; elle a remplacé l'ancienne noblesse, l'esprit gen-

l'Empire, est confié exclusivement à l'Université.

« 2. Aucune école, aucun établissement quelconque d'instruction ne peut être formé hors de l'Université impériale, et sans l'autorisation de son chef.

« 3. Nul ne peut ouvrir d'école, ni enseigner publiquement, sans être membre de l'Université impériale, et gradué par l'une de ses facultés. Néanmoins l'instruction dans les séminaires dépend des archevêques et évêques chacun dans son diocèse. Ils en nomment et révoquent les directeurs et professeurs. Ils sont seulement tenus de se conformer aux règlements pour les séminaires, par nous approuvés.

« 4. L'Université impériale sera composée d'autant d'académies qu'il y a de cours d'appel.

« 5. Les écoles appartenant à chaque

tilhomme, moins les formes de galanterie et le culte épuré des femmes; dans ses plaisirs comme dans ses devoirs tout est conquête pour l'armée. En vain l'Empereur veut-il arrêter cette tendance d'une domination soldatesque; il a le sentiment qu'il doit fonder autre chose qu'un campement; il sait qu'il n'y a de durable qu'un empire établi sur des lois civiles; mais est-il maître du mouvement qu'il a imprimé? Un système fondé par la conquête donne la puissance suprême à l'armée, c'est l'ordre des sociétés. M. de Talleyrand a défini par quelques mots spirituels cette suprématie du sabre qui importune son intelligence; on citait de lui des paroles d'un grand goût; il avait une certaine manière élégante de relever l'impertinence des officiers. Un de ces jeunes hommes avait dit dans un repas : « que l'armée appelait *pékin* tout ce qui n'était pas militaire. » — « Eh bien! nous, répondit M. Talleyrand, nous appelons militaire tout ce qui n'est pas civil. » Manière polie de rappeler que l'esprit se vengeait des impertinences du sabre, et que, grâce au ciel, la souveraineté de la force n'avait qu'un temps.

Cette armée qui exerçait sur la société une domination si puissante allait s'agrandir encore; dès que Napoléon avait compris l'imminence d'une guerre en Al-

---

académie seront placées dans l'ordre suivant : 1º les facultés, pour les sciences approfondies, et la collation des grades; 2º les lycées pour les langues anciennes, l'histoire, la rhétorique, la logique et les éléments des sciences mathématiques et physiques; 3º les colléges (écoles secondaires communales), pour les éléments des langues anciennes et les premiers principes de l'histoire et des sciences; 4º les institutions, écoles tenues par des instituteurs particuliers, où l'enseignement se rapproche de celui des colléges; 5º les pensions, pensionnats, appartenant à des maîtres particuliers, et consacrés à des études moins fortes que celles des institutions; 6º les petites écoles primaires, où l'on apprend à lire, à écrire, et les premières notions du calcul. » (Ce décret est l'œuvre de Fourcroy.)

AUGMENTATION DE LA GARDE IMPÉRIALE (1809).

lemagne, il avait augmenté ses cadres déjà nombreux ; il ne pouvait avoir ses bons régiments partout ; quand ses vieilles armées étaient encore en Allemagne, les conscrits avaient éprouvé dans la Péninsule de rudes échecs sous Dupont et Junot ; maintenant il avait amené à Madrid ses légions invincibles, et la guerre se déclarant en Autriche, qu'opposerait-il à l'ennemi au cas où il commencerait une campagne? Napoléon, fertile en prodiges, trouvait des ressources pour toutes ses nécessités, et la vaste organisation de son empire lui fournissait des éléments précieux pour reconstituer de belles et fortes armées.

Depuis un an, il avait augmenté la vieille garde ; à l'origine, cette élite de l'armée française comptait un seul régiment de grenadiers, un de chasseurs, et la cavalerie était représentée aussi par un régiment de grenadiers et un autre de chasseurs : un escadron de gendarmerie d'élite, quelques compagnies de génie et d'artillerie, un escadron de mamelucks complétaient la garde impériale lorsqu'elle succéda à la garde consulaire[1]. Après Austerlitz, Iéna et Friedland, Napoléon s'aperçut qu'il fallait agrandir le cercle des réserves par des troupes d'élite. Il avait eu en face les gardes impériales de Russie et de Prusse, il savait toute la puissance de ces masses d'hommes de choix qui se précipitent pour décider une bataille. Napoléon fixa ainsi les cadres de la garde : deux

---

[1] Les souvenirs s'effacent ; les portes du Temple de la Gloire se rouillent sur leurs gonds d'airain, et peut-être ne sera-t-il pas inutile de donner ici les noms des principaux officiers de la garde impériale ; ces dignes noms, si considérables dans l'histoire, ne doivent point périr avec la génération.

Grenadiers à pied. — Dorsenne, général de brigade, colonel-major ; Michel, major-colonel ; Longchamps, major. Chefs de bataillon : Darquier, Flamand, Bodelin, Rosey et Franchol.

Fusiliers. — Friederichs, colonel-commandant ; Harlet, lieutenant-colonel, chef de bataillon ; Hennequin, lieutenant-colonel, chef de bataillon.

Chasseurs à pied. — Curial, général de brigade, commandant ; Gros, général de

régiments de grenadiers et de chasseurs, à pied et à cheval; puis une brigade de fusiliers, jeunes troupes qui avaient déjà marqué en Allemagne et en Espagne; des escadrons de lanciers polonais, un régiment tout entier d'artillerie, quatre escadrons de vieux dragons aux panaches flottants, à l'uniforme magnifique; l'artillerie, le génie, organisés comme pour une armée entière; telle était la garde, et toutes ces légions, avec l'uniforme sévère : les mameloucks, au costume oriental; les chevau-légers polonais, au schako élégant, la taille pressée comme les Russes; les vieux grenadiers à l'aspect martial qui rappelaient les beaux jours de la République, les guêtres longues, les habits à revers, les bonnets à poil; les chasseurs, petits de taille, aux membres robustes, l'élite des voltigeurs; et presque toutes les poitrines décorées, des rangs entiers de soldats qui avaient mérité la belle distinction au champ d'honneur.

La garde formait ainsi un corps formidable, et lorsque ces régiments s'avançaient, la baïonnette flamboyante, avec la démarche de vieux soldats, leurs courts plumets ondoyants comme des branches de lauriers agitées par le vent autour du Panthéon et des arcs de triomphe d'Athènes et de Rome, nulle armée ne pouvait résister à cet aspect : la tête de Méduse n'inspirait pas plus d'effroi sur les fronts abaissés. Les âges passent sur toutes choses; les temps effaceront ces fastes militaires, et je ne peux résister à dire quelques-uns des nobles noms qui

---

brigade, colonel-major; Rebeval, colonel-major. Chefs de bataillon : Dupin, Rouvier, Deshayes et Sicard.

Fusiliers. — Lanabère, colonel-major, commandant. Chefs de bataillon : Belletan, Crigny et Barcantell.

Grenadiers à cheval.— Walther, général de division, commandant. Lepic, général de brigade, major; Chastel, colonel-major. Chefs d'escadron : Perrot, Clément, Duclaux. Mexmer, Remy, Maufroy, Dujon et Hardy.

Chasseurs à cheval. — Lefebvre-Desnouettes, général de division, commandant; Guyot, général de brigade, commandant en second; Thiry, major-colonel. Chefs d'escadron : Clerc jeune, Bohn, Daumesnil,

composaient la maison militaire de l'Empereur, jeunes et vieux officiers qui l'assistèrent dans ses glorieuses campagnes. La mort éclaircit ces rangs, elle se hâte, elle se presse. Ici se présentent les aides-de-camp de l'Empereur : le brave Lemarrois, Law de Lauriston, d'une antique famille irlandaise ; Caffarelli, de l'arme du génie ; Rapp, sincère et dévoué ; Lebrun, intrépide officier ; Gardanne, aventureux dans ses missions en Perse ; Rey, de l'armée d'Italie ; puis Savary, Mouton et Bertrand, tous épris d'une sorte de culte pour l'image de leur souverain. Autour d'eux est la troupe gracieuse d'officiers d'ordonnance, aux scintillantes aigrettes. Voici le jeune de Tascher, le cousin de l'Impératrice ; de Talhouet, d'une politesse si douce, aux manières de si bonne compagnie qu'on le dirait élevé au vieux Versailles ; Lespinay, dont le nom se mêlait aux entretiens de Rousseau ; Faudoas, gentilhomme de bonne naissance ; Carignan, d'illustre origine ; puis M. de Marbœuf, souvenir d'enfance pour Napoléon, alors que madame Lætitia, jeune femme, inspirait une pitié généreuse au gouverneur de la Corse, dans les campagnes de Corte et d'Ajaccio.

A la tête des grenadiers à pied brille le colonel Dorsenne : à sa poitrine est attachée la croix de commandeur ; au-dessous de lui est le major-colonel Michel, car chaque régiment a deux bataillons et chaque bataillon quatre compagnies, tous admirables à voir de

---

Francq, Cavrois, Martin, Corbineau et Desmichels.

Mameloucks. — Kirman, chef d'escadron ; Sourdis, capitaine instructeur ; Rouyer, adjudant, lieutenant en second ; Méral, porte-étendard, lieutenant en second ; Mauban, chirurgien-major.

Chevau-légers polonais. — Le comte Krasinski, colonel ; Delaitre, 1er major ;

Dautancourt, 2e major. Chefs d'escadron : le comte Labinsky, le comte Kossiatulski, Stokouski, Kamienski et Depax.

Dragons. — Arrighi, général-colonel ; Fiteau, colonel-major ; Letort, major. Chefs d'escadron : Jolivet, Rossignol, Marthod, Bouquerot, Picard, Desirat, Grandjean et Berrurier.

Artillerie. — Lariboissière, général de

tenue et de fermeté au feu. Le colonel Friederichs commande les fusiliers de la garde ; les chasseurs à pied sont sous les ordres de Curial, illustre alors déjà par mille faits d'armes. C'est toujours le général Walther qui mène les grenadiers à cheval, ces colosses qui se montrent au loin sur leur hauts chevaux de bataille, comme les géants du moyen âge dans les fastes de Turpin : on leur a joint un escadron d'élite ; Lefebvre-Desnouettes, captif en Angleterre, menait les chasseurs à cheval ; le général Guyot le remplace, brave officier des premières guerres. Les dragons ont pour chef Arrighi, le parent de Napoléon ; Lariboissière conduit l'artillerie ; Savary, la gendarmerie d'élite, et le capitaine Daugier les matelots, loups de mer qui ont parcouru en quelques journées le long espace qui sépare Friedland de la Sierra-Morena, et qui reviendront bientôt de la Sierra-Morena sur le Rhin.

Tout est prévoyance dans l'organisation de cette garde ; elle a un vaste personnel d'ambulance, un service de chirurgiens, et à sa tête un homme de cœur et de talent, un de ces vétérans de l'armée d'Égypte, Larrey, dont l'image se montre à côté de Junot, de Kléber, de Bonaparte, de Desaix, dans ces batailles du Nil que Gros à su reproduire avec ces teintes rougeâtres et le sable du désert. Dans le personnel des simples capitaines de la garde se retrouvent des officiers qui se

division, colonel ; Drouot, major de l'artillerie à pied ; d'Aboville, major de l'artillerie à cheval. Chefs d'escadron Greinier et Chauveau. Chefs de bataillon : Boulard et Marin.

Génie. — Boissonnet, chef de bataillon ; Emon, capitaine ; Guiraud, capitaine.

Gendarmerie d'élite. — Savary, général de division, colonel ; Henry, colonel-major ;

Chefs d'escadron : Meckeneim, Lepinau et Colin.

Bataillon de matelots. — Daugier, capitaine de vaisseau, commandant ; Gerodias, lieutenant de vaisseau, adjudant-major.

Compagnie de vétérans. — Charpentier, chef de bataillon ; Maguée, capitaine.

montrèrent plus tard sur un plus vaste théâtre, et dont le nom est devenu le symbole des actions de courage, Barbanègre, Soulès, Daumesnil, Corbineau, Drouot, Rampon, cortége brillant autour de l'Empereur

Si la garde recevait un agrandissement, l'armée de ligne elle-même s'accroissait en proportion; les besoins de la guerre devenant plus vastes, on avait d'abord formé des régiments provisoires, doublé les cadres, ajouté des bataillons; il fallait donner une plus puissante organisation à cette force qui courait sans cesse sur les champs de bataille. Avant de commencer la guerre que nous allons bientôt décrire contre la maison d'Autriche, l'Empereur fixa le nombre des régiments de ligne (infanterie de bataille) à cent vingt, qui, avec trente-deux régiments d'infanterie légère, composaient un total de cent cinquante-deux régiments prêts à entrer en campagne : les bataillons étaient au complet, sous les colonels, vieux soldats d'Italie ou d'Allemagne; les choix étaient faits avec un soin particulier [1]. Comme après les grands ravages de la guerre les officiers manquaient, l'Empereur fut obligé de recourir à deux expédients; à la suite du procès de Moreau, une épuration de police militaire avait eu lieu; en 1805, la nécessité d'une vigoureuse campagne obligea de rappeler plusieurs de

---

[1] Au commencement de l'année 1809 voici quels étaient les colonels des régiments d'infanterie de ligne.

1er Saint-Martin.—2e Delga.—3e Schobert. 4e Boyeldieu.—5e Plauzone.—6e Devilliers.—7e Aussenac.—8e Autic.—9e Gallet. —10e Soulier.—11e Bachelu.—12e le baron Muller.—13e Huin.—14e Henriot.—15e Dein.—16e Marin.—17e Romœuf.—18e Ravier.—19e Manset.—20e Cassan.—21e Decoux.—22e Armand.—23e Minal.—24e Jamin.—25e Dunesme.—26e Barrère.—27e Menne.—28e Toussaint.—29e Billard.—30e Joubert.—32e Aymard.—33e Pouchelon.—34e Kemond.—35e Breissaud.—36e Berlier. —37e Gautier.—39e de Beauchêne.—40e Chassereaux.—42e Espert de la Tour.—43e Beaussin.—44e Lafosse.—45e Barrié.—46e Richard.—47e Donnadieu.—48e Barbanègre.—50e Frappart.—51e Saint-Pol.—52e Pastol.—53e Songeon.—54e Philippon.—55e Schwiter.—56e Gengoult.—57e Charrière. —58e Legrand.—59e Dalton.—60e Castellan. —61e Bouge.—62e Bruny.—63e Mouton-Duvernet.—64e Chauvel.—65e Coustard.—66e Cambriels.—67e.....—69e Fririon.—70e La

ces colonels; l'armée devint plus patriote parmi les grades supérieurs jusqu'aux capitaines. Presque tous les lieutenants et les sous-lieutenants furent pris dans les écoles; il est incontestable que l'armée fut alors moins solide, moins ferme qu'aux grandes époques d'Austerlitz, d'Iéna et de Friedland; ces troupes qui entonnèrent en 1805 le Chant du départ étaient parfaitement exercées; qu'étaient devenus ces dignes enfants du camp de Boulogne? ils étaient la plupart dévorés par la guerre. Dès lors on voit que l'infanterie a besoin d'être soutenue par des masses plus considérables d'artillerie, et on l'augmente dans chaque corps : une bonne infanterie se protége elle-même; il faut au contraire la protéger quand elle est faible, et c'est ce que comprend le génie de Napoléon; aussi va-t-il changer les formes de la guerre. Sous la République, en Italie, à la tête de 45,000 hommes de vieilles troupes, il manœuvre avec une rapidité de mouvements inouïe; sachant qu'il peut compter sur la force de ces hommes, il les offre partout et agit sur chaque point avec une égale assurance. Quand son infanterie faiblit, ses batailles procèdent par masses, il donne tout à l'arme du génie et de l'artillerie, et il engage ses réserves plus vite et plus souvent.

La cavalerie de l'armée se composait de deux régiments

vigne. — 72e....... — 75e Busquet. — 76e Chemineau. — 79e Godard. — 81e Bonte. — 82e Monfort. — 84e Gambin. — 85e Dupellin. — 86e Lacroix. — 88e Veilande. — 92e Nagle. — 93e Grillot. — 94e Combelle. — 95e Pecheux. — 96e Calès. — 100e Quiot. — 101e Lapointe. — 102e Expert. — 103e Rignoux. — 105e Blanmont. — 106e Roussel. — 108e Rothembourg. — 111e Husson. — 112e Penne. — 113e Capponi. — 114e Arbod. — 115e Dupeyroux. — 116e Rouelle. — 117e Robert. — 118e Duclos. — 119e Cretin. — 120e Gauthier.

Voici les colonels des régiments d'infanterie légère.

1er Bourgeois. — 2e Brayer. — 3e Lamarque. — 4e Corsin. — 5e Dubreton. — 6e Amy. — 7e Lamaire. — 8e Bertrand. — 9e Meunier. — 10e Berthezène. — 12e Jeannin. — 13e Guyardet. — 14e Goris. — 15e Desailly. — 16e Dellard — 17e Cabanès-Puymisson. — 18e Cazeaux. — 21e Lagarde. — 22e Goguet. — 23e Thierry. — 24e Pourailly. — 25e Anselme. — 26e Cailloux de Pouget. — 27e Lacoste. — 28e Pracke. — 31e Mejean. — 32 Ruffini.

de carabiniers à la forte stature, treize de cuirassiers, trente de dragons, vingt-six de chasseurs et dix de hussards de quatre à six escadrons, tous parfaitement composés dans le personnel d'officiers [1], mais la plupart faiblement montés. Pour Napoléon, la cavalerie n'est qu'un auxiliaire après la bataille; sa stratégie repose sur l'infanterie, bonne manœuvrière, et sur l'artillerie qui décide les succès; il lui faut de la cavalerie pour les coups de main, pour ramasser par milliers les prisonniers après une bataille : il n'y a point de victoire sans infanterie, il n'y a point de résultat sans cavalerie; le feu de l'artillerie était le coup de foudre de Napoléon; il a l'art d'organiser les bonnes réserves et de concerter à temps la manœuvre décisive qui en finit avec une bataille.

Les corps dont je viens de parler étaient nationaux; c'était l'armée de France dont la patrie est si justement fière; mais Napoléon se servait de tous les moyens, il n'avait pas les petits scrupules qui empêchent d'appeler à son aide les régiments étrangers; ses armées parlaient toutes les langues : ici d'abord les régiments italiens sujets de l'Empire et qui formaient quinze bonnes brigades, sans y comprendre les Napolitains à son service en Allemagne, en Espagne, incorporés avec les Italiens et les Croates. Deux brigades suisses formaient un complément de 8,000 hommes; six légions allemandes

---

[1] Le personnel de la cavalerie offrait des noms déjà célèbres.

Colonels des régiments de carabiniers.
—1er Laroche.—2e Blancard.

Colonels des régiments de cuirassiers.
—1er Berckheim.—2e Chouard.—3e Rietter. —4e le prince Aldobrandini de Borghèse.— 5e Quinet.—6e d'Haugeranville.—7e Dubois. —8e Merlin.—9e Paultre.—10e l'Héritier.— 11e Brancas.—12e Dornez.—13e d'Aigremont, *major-commandant.*

Colonels des régiments de dragons.
1er Dermoncourt.—2e Ismrert.—3e Grezard. —4e Delamotte.—5e Sparre.—6e Piquet.— 7e Seron.—8e Girardin.—9e Quenot.—10e Dommanget.—11e Dejean.—12e Martigny.— 13e Laroche.—14e Bouvier des Éclats.—15e Beaulieu.—16e Vial.—17e Beurmann.—18e

au service de France, trois régiments espagnols, deux portugais, huit bataillons d'infanterie polonaise, dix-huit escadrons de chevau-légers, trois bataillons prussiens, les Hollandais à la démarche pesante, à l'esprit froid et patient; puis enfin la Confédération du Rhin tout entière, qui fournissait des auxiliaires aux premiers ordres de son protecteur.

Ce vaste état militaire, Napoléon pouvait le remuer au milieu d'un peuple naturellement soldat. A mesure qu'une terre était conquise, elle servait de pépinière pour ses recrutements et ses remontes; l'Empereur employait deux moyens : ou il incorporait les étrangers dans des brigades françaises afin de leur inculquer nos manœuvres, ou bien il les faisait agir à part comme corps auxiliaires; il avait foi dans la fermeté des Suisses et des Allemands; bien commandés, ils pouvaient faire de grandes choses; il se plaisait à rendre justice aux Portugais, aux Espagnols, et disait même des Italiens qu'avec de la patience on en ferait de bons soldats; les Gênois, les Piémontais avaient fait leurs preuves; et tel était le prestige de cet homme prodigieux qu'il pouvait toujours enlever une armée par la seule puissance de sa parole. Quand il ne savait pas parler la langue des régiments, il faisait faire cercle aux officiers, un traducteur était à ses côtés, et soit par le feu de ses re-

---

Lafitte.—19e Saint-Geniès.—20e Corbinau.—21e.........—22e De Frossard.—23e Briant.—24e Delort.—25e Ornano.—26e Chamorin.—27e Lalleman.—28e Montmarie.—29e Avice.—30 Renault.

Colonels des régiments de chasseurs.
1er Meda.—2e Mathis.—3e Charpentier.—4e Lapointe.—5e Bonnemain.—6e Ledard.—7e Depire.—8e Curto.—9e Delacroix.—10e Subervic.—11e Jacquinot.—12e Guyon.—13e Demnageot.—14e Sachs.—15e Mouriez.—16e Maupoint.—17 (*licencié*).—18e (*licencié*).—19e Leduc.—20e Caxtec.—21e Steenhault.—22e Desfossés.—23e Lambert.—24e Brunet.—25e Christophe.—26e Vial.—27e le duc d'Aremberg.—28e.

Colonels des régiments de hussards.
1er Begougnes de Juniac.—2e Gérard.—3e Laferrière.—4e Burthe.—5e d'Héry.—6e Vallin.—7e Colbert.—8e Laborde-Deban.—9e Gauthrin.—10e Briche.

gards ou l'animation de ses gestes, Napoléon était compris, et les plus lourdes légions, les Hollandais eux-mêmes, marchaient au feu avec l'impétuosité et l'ardeur des soldats de l'Empire.

Tout se préparait depuis six mois pour une campagne en Autriche; Napoléon ne pouvait retirer ses régiments d'Espagne, la plupart de ses maréchaux de confiance y étaient employés; Soult faisant face aux Anglais à la tête de l'armée de Galice, il devait l'y laisser pour achever la soumission du Portugal. Ney continuait à déployer ses divisions dans l'Estramadure; il fallait accomplir une campagne en Andalousie, et le maréchal Victor marchait à travers la Sierra-Moréna, fatal souvenir des régiments de Dupont. Pour faire cesser les dissensions jalouses dans la Péninsule, Napoléon rappela plus tard auprès de lui Lannes auquel il destinait un commandement dans la campagne d'Autriche. Durant les méditations de ses longues nuits, l'Empereur a désigné déjà les commandements militaires des corps qui marcheront avec lui. Masséna est inactif depuis deux ans; on l'accuse de n'avoir point agi avec vigueur dans la campagne d'Italie, au moment d'Austerlitz; il est mécontent comme l'est une fraction de l'armée; l'Empereur ne l'aime pas, mais il reconnaît son aptitude; c'est le général supérieur pour guider un corps considérable; il vient de le nommer duc de Rivoli, il le fera prince s'il le faut; l'Allemagne est un bon pays, et Masséna pourra satisfaire son incessant besoin d'agrandir sa fortune. A côté de Masséna, Napoléon choisit, pour la conduite des corps de la Confédération en Allemagne, Bernadotte; il laisse au vulgaire la tâche facile d'accuser ce maréchal pour son inaction d'Auerstadt et d'Apolda : il sait bien, lui, que Bernadotte n'a fait qu'exécuter ses ordres, et que c'est même à cette position bien prise qu'on doit le succès de la bataille d'Iéna et la démoralisation de l'armée prussienne. Il n'aime pas plus Bernadotte que Masséna, mais quand il s'agit de frapper de grands coups, il sait qu'il faut moins chercher le dévouement que la supériorité militaire; il l'accepte là où il la trouve. C'est encore ce besoin de généraux capables qui lui fait jeter les yeux sur un officier plein d'honneur, d'intégrité et de mœurs austères, Macdonald [1], en disgrâce depuis le procès de Moreau; à ce moment il avait trop manifesté ses sentiments républicains et son affection pour l'homme qui avait conduit si souvent les Français à la victoire. Macdonald est un général de mérite, et aux mœurs fermes; il a commandé en chef des armées à Naples, à travers les Alpes; c'est un caractère antique, comme Gouvion Saint-Cyr ou Desolles, fier comme toute conscience ferme; l'Empereur le destine à une campagne d'Italie; il a des préventions sur la capacité militaire d'Eugène Beauharnais, il lui donne un tuteur : Macdonald possède la science de la stratégie; il doit l'appliquer dans cette expédition nouvelle.

Ainsi, la direction de la grande guerre qui se prépare est confiée sous Napoléon à trois généraux mécontents, Masséna, Bernadotte et Macdonald; et c'est une armée presque neuve qu'ils vont conduire. L'Empereur ne s'abandonne pas entièrement à eux; il a destiné des commandements en Allemagne à deux autres officiers ses plus fidèles serviteurs, ses admirateurs les plus dévoués : Davoust d'abord, qui n'a cessé d'occuper la Polo-

---

[1] Sa loyauté envers l'Empereur brilla surtout en 1814.

gne, la vieille Prusse, et qui maintenant encore surveille l'Autriche; Davoust, c'est le chef de police militaire; il sait tout, ses rapports se croisent avec ceux de Berthier, qui est également désigné pour diriger les premiers mouvements de stratégie et d'organisation en Allemagne; Berthier et Davoust sont l'image de l'Empereur; ils ne sont point aimés de ces peuples qu'ils ont plus d'une fois foulés au pied de leur pouvoir suprême. Davoust est l'implacable exécuteur des ordres de Napoléon, il lève l'impôt sans pitié; tout prend sous lui un aspect de fermeté altière; ses ordres du jour, ses actes de gouvernement, se ressentent d'un zèle qui profite de la victoire pour faire sentir aux peuples qu'ils sont vaincus. Le nom de Berthier est aussi tristement impopulaire en Allemagne, surtout depuis l'exécution du libraire Palm; l'image de ce saint martyr, l'objet d'un culte dans les sociétés secrètes, est le symbole de la patrie allemande; partout on a souscrit pour sa famille, on lui élève un monument dans le sein des universités.

Davoust, seul alors sur le Danube et l'Inn, est inquiet du mouvement qui se prépare; au midi, le brave Hoffer a levé l'étendard de la patrie dans le Tyrol; au nord, c'est Schill qui organise ses partisans avec les cris de liberté; l'insurrection attaque l'Empire, un mouvement se fait des extrémités au centre, des membres au cœur; le sang des peuples bouillonne. Napoléon a longtemps enivré la génération entière de sa gloire, le réveil arrive parmi les vaincus. Charlemagne fit sept campagnes contre les Saxons, et les hommes du Nord vinrent plus tard venger la patrie et leurs dieux sur les côtes de la Neustrie; ils assiégèrent Paris, la vieille Lutèce en l'île. Napoléon, comme Charlemagne, fut attaqué par les extrémités de son empire; on refoula tout au cœur; fatale destinée des dominations qui s'étendent trop loin. Les géants dans l'ordre politique comme dans l'ordre naturel sont des exceptions; les grands empires se sont toujours écroulés parce qu'ils ont fait violence aux nationalités primitives, aux mœurs, aux croyances, à la personnalité de chaque peuple.

FIN DU SEPTIÈME VOLUME.

TABLE

DES CHAPITRES

DU SEPTIÈME VOLUME.

Pages.

CHAPITRE I. — STATISTIQUE ET LÉGISLATION DE L'EMPIRE FRANÇAIS. Territoire. — Départements réunis. — Départements anciens. — Divisions militaires. — Préfectures. — Cours d'appel. — Archevêchés et évêchés. — Système administratif. — Les communes. — Royaume d'Italie. — La vice-royauté. — Milan. — Venise. — Gouvernements généraux de l'Empire dans les provinces réunies. — Fiefs dans la Dalmatie, le Frioul et la Haute-Italie. — Les Sept-Iles. — Législation générale. — Centralisation. — Lois politiques et judiciaires. — (1807.) ... 1

CHAPITRE II. — GOUVERNEMENT DES ÉTATS LIÉS AU SYSTÈME FÉDÉRATIF DE NAPOLÉON. — Les royautés de famille. — Naples. — Constitution. — Peuple. — Armée. — Joseph Napoléon et ses actes. — Hollande. — Impôts. — Commerce. — Marine. — Corps politiques. — Westphalie. — La régence. — Constitution. — Son territoire. — Villes. — États. — Caractère de Jérôme. — Grand-duché de Berg. — Murat. — Actes de son gouvernement. — Principauté de Neufchâtel. — Berthier. — Confédération du Rhin. — Bavière. — Saxe. — Wurtemberg. — Bade. — Populations allemandes. — Domination absolue de Napoléon. — Ses exigences. — Conscription. — Impôts. — Destinée de ces gouvernements. — (1806-1807.) ... 31

CHAPITRE III. — SITUATION DES PUISSANCES APRÈS LA PAIX DE TILSITT. — 1° L'ANGLETERRE. — Décadence du ministère Grenville. — Sa faiblesse et ses fautes. — Ses expéditions militaires. — Ministère Canning, Castlereagh, Perceval. — Dissolution du parlement. — Notes de M. Canning à la Russie. — Négociations de lord Gower. — Expédition anglaise à Copenhague. — Ses motifs secrets. — Système militaire de Castlereagh. — Le major-général Arthur Wellesley (Wellington). — 2° LA RUSSIE après la paix de Tilsitt. — Esprit d'Alexandre. — Préparatifs de guerre contre la Finlande. — La cour et l'opinion en Russie. — Les ennemis de Napoléon. — Le colonel Pozzo di Borgo. — Mission du général Savary. — Rupture avec l'Angleterre. — Ses conséquences. — 3° L'AUTRICHE. — Esprit public. — Ses armements successifs. — Application de ses finances. — Augmentation de ses cadres. — Le prince Charles. — 4° LA PRUSSE. — Rigueur de l'occupation française. — Dépôt des places fortes. — Réduction de son armée. — Humiliations. — Impôts. — Fermentation des esprits. — (Avril à décembre 1807.) 55

CHAPITRE IV. — L'ESPAGNE ET LE PORTUGAL. — Situation de la Péninsule. — Charles IV. — La reine Louise-Marie. — Les infants Fernando, Carlos et Francisco. — Les infantes. — Le prince de la Paix. — Négociations de l'Angleterre et de la Russie. — Correspondance avec Naples et la Sicile. — Proclamation d'Aranjuez. — Les Conseils. — Le Peuple. — Abaissement de l'Espagne. — Dispersion de l'armée. — Offarill en Toscane. — Le marquis de La Romana en Danemarck. — Les scènes de l'Escurial. — Projets du prince des Asturies. — Son jugement. — Correspondance avec l'Empereur. — Isquierdo à Paris. — M. de Beauharnais à Madrid. — Traité de partage. — Le Portugal. — Esprit de la Péninsule. — Composition des deux armées françaises. — Junot aux Pyrénées. — Murat, généralissime des armées d'observation au Midi. — (Août à novembre 1807.) 95

CHAPITRE V. — FONTAINEBLEAU, VOYAGE D'ITALIE, PARIS PENDANT L'HIVER DE 1807 A 1808. — La cour à Fontainebleau. — Les chasses. — Coutumes de Louis XIV. — Réception des ambassadeurs. — Arrivée du comte de Tolstoy. — Ivresse de la génération. — Représentations scéniques. — *Triomphe de Trajan*. — Départ de l'Empereur pour l'Italie. — Milan. — Venise. — Souvenirs de l'antiquité. — Premiers projets d'un empire d'Occident. — Mantoue. — Entrevue avec Lucien. — L'esprit public à Paris. — Fête militaire pour le retour de la garde impériale. — Arc de triomphe. — Idée romaine. — Napoléon à Paris. — Fêtes de cour. — Bals masqués. —Théâtres. — Littérature. — (Septembre 1807 à février 1808.) ... 120

CHAPITRE VI. — LUTTE ENTRE LA PUISSANCE MATÉRIELLE ET MORALE. — L'EMPEREUR ET LE PAPE. — Retour de Pie VII à Rome. — Le cardinal Gonzalvi. — Le cardinal Fesch. — Premiers différends entre Napoléon et Pie VII. — Volonté impérative. — Force de la résignation. — Occupation d'Ancône. — Lucien dans l'État romain. — Système continental. — Prétention aux droits de Charlemagne. — Souveraineté sur Rome. — Le vice-roi d'Italie. — Démission de Gonzalvi. — Le cardinal Casoni. — Ambassade de M. Alquier. — Fiefs de Bénévent et de Ponte-Corvo. — Négociation du cardinal de Bayane à Paris. — Séjour des troupes françaises dans les légations. — Occupation violente de Rome et du château Saint-Ange par le général Miollis. — Pie VII au Quirinal. — Esprit du peuple. — Les Transtévérins. — (1805 à 1808.) ... 143

CHAPITRE VII. — INVASION DU PORTUGAL ET DE L'ESPAGNE. — Composition de l'armée du général Junot. — Instructions secrètes de Napoléon. — Marche à travers l'Espagne. — Aspect du Portugal. —Négociations de M. de Rayneval à Lisbonne. — Napoléon et la maison de Bragance. — Le prince-régent et les Anglais. — Sir Sidney Smith. — Blocus du Tage. —Fuite du prince-régent au Brésil. — Junot à Lisbonne. — Organisation du gouvernement. — Formation de l'armée d'observation d'Espagne. — 1er corps, le général Dupont. — 2e, Moncey. — 3e, Duhesme.—Instructions secrètes des généraux. — Surprise des forteresses. —M. de Beauharnais à Madrid. — Mouvement national en Espagne. — Insurrection d'Aranjuez. — Aspect de Madrid. — Premières mesures du système défensif. — Idée anglaise sur l'Amérique. — Projet de se retirer à Séville. — Abdication de Charles IV. — Avénement de Ferdinand VII. — La cour de Murat à Madrid. — (Octobre 1807 à avril 1808.) ... 172

CHAPITRE VIII. — DRAME DE BAYONNE, JOSEPH BONAPARTE. — Murat à Madrid. — Ses rapports politiques avec Charles IV et la reine Marie-Louise. — La reine d'Étrurie. — Abdication de Charles IV rétractée. — Instructions à M. de Beauharnais et à

Murat. — Négociations de Ferdinand VII avec l'Empereur. — Le général Savary à Madrid. — Sa mission. — Départ de Ferdinand pour la frontière. — Séjour à Vittoria. — Napoléon à Bayonne. — Instances auprès de Ferdinand pour l'abdication. — L'Empereur et le chanoine Escoïquiz. — Les grands d'Espagne à Bayonne. — Voyage de Charles IV. — Développement du drame. — Mouvement populaire du 2 mai à Madrid. — Scènes entre Charles IV, la reine et Ferdinand. — Les traités de Bayonne. — Ordre à Joseph d'arriver sur-le-champ. — Son entrevue avec Napoléon. — Simulacre de junte. — Formule de la constitution. — Imitation du baise-main de Philippe V. — Les derniers Bourbons d'Espagne. — (Mars à juillet 1808.) 204

CHAPITRE IX. — L'OPINION PUBLIQUE APRÈS LES ÉVÉNEMENTS DE BAYONNE. — La société de Paris. — L'esprit d'opposition. — Origine du salon de M. de Talleyrand. — Fouché. — La minorité du Sénat conservateur. — Garat. — Cabanis. — Volney. — Lanjuinais. — Groupes de mécontents au Corps législatif. — L'armée. — Généraux arrêtés. — Premier projet de Malet. — Maréchaux opposants. — Brune. — Bernadotte. — Masséna. — La société et les partis. — Madame de Staël et ses amis. — Voyage en Allemagne. — L'exil. — L'hôtel de Luynes. — Madame de Chevreuse. — Faubourg Saint-Germain. — Retour de Napoléon à Paris. — Enthousiasme des provinces. — Création des premiers ducs. — Travail sur le blason. — Décret hiérarchique. — Inscriptions sur les hôtels. — Formules de cour. — Munificences à l'armée. — (Juin à août 1808.) 257

CHAPITRE X. — MOUVEMENT INSURRECTIONNEL DE L'ESPAGNE ET DU PORTUGAL. — Caractère des juntes espagnoles. — Édit de Ferdinand VII pour leur convocation. — Premiers mouvements insurrectionnels. — Tolède. — Saragosse. — Séville. — Système des juntes générales et particulières. — Forces militaires. — Convocation du peuple. — Démocratie et patriotisme des moines. — Organisation de l'insurrection. — Départ de Joseph de Bayonne. — Composition de son ministère. — Première bataille contre le peuple à Médina del Rio-Secco. — Entrée à Madrid. — Marche militaire du général Dupont. — Plan de campagne tracé par le général Savary. — Imprudences et fautes. — Pillage de Cordoue. — Capitulation de Baylen. — Retraite de Joseph sur Vittoria. — Junot à Lisbonne. — Position difficile. — L'amiral Siniavin. — Refus des Russes. — Gouvernement de Junot. — Premiers préparatifs d'une expédition anglaise contre le Portugal. — Ses généraux. — Sir Arthur Wellesley. — Hew Dalrymple. — Débarquement. — Bataille de Vimeiro. — Convention de Cintra. — Effet moral sur les armées. — (Mai à septembre 1808.) 287

CHAPITRE XI. — L'EUROPE APRÈS LES ÉVÉNEMENTS D'ESPAGNE. — Impression produite en Angleterre par l'insurrection espagnole.— Esprit de liberté et de délivrance. — Brochure de Dumouriez sur la guerre des *guérillas*. — Pensée d'organisation d'une régence. — Le duc d'Orléans.—Mission du chevalier de Proval.—Système des juntes opposées à la régence. — Idée sicilienne. — L'Allemagne à l'aspect de l'Espagne.—Sociétés secrètes.—Association pour la vertu. — Arndt. — Stein. — Stadion. — Embarquement de La Romana. — Préparatifs de l'Autriche. —Premier échange de notes avec Napoléon sur les armements. — Le cabinet de Vienne. — Parti espagnol pour l'archiduc Charles. — Offre de régence. — Secours aux insurgés. — La Russie. — Effet produit par l'insurrection espagnole. — Accroissement du parti d'opposition contre la paix de Tilsitt. — Situation d'Alexandre. (Juillet à septembre 1808.) 327

CHAPITRE XII. — ENTREVUE D'ERFURTH, IMPRESSION PRODUITE SUR LES CABINETS. — Situation de M. de Caulaincourt à Saint-Pétersbourg. —Souvenir du duc d'Enghien. — Influence d'Alexandre. — Démoralisation de M. de Caulaincourt.—La famille impériale de Russie. — Le parti français. —Motifs de l'entrevue d'Erfurth pour Alexandre, pour Napoléon. —Départ de Saint-Pétersbourg. — Faste et coquetterie de l'Empereur Napoléon. — Cours plénières. — Abaissement des royautés allemandes. — La Prusse. — L'Autriche. — Mission du baron de Goltz, — du baron de Vincent. — Arrivée à Erfurth. — Fêtes et plaisirs. — Questions d'affaires. — La Finlande. —La Turquie. — Reconnaissance des faits accomplis. — Véritable sens des conférences d'Erfurth. — Rapports officiels. — Ouverture faite à l'Angleterre. — Le comte de Romanzoff à Paris. — Négociations avec M. Canning. —Relations secrètes de la Russie avec l'Angleterre. — Position nouvelle de M. de Caulaincourt à Saint-Pétersbourg. — Arrivée du prince de Kourakin, ambassadeur russe, à Paris. — (Septembre et octobre 1808.) 353

CHAPITRE XIII. —CAMPAGNE DE NAPOLÉON EN ESPAGNE. —Energie de l'insurrection espagnole. — Prise d'armes populaire. — Les juntes. — Les armées. — Corps de Blacke. — Castaños. — Les Aragonais de Palafox. —Les Catalans. —Armée anglaise en Espagne. — Moore et Baird. — Situation de l'armée de Joseph sur l'Èbre. — Le siége de Saragosse. — Napoléon à Paris. — Proclamations et menaces contre l'Espagne et l'Angleterre.—Levées d'hommes. — Conscription. — Entrée en campagne. — Plan de Napoléon. — Combat d'Espinosa. — Le maréchal Victor. — Combat de Tudela. — Lannes. — Les défilés de Somo-Sierra. — Marche sur Madrid. — Le peuple. — Capitulation. — Napoléon à Chaumartin. — Lugubre impression qu'il éprouve dans cette campagne. — Ses craintes. — Il marche au milieu de sa garde. — Passage de la Sierra de Guadarrania. — Mouvement offensif contre les Anglais. —Marche sur la Corogne. — Le maréchal Soult. —Embarquement des Anglais. —Tristesse de Napoléon. — Son départ précipité. — (Août 1808 à février 1809.) 387

CHAPITRE XIV. — ESPRIT DU GOUVERNEMENT AVANT LA GUERRE DE 1809. — Inquiétudes sur la vie de Napoléon. — Caractère des fonctionnaires publics. — Les dévoués. — Les mécontents. — Éventualités pour un successeur à l'Empire. —Murat à Paris. — L'Impératrice Joséphine. — Le prince Eugène. — Fouché. — M. de Talleyrand. — Accroissement de l'opposition dans le Corps législatif. — Rapport adressé à l'Empereur sur les intrigues de Paris. —Véritable sens de sa note de Valladolid. —Classement des institutions.—Organisation de l'Université. —Agrandissement du système militaire. — Augmentation de la garde impériale. —Régiments de nouvelle levée. —Pénurie d'officiers. — Républicains appelés dans les régiments. — Commandements donnés à Bernadotte, Masséna et Macdonald. —Police militaire de Napoléon. — Berthier et Davoust en Allemagne. — (Novembre 1808 à février 1809.) 420

FIN DE LA TABLE DES CHAPITRES.

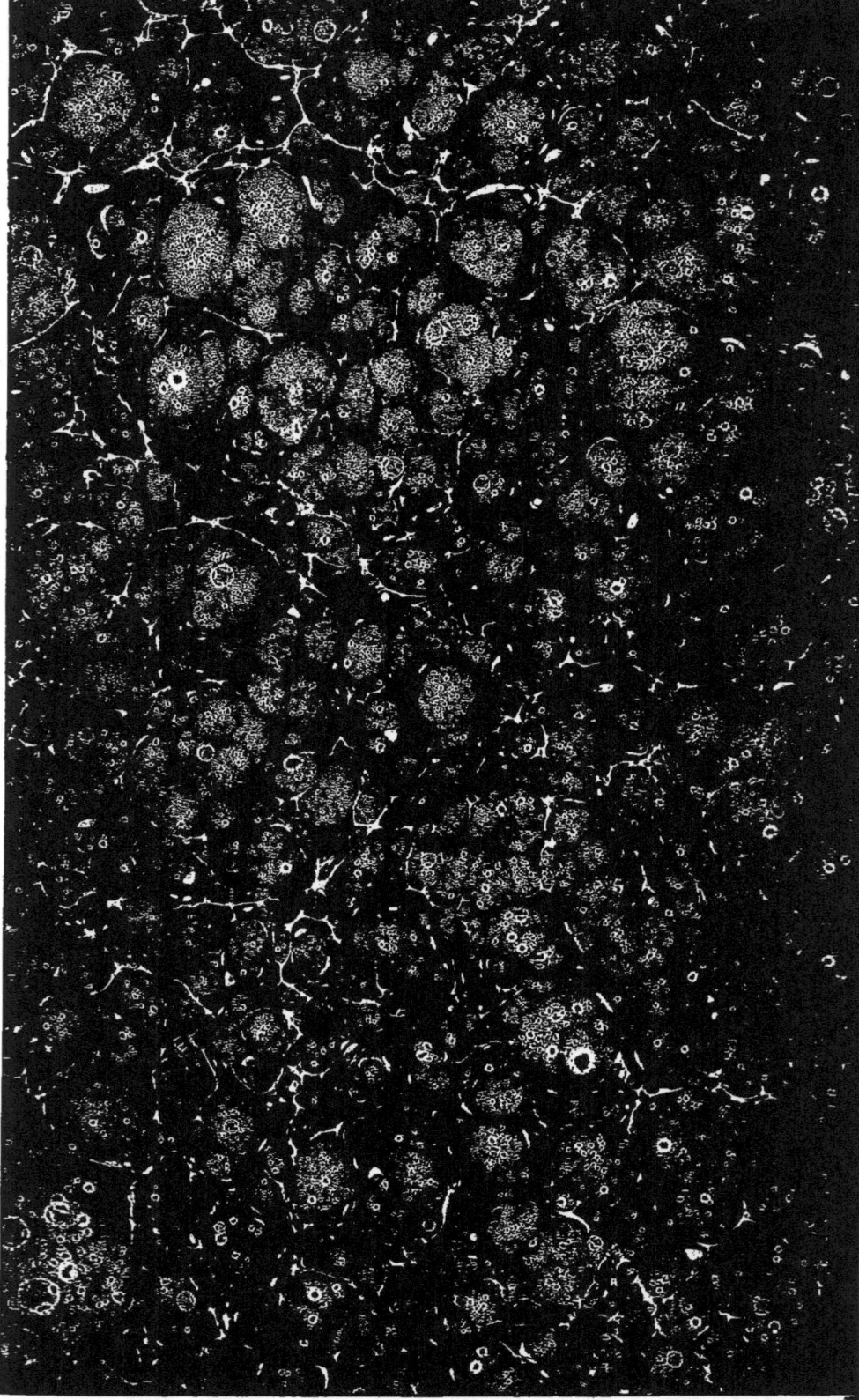

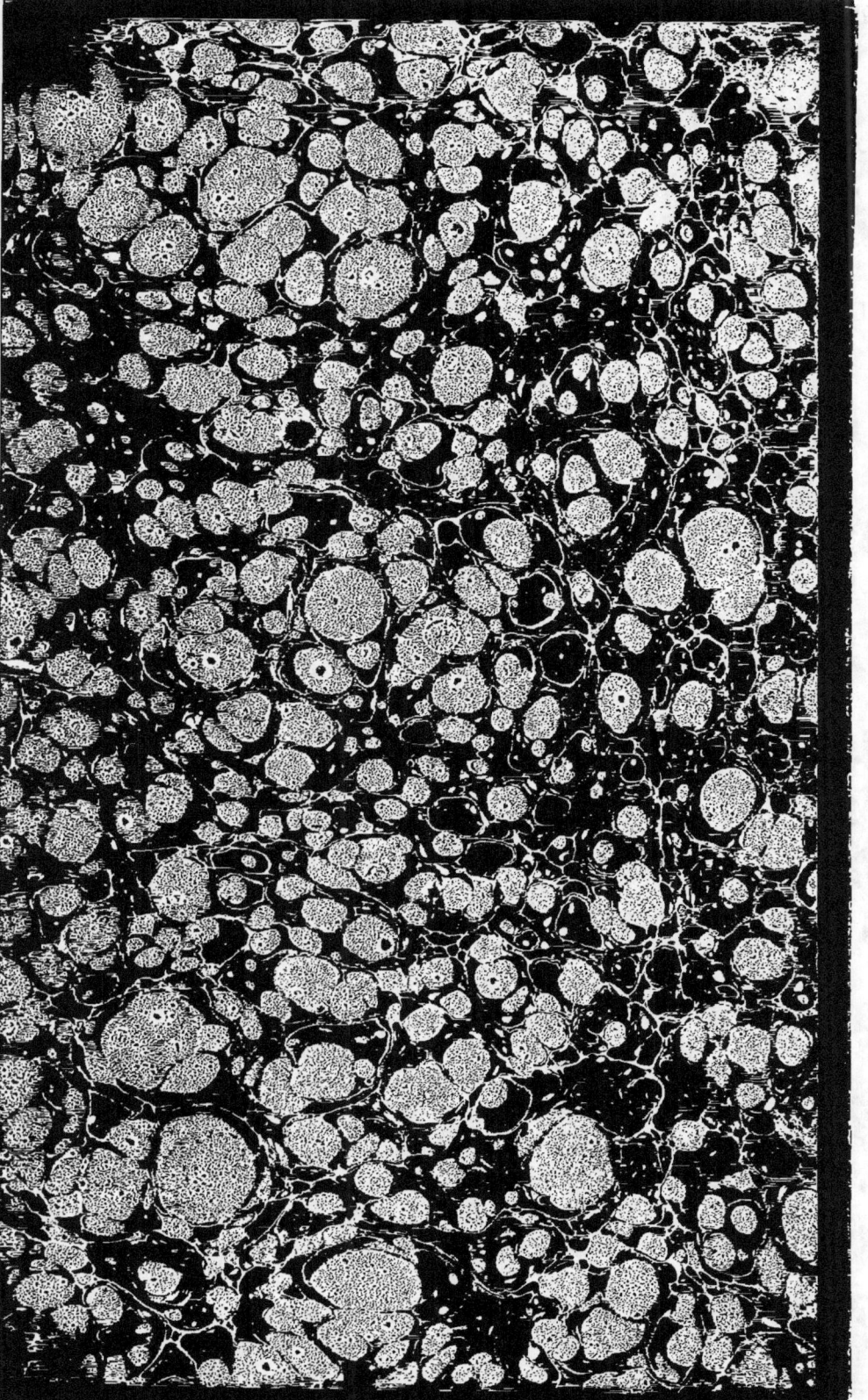

www.ingramcontent.com/pod-product-compliance
Lightning Source LLC
Chambersburg PA
CBHW050242230426
43664CB00012B/1800